고대 도시 출현과 장거리 교역 네트워크

고대 도시 출현과 장거리 교역 네트워크

2023년 4월 25일 초판 인쇄
2023년 4월 30일 초판 발행

엮은곳 _ 단국대학교 동양학연구원
펴낸이 _ 김수복
기　획 _ 남재걸
제　작 _ 성두현
마케팅 _ 이어진
펴낸곳 _ 단국대학교출판부
등　록 _ 1968.2.27 : No. 제03-00095호
주　소 _ 경기도 용인시 수지구 죽전로 152
전　화 _ 031-8005-2405
팩　스 _ 031-8021-7154

값 25,000원

ISBN 978-89-7092-816-6 94910
ISBN 978-89-7092-374-1 (세 트)

동양학 학술총서 10

고대 도시 출현과 장거리 교역 네트워크

동양학연구원 편

단국대학교출판부

발간사

'농업혁명'과 '도시혁명'이라는 명칭에서도 알 수 있듯이, 농경과 도시의 발생은 직립보행, 언어사용, 도구제작에 이어, 인류 역사에 가장 획기적 사건이었다. 직립보행과 언어사용을 통해 생물학적으로 완성된 인간은 도구를 만들면서 '문화'를 일구었고, 도시에 함께 살면서 '문명'을 세웠다. 따지고 보면 현대문명의 최첨단 이기利器들도 그 기원을 거슬러 올라가면 최초로 도시가 출현했던 시기에서 그 원형을 찾을 수 있다. 그러므로 최초의 도시들에서 아득한 과거에 발생했던 일들은 우리와 상관없는 먼 과거가 아니라, 우리의 현재이고 미래이다.

그렇다면 인간은 무엇 때문에 모여 살면서 도시를 건설했는가? 일찍이 저명한 고고학자 고든 차일드Gordon Childe는 고대 문명의 발생 조건에 대해 논하면서, 도시의 출현이 장거리 교역 네트워크의 형성과 밀접하게 연관되어 있음을 강조하였다. 도시가 형성되려면 사회적 계층화와 직능별 전문화가 전제되어야 하는데, 위세품으로 대표되는 장거리 교역품들은 도시 내 계층화와 전문화를 가속화하는 촉진제라는 것이다. 따라서 도시발달과 장거리 교역 네트워크는 불가분의 관계를 맺고 있으며 상호작용하면서 고대국가와 제국으로 발전한다.

동양학연구원은 도시와 교역 간의 이와 같은 관계에 주목하여 “동아시아의 문명교류”를 대주제로 2010년부터 2014년까지 5회에 걸쳐 동양학국제학술회의를 개최하고 「동북아시아의 문명 기원과 교류」(2011), 「동아시아 청동기문화의 교류와 국가형성」(2012), 「동아시아의 철기문화와 고조선」(2013), 「고조선과 위만조선의 연구쟁점과 대외교류」(2015) 등 〈동아시아 문명 교류사 시리즈〉 네 권을 발간하였다. 거기서 더 나아가 동아시아의 경계를 넘어 유라시아대륙 전체로 확장하여, 2018년부터 2021년까지 4회에 걸쳐 “동과 서, 문화의 교류와 경계”라는 대주제로 동양학국제학술회의를 개최하였고, 회의에서 발표되었던 글 중 도시 및 국가 탄생과 장거리 교역에 관련된 10편의 글을 엄선한 결과물이 바로 〈동양학학술총서 10〉, 「고대도시 출현과 장거리 교역 네트워크」이다.

이 책은 4부로 구성된다. 서론 격인 제1부 「고대 문명의 보편 질문을 향한 관문: 데이터역사과학」에서 김광림은 학술적 권위를 자랑하는 국제 학술지에서 빅데이터를 이용하여 문명 간 경계를 초월하는 글로벌 프로젝트 연구 사례들을 소개하고 ‘데이터역사과학’의 전망을 제시한다. 도시와 장거리 교역 네트워크 연구에서 인문학과 자연과학 간 경계를 허무는 연구가 왜 필요한지 그리고 향후 국내 학계가 나아갈 방향은 무엇인지 잘 제시해 주는 연구이다.

제2부 '도시와 국가의 출현'은 고대 문명에서 도시화와 국가 출현의 사례를 분석한다. 츠네키 아키라常木 晃는 「농경사회에서 도시문명으로: 고대 서아시아의 사례」에서 메소포타미아 문명권에서 세계 최초로 도시가 등장하게 된 메커니즘을 분석하고 도시화 과정을 논증한다. 심재훈은 「이리두二里頭 중국 고대국가 기원론의 딜레마」에서 중국 최초의 국가라고 하는 이리두유적 연구의 쟁점을 소개하고 문헌 자료와 고고학 자료의 불일치에서 오는 딜레마를 해결할 방안을 모색한다.

제3부 '문명 간 위세품 교역 네트워크'는 문명 간 장거리의 교역 사례들을 분석하는 다섯 편의 글을 포함한다. 박성진은 「라피스 라줄리 로드: 실크로드 이전의 실크로드」에서 위세품으로 메소포타미아문명과 이집트문명에서 소비되었던 라피스 라줄리(청금석)의 분포를 분석하여, 그 교역로를 추적하고 서아시아 지역의 고대 장거리 교역의 구조를 밝힌다. 김정열은 「중국 초기국가시기 청동원료 생산과 유통」에서 중국 최초의 국가에서 제기, 부장품 등 청동기 제작의 원료로 사용되었던 동을 채굴했던 광산이 어디였고 또 어떤 방식으로 청동원료들이 유통되었는지 밝힌다.

홍샤오춘洪曉純 은 「동남아시아 고대 교역과 글로벌 커넥션, 기원전 2000년~기원후 500년」에서 타이완, 보르네오, 멜라네시아 지역의 해상교역을 시기별로 분석하여, 해상 실크로드 교역망이 동남아시아를 중심으로 점차 북쪽으로는 한반도와 일본, 서쪽으로는 이집트와 로마까지 확장하는 과정을 거시적으로 추적한다. 한편 김남철Nam C. Kim은 연구 대상의 시공간을 좁혀 「고대 베트남과 중국 간 교류」에서 베트남 북부Bac Bo 지역의 홍하紅河 유역에 있던 꼬 로아Co Loa, 古螺유적에서 발굴된 '응옥 루Ngoc Lu'라는 청동기 북을 중심으로 고대 베트남과 중국 간 교류 양상을 정밀하게 규명한다.

동북아시아 지역에서는 고대국가 형성기에 일본과 한국에서 남아시아 기원의 마노瑪瑙 또는 카넬리안Carnelian의 유통 과정이 어떠했는지를 살펴본다. 오가 가츠히코大賀克彦는 「고대 일본 마노제 옥류의 생산과 유통」에서 일본 열도 내에서 제작된 마노제 옥류와 외부에서 일본 열도로 유입된 마노제 옥류를 포괄적으로 분석한 다음, 일본에서 발굴된 마노제 옥류의 제작지와 유입 경로를 추적한다. 허진아는 「마한 카넬리안 구슬의 제작기법과 원거리 위세품 교역의 사회정치적 의미」에서 인도에서 생산된 카넬리안구슬이 태국, 베트남 등을 거쳐, 한반도 마한지역으로 유입되어 위세품으로 사용되었음을 입증하고, 그 사회정치적 의미를 밝힌다.

이 책의 결론 격인 제4부 「실크로드 문명교류사의 새로운 접근」에서 박천수는 기원전 3000년경부터 기원후 13세기까지의 실크로드를 통한 문명교류의 변화 양상을 시간의 흐름에 따라 종합하여, 한대漢代이후 실크로드 교역이 본격화됐다는 기존 통설을 비판하고 유라시아대륙 문명교류는 지금으로부터 5천 년 전부터 있었음을 논증한다.

원고를 집필해주신 열 분의 필자께 감사드린다. 또한, 책으로 간행되기까지 학술회의를 기획·주관하고, 원고를 취합·선별한 동양학연구원 여러 선생님을 치하한다. 아울러 간행을 맡아주신 단국대학교 출판부에도 감사드린다. 동양학연구원이 앞으로도 동양학의 발전에 공헌하면서 그 역할을 다할 수 있도록 독자 여러분의 관심과 응원을 부탁드린다.

2023년 2월

단국대학교 동양학연구원장 이재령

차례

제3부 문명 간 위세품 교역 네트워크

제4부 결론

제1부

서론

고대 문명의 보편 질문을 향한 관문: 데이터역사과학

김광림(단국대학교 사학과 석박사통합과정, 네이버 프로그램 개발팀)

I. 머리말

고대 연구의 현안을 다룬 한 편의 논문이 2015년 『네이처』에 실렸다. 전 세계 25개 기관 소속 39명의 분자생물학, 유전학, 의학, 언어학, 인류학, 고고학 전문가들이 제출한 이 논문은 「초원지대에서 시작된 대규모 이주가 유럽의 인도유럽어의 근원이었다.」[1]이라는 제목으로 현재까지 501회 인용되었다.[2] 2019년 『사이언스』에 게재된 「남부, 중부 아시아의 인구집단 형성」[3]이란 논문도 위의 연구와 비슷하게 고대인의 DNA를 분석하고 추적한 것으로 81개 기관에 속한 117명의 연구자가 공동 저자로 참여했다.

두 논문 모두 고고학의 연구 주제를 탐구하고 있지만, 사실 이 주제는 학문의 범위를 넘어서 오래전부터 인류가 궁금해하던 보편적 질문이다. 이에 과학이 해결사로 나서기 시작하면서 '인류 사회의 기원과 이동'이라는 퍼즐은 더욱 정교하게 맞춰지고 있다. 오랜 역사를 지닌 이 난제를 해결하고자 많은 분야의 연구자들이 인류학적

---

1 Haak, Wolfgang·Lazaridis, Iosif·Patterson, Nick·Rohland, Nadin·Mallick, Swapan·Llamas, Bastien·Brandt, Guido, et al., "Massive migration from the steppe was a source for Indo-European languages in Europe.", Nature 522, 2015, pp.207~211.

2 Nature 집계 기준 (2020년 2월 19일 기준)

3 Narasimhan, Vagheesh M.·Patterson, Nick·Moorjani, Priya·Rohland, Nadin·Bernardos, Rebecca·Mallick, Swapan·Lazaridis, Iosif, et al., "The formation of human populations in South and Central Asia.", *Science* 365: 6457, 2019.

탐구와 고고학적 증거 수집으로 합리적인 가설을 도출해왔다. 최근에는 분자고고학·분자유전학 형제가 그 가설을 검증하여 이론으로 한 걸음 더 나아가게 만들고 있다.

또한, 이 연구들은 인류의 근원적인 난제를 초학제간 협력과 국제적 협업으로 어떻게 극복할 수 있는지 보여주는 유의미한 사례지만, 역사연구자에게 아쉬움이 남는 결과이기도 하다. 스스로 차려 놓은 밥상에 오히려 초대를 받아 함께한 셈이니 말이다. 두 연구 모두 데이비드 앤서니David Anthony의 고고학 연구 성과인 '초원 가설'[4]을 중요한 뼈대로 삼고 있으며 연구 결과 또한 이를 지지하는 강력한 증거를 시사한다. 그러나 앤서니를 비롯한 고고학자들의 이름은 공동 연구자 목록 뒤편에 위치한다. 주연은 어디까지나 분자생물학자들이다. 인문사회학이 멋진 음식을 만들어 놓고 연회의 주관은 과학에 맡겨도 괜찮은가? 과학의 향연에 열심히 보조를 맞춰가며, 거대한 프로젝트에 참여하고 있다는 사실만으로도 만족할 수 있는가? 이러한 주도권 집착은 시대착오적인 행태로 비판받기 충분하다. 하지만 역사학이 역사 연구의 충실한 조연으로 자리매김 중이라는 것 또한 엄연한 현실이다.

---

[4] 초원 가설이란 유라시아 초원지대, 그중에서도 흑해와 카스피해 사이의 북쪽 초원에 살던 사람들이 유럽에 기마와 언어를 전파했으며 이들이 오늘날 인도유럽어족의 조상이라는 가설을 말한다. '쿠르간 가설(Gimbutas, 1956)'로 시작되어 최근에는 '초원 가설(Anthony, 2007)'로 구체화 되었다. 자세한 내용은 다음을 참고:데이비드 W. 앤서니(저), 공원국(역),『말, 바퀴, 언어: 유라시아 초원의 청동기 기마인은 어떻게 근대 세계를 형성했나』, 에코리브르, 2015. (원저: Anthony, David W., *The horse, the wheel, and language: how Bronze-Age riders from the Eurasian steppes shaped the modern world.*, Princeton University Press, 2010.)

이 글은 이러한 현실을 인정하고, '합리적 이기주의자'의 자세로 이러한 흐름을 상세히 살펴보려는 취지로 기획되었다. 이를 위해 '최신 연구 동향'과 '자연과학'이라는 키워드로 대표되는 『네이처』와 『사이언스』를 비롯한 유명 자연과학 학술지를 중심으로 유사한 연구사례를 모아보고자 한다. 자연과학과 역사학, 또는 고고학이 결합된 최근의 논문을 분석하여 어떠한 공통 배경과 속성을 지니는지를 각 연구 사례별로 살펴볼 것이다. 가급적 고대사와 관련성이 높은 사례를 선정하여 고대 문명 연구에 어떻게 활용될 수 있는지 또한 검토할 것이다. 이러한 연구의 기저에는 역사학 자료 및 사료의 디지털화와 적극적인 데이터베이스 활용이 자리 잡고 있다. 이를 종합한 데이터과학Data Science의 방법론이 많은 연구에서 어떻게 적용되어 있는지도 들춰볼 것이다. 나아가 공학의 무기 중 하나인 시뮬레이션 방법론을 소개하고, 이를 고대 문명 연구에서 효과적으로 사용할 수 있음을 설명하고자 한다.

마지막으로 서두에 소개한 '대규모·국제적·초학제간·협력' 연구의 배경을 살펴보고 그 미래를 전망하며, 데이터과학과 역사학의 협력이 이러한 흐름에 어떻게 적극적으로 참여할 수 있을지 정리할 것이다. 특히 고대사 연구에 많은 도움을 줄 수 있는 분야로서 데이터과학의 이점을 다시 확인하고 새로운 방법론적 대안으로 '데이터역사과학'을 조심스럽게 제안하고자 한다.

II. 데이터 구축: 모든 것의 시작점, 데이터베이스

데이터과학에서 널리 쓰이는 'Garbage-In Garbage-Out GIGO' 이라는 핵심 명제는 연구 방법론이 훌륭해도 잘못된 데이터가 사용되면 그 결과 전체를 신뢰할 수 없게 된다는 의미이다.[5] 이처럼 데이터 구축은 해당 분야의 전문성을 갖고 과거의 연구를 종합할 수 있어야 가능한, 매우 높은 수준의 작업이다. 그러나 데이터 구축은 개별 연구의 초기 단계에서 해당 연구에 한정된 것만 생산하는 경우가 일반적이다. 데이터 자체를 만드는 연구는 보통 데이터베이스 구축사업으로 진행하기도 하나, 그 자체를 학문적 성과로 높이 평가하지는 않는 경우가 많다. 이렇게 구축된 데이터베이스가 활발히 사용되는 경우가 인문사회학의 경우에는 극히 제한적인데 이러한 흐름은 노력에 비해 결실이 적은 이 과정을 더욱 기피하게끔 만들고 있다.

해외에서는 데이터의 품질과 사용성을 높여 다양한 곳에서 활용할 수 있는 실용적인 방안이 등장하고 있다. 훌륭한 데이터 구축과 그 과정에 대한 연구만을 주제로 다루는 학술지도 활발히 등장하고 있는데,[6] 『네이처』에서도 이러한 흐름에 동참하여 새로운 자매지인

---

5 Corrales, David Camilo·Ledezma, Agapito·Corrales, Juan Carlos, "A conceptual framework for data quality in knowledge discovery tasks (FDQ-KDT): A Proposal.", *Journal of Computers* 10: 6, 2015, pp.396~405.

6 Candela, Leonardo·Castelli, Donatella·Manghi, Paolo·Tani, Alice, "Data

『사이언티픽 데이터Scientific Data』를 신설하였다.[7] 이는 2014년에 시작된 오픈 액세스 저널로 매년 빠른 성장을 보이고 있으며 다른 자매지 못지않게 높은 영향력을 지니고 있다.

연구 데이터베이스는 각 대학이나 연구기관에서 개별적으로 공유하는 경우가 일반적이다. 그러나 최근 유럽과 아시아에서는 개별 대학 연구실에서 다루기 어려운 규모의 연구 데이터를 국가 차원에서 구축하기 시작했고, 각 연구기관들이 연합한 비영리단체가 거대 데이터베이스를 제공하는 민간 차원의 활동 또한 미국과 유럽을 중심으로 나타나고 있다.[8] 활발한 연구가 이어지는 데이터베이스들은 모두 월등한 품질과 함께 사용하기 쉽다는 특징을 공통으로 가지고 있다. 이러한 데이터를 이용한 논문이 권위 있는 학술지에 활발히 게재되면서 각 데이터베이스의 위상도 덩달아 오르고 있는데, 이는

---

journals: A survey.", *Journal of the Association for Information Science and Technology* 66: 9, 2015, pp.1747~1762.

7 『사이언티픽 데이터』는 간결하면서도 핵심만을 담은 설명을 '원칙 Principles'에서 보이고 있다. (이하 인용은 Scientific Data 홈페이지, https://www.natureasia.com/ko-kr/scientificdata/ 검색일: 2020.02.17.) "사이언티픽 데이터는 과학적으로 가치 있는 데이터셋에 대한 기술 및 과학 데이터의 공유와 재사용을 진전시키는 연구를 출간하는 온라인 전용 오픈 액세스 저널입니다. 해당 저널의 주요 콘텐츠 유형인 데이터 디스크립터는 기존의 서술 내용을 구조화 및 큐레이션 기술(메타데이터)과 결합하여 데이터 공유 및 재사용에 새로운 뼈대를 제공합니다." 여기서는 과학 데이터로 설명하고 있지만 허용되는 데이터는 '자연과학' 분야에 한정되지는 않는다. "사회 과학, 특히 자연 과학과 사회 과학의 전통적인 경계를 넘어서는 통합 분석에 사용될 수 있는 양적 데이터셋에 대한 설명도 기꺼이 고려할 것입니다." 라는 설명이 있고, 이 글에서 다룰 논문도 역사학과 정치학 연구 데이터를 다룬 사례이다.

8 이혜림, 「국가 고고학 데이터 디지털 아카이브 개발을 위한 연구」, 『한국기록관리학회지』 18: 2, 2018.

데이터 구축과 연구 사이의 선순환 구조를 보다 견고하고 지속적이게 만드는 동인이다. 이러한 경향을 다음 세 논문A1·A2·A3의 사례 분석을 통해 구체적으로 살펴보도록 한다.

1. 기원전 3700년부터 기원후 2000년까지 세계 도시화의 공간적 특성[9]

이 연구는 기존의 저명한 도시화 연구 결과를 종합한 것으로, 약 6,000년에 이르는 세계의 도시화 정도를 정량화하여 당대 도시의 위치와 시간에 따른 인구 변화를 보여준다. 주된 자료는 역사학자 터쉬어스 챈들러Tertius Chandler[10]와 정치학자 조지 모델스키George Modelski[11]의 방대한 저작으로 현대 이전의 도시 이름과 특정 연도의 인구 추정치, 그리고 출처까지 망라하여 수록되어 있다. 이 논문은 비디지털 자료를 디지털 데이터베이스로 구축할 때 필요한 대부분의 작업을 단계별로 잘 정리하고 있는데, 과정 전체는 〈그림 1〉에서 확인할 수 있다. 몇 가지 주목할 만한 특징을 보자면, 종이로 출간된 옛 서적을 전자화한 과정을 상세히 기술한 것이 그 첫 번째로, 다양한 광학인식 기술로 자동화한 부분에 한계점이 있음을 보이며

---

9 Reba, Meredith·Reitsma, Femke·Seto, Karen C., "Spatializing 6,000 years of global urbanization from 3700 BC to AD 2000.", *Scientific data* 3, 2016.

10 Chandler, Tertius, *Four thousand years of urban growth: an historical census*, The Edwin Mellen Press, 1987.

11 Modelski, *George, World cities: -3000 to 2000*, Faros, 2000.

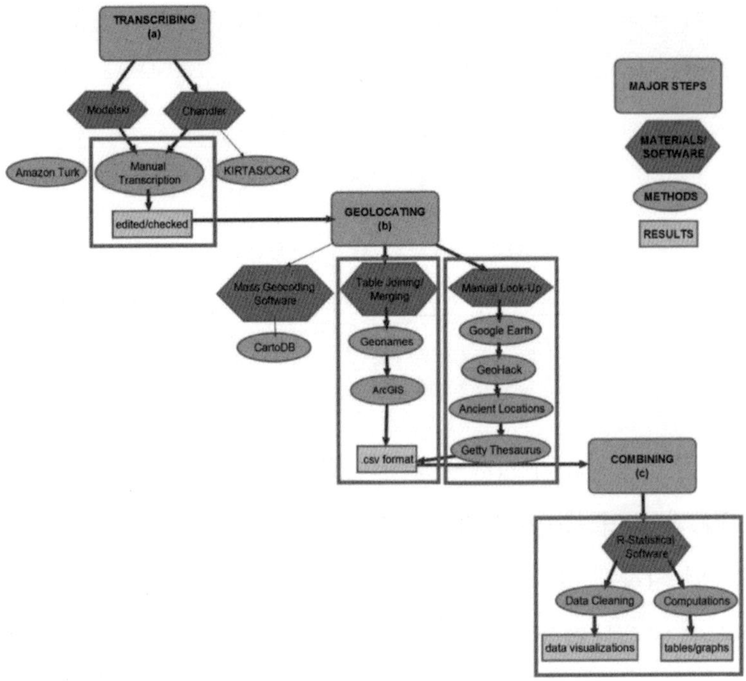

〈그림 1〉 (a) 서로 다른 원 사료(Modelski, Chandler)의 디지털화 과정. 비디지털 자료를 자동화된 기술(광학인식기술: OCR)로 만드는 데 한계가 있어, 최종적으로는 수작업을 통해 디지털화와 검수(붉은색 사각형 강조)를 마쳤다. (b) 과거 도시들의 위도와 경도를 찾아내는 과정. 다양한 지리정보시스템(GIS) 소프트웨어를 이용하였다. (c) 통계소프트웨어(R)를 이용해 데이터 정제 및 통합 과정과 시각화 작업을 수행하였다. (출처: 논문 A1의 Figure 3.)

결국 사람이 어떻게 작업하였는지 설명한 부분이 인상적이다. 두 번째는 서로 다른 두 개의 자료를 하나로 합친 과정에 대한 것으로, 통합 과정에서 의미를 상실할 위험성을 어떻게 최소화하였는지 설명하고 있다.[12] 셋째는 고대 도시의 위치를 지리정보시스템GIS 기술

[12] 도시공학자인 논문 저자들이 역사적 관점과 정치공학적 관점으로 기술된 연구 자료를 다루는 것은 상당한 한계가 있을 수 있다. 그런 점에서 다른 연구에서 구축된 데이터

을 이용하여 디지털화한 것이다. 이 과정에서 고대 도시의 위치 추정 연구 결과를 모은 데이터베이스와 다양한 지도제작 애플리케이션을 활용한 것 또한 눈에 띄는 점이다.

이렇게 과거 역사에 존재했던 전 세계의 도시에 대해 시간 변화와 공간에 따른 인구 데이터를 구축한 뒤, 그 데이터가 어떻게 의미가 있는지를 다양한 데이터 분석과 시각화를 통해 입증하고 있다. 일례로 〈그림 2〉는 세계 지도에 시간대에 따른 도시 분포와 인구 중심지 이동을 표현한 효과적인 시각화의 결과이다. 연구자들은 이러한 모든 과정을 논문에서 상세히 설명하고 있으며, 연구 전체를 재연하고 검증할 수 있도록 온라인에 소스코드를 공개하였다. 마찬가지로 데이터베이스 자체도 누구든지 활용할 수 있도록 저널과 연구기관의 홈페이지에 게재하였다. 이 논문이 실린 『사이언티픽 데이터』도 이러한 데이터 구축 연구의 흐름을 파악하기 위해 향후 지속적으로 주목할 필요가 있다.

를 이용해도 괜찮을지 의구심이 들 수 있으나 논문의 저자들 역시 이를 인정하며 최대한 그 문제에 대해 해명하고 있다. 우선 원자료 자체가 많은 후속 연구들로 이어진 것으로 각 분야에서 이미 잘 알려졌다는 사실을 강조하고 있다. 그리고 두 자료를 합치면서 애매 하거나 불일치가 보이는 부분에 대해서는 합리적인 기준을 세우고 확실한 부분만 처리하여 잘못될 여지를 최소화하고 있다. 이 과정 자체를 상세한 설명과 함께 소스코드로 그 논리를 명확히 보여 후속 연구에서 쉽게 정정할 수 있는 여지를 남긴 것 또한 투명하고 확장 가능한 연구의 장점이라 할 수 있다. 이처럼 서로 다른 목적으로 수집된 데이터를 유기적으로 통합하는 방법론은 데이터과학에서 중요하게 다루는 주제로, 그 과정에서 엄격한 기준을 세우고 통계 기법을 이용해 다양한 방식으로 검증하는 것이 핵심이다.

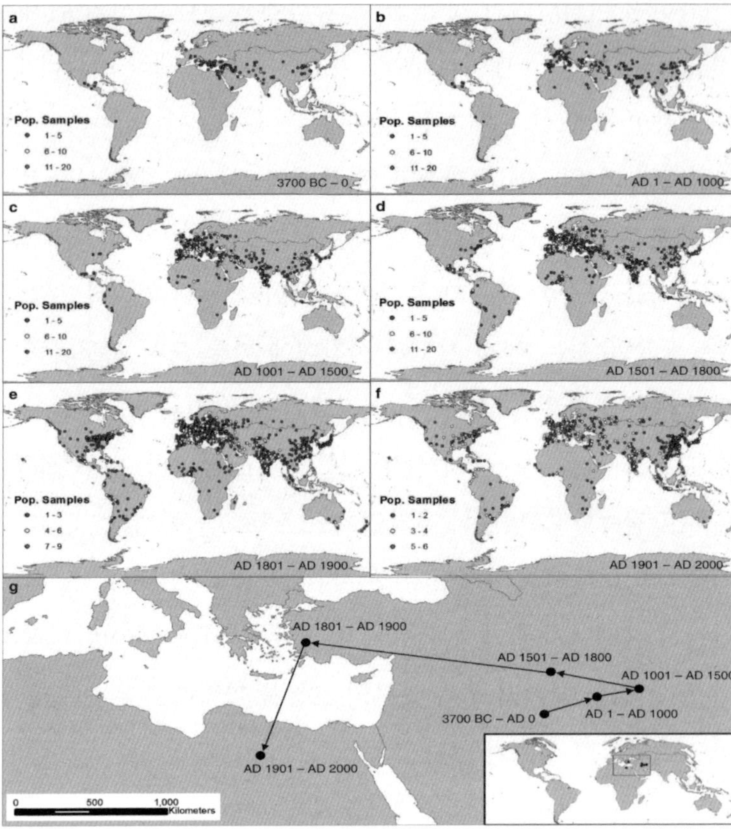

Figure 5. Spatial and Temporal Representation—Global View of Data Points. (**a**–**f**) illustrate both the spatial and temporal frequency of city-level population points for different time periods. (**a**–**d**) represent the pre-modern period, from 3700 BC–AD 1800, and use the same scale to measure frequency of data points per city. (**e**,**f**) represent the modern period and shorter time frame per period and therefore the frequency scale is shorter and separated into thirds. (**g**) illustrates global mean centers (GMCs) for the same time periods. Each GMC is weighted by city population for each data point and was calculated and is pictured in the Goode Homolosine projection.

〈그림 2〉 구축된 도시 데이터의 시각화. (a–f) 총 6개의 시대로 구분하고, 각 시대별 도시 인구 데이터가 있는 경우는 점으로 표시했다. 점의 색상과 숫자는 도시별 인구 데이터가 나타나는 빈도를 의미한다. (g) 한 지역에서 인구 중심지가 시대에 따라 이동했음을 나타내는 지도. 점은 시대별 전체 도시와 인구의 평균값에 해당하는 위치를 의미한다. (출처: 논문A1의 Figure 5.)

2. 인간 사회 조직의 전역적 변화를 구조화하는 단일 차원의 복합성을 밝히는 정량적 역사 분석[13]

이 논문은 '세스헤트Seshat[14]'라는 역사 데이터베이스를 사용하여 전 세계의 여러 문명이 사회적 복합성을 어떻게 증대시켜 왔는지 확인한 연구로, 이렇게 구축된 데이터를 이용해 의미 있는 역사 해석이 가능한지를 입증하려는 시도이다. 세스헤트는 2011년에 유럽과 미국의 인문사회학자들이 결성한 연구 프로젝트의 이름이자 그 결실인 데이터베이스 이름이기도 하다. 복잡한 사회의 진화를 연구하고 이론을 검증하기 위한 목적으로 출발하여 2015년부터 구축된 데이터베이스seshatdatabank.info/를 인터넷을 통해 제공하고 있다. 이 데이터베이스는 전 세계를 30개의 주요 권역으로 나누고 지난 1만 년 이래 존재했던 414개의 사회의 역사적 정보를 담고 있다. 데이터는 인류 사회의 특징을 9개의 핵심 속성, 예를 들어 사회 규모, 경제, 정부형태, 통화 체계, 종교 등으로 나누고 세부적으로는 51개의 변수로 각 사회의 정보를 표현한다. 각각의 속성과 변수는 시간 축을 담고 있어 특정 시대에 있었던 사회의 변화양상을 추적할 수 있다. 또한 데이터

---

13 Turchin, Peter·Currie, Thomas E.·Whitehouse, Harvey·François, Pieter·Feeney, Kevin·Mullins, Daniel·Hoyer, Daniel, et al., "Quantitative historical analysis uncovers a single dimension of complexity that structures global variation in human social organization.", *Proceedings of the National Academy of Sciences* 115: 2, 2018, pp.144~151.

14 Turchin, Peter·Whitehouse, Harvey·François, Pieter·Hoyer,Daniel·Alves, Abel·Baines, John·Baker, David, et al., "An Introduction to Seshat: Global History Databank.", *Journal of Cognitive Historiography*, 2019.

베이스는 각각의 서술 표현과 정보마다 어떤 연구에서 가져온 것인지 출처를 명기하고 있어 신뢰성을 확보하고 있으며, 이를 이용해 연구에 활용하기 쉬운 데이터 구조를 지니고 있다. 세스헤트는 첫 공개 이후로 수많은 연구에 활용되고 있으며 다양한 학회와 책을 통해 소개되고 있는 현재진행형인 프로젝트이다.

논문의 기술적인 내용은 데이터과학에서 많이 쓰이는 '주성분분석PCA: Principal component analysis' 알고리즘을 중심으로 다루고 있다.[15] 주성분분석 기법은 여러 개의 변수로 이루어진 데이터를 단순한 차원으로 압축해서 표현하는 것으로, 이 연구에서는 사회를 기술하는 51개의 변수 중 수량화가 가능한 핵심적인 부분만을 뽑아 9개의 특성 변수로 414개의 사회의 특성을 수량화 한 다음, 이를 분석해 몇 개의 중심축으로 여러 사회들을 분류할 수 있는지 살펴보고 있다. 〈그림 3-A〉는 이러한 특성과 변수의 구성과 관계를 설명하고 있으며, 〈그림 3-B〉는 주성분분석 결과를 해석한 그래프로, 데이터를 9개의 중심축주성분으로 나눈 결과, 놀랍게도 단 하나의 중심축PC1만으로도 사회복합성의 변화와 진화 양상을 의미 있게 나타낼 수 있음을

[15] 주성분분석(PCA: Principal component analysis)은 데이터를 여러 차원, 즉 벡터라는 형태로 표현할 때, 데이터가 어떻게 분포되어 있는지를 파악하여 중복되거나 다른 차원으로 표현할 수 있는 경우, 차원을 줄이거나 변환하는 기법이다. A2 논문에서는 세계 각지의 사회가 9개의 차원으로 데이터를 표현하고 있던 것을 주성분분석을 통해 단 하나의 차원만으로도 경향성을 의미 있게 보일 수 있음을 나타내고 있다. 하나의 차원으로 사회를 표현할 수 있으면 주가처럼 그래프 하나로 그 사회의 시간에 따른 변화를 표현할 수 있다. 물론 이렇게 압축한 차원이 역사적으로는 어떤 의미를 담는지는 역사학의 해석이 필요하다. 이 논문은 과거 역사적 사건과 발전 정도가 이렇게 하나로 줄인 차원으로도 해석할 수 있는 가능성이 있다는 것을 별도 자료를 통해 제시하고 있다.

보이고 있다. 이는 사회의 발전 정도를 단 하나의 숫자, 즉 지표로 표현할 수 있다는 의미이다. 연구자들은 이 중심축을 사회복합성을 표현하는 단일한 지표로 보고, 시간 흐름에 따라 30개 권역의 사회 각각의 지표 값이 어떤 양상으로 변화하는지를 검토한다〈그림 4〉. 예로 들어 이탈리아 지역의 정치체들은 로마 공화정과 제국 시기에 사회복합성이 극적으로 상승하여 최고 수준에 이르렀다가, 로마 이후는 조금 하강한 상태를 지속적으로 유지하고 있는 것을 볼 수 있다.〈그림 4〉 우측 그래프. 연구자들은 이러한 사회의 복합성 변화가 대체로 역사적 사건과 비교하여 해석 가능한 여지는 충분하나 성급한 일반화는 주의해야 함을 설명한다. 논문은 사회복합성으로 표현되는 인류 사회의 여러 특성은 시간이 지날수록 누적되어 계속 증가하는 경향이 공통적으로 관찰된다고 결론짓고 있다.

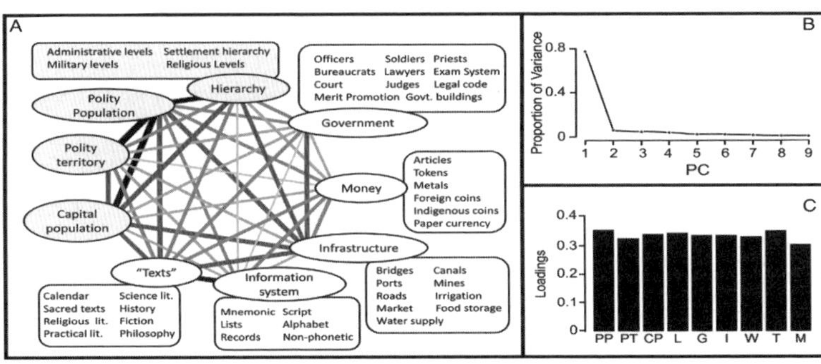

〈그림 3〉 (A) Seshat 데이터의 51개 속성을 9개의 복잡성 특성(complexity characteristics: CC)으로 나누고 비슷한 것들을 묶은 관계도. 각 CC간의 연관 관계는 연결선의 두께와 색상에 비례한다. (B) 주성분분석의 결과(가로축)의 분산 기여도(세로축) 비율: 첫 번째 주성분인 PC1 하나만으로도 9개 CC의 특성을 80% 정도 드러낼 수 있다. (C) 9개 CC(가로축) 각각을 B에서 찾은 단일 주성분 PC1에 비교할 때의 일치도. 9개 특성 모두를 비슷한 정도로 PC1 하나로 표현할 수 있다. (출처: 논문A2의 Figure 2.)

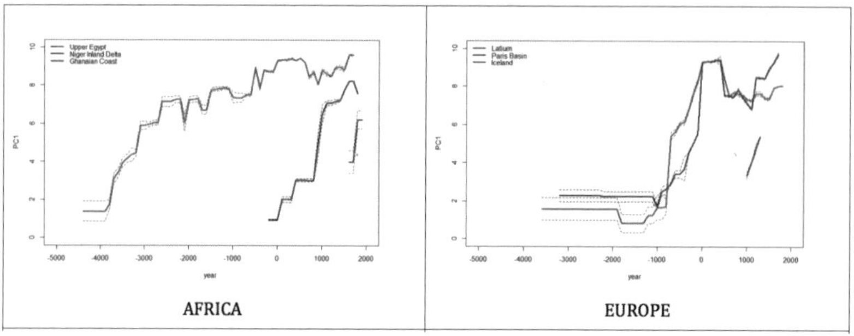

〈그림 4〉 10개 지역 중 아프리카와 유럽의 중요 지역의 PC1 주성분의 궤적. 가로축은 시간 흐름, 세로축은 같은 축척으로 바꾼 PC1 주성분의 값. 시간에 따라 점차 늘어나는 경향을 볼 수 있다. (출처: 논문A2 보충자료의 Figure SI6. 일부)

인류 사회들의 역사 궤적과 이를 데이터로 종합하여 분석한 결과가 많은 부분에서 일치한다는 사실은, 곧 세스헤트 데이터의 품질이 높은 수준이라는 점을 간접적으로 입증하고 있으며 저자들 또한 그 부분을 드러내고자 한 것으로 보인다. 이는 세스헤트의 가장 큰 장점과도 연결되는데, 데이터베이스의 내용 각각에 대해 리뷰와 업데이트 요청이 가능하게 만든 그 열린 구조에서 기인한다. 처음부터 각 분야의 전문가들이 신뢰도 높은 데이터를 구축했고, 이후에도 지속적으로 그 품질을 유지하고 최신 연구 내용을 업데이트하면서 선순환 구조에 들어서고 있다.[16] 최근 『네이처』에서도 세스헤트를 이용한 연구결과가 실리면서 그러한 흐름은 가속화되는 것을 볼

[16] A2의 저자를 살펴보면 사회학, 역사학, 고고학, 환경학, 컴퓨터공학, 경제학, 데이터과학 등 다방면의 연구자를 볼 수 있으며, 세스헤트 운영진과 연구진 명단에서도 이러한 다양성을 확인할 수 있다. 심지어는 데이터분석 전문 기업도 포함되어 있어 이상적인 산학 연구의 사례로 간주할 수도 있겠다. (세스헤트 운영진 정보: http://seshatdatabank.info/seshat-about-us/seshat-who-we-are/ 검색일: 2020.02.12.)

수 있는데,[17] 앞으로도 높은 신뢰성을 지닌 훌륭한 역사 데이터베이스로 자리 잡을 것으로 보인다.[18]

3. 신석기시대와 청동기시대 중국 고고학 유적지의 시공간 분포 패턴: 개요[19]

이 연구는 중국의 신석기시대부터 청동기시대에 이르는 고고학 유적지를 데이터베이스화하고 데이터에서 중국의 고대 지역 문화가 시간 변화에 따라 어떤 양상을 보이는지 고찰하고 있다. 가장 중요하게 쓰인 자료는 『중국문물지도집中国文物地图集, Atlas of Chinese Cultural Relics, ACCR』으로, 이는 중국의 고고학 유적 발굴 결과를 중앙의 국가문물국國家文物局에 모두 등록하게 만든 뒤 그 결과를 종합해 출간한 자료집이다. 논문이 작성된 시점까지 발간된 총 25권의

---

17 Whitehouse, Harvey·François, Pieter·Savage, Patrick E.·Currie, Thomas E.·Feeney, Kevin C.·Cioni, Enrico·Purcell, Rosalind, et al., "Complex societies precede moralizing gods throughout world history.", *Nature* 568, 2019, p.226.

18 다양한 분야의 연구자들이 직접 세스헤트를 이용하여 프로젝트를 수행하고 연구 결과를 여러 학회와 저널에 소개하고 있다. 홈페이지에서 많은 활동이 매년 이어지고 있음을 확인할 수 있다. (참고: http://seshatdatabank.info/publications/ 검색일: 2020.01.15.)

19 Hosner, Dominic·Wagner, Mayke·Tarasov, Pavel E.·Chen, Xiaocheng·Leipe, Christian, "Spatiotemporal distribution patterns of archaeological sites in China during the Neolithic and Bronze Age: An overview.", *The Holocene* 26: 10, 2016, pp.1576~1593.

자료집을 디지털화하여 초기 신석기시대부터 초기 철기시대에 이르는 51,074개 유적지 데이터베이스를 구축하였다. 이 데이터베이스에는 중국 본토 대부분의 유적지 정보가 들어있는데, 선행연구Wagner et al. 2013에서 진행했던 ACCR 11권에 대한 데이터베이스에 새로운 결과—주로 서부와 남부 지역—를 추가한 것이다. 이 연구에서는 단순히 기존 자료를 디지털화만 한 것이 아니라 유적지의 위치 정보를 지리정보시스템GIS을 이용하여 특정하고 있는데, 이를 통해 시간과 공간축 모두를 이용하여 데이터를 보다 높은 차원으로 분석할 수 있다. 이 두 개의 축을 모두 이용한 시각화 예시는 〈그림 5〉에서 확인할 수 있다. 〈그림 5〉는 시간을 가로축으로 두고 고대 중국의 유적지 수를 세로축으로 잡아 시대별 유적 변화 양상을 省 단위로 볼 수 있는 그래프로, 해당 기간이 어떠한 문화인지를 같이 표시하여 신석기부터 철기에 이르기까지 어떤 특징을 보이는지 한눈에 파악할 수 있다. 논문에서는 이외에도 데이터의 특성을 다양한 차트와 그래프, 지도로 나타내고 있는데, 기존의 중국 고고학과 선사시대 연구 결과를 효과적으로 뒷받침하는데 활용될 수 있음을 주장하고 있다. 그러한 주장은 이어진 후속 연구로 입증되었는데, 이 논문을 인용한 연구 중 2건이 『네이처』에, 한 건은 『사이언스』 자매지에 실렸고 그 중 두 개 논문에서는 핵심 연구 데이터로 이용되었다.

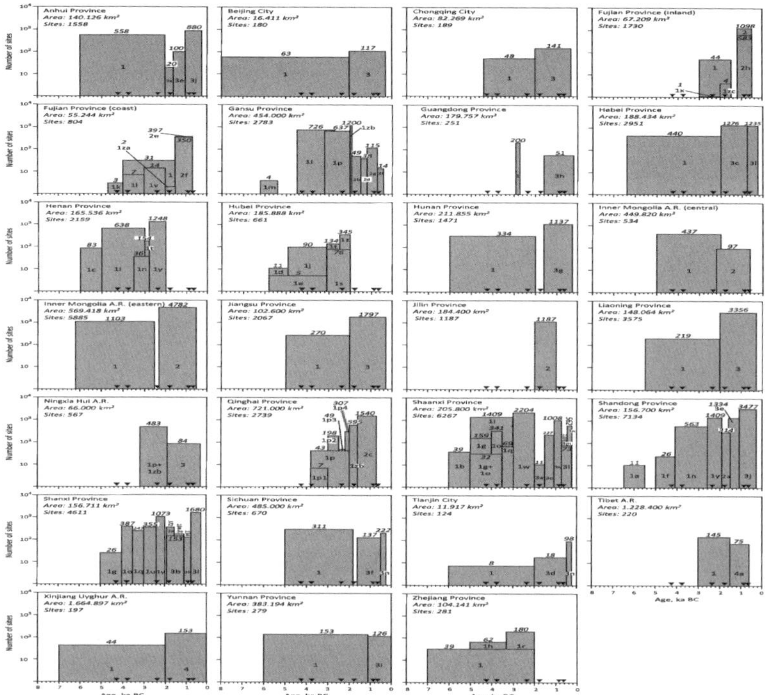

〈그림 5〉 연대순으로 분석된 중국 전역의 유적지 수의 정량적 변화 그래프. 가로축은 기원전 8,000년부터 0년까지 시간 정보를 담고 있고, 세로축은 유적지 수를 로그(log) 단위로 표시한다. (이탤릭체 숫자는 유적지 수). 상자 안의 숫자는 시대와 문화의 약자이다. (1: 신석기 문화, 2: 청동기 문화, 3: 하상주 시기, 4: 철기를 포함한 문화) 숫자 뒤의 알파벳은 그 시기와 겹치는 중국의 여러 문화를 의미한다. (예: 1g - 초기 양샤오 문화, 3b - 구분이 어려운 하상대 문화 등) 논문에는 27개 省 그래프 전체가 있으나 여기서는 일부만 수록했다. (출처: 논문A3의 Figure 3. 일부)

세 논문에 나타나는 주요 경향을 종합하자면, 첫 번째로 역사 데이터 구축은 그 자체로 쉽지 않은 일이라는 것이다. 서로 다른 데이터를 통합하는 과정은 특히 주의해야 하는 것으로, 엄밀한 기준하에 수행되지 않으면 본래의 의미를 상실할 수도 있다. 이렇게 통합된 데이터는 역사적 맥락과 사실에 부합하는지를 검증해야만 후속 연구에서도 의미 있게 활용될 수 있으므로 구축 과정에서 엄격한 검증은 필수이다. 두 번째는 최근 학계에서도 제대로 만든 데이터의 가치를 높이 평가하기 시작했다는 사실이다. 이는 앞서 소개한 『사이언티픽 데이터』같은 전문 학술지의 등장으로도 확인할 수 있는 사항이지만, 이런 데이터만 모아 전문적으로 공유하고 제공하는 플랫폼이 다양하게 나오고 있으며[20], 구축된 데이터들이 연구에 지속적으로 활용되고 권위 있는 학술지에 잇달아 실리고 있다는 점 또한 그러한 경향을 입증해준다. 특히 A3 논문처럼 발굴 자료와 보고서가 분석 가능한 형태의 공개 데이터베이스로 제공된다면 고대 문명 연구에 유용하게 사용될 수 있을 것이다. 이처럼 잘 구축된 데이터가 있다면 다양한 방식의 분석과 해석이 가능하다는 것을 다음 장에서 살펴보도록 한다.

III. 데이터 분석: 자연스럽게 스며든 데이터과학

디지털 또는 컴퓨터를 활용한 연구방법론은 학문 분야별로 주로 사용되는 대표 기술이 있다. 인문사회학을 먼저 살펴보자면, 문학의 자연어 분석, 사회학의 네트워크 분석 기법이 대표적인 '학과-

[20] Kohler, Timothy A.·Buckland, Philip I.·Kintigh, K. W.·Bocinsky, R. K.·Brin, A.·Gillreath-Brown, A.·Ludäscher, B.·McPhillips, T. M.·Opitz, R.·Terstriep. J., "Paleodata for and from archaeology.", *PAGES Magazine* 26: 2, 2018, pp.68~69.

연구방법론' 짝꿍이다. 자연과학과 공학에서 보자면 지리학은 지리정보시스템GIS 분석, 물리학은 통계물리와 복잡계연구, 컴퓨터공학에서는 최근 떠오르는 기계학습과 인공지능이 학과-연구방법론 짝으로 연결되어 있다. 그리고 통계학에 뿌리를 두는 데이터과학은 앞서 이야기한 여러 기법을 포괄적으로 다루며 데이터 자체의 완결성 있는 분석과 체계화, 시각화에 중점을 둔다. 고고학은 일찍이 디지털 기술·데이터 분석을 다방면으로 적용하고 활발하고 이용하는 학문 분야로, 앞서 언급한 학문 분야별 대표 연구방법론을 대부분 적용하고 있다. 이에 최신의 고고학 연구 사례 중 데이터 분석 측면에서 주목할 만한 논문을 선정하여, 데이터과학 방법론을 구체적으로 어떻게 적용하였는지 살펴보고자 한다.

이를 위해 '데이터 분석의 표준 프로세스'가 무엇인지를 정의하는 것이 필요하다. 데이터과학에서 정형화된 '표준'분석 프로세스는 쓰임에 따라 다르게 정의되지만, 공통적으로 언급되는 단계는 다음과 같다: 1 기획 → 2 수집 → 3 정제 → 4 분석탐색, 모델링 → 5 시각화 및 스토리.

분석 방향과 어떤 부분에 초점을 두느냐에 따라 위의 각 단계는 세분화되기도 하고 합쳐지기도 한다. 본 글에서는 1·2단계를 합쳐 '데이터 선정과 수집'으로, 3단계는 여러 자료의 통합을 중요한 기술로 보아 '데이터 정제 및 통합'으로 명명한다. 그리고 4·5단계는 명확히 분리되기보다는 섞여서 수행하는 경우가 많으므로 '데이터 탐색'과 '다각도로 분석하기 분석 및 시각화'로 나누기로 한다.

〈표 1〉 데이터 분석 프로세스

P1) 데이터 선정과 수집	연구에 사용할 수 있으며 가치가 있는지 그 배경을 확인한 뒤 검증 가능한 방식으로 데이터를 모은다.
P2) 데이터 정제 및 통합	불필요한 정보나 잘못된 부분을 찾아내어 제거하고, 정확한 데이터로 사용 가능하게끔 만드는 과정이다. 또한 출처가 다른 여러 데이터를 통합하는 경우가 많은데, 예를 들어 역사 자료와 지리 정보와 결합하는 등의 작업등이 해당된다. 또한, 이 과정은 해당 분야를 제대로 이해하는 연구자가 꼭 필요한 단계로 합리적이며 엄밀한 기준으로 정제하고 통합하는 것이 중요하다.
P3) 데이터 탐색	데이터 자체의 성격을 확인하는 단계로, 분포와 결측치 같은 전반적인 통계 지표를 만들어 특성을 확인한다. 이후 어떤 분석 방법을 사용할 것인지를 결정하려면 이 단계에서 특성을 파악해야 한다.
P4) 다각도로 분석하기 (분석 및 시각화)	이전에 알기 어려웠던 것을 찾고 가설을 뒷받침하거나 직관을 잘 드러낼 수 있는 부분을 설명하는 부분으로, 다양한 차트, 지도, 그래프 등을 이용해 이해를 높일 수 있다. 데이터과학의 여러 가지 분석 기법과 알고리즘이 이 상황에 맞는다는 것을 보이고 적용한 결과를 정리하는 것도 이 단계에서 많이 활용하는 방법이다.

〈표 1〉의 구분P1·P2·P3·P4은 다음에 소개할 논문에서 데이터과학의 프로세스 사용례를 효과적으로 표현하기 위해 본고에서 정의한 단계이지만, 기본적인 데이터과학의 작업 순서와 일치함을 다시 한 번 강조하고자 한다. 살펴볼 논문A4·A5·A6은 『사이언스 어드밴스』에 최근 5년간 발표된 연구로,[21] 이번 장에서는 이 논문들이 데이터

[21] *Science Advances*는 *Science*지에서 2015년 창간한 자매지로 오픈엑세스 과학 저널이다.

과학의 분석 프로세스를 빠짐없이 내포하고 있다는 것을 확인할 것이다. 각 과정마다 분석 프로세스의 어떤 부분이 대응되는지는 앞서 표기한 P1·P2·P3·P4로 기술하도록 하겠다.

1. 동아시아 수수 농사의 불연속적 확산과 선사시대 인구 동역학[22]

이 논문은 동아시아에서 일찍이 재배된 기장과 조가 지역적으로 볼 때 불연속적으로 확장된 경향을 분석한 것으로, 중국과 한국, 일본에서 수수기장, 조를 모두 포함 재배시기를 탄소동위원소법으로 추정한 170개의 고고학 유적 데이터를 이용한다P1. 연구 범위를 8개의 지역 분류로 나누어 시기별 확산 경향을 알아보려고 하나, 각 지역 안에서도 유적지별로 재배 시점의 범위가 넓고 모수가 적어 신뢰도 있는 값을 사용하기 어려운 문제가 있다P3. 이에 베이즈 모형Bayesian Model을 사용하여 지역별로 수수 재배 시점을 통계적으로 의미 있게 재구축할 수 있는데,[23] 그 결과는 〈그림 6〉에서 확인할

과학 전반을 모두 다루며, 사회과학과 컴퓨터과학 논문도 게재 가능하다.

[22] Leipe, C.·Long, T.·Sergusheva, E. A.·Wagner, M.·Tarasov, P.E., "Discontinuous spread of millet agriculture in eastern Asia and prehistoric population dynamics.", *Science Advances* 5: 9, 2019.

[23] 베이즈 모형(Bayesian model)은 두 확률변수의 사전 확률과 사후 확률 사이의 관계를 나타내는 베이즈 이론(Bayes theorem)을 기반으로 한 것으로, 이 경우는 데이터를 모형을 통해 전체 모수를 추론하는 데 사용한다. 즉 적은 수의 수수 재배 데이터를 그대로 이용하면 재배 시기의 오차 또한 그대로 활용하게 되므로 모수를 계산하여 충분한 데이터(모수)가 있었다는 것을 가정했을 때 재배시점이 어떻게 되는지 추론한다. 이때 재배시점은 확률로 표현하게 되므로 〈그림 6〉처럼 기간으로 나타나게 된다.

수 있다P4. 아울러 지역별 수수 재배 확산을 설명할 수 있도록 러시아-중국 경계 지역 고고학 보고서와 같은 최신 데이터도 동일한 형태로 만들어 통합한다P2. 그리하여 동아시아와 중앙아시아 전역을 아우르는 수수 재배의 시간-공간 패턴을 만들어 지도와 시간축 그래프로 각각을 설명한다P4. 수수 재배 확장 패턴이 실제 인구 패턴과도 일치하는지 교차 검증하기 위해 중국 전역의 고고학 데이터베이스앞 장에서 소개한 A3 논문 데이터를 이용해 총 51,074개 유적지 중 수수 재배 지역과 일치하는 40,696개 유적지 데이터를 뽑아P1 재배 시기 데이터와 통합한다P2. 이후 유적지 숫자를 인구 분포로 가정하여 시간에 따른 인구 증가와 유적지 분포가 일치하는지 핵밀도추정Kernel Density Estimate: KDE 모형[24]을 이용해 비교한다P4. 이를 이용해 중국 북중부 지역과 북동지역 등 여러 지역에서 인구 변화와 수수 재배 경향성이 일치하는 정도가 입증 가능한 수준임을 보이고, 더 나아가 분석 결과에 기반하여 일본 북부는 연해주를 거쳐 전래되었고, 중앙아시아는 중국 중부의 인구 이주를 통해 수수 재배가 확산되었을 것이라는 가설을 제기한다P4.

---

[24] 핵밀도 추정 모형(Kernel Density Estimate)은 실제 변수가 가지고 있는 본질적인 특성을 파악하기 위한 방법이다. 여러 데이터는 특정 변수의 일면에 불과한데, 관측된 데이터를 이용해 거꾸로 그 변수의 특성, 여기서는 확률분포라 불리는 특성을 알아내고자 하는 방법이다. 이 확률분포가 어떠한 모양을 가지고 있을지를 알기 위해 밀도 추정 모형을 쓰는 것이고, 그 중 하나로 커널함수(Kernel function)을 이용하는 것이 핵밀도추정(KDE)이다. A4 연구에서는 유적지 수와 분포를 인구 증가 분포와 비슷하게 볼 수 있을지를 추정하기 위해 사용하였다. 즉 이 방법으로 검증되면 유적지 수와 인구수의 관계가 통계적으로 유의미하다고 볼 수 있다.

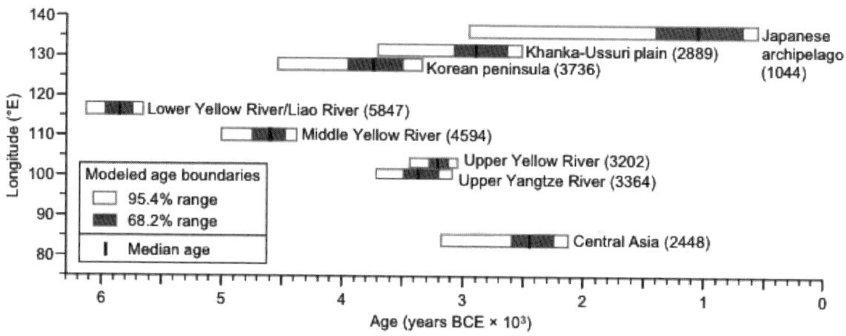

〈그림 6〉 베이즈 모형으로 동아시아 8개 지역의 수수 재배 증거를 담은 고고학 유적지 데이터(170개)의 지역별 재배시점의 평균값과 신뢰구간을 구한 결과. 각 지역의 평균 재배시점은 괄호 안의 숫자를 참고할 것. 가로축의 눈금은 100년 단위로 기원전 6,000년부터 시작하고, 세로축은 경도를 나타낸다. 이 결과는 OxCal 이라는 탄소동위원소 데이터 분석용 소프트웨어로 구한 결과이다. 소스 코드는 논문의 추가 자료에 공개되어 있다. (출처: 논문 A4의 Figure 2.)

2. 고대 사회의 취락 측정과 증가하는 반대급부[25]

앞서 살펴본 연구A4가 농학과 고고학의 합작이라면, 이번 연구는 인류학과 물리학, 그중에서도 복잡계 네트워크 이론의 만남으로 볼 수 있다. 이 연구는 멕시코시티가 위치한 멕시코 분지Basin of Mexico: BOM의 선先스페인 시기 고고학 자료를 이용해 인구 증가와 건축물 규모 간의 관계를 패턴으로 일반화할 수 있는지를 고찰한다. 논문은 선행 연구Ortman et al. 2014에 기초해 가설을 세우고 그에 필요한 데이터와 그 형태를 먼저 정의하는데, 이미 기존 연구에서 활용한 방식과 비슷하게 데이터를 활용할 수 있기에 가능한 작

[25] Ortman, Scott G.·Cabaniss, Andrew HF·Sturm, Jennie O.·Bettencourt, Luís MA, “Settlement scaling and increasing returns in an ancient society.”, *Science Advances* 1: 1, 2015.

업이다P1·P3. 데이터 수집은 1960년부터 1975년 사이 멕시코시티 고고학 발굴 자료를 집성한 전자 자료에서 시작하는데, 이 과정에서 가설을 입증하기 부족한 부분을 보강하기 위해 정주 패턴에 대한 연구 자료와 공공 묘장墓葬 자료, 최신의 유적 분석보고서 등을 추가해 총 4,000여개의 유적 데이터를 구축한다P1·P2. 이후 시대별로 유적지의 면적과 인구 관계를 통계 분석한 결과를 이용해P4, 가설로 세운 인구-면적 네트워크 공식의 계수를 측정하고, 이 값으로 사회구조에 따라 인구 분포와 수치 값을 합리적으로 예상할 수 있음을 보인다. 또한 시대와 상관없이 '정치단위체 인구와 공공 건축의 규모'와 '정주인구수와 거주 구릉지 면적'의 상관관계는 물리학에서 말하는 초선형 스케일링Superlinear scaling의 특징을 따르는 것을 통계량과 그래프를 이용해 밝히고 있다P4 〈그림 7〉 참고.[26] 여기서 가설로 세운 '적정 확장성scaling' 공식의 예측값보다 고고학 자료로 추정한 값이 경향은 일치하나 약간 상회한다는 점을 밝히고 있다. 이 연구는 인간의 정주-확장 이론이 현대 사회뿐만 아니라 고대 사회에도 적용될 수 있는 일반론이라는 것을 입증하기 위한 것으로, 고고학 자료를 이용한 전형적인 사회과학 연구의 형태를 보여준다.

---

[26] 초선형 스케일링(Superlinear scaling)이란 x, y축이 log 로 측정되는 그래프에서 기울기가 1.0 (=linear) 이상인 그래프를 의미한다. 예를 들어 기울기가 1.2 인 초선형 척도에서는 x가 100% 증가할 때, y는 120% 증가한다는 의미이다. A5 논문에서는 인구수를 x 축으로 잡았을 때, 건축물의 크기와 규모를 y축으로 보면, 아즈텍 문명 등 멕시코시티에 있던 문명들이 공통적으로 인구 증가에 비해 건축물의 규모가 더 커졌다는 점을 보이고 있다.

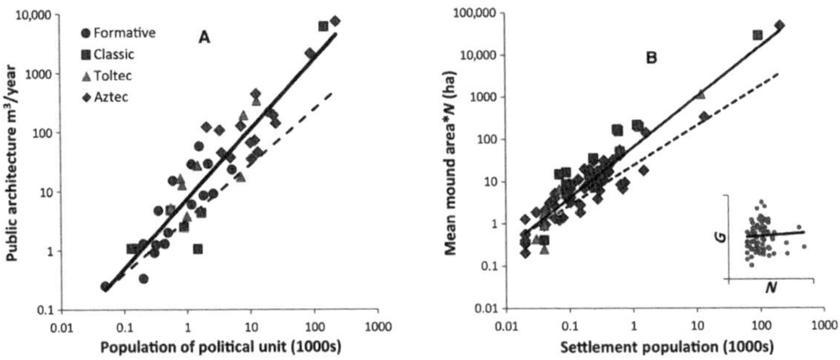

〈그림 7〉 (A) 정치체의 인구 규모 증가(가로축)과 공공건축물의 크기(부피)를 세로축에 놓은 그래프. 각 점은 멕시코시티에 위치했던 문명의 각 사회집단의 인구/건축물 크기를 나타낸다. 점선은 선형 증가일 때를 의미한다. (가로-세로 변화량이 같은 경우) (B) 가로축을 정주인구, 세로축을 정주지의 평균 면적으로 본 그래프. 두 그래프 모두 시대와 상관없이 문명 사회들의 사회 발전도는 일정한 패턴이 있음을 보이고 있다. (굵은선이 추세선) 그리고 그 패턴은 선형이 아닌 초선형 형태를 띄고 있다. (출처: 논문 A5의 Figure 2.)

3. 환경 변화가 아시아 전역의 농업 혁신과 교환 자극[27]

이 논문은 기후 데이터와 고고학 기록을 이용해 10,000여 년 전부터 유라시아의 기후 변화가 농업을 어떻게 다변화시키고 다양한 형태의 교역과 적응을 이끌어냈는지 고찰한다. 먼저 홀로세 시기의 기후 변화를 알기 위해 이 기간의 기후 변동 모형을 다룬 선행 연구데이터와 '지구기후 네트워크Global Historical Climatology Network: GHCN' 데이터베이스[28]에서 최근 몇십 년간의 범지구적 기후 데이터

---

[27] Guedes, Jade d'Alpoim·Bocinsky, R. Kyle, "Climate change stimulated agricultural innovation and exchange across Asia.", *Science Advances* 4: 10, 2018.

[28] 지구기후 네트워크(Global Historical Climatology Network: GHCN)는 미국 국립기후센터에서 관리하는 기온, 강수량, 기압 데이터베이스로 15,000개가 넘는 고정 관

를 모아 통합한다P1·P2. 그리고 각 곡물의 생육 가능 온도 범위, 즉 기후 생태적 지위를 확률로 표현한 논문 저자의 선행연구를 이용하여 6개의 주요 곡물밀, 보리, 메밀, 조, 기장, 벼의 분포 범위를 지도와 그래프로 나타내고 있다P3·P4. 이러한 기후 모형이 실제 고고학적 기록과 일치하는지 확인하고자 아시아 전역의 곡물 고고학 데이터를 여러 논문과 보고서에서 직접 가져와 통합하여 활용한다P1·P2. 이렇게 고고학적 데이터와 기후 변화 데이터가 시간축과 공간축으로 구축된 경우, 여러 차원으로 축을 바꿔가며 다각적인 관점으로 접근할 수 있다. 이 연구에서는 이를 통해 얻은 유의미한 결과를 다양한 그래프로 여러 페이지에 걸쳐 보이고 있다P4, 이후 설명도 모두 같은 단계. 유적지 별로 곡물들의 생태적 지위 분포가 시간 흐름에 따라 어떻게 변화하는지를 담은 그래프〈그림 8〉만으로도 농업 작물의 다변화가 특정 시점부터 보편적으로 발생한 현상임을 쉽게 파악할 수 있다. 그리고 농업에 관한 최근의 고고학 연구와 해석을 이 데이터 분석이 뒷받침할 수 있는지를 설명하고 있는데, 오늘날 중국의 곡물 재배 현황이 과거의 기록과 어떤 연관성이 있는지를 설명하기 위해 추가 데이터를 가져와 비교하기도 한다.P4 이 연구는 결과 데이터뿐만 아니라 논문에 설명된 모든 그래프와 표, 그리고 최종 데이터 전체를 재현할 수 있는 프로그래밍 코드도 공개하여 투명성과 후속 연구의 가능성을 높였다는 점에 주목할 만하다.[29]

측소의 데이터를 수집하여 저장한다. 가장 오래된 기록은 1701년부터 수집된 것으로, 이를 통해 과거 200년 전부터 존재하는 기후 데이터를 이용하여 지구 기후가 어떻게 변화하였는지를 알 수 있다.

[29] 데이터 구축부터 분석, 그래프 생성까지 연구 결과로 발표된 모든 과정을 수행

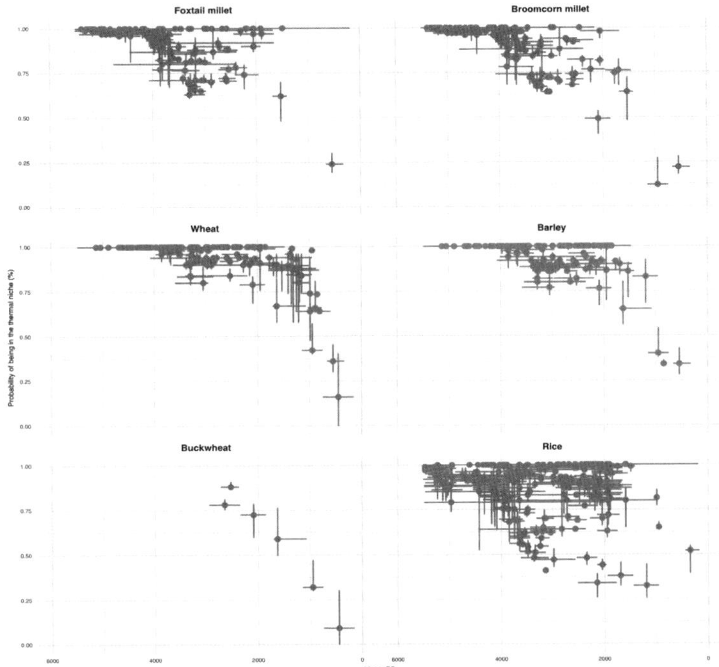

〈그림 8〉 (좌상단부터) 조, 기장, 밀, 보리, 메밀, 쌀의 생육 환경적 지위를 확률값으로 표현한 그래프. 가로축은 시간대(과거 6000년부터 현재까지 연도를 BP로 표현)를 나타내고, 세로축은 해당 곡물이 어느 정도의 (온도)생태적 지위를 가지고 생육이 가능했는지 확률로 나타낸 값이다. 각 점은 곡물 재배 흔적이 발견된 유적지를 의미한다. 점의 가로선은 방사성탄소연대로 보정된 유적지의 연대 범위, 세로선은 생태적 지위의 확률값 범위이다. 이 그래프에서 알 수 있는 것은 과거(왼쪽)에는 단일한 곡물을 재배하는 경향을 보였다는 것으로, 이후 시간이 흐르면서 같은 유적지에서 여러 곡물 재배 흔적이 나오면서 이에 곡물 각각의 생태적 지위가 모두 낮아지는 것을 모습을 관찰할 수 있다. (한 지역에서 단일한 곡물만 재배하면 그 곡물은 시장을 독점하는 것처럼 상대적 생태적 지위가 높다. 한 지역에서 여러 곡물이 재배되면 서로 생존 경쟁이 일어나므로 생태적 지위, 즉 생존 확률이 줄어든다. 그래프의 오른쪽으로 갈수록(시간이 흐를수록) 곡물의 생존 확률(세로축)이 낮아지는 것을 확인할 수 있다.) (출처: 논문A6의 Figure 3.)

할 수 있는 프로그램 소스코드가 온라인 소스코드 공개플랫폼인 깃허브(Github)에 공개되어 있다. (A6 논문의 소스 코드: https://github.com/bocinsky/guedesbocinsky2018, 검색일: 2020.01.19.) 데이터 분석이 핵심인 연구는 이처럼 연구 데이터뿐만 아니라 코드까지 공유하는 추세이다.

이 장에서 살펴본 논문들은 전개 방식과 여러 종류의 통계분석 수행 과정, 그리고 결과를 표현하는 다양한 그래프까지 데이터과학의 분석의 전형을 공통적으로 드러내고 있다. 또한, 고고학 발굴 데이터를 주요 자료로 사용하면서 서로 다른 데이터를 통합하고 엮을 수 있도록 하는 과정에 많은 공력을 쏟고 있다. 이는 고고학과 불가분의 사이인 고대 문명 연구에 참고할 여지가 많을 것으로 보인다. 무엇보다도 자료가 풍부하지 못한 고대의 특성상, 여러 데이터를 수집하고 통합하는 데이터과학의 방법론은 많은 도움을 줄 수 있다. 이렇게 만든 데이터와 프로그래밍 코드를 온라인 공유 플랫폼으로 배포하여 후속 연구가 쉽게 일어날 수 있게끔 한 것도 위 연구의 공통된 특징이다. 이제 이러한 데이터 분석을 넘어, 연구 대상과 그 주변 상황, 그리고 시간 흐름에 따른 변화 그 자체를 직접 재현하며 들여다볼 수 있는 방법론을 다음 장에서 확인해 보도록 하겠다.

IV. 데이터 기반 시뮬레이션: 마르지 않는 'What-If' 샘물

시뮬레이션이란 사전적으로는 '복잡한 문제나 현상을 해석하고 해결하기 위해 실제와 비슷한 모형을 만들어 행하는 모의실험'을 뜻한다. 오늘날 컴퓨터와 디지털기술의 발전으로 대부분 시뮬레이션이라 하면 컴퓨터를 으레 떠올리는데, 프로그램으로 작성된 모형을 실행하고 그 과정과 결과를 보는 것으로 단순화하여 이해해도 큰 무리는 없어 보인다.

이 시뮬레이션을 연구에 활용하는 것은 더 이상 자연과학과 공학의 전유물이 아니다. 이미 고고학에서는 '행위자 기반 모형 ABM Agent-Based Models'이란 방법론을 연구에 적극 활용하고 있다.[30] 이는 주로 고고학적 발굴 결과를 토대로 당시 사회와 인간 행동양식이 어떠했을지 파악하는 데 유용하게 활용되고 있는 방법론이다. ABM은 환경과 행위 주체인 인간의 행동과 상호작용을 정의하고 프로그램화하여 시간의 흐름에 따라 어떤 패턴을 보이는지를 분석한 뒤, 그 결과가 고고학적 증거에 잘 들어맞거나 정황을 합리적으로 설명할 수 있는지 여부를 검토한다.

이처럼 시뮬레이션은 현상 예측과 법칙의 증명에 많이 활용되는데, 고고학이나 역사학처럼 당대를 그려보는데 필요한 지식의 공백이 많아 추론의 여지가 많을수록 도움이 된다. 알고 있는 부분은 고정 값으로 두고, 미지의 영역은 수시로 바꿔 넣어볼 수 있는 변수로 만들어 모형을 만든 뒤, 가상으로 시뮬레이션을 수백 수천만 번 실

---

[30] 각 Agent(행위자)와 행위자의 행동을 미리 정의해두고, 찾고자 하는 변수를 입력한 뒤 실행하면 가상의 시간 흐름에 맞게 행위자들과 주변 환경이 어떻게 변하는지를 직접 관찰할 수 있다. 컴퓨터 게임을 ABM의 활용 사례로 바라보는 것도 이해하는데 도움이 된다. 고고학에서 ABM이 어떻게 사용되는지를 보려면 다음 글을 참고할 것: Romanowska, Iza·Stefani Crabtree·Benjamin Davies·Kathryn Harris 2019 "Agent-based Modeling for Archaeologists. A step-by-step guide for using agent-based modeling in archaeological research (Part I of III)." *Advances in Archaeological Practice* 7, 2019, pp.178.

행해볼 수 있다. 그 중, 특정 패턴이 실제 역사적 사실과 고고학적 증거와 부합하면서 동시에 재현 가능함과 정합성을 지닌다면, 그 패턴에 쓰인 변수 값을 바로 궁금했던 질문의 유력한 답으로 추정해 볼 수 있다. 더 나아가 다양한 합리적 모형을 별도로 만들고 각 시나리오별로 어떻게 진행되는지 시간 흐름에 따른 변화를 관찰할 수 있다. 즉 시뮬레이션 방법론은 'What-If'를 수없이 많이 시도해 볼 수 있는 강력한 도구인 것이다. 또한 시뮬레이션 방법론은 유연함과 확장성이라는 이점도 있다. 자신의 연구가 시뮬레이션으로 표현 가능한 모형의 형태로 있다면 기존의 데이터를 뒤엎는 새로운 자료가 나왔을 때, 그 모형을 수정해서 새로운 데이터를 반영해 실행해보고 좀 더 나은 설명으로 모형을 진화시킬 수 있다. 그리고 새로운 연구 성과를 업데이트하면서 다음 버전의 시뮬레이션 모형으로 관리하는 형태로 연구를 지속적으로 확장할 수도 있을 것이다.

한 가지 흥미로운 사실은 이미 고고학에서는 20여 년 전부터 시뮬레이션을 이용한 연구 성과가 나오기 시작하였다는 점인데, 그 강력함에 비해 분과 이상으로 널리 쓰이는 것으로 보이지는 않는다. 몇 가지 원인을 추측해보건대 우선 시뮬레이션 결과를 보이는 방식이 그 제약점 중 하나로 보인다. 시뮬레이션을 활용한 연구를 논문 또는 책처럼 활자화된 방식으로 설명하다 보면 그 특유의 생명력과 재현력을 확인하는 데 한계가 있을 수밖에 없다. 이는 시뮬레이션 프로그램을 동작시켜 값을 직접 바꿔가며 변화하는 결과를 확인할 수 없기 때문이다. 전통적인 출판 기반의 연구 성과 공유는 다른 연구자들의 시뮬레이션 프로그램을 접하기 어렵게 하고, 이를 이용한 후속 연구가 활성화되기 어려운 환경을 만든다. 연구자들이 시뮬레이션 방법론을 충분히 인용하고 활용하려면 논문이라는 형태가 아닌 동작 가능한 형태로 공유되고 다시 사용할 수도 있게끔 제공될 필요가 있다. 일례로 다른 연구자들도 직접 시뮬레이션을 실행해볼 수 있도록 인터넷에 동적 웹사이트를 만들어 프로그램을 올리는 방법이 가능할 것이다. 그러나 IT 기술이 발달한 이 시점에도 이러한 사례는 드문 것으로 보이고, 그나마 있는 경우도 다른 연구자들이 이해할 정도의 직관적, 시각적인 요소가 떨어져 여전히 아는 사람만 계속 활용하게 되어 외연 확장이 쉽지 않은 현실이다.[31] 불행 중 다행이라면 오늘날 디지털 인문학의 발흥이 이러한 문제점을 차차 해결할 가능성이 있다는 점이다. 이를 위해 시뮬레이션 코드와 프로그램을 공유하는 수준을 넘어, 해당 분야를 잘 모르는 동료 연구자들에게도 바로 사용할 수 있도록 접근성을 높이는 것이 필요하다. 그리하면 시뮬레이션 방법론 또한 빠르게 외연을 확장하여 고고학의 주요 연구 방법론으로 자리 잡을 수 있을 것이다.

이에 이러한 시도가 가능한지 알아보고자 구체적인 사례를 살펴보기로 한다. 앞서 소개한 ABM은 아니지만 시뮬레이션 방법론을 사용한 최근의 연구 사례 중 『네이처』와 『사이언스 어드밴스』에 등재된 두 건A7·A8의 논문을 살펴보면서 시뮬레이션 기반 연구의 특징과 장점을 검토해보기로 한다.

---

[31] CoMSES network(https://www.comses.net/) 라는 행위자기반모형(ABM) 연구자 커뮤니티가 잘 알려진 사례이다. 이곳에서는 여러 연구자들이 자신의 연구 결과를 논문과 시뮬레이션 모형을 같이 올려 공유한다. (검색일: 2020.02.12.)

1. 앙코르의 종말: 기후 변화에 대한 도시 인프라의 체계적 취약성[32]

중세 캄보디아의 크메르Khmer[33] 제국의 수도 앙코르Ankor가 쇠락한 이유로는 여러 가설이 나오고 있는데, 이 연구는 그중 하나인 기후 변화로 인한 수리 체계의 붕괴를 다루고 있다. 앙코르는 13세기 세계 최대의 도시였는데 약 1,000㎢에 달하는 도시 전역은 수많은 운하, 저수지, 제방, 해자 등으로 연결된 수로로 덮여 있었다. 이 수로 인프라는 600여 년 동안 앙코르를 홍수와 가뭄에서 효과적으로 벗어날 수 있도록 해 준 것으로 보인다. 최근의 고고학 증거는 앙코르가 여러 해 동안 수로 인프라의 손상을 입었고, 그로 인해 대규모의 도시 분절화가 나타났음을 입증한다. 이 논문은 홍수가 발생할 때 수로의 구조적 형태에 손상을 입을 가능성과, 그것이 누적되었을 때 결국 특정 물길이 퇴적되어 사용할 수 없게 되는 과정을 수식과 모형을 통해 시뮬레이션으로 보이고 있다. 순서를 보자면 홍수의 강도, 침식 한계값, 퇴적 경향성을 연구자가 임의로 설정할 수 있는 변수로 두고 지형과 상관없는 위상학적으로 단순화된 구조에

---

32 Penny, Dan·Zachreson, Cameron·Fletcher, Roland·Lau, David·Lizier, Joseph T.·Fischer, Nicholas·Evans, Damian·Pottier, Christophe·Prokopenko, Mikhail, "The demise of Angkor: Systemic vulnerability of urban infrastructure to climatic variations.", *Science advances* 4: 10, 2018.

33 크메르 제국(Khmer Empire)은 9세기부터 15세기까지 인도차이나 반도에 존재한 왕국으로, 현재 캄보디아의 원류가 된 나라이다. 앙코르 와트(Angkor Wat)와 앙코르 톰(Angkor Thom)과 같은 화려한 유적을 남겼다. 13세기 초에 가장 융성하였으나 이후 쇠락을 거듭해 타이의 아유타야(Ayuthaya)에 의해 멸망하고 이후 캄보디아 왕국으로 명맥을 이어나갔다.

서 동작하는 단계별 손상 모형을 먼저 설계한다. 이 모형이 시스템 붕괴를 관찰할 수 있는 합리적 설명인지 다양한 변수를 넣고 실험하여 적정 값을 예측한다. 그다음 단계는 실제 앙코르의 수로를 네트워크로 표현하는 것인데, 고고학 발굴 결과를 이용한 과거 지도를 바탕으로 수로의 길이, 너비 등을 수치화한다. 그런 후 앞서 만든 모형에 앙코르 수로 체계를 넣고 다양한 강도의 홍수를 상정하여 시뮬레이션하고 그 결과를 확인한다 〈그림 9〉 참고. 모형은 이러한 단계별 손상이 홍수의 강도에 따라 급격히 증가함을 입증하는데 고강도의 홍수가 연속적일 때 특히 시스템의 붕괴가 빠르게 올 수 있음을 정량적으로 설명한다. 논문은 14세기 말 동남아시아에 강우량이 특히 많았다는 고고학 증거 또한 이 시뮬레이션 결과가 당시 상황을 더욱 설득력 있게 설명하고 있음을 밝히고 있다.

〈그림 9〉 앙코르의 수로 네트워크와 시뮬레이션 결과를 나타낸 지도. 〈Qi〉n은 수로의 손상 정도를 나타내는 함수로, 이 경우는 n=3,000 번 반복했을 때 각 수로(연결선)가 입은 손상이 어느 정도인지 색으로 표현했다. 붉은색이 진할수록 손상이 심한 것으로, 그 지역에 홍수가 일어날 가능성이 커진다. (출처: 논문A7의 Figure 5.)

2. 유목 생태가 형성한 아시아 실크로드의 고지대 지리학[34]

이 연구는 역사학계에서 대체로 합의된 결론인 실크로드 교역의 네트워크적 관점을 소개하면서, 그에 비해 오아시스나 도시가 없는 고지대 목축 지대에서 명확하지 않은 네트워크 연결성을 지적하고 있다. 이에 논문에서는 그 부분을 밝히고자 시뮬레이션을 활용하는데, 높이 750-4,000m 사이의 고지대에 위치한 유목 사회들이 계절성 목축 이동하는 경로를 시뮬레이션한 선행연구의 모형을 기본으로 하여 중국-중앙아시아 접경지대 지형 위에 목초지 품질과 분포를 설정하고 정주 밀도와 인구, 그리고 이동 거리에 들어가는 비용을 변수로 입력할 수 있는 시뮬레이션 모형을 구축한다. 그런 다음 겨울에 목축 사회가 정주할 수 있는 저지대 지역에 무작위로 5,000개의 가상 사회를 점으로 배치하고, 겨울이 끝나면 목초지를 따라 이동하고 그 경로를 누적시키는 작업을 500번 수행한다. 시뮬레이션 1회 실행이 한 계절을 의미한다면 오차 범위를 감안해도 몇 세기에 걸친 시간을 가상으로 돌려보게 되는 것이다. 이 누적 경로를 종합하면 실크로드 회랑 지역의 고지대에 무수히 많은 돌기와 선이 점차 이어지면서 자연스럽게 특정한 경로와 중심지가 나타난다. 논문은 실험 대상의 지역에 실제 발견된 618개의 유적지 중 258개가 모형이 생성한 지점과 겹치는 것을 보이며 모형의 타당성

[34] Frachetti, Michael D., C.·Smith, Evan·Traub, Cynthia M.·Williams, Tim, "Nomadic ecology shaped the highland geography of Asia's Silk Roads.", *Nature* 543: 7644, 2017, p.193.

을 입증하고 있다. 이렇게 일치한 258개 유적지가 임의로 생성되기 어렵다는 사실을 통계분석으로 입증하여 모형의 신뢰도를 한층 높이고 있다. 또한 논문에서는 시뮬레이션으로 500번 수행하는 중간 과정을 단계별로 보이며 고지대 경로가 생성되는 모습을 지도에 담아 이해를 돕고 있는데〈그림 10〉 참고, 이러한 목축성 이동 경로 패턴은 오랜 시간 흐름에 따라 의도하지 않고도 자연스럽게 생성될 수 있는 결과임을 보이고 있다. 이 시뮬레이션 기반 연구는 오래 전부터 확립되어 온 중앙아시아 산악 유목민의 이동성 패턴에 따라 고지대 실크로드 네트워크가 서서히 출현했을 것이라 주장한다.

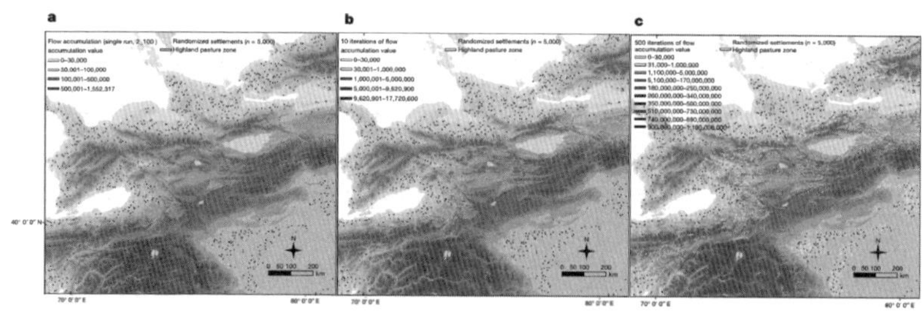

〈그림 10〉 톈산산맥과 타림분지 고지대에서 목축성 이동누적경로 시뮬레이션을 수행한 결과를 단계별로 표현한 지도. (a)는 1번 수행, (b)는 10번 수행, (c)는 500번 수행한 결과. 점과 선의 색깔이 진할수록 누적된 이동 횟수가 많은 것으로 시뮬레이션 수행 회수가 많아질수록 선과 점을 잇는 경로가 선명해짐을 알 수 있다. 기본적인 목축 이동양식과 규칙만 설정하여도, 이러한 실크로드 고지대 연결 네트워크가 시간에 따라 자연스럽게 형성될 수 있음을 보이고 있다. (출처: 논문A8의 Figure 2.)

이 연구의 기술적 면모를 좀 더 살펴보면 다른 시사점도 찾을 수 있다. 우선 잘 알려진 GIS 소프트웨어인 'ArcGIS'[35]를 이용했다는

[35] Esri 사의 지리정보시스템(GIS) 소프트웨어. 지도를 포함해 지리 데이터 전반을 광범위하게 다룰 수 있는 소프트웨어이자 플랫폼으로 다양한 제품군이 있다.

점인데, 실제 지형을 그릴 뿐만 아니라 모형에서 흐름을 시뮬레이션하기 위한 핵심 부분을 위 소프트웨어가 제공하는 알고리즘을 이용했음을 밝히고 있다. 즉 이 시뮬레이션은 실제 물리적 흐름과 이동을 표현하는 엔진에 해당하는 복잡한 부분은 직접 만들지 않고 기존의 만들어진 모듈을 가져와 사용하여 구현의 난이도를 크게 낮췄다. 이처럼 일견 복잡해 보이는 시뮬레이션도 연구자들이 개념만 명확히 정의하고 설계할 수 있다면, 비교적 쉽게 만들어 볼 수 있다는 점을 시사하고 있다. 이와 비슷하게 행위자기반모형ABM에서 많이 사용하는 넷로고NetLogo[36]라는 소프트웨어가 있지만, 실제 지형을 그대로 활용하기에는 한계가 있는 구조이다. 이 연구에서 사용한 것처럼 실제 지형과 당시 시대 환경을 쉽게 설정하여 시뮬레이션 할 수 있는 도구를 사용한다면 더욱 수준 높은 연구가 많이 나올 수 있을 것으로 보인다.

이외에도 역사를 바라보는 관점에 대한 새로운 시도가 대두되고 있다. 복잡계과학이라는 통계물리학의 사회과학적 변용은 40년이 되는 시간에 걸쳐 서서히 인문사회 영역에 골고루 영향력을 보이고 있다. 에릭 클라인Eric Cline의 유명한 저서, 1177 B.C.: The Year Civilization Collapsed 한국어판 제목 『고대 지중해 세계사』는 고고학과 역사학에서도 본격적으로 그러한 해석을 도입한 대표적 사례이다. 클라인은 고대 지중해 세계의 청동기 문화가 왜 갑작스레 무너졌는지

[36] NetLogo는 사회 현상을 ABM 형태로 시뮬레이션할 수 있는 프로그래밍 언어로 1999년 노스웨스턴 대학에서 만들어 지금까지 널리 쓰이고 있다. 오픈 소스로 공개되어 있어 누구든 자유롭게 이용할 수 있다. https://ccl.northwestern.edu/netlogo/ 참고 (검색일: 2020.02.12.)

에 대해 단일한 인과관계를 설정하지 않는다. 오히려 그 어떠한 원인도 결정적이지 않으며, 복합적이고 서로 얽혀 영향을 끼쳤을 것이라는 다소 애매하게 보일 수 있어 비판의 소지가 있는 결론을 조심스럽게 제시하고 있다.[37] 그러나 복잡계적인 관점을 역사학의 큰 담론 중 하나에 적용했다는 점에서는 새로운 전환점이 될 여지가 보인다. 다만 비판의 목소리도 일리가 있는 바, 이러한 결론을 시뮬레이션을 통해 그 가능성을 설명할 수 있다면 더욱 훌륭한 해석으로 보강될 수 있을 것이다. 이처럼 시뮬레이션 방법론에서 복잡계 시스템은 기본적으로 고려해야 할 사항이다. 오늘날과 과거의 인간 사회 모두를 복잡계라고 본다면, 이를 기반으로 한 시뮬레이션은 인류학, 고고학, 그리고 역사학이 그동안 모은 수많은 퍼즐 조각을 모아 맞춰볼 수 있는 방법을 제공해 줄 수 있을 것이다.

이렇게 데이터의 구축에서 시작하여, 분석을 거치고 모형을 만들어 시뮬레이션하는 부분까지 이어지는 학계의 최근 흐름을 논문을 통해 살펴보았다. 이 과정에서 데이터과학의 방법론이 곳곳에 적용되어 있음을 확인할 수 있었다. 대체로 고고학에 치중된 연구 결과는 아쉬운 면이 있지만 다른 한편으로는 최고 수준의 자연과학 학술지에 수용될 수 있는 방법론은 인문사회학에도 크게 활용될 여지가 있음을 보여주기도 한다. 특히 고고학과 밀접한 관계인 역사학은 비교적 쉽게 데이터과학의 방법론을 적용하고 성과를 올릴 가능성이 매우 크다. 물론 이를 위해서는 문헌 연구 중심의 역사학에

[37] 에릭 클라인(저), 류형식(역), 『고대 지중해 세계사』, 소와당, 2017, 284~291쪽.

서 더욱 유용하게 활용될 수 있는 텍스트 분석 기술이 필수적이라 할 수 있겠다. 본 글에서는 다루는 논문들은 모두 고고학을 기반으로 하고 있어 텍스트 분석 사례를 다루지 못한 아쉬움이 있다. 그러나 문헌 사료 연구 또한 결국 데이터과학을 이용하려면 데이터를 수數로 변환해야 하고, 그 숫자에 의미를 담아 분석하게 되므로 지금까지 설명한 방법론을 모두 거치게 되는 것은 사실이다. 차후 연구에서 텍스트 분석에 집중하여 역사 연구에 효과적인 데이터과학 방법론을 살펴보도록 할 예정이다.

마지막으로 살펴볼 사례는 데이터과학을 기본 도구로 삼아 학문 간 정보 교류의 수단으로 이용하고, 이를 통해 많은 연구자와 다양한 학문이 얽힌 거대한 프로젝트이다. 앞으로의 역사학, 그리고 고대 문명 연구가 어떻게 초학제간 연구로 발전해 나갈 것인지를 다음 장에서 살펴보도록 하겠다.

V. 인류의 근원적 호기심을 찾아가는 거대 학문의 흐름: 학제간 협력 연구와 글로벌 프로젝트

이제 맨 처음 소개했던 두 건의 대규모 공동연구를 주목할 때가 되었다. 유럽인의 기원을 다룬 두 연구A9·A10는 여러 가지 공통점을 보이는데, 모든 고대사 연구자들에게 관심을 끌 만한 문명의 이주,

전파, 정착에 관한 주제를 다루고 있으며 양대 과학 저널인 『네이처』와 『사이언스』에 각각 실렸다는 유사점이 있다. 그중에서 가장 큰 공통점은 데이비드 앤서니와 그의 초원 가설로, 그는 4년의 시차를 둔 두 연구에 모두 연구자로 참여하였다. 이처럼 고고학·역사학에서 뜨거운 이슈로 논쟁 중인 가설을 두 개의 서로 다른 연구로 입증했다는 점은 주목할만하다. 그러나 여기서는 연구 내용인 초원 가설 자체의 타당성보다는 연구의 규모와 협력이 어떻게 진행되었는지에 초점을 맞추고자 한다. 특히 후속 연구가 몇 배 이상 커지고 복잡해졌지만 더 높은 엄밀함을 추구하고 이를 통합하여 완결된 설명을 제시하고 있는 점은 인상적이다. 역사학의 글로벌 프로젝트가 어떻게 가능한지를 이 두 논문A9·A10으로 살펴보도록 한다.

1. 초원지대에서 시작된 대규모 이주가 유럽의 인도유럽어의 근원[38]

이 연구는 유럽 서부에서 러시아에 이르기까지 각지에서 발견된 94명의 고대 유럽인의 인골에서 DNA를 추출해 그 기원을 분석한 전형적인 의학·분자생물학 논문이다. 논문의 대부분은 유전자 분석 방법론에 대한 설명과 통계 분석결과로 구성되어 있으며, 역사적 의미와 고고학적 논의는 마지막 부분에 집중되어 있다. 연구의 주된 논지는 초원지대와 농경문화를 대표하는 유럽의 각 지역에서 발굴된 고古인골의 유전자를 추출하고 이를 오늘날 유럽인의 유전

[38] Haak, Wolfgang, et al., op.cit., 2015, p.207.

자와 비교하여 인도유럽어족 인구 이동이 어느 방향에서 진행되었는지를 보이려는 데 있다. 인도유럽어족의 기원에 대해서는 오래전부터 두 가설이 대립하고 있는데, 약 8,500년 전 아나톨리아 반도에서 유럽으로 넘어와 신석기 농경문화를 형성한 사람들이 인도유럽어족의 기원이라는 '아나톨리아 가설'과 러시아 스텝 지역의 유목민의 이주를 기원으로 보는 '초원 가설'이 그것이다.[39]

이 논문은 후기 신석기시대에 초원 지역에서 대규모 이주가 발생했고, 고대 중부 유럽인의 상당수—최대 75%까지—가 초원지대에서 온 이주민으로 교체되었을 것이라는 결론을 DNA 분석을 통해 내리고 있다. 이는 8,500년 전 아나톨리아 반도에서 유럽으로 넘어와 신석기 농경문화를 형성한 사람들이 인도유럽어족의 기원이라는 '아나톨리아 가설'을 반박하는 결과로, 논문은 약 4,500년 전 초원지대의 핵심 지역으로 추정되는 러시아의 얌나야Yamnaya로부터 대규모 이주가 있었을 가능성이 높음을 보이며, 이를 뒷받침하는 초원 가설의 타당성에 대해 설명하고 있다. 고대 인골에서뿐만 아니라 현대 유럽인의 DNA에서도 초원지대의 기원을 볼 수 있다는 결과는 〈그림 11〉로 확인할 수 있다.

오늘날 고인골의 유전자 분석을 통한 연구는 빈번하기에 그 방식만으로는 크게 놀랄 수준이 아닐 지도 모른다. 그러나 이 연구는 연구 자료와 연구자 그룹의 거대한 규모와 함께, 서로 다른 분야에서 다양한 방식으로 검증하고 이를 체계적으로 조합하여 신빙성 높은

[39] Pereltsvaig, Asya·Lewis, Martin, *The Indo-European Controversy: Facts and Fallacies in Historical Linguistics*, Cambridge University Press, 2015, pp.39~52.

결론을 얻었다는 점에서 주목할 만하다. 수많은 다방면의 전문가가 복잡한 협력 작업으로 인류의 달 착륙이라는 거대한 프로젝트를 성공시킨 것처럼, 역사 연구 또한 이처럼 큰 규모의 학제간 협업이 가능하다는 것을 이 연구를 통해 확인할 수 있다.

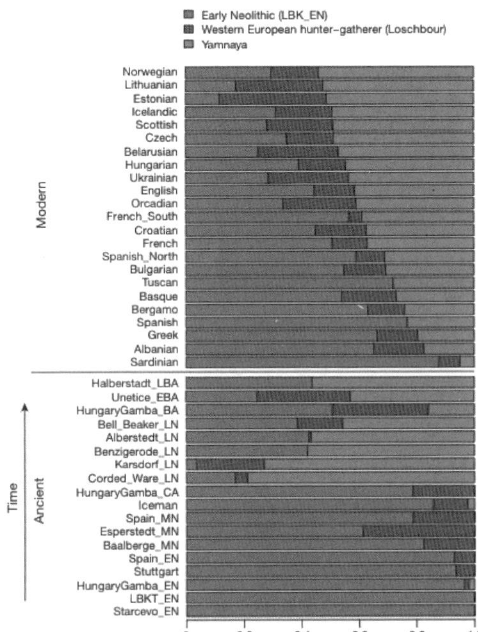

〈그림 11〉 지표 유전자 분포를 초기 신석기인, 서유럽 수렵-채집인, 얌나야(초원)인으로 구성으로 구분한 표. 녹색은 초원지대인 얌나야 지역 고대 인골의 유전자를 의미한다. 가로선 아래쪽 그룹은 고대인의 유전자 분포로, 초기에는 주황색 일색의 신석기 유럽인의 유전자만 보이다, 갑자기 녹색의 초원지대 유전자 그룹이 크게 등장하는 것을 볼 수 있다. 즉 특정 시점에 급격한 인구 변동이 있었음을 알 수 있다. 가로선 위쪽 그룹은 오늘날 유럽인의 유전자 분포로 얌나야 지역의 유전자가 오늘날 유럽인에게는 대부분 보인다. (출처: 논문 A9의 Figure 3.)

2. 남부, 중부 아시아의 인구집단 형성[40]

2019년 『사이언스』에 실린 이 논문은 그 규모가 더욱 거대해졌는데, 이전 연구A9보다 더욱 광범위한 지역의 인골을 대상으로 한 연구이다. 이번에는 523명의 중앙아시아와 남아시아 지역 고대인의 DNA를 이용하는데, 유럽과 러시아 이외에도 중앙아시아와 인도까지 포함하여 당시 이주의 양상이 어떠하였는지 더 큰 시각으로 바라보고자 하는 목적으로 진행되었다. 이 연구에서도 DNA 분석은 핵심 도구로 쓰이고 있으며, 이를 이용해 고고학 및 인류학 측면에서 연구되어 온 이주 양상이 실제 유전자 증거와 어떻게 일치하는지를 살펴보고 있으며, 그 규모를 보다 확대한 것이 앞선 연구A9와의 차이점이다. 117명의 공동저자 중 많은 수가 유라시아 각 지역의 고고학과 인류학 전문가들이라는 점은 연구의 국제성을 잘 드러내고 있다. 이 연구는 거대한 규모답게 300페이지가 넘는 연구 보강자료를 포함하고 있으며, 보강자료에서는 각 연구자가 맡은 지역에서 고고학적 증거와 유전자 분석 결과가 일치하는 경향이 있는지에 대해 상세히 다루고 있다.

연구의 핵심은 다음과 같다. 신석기 후반, 아시아 중부 지역은 수렵, 채집 위주의 인구 집단이 거주했고, 아시아 남부에서는 농경 집단이 존재했는데, 둘은 서로 유전적으로도 구분되어 있었다〈그림 12〉A 참고. 아시아 남부에서 유럽으로 농경이 확산되었을 것으로 보이며, 이 시기의 아나톨리아 반도를 포함한 서남아시아 지역에 거주

40 Narasimhan, Vagheesh M., et al., op.cit., 2019

한 사람들과 유럽인의 유전자는 상당수 일치함을 알 수 있다. 이러한 양상은 기원전 3천년기에 급격히 변화를 맞이한다. 흑해와 카스피해 사이에 위치한 오늘날 러시아 얌나야 지역의 초원지대에 살았던 사람들이 유럽과 중앙아시아로 빠르게 이주한 사실을 유전자 분석을 통해 확인할 수 있다. 이 초원지대의 사람들은 과거 중앙아시아에 살던 사람과도 달랐으며, 고대 유럽에 살던 농경민과도 유전적으로 큰 차이가 있었다. 〈그림 12〉에서 이러한 확산 이전과 이후

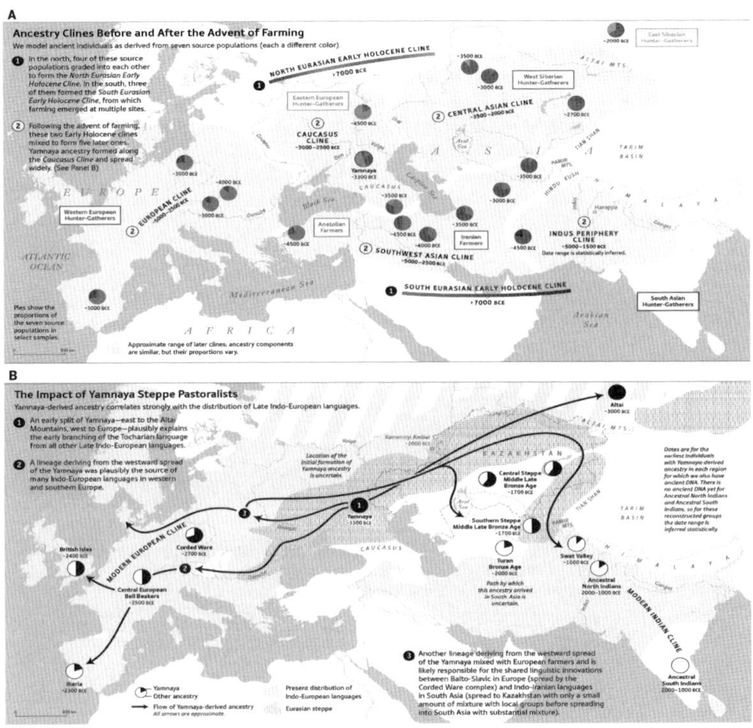

〈그림 12〉 (A) 신석기시대 유럽의 농경 시작 시점의 인종적 분포. 초록색 계열과 붉은색 계열로 나뉜 집단이 유럽 전역에 있었음을 알 수 있다. (B) 초원 지대에서 유럽과 이란, 북인도 지역까지 확산된 이주 양상. 현대의 인도유럽어족 인구 분포(하늘색)과 유사함을 알 수 있다. (출처: 논문 10의 Figure 3.)

의 변화가 어떠했는지 알 수 있다. 얌나야 초원 유목민의 확산으로 유럽인의 상당수는 이들의 유전자를 큰 비율로 가지게 되었으며, 비슷한 비율을 당시 카자흐스탄과 파미르고원, 투란에 이르는 중부 초원지대에 살았던 사람들도 지니게 되었음을 확인할 수 있다. 이 유전자는 인도 북서부까지는 나타나나, 인도 남부 지역에서는 전혀 보이지 않아 인도유럽어족의 분포와 유전적 인구 분포가 상당히 유사하다는 것 또한 알 수 있다. 즉 이 연구는 고인골의 유전자 분포 현황과 변화 시기를 초원 가설로 설득력 있게 설명할 수 있다는 것을 보이면서, 더 나아가 인도유럽어족을 포함한 고대 유럽인의 이주가 어떻게 일어났는지도 포괄적으로 제시하고 있다. 이 논문은 이미 거대한 프로젝트를 더욱 크게 만들어 그 답을 찾아가는 과정을 볼 수 있는 좋은 사례로 볼 수 있다.

VI. 맺음말

지금까지 살펴본 논문들은 고고학과 역사학 주제로 과학 학술지에 실린 것으로, 모든 연구가 데이터과학의 방법론을 활용하고 있다. 이는 데이터과학은 특별한 기술이 아닌, 자연과학에서 일반적인 통계적 분석 방법의 확장으로 사용되고 있음을 의미한다.

그렇다면 역사학자는 어떻게 데이터과학을 활용할 수 있을까?

자연과학과 일부 사회과학에서 이미 자연스럽게 사용한다 해도, 일견 복잡해 보이는 수식과 방법론을 연구에 활용하기란 쉽지 않은 것이 사실이다. 그리고 방법론을 이해하더라도 적용은 또 다른 문제가 된다. 통계와 데이터처리에 익숙하지 않은 상황에서 굳이 시간을 들여 확실하지 않은 방향으로 연구를 진행할 필요가 있는가? 이는 자연스럽게 귀결되는 질문이다.

다행히도 활용 방안에 대한 해결책은 이미 가까이 있고, 이미 살펴본 바 있다. 바로 협력 연구가 그것이다. 과학계에서 일반화된 협력 연구를 역사학에서도 주도적으로 진행해볼 필요가 있다. 새로운 도구의 강력함 때문에 그 사용법이 낯선 역사학자들은 데이터과학이라는 도구를 손에 쥔 장인匠人을 경계할 수 있다. 그러나 약자는 도구를 들고 있는 사람들이다. 그들은 데이터가 없으면 아무것도 할 수 없으며, 기술적인 분석만으로는 제대로 된 연구를 할 수 없다는 것을 잘 알고 있는 사람들이다. 역사학계에서 사료의 데이터화 과정부터 모든 통계 분석의 해석에 관여하지 않는다면 이 분야에 발길을 돌릴 수밖에 없는 사람들이다. 아무리 뛰어난 데이터과학자가 있더라도 의료 데이터를 의사의 도움 없이 해석할 수 없고, 치료에 쓸 수 없는 것과 같은 이치이다. 손길은 이 분야의 전문가인 역사학계에서 내밀어야 한다.

이러한 연구 형태를 강조하고자 새로운 이름을 붙이고자 한다. '데이터역사과학Data History Science'이라는 명칭은 조금 어색하고 단어 배열순서도 혼동의 여지가 있으나, 그 특징을 드러낼 수 있는 가장 단순하면서 효과적인 이름이다. 데이터과학은 이 분야에서 분석 도구이자 동시에 소통의 도구로 활용될 수 있다. 전통적인 인문학자, 특히 문헌에 익숙한 역사학자들은 이 소통의 시작으로 '데이터 리터러시Data Literacy'로 불리는 데이터 문해력을 체득해 나갈 필요가 있다. 본인이 잘 알고 있는 사료를 숫자로 바꿔 이해하는 것부터 출발하고, 그것을 표와 그래프로 표현하는 것에 익숙해지는 것이 출발점이다. 다행히도 데이터과학자들은 본인들이 모르는 데이터를 다루는 데 익숙하기에, 데이터를 잘 아는 전문가와 협력하는데 이골이 난 사람들이다. 협력연구를 하기에 이처럼 좋은 파트너 집단도 드물 것이다.

특히 고대 문명을 연구하는 데 있어 데이터역사과학은 큰 도움이 될 수 있을 것이다. 이 글에서 다룬 10개 논문 중 8개가 고대사와 관련 있는 것이었기에 이미 그러한 가능성은 자연스럽게 체감하였을 것으로 생각한다. 그 중에서도 마지막에 다룬 논문A10은 고대사에서 서로 다른 지역과 시대, 문화 연구를 하나의 주제와 데이터 분석을 통해 연결할 수 있고, 각각의 문화 연구로도 수준 높은 결론을 낼 수 있다는 점에서 주목할 만하다. 이미 고고학을 통해 고대 문명의 실마리는 학제간 연구로 이어지고 있다. 역사학도 이러한 연구가 가능하고, 또한 충분히 매력적인 자료와 연구 성과 또한 준비되어 있다. 데이터역사과학을 협력과 학제간 연구의 출발점으로 삼아 과거를 새로운 관점으로 해석해볼 수 있기를 바란다. 새로운 연구의 키는 역사학계가 쥐고 있다.

제2부

도시와 국가의 출현

농경사회에서 도시문명으로: 고대 서아시아의 사례

츠네키 아키라(常木 晃) (저, 쓰쿠바筑波대학교 명예교수)

강후구(역, 서울장신대학교 교수)

Ⅰ. 머리말

농경사회의 발달 이후 인류사에서 가장 중요한 단계 중 하나는 바로 도시 문명의 탄생이었다. 인류사회에 일어난 새로운 운동들, 예를 들어 사회적, 경제적, 문화적 혁신과 같은 움직임이 도시에서 일어났다. 도시는 고대, 중세 그리고 현대에 계속하여 이 모든 변화가 일어나는 장소이다. 도시의 역동성은 거대한 변혁과 혁신을 가져왔다. 그렇다면 도시는 무엇이며, 도시들은 언제 어떻게 인류사에서 등장하게 되었는가?

Ⅱ. 용어 정의 : 도시

도시의 정의는 다양하다. 막스 베버로 대표되는 유럽학계에서는 현대 정치공학과 사회학의 발달 배경 하에 도시를 자치성과 자유가 있는 공동사회로 정의한다.[1] 그러나 이 "공동사회"가 유럽에 등장하게 된 것은 시민사회가 번성한 중세 시대이며 그 시기 나타난 도시는 우리가 여기서 생각하는 "그 도시"와 다르다. 심지어 시장, 법

1 Weber, Max 1956 Wirtschaft und Gesellschaft, Grundriss der verstehenden Soziologie, vierte, neu herausgegebene Auflage, besorgt von Johannes Winckelmann, Kapitel IX.

원, 자유 시민이 있지만, 우리는 수백 명이 거주하는 그 마을을 도시로 칭할 수 없다. 또 다른 한편으로, 자유 시민도 없고 자치권도 없지만 수십만이 거주하는 공동사회를 도시로 칭하는데 주저하지 않는다. 달리 말하자면, 도시로 칭할 수 있는 가장 첫 번째 요구사항은 많은 사람들이 모여 거주하는 큰 정착지여야 한다는 사실이다. 큰 정착지에서 우리는 많은 사람들의 주거를 위하여 다양한 인공적인 시설들을 발견할 것이다. 자연 속에서 농경을 기반으로 한 촌락과 대조적으로 도시는 인간이 만든 인공적 공간에 의하여 건설된다.

인류는 역사의 대부분의 기간을 수십 명의 사람들이 군락을 이루며 수백 명이 넘지 않는 집단 내에서 보냈다. 제한된 한 공간에 집중하여 많은 사람들이 살아야 하는 도시의 삶에 대하여 우리는 많은 부정적 요소를 지적할 수 있다. 많은 양의 쓰레기, 먼지, 배설물은 비위생적 환경 및 다양한 질병 그리고 전염병을 유발시킨다. 자연적 재앙 또한 도시 구역 내 심각한 피해를 일으킬 수 있다. 도시의 삶은 개인과 인류의 생존에 극도로 위험할 수 있다. 많은 수의 사람들은 심각한 식량 부족을 야기할 수 있으며 많은 사람들이 좁은 공간에 갇혀 있기에 심리적 스트레스가 다양한 형태로 일어날 수 있다. 따라서 생태학적 관점으로 보았을 때, 도시의 삶은 인류에게 극도로 비자연적인 생활 형태이다. 그렇다고 한다면, 사람들은 왜 도시를 만들었는가? 나는 이 점을 조사하기 위하여, 우리가 먼저 도시의 본질을 고려해야 한다고 생각한다.

고고학자들은 항상 발굴하고 있는 장소가 도시일까 생각하며, 그들은 형이상학적, 철학적 정의보다는 실제적인 정의를 선호한다. 예를 들어, "도시 혁명"을 제안하였던 고든 차일드는 도시를 다음과 같이 정의하고 있다: 도시는 다음의 사항을 갖추어야 한다 – 1 많은 인구, 2 노동과 직업의 사회적 세분화, 3 조세 징수 체계, 4 기념비적 건물들, 5 생산에 참여하지 않는 상류계층의 존재, 6 쓰기를 포함한 기록 체계, 7 예측 과학, 8 예술, 9 무역, 10 전문 장인.[2] 이집트 학자인 만프레드 비탁은 도시["마을town"이라는 용어 사용]를 1 2,000명이 넘는 인구, 2 밀집 형태의 정착 3 주거지 분리, 4 지역의 행정, 상업, 법정, 교통 중심지, 5 비농업 집단, 6 산업, 수공예, 물품, 가게의 밀집, 7 노동, 전문직, 사회 계층의 분화, 8 종교 중심지, 9 방어 중심지를 갖춘 곳으로 정의하고 있다.[3]

이러한 정의들은 이후 세부적으로 살펴보게 될 도시는 무엇인가를 논의하는데 필요한 기준들을 제공한다. 그러나 나는 이러한 정의들은 도시를 만드는 본질적 요소가 부족하다고 생각한다. 약간 우회하는 면이 있지만, 우리는 현대의 식량 문제를 바탕으로 도시의 본질을 논의코자 한다.

---

2 Childe, G. 1950 "The urban revolution", *The Town Planning Review* 21-1, pp.9~16.

3 Bietak, M. 1979 "Urban archaeology and the "town problem" in ancient Egypt", In Weeks, K.R. (ed.) *Egyptology and the Social Science*: 97-144, American University, Cairo, p.103.

Ⅲ. 현대 식량 문제로 판단한 도시의 본질적 요소

산업 구조와 식량 상황 간의 관계를 연구하던 사회학, 역사학 연구자들은 이상한 모순을 알아차리기 시작하였다: 농업에 종사하는 인구 비율이 높은 나라일수록 식량 상황은 더 나빠진다는 점이다. 현재 세계 인구의 9분의 1이 넘는 사람들, 약 8억의 인구가 기아와 굶주림에 시달리고 있으며 대부분 아프리카, 아시아, 중남 아메리카에 집중되어 있다〈그림 1〉, UN WFP 2019.[4] 반대로, 발전된 국가와 도시 주거민들은 기아로 거의 고통받지 않는다.[5]

〈그림 1〉 2019년 기근 지도

[4] https://reliefweb.int/map/world/hunger-map-2019

[5] Fujita, H. 1993 *The logic of the city: Why does the power need a city?* Chuko Shinsyo, Chuokoronsha, Tokyo. (in Japanese).

더구나, 도시 지역과 농경 마을간 식량 상황은 큰 대조를 이루고 있다. 예를 들어, 1980년대 심각한 가뭄이 7백만 명이 넘는 이디오피아 농부들에게 영향을 미쳐 먼 지역까지 굶주림의 충격을 받았던 당시, 수도 아디스 아바바에서는 화려한 삶이 존재하였다. 인류사에서 가장 극심한 기아 중 하나가 1959년부터 1961년간 중국에서 일어난 대도약 운동 기간에 일어났는데, 2천만 명이 넘는 인구가 굶주림으로 죽었다. 이들은 대부분 스촨, 안휘와 같은 농업이 번성하였던 곳의 거주민이다. 상하이, 베이징, 텐진과 같은 큰 도시에서는 매우 적은 기아가 알려졌다.[6]

유럽 또한 1840년대 아일랜드 감자 기근과 같은 많은 유명한 기근 역사를 가지고 있다. 아일랜드 인구의 8분이 1이 넘는 백만 명 넘는 사람이 기아와 장티푸스 열병, 이질과 같은 전염병으로 죽었다. 그러는 사이, 수십만 톤의 밀과 귀리가 아일랜드에서 영국으로 수출되었다.[7] 우리는 이와 유사한 상황을 일본 역사에서도 발견할 수 있다. 일본이 현대 시대 초, 에도 시대에 세 개의 주요 기근 – 교호, 텐메이, 텐포 기근 – 이 있었다. 교호 기근시 토호쿠 지역에서 30만 명의 농부가 아사하였다. 그러나 그 당시, 에도고대 도쿄, 교토, 오사카와 같은 큰 도시의 사람들은 자주 대연회를 즐겼다.[8]

---

[6] Nishizawa, H. 1999 "Famines in China - Mainly on famine in 1959-1961" in Maruyama, H.(ed.) *Starvation*, Domes Publishers INC., Tokyo, pp.42~71, (in Japanese).

[7] Hattori, M. 1999 "Starvation in Europe - over 'the 40s of the starvation'" in Maruyama, H.(ed.) *Starvation*, Domes Publishers INC., Tokyo, pp.72~97 (in Japanese).

[8] Harada, N. 1999 "Starvation of Japan" in Maruyama, H.(ed.) *Starvation*,

이 기근들의 역사는 기근이 생겼을 때, 식량을 생산하는 미개발 국가와 먼 지역 마을들의 농민들은 굶는 반면, 식량을 생산하지 않는 도시 거주지민들은 굶지 않는다는 점을 우리에게 알려준다. 왜 이러한 모순되는 일이 일어나는가? 이는 개발 국가와 도시들이 미개발 국가와 농민들로부터 식량을 약탈하는 구조 때문이다. 국제도시, 강제구입 등과 같은 다양한 이름을 지닌 이와 같은 약탈 구조는 도시의 수요를 위하여 필요한 양식은 수확이 좋은 해와 기근이 있는 해에 도시의 수요를 위하여 필요한 양식이 보장됨을 보증한다.

그러므로, 농경촌락의 생존에 필요한 양식은 수확이 좋은 시기에는 유용하지만, 수확이 좋지 못한 해에 농경 촌락민들은 굶게 된다. 더구나 도시들은 농경촌락이 생존에 필요한 기본 곡식뿐만 아니라 사치품을 위한 판매 가능한 상업품을 생산하기를 요구한다. 결과적으로, 농경촌락의 생사는 도시들의 선택과 그들의 의도에 의존한다.

우리는 이 약탈하는 구조와 조직을 "힘"으로 이해할 수 있다. 따라서, 지속적인 힘이 있는 곳이 "도시"이다. 우리는 큰 규모의 힘 구조를 국가라고 부를 수 있다. 전언하면, 도시 등장에 대한 질문은 곧 왜 인간사회에 큰 규모의 힘이 등장하게 되었는가의 질문이다. 그렇다면 왜 사람들은 다른 사람들에게 영향을 줄 수 있는 큰 규모의 힘을 허용하였는가? 어느 누구도 힘에 의하여 영향을 받고 지배당하는 것을 원치 않는다. 따라서 우리는 왜 사람들이 힘의 존재를 허용하게 되었는지 그 이유를 고려해야만 한다. 이점에서 우리는

Domes Publishers INC., Tokyo, pp.20~41 (in Japanese).

사람들이 공공 서비스를 가치 있는 것으로 인식한다는 사실에 직면한다.

우리가 왜 국가 또는 지방 관청과 같은 세력 구조에 세금을 내고 법을 따르는지, 그 이유는 반면에 평화와 질서, 교육, 복지, 쓰레기 수거와 같은 다양한 서비스가 제공되기 때문이다. 이러한 다양한 공공 서비스 형태가운데 가장 중요하고 기본적인 것은 평화와 질서를 위한 안전보장 서비스이며 그 다음은 식량을 포함한 공급물자 조달이다. 사회 보안 유지와 사람들의 배를 채우는 일은 세력 등장 추구의 주요한 부분이 되며, 이로 인하여 도시가 등장할 수 있다.

모든 세대와 모든 나라들에서 도시의 이름을 표현하는 용어는 매우 임시적이다. 고대 그리스어로 "폴리스"는 요새를 의미한다. 함부르그, 아우그스부르그 등과 같은 도시들의 독일어 "부르그", 스트라스부르와 같은 불어 "부르", 맨체스터, 로체스터와 같은 영어의 "체스터", 놉고로드와 크레믈린과 같은 "고로드" 등 이 모두는 요새의 의미를 가리킨다. 힌두어 "푸라"와 중국어 "비" 또는 "쳉쉬" 또한 요새를 의미한다.

전언하면, 요새는 단어 "도시"와 매우 밀접한 관계를 지닌다. 이것은 안전이 도시의 필수 요소임을 가리킨다. 따라서, 도시는 힘과 동일하며 힘은 무엇보다도 사람들의 안전 유지로 이어진다고 할 수 있다. 기원전 4천 년대 후반기에 세계에서 가장 오래된 도시가 등장한 메소포타미아 남부의 고고학 증거를 한번 살펴보자.

Ⅳ. 메소포타미아 남부 지역 도시 등장의 메커니즘

최초로 도시가 나타난 것은 기원전 4천 년대 말기 메소포타미아 남부 충적 평원이었다고 생각되었다. 그곳의 충적 평원은 무엇인가? 메소포타미아 남부 충적 평원의 북쪽 끝자락에 위치한 현재의 바그다드는 걸프 해안 약 500㎞ 떨어진 티그리스 강둑을 따라 자리 잡고 있으나, 고도는 해발 30~35m에 불과하다. 따라서 1㎞당 6~7㎝의 경사 차이가 있을 뿐이다. 이 경사는 해안 가까이에 이르

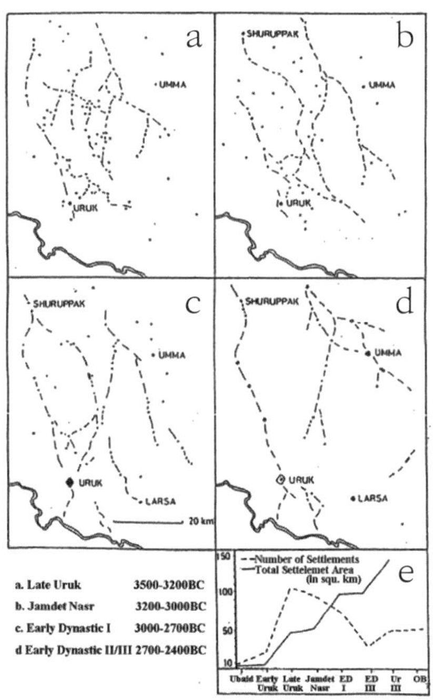

〈그림 2〉 a~e. 시기별 메소포타미아 남부 지역 정착 형태 (Nissen 1988 Fig. 20에서 수정)

러서는 더 완만해 지는데 이유는 걸프 해안 200㎞에서는 고도가 단지 몇 미터에 이르기 때문이다. 전언하면, 메스포타미아 남부의 충적 평원에서는 매우 넓은 수평지가 펼쳐진다. 티그리스강과 유프라테스 강이 지속적으로 변화하는 수로를 지니기에, 범람 발생은 메소포타미아 남부지역에 치명적이었다.

심지어 범람으로 인하여 자주 피해를 입어 사람들이 도망가기를 원할 때도 충적 평원은 일상생활 용수와 농업용 관개수를 얻을 수 있는 유일한 장소였다. 그 지역의 강수량은 연 100㎜도 채 되지 않는다. 만약 우리가 극단적으로 말한다면, 메소포타미아 남부 충적 평원에는 오직 물, 햇볕 그리고 진흙만이 존재한다. 일상생활에 필요한 모든 물자들, 이를테면 곡식수확을 위한 부싯돌 낫, 곡식을 갈기 위한 현무암, 가옥 기초용 석회암, 건축 재료용 나무, 무기와 다양한 도구용 금속, 액세서리와 공예품용 보석등은 메소포타미아 북부, 시리아, 아나톨리아, 이란 평원 등 외부로부터 수입되어야 했다.

이러한 극심한 자연 환경은 오랫동안 사람들이 메소포타미아 남부 지역에 살지 않았음을 의미하였다. 처음으로 인간의 정착을 보여주는 우바이드 문화가 기원전 7천 년대 말기에 메소포타미아 남부지역에 등장하였다. 이 지역의 습지 수량이 점차적으로 줄어들었고 구릉지가 나타났다. 메소포타미아 북부 지역 또는 자그로스 산지 자락의 신석기인들이 이 구릉지로 이주하면서, 그들의 관개 기술들을 가져왔다. 남부 메소포타미아 지역의 가장 오래된 장소 중 하나는 텔 엘-유에일리 Tell el ‘Oueili로, 사람들은 유프라테스강의 물고기와 대추 야자를 먹었고 이외에 밀과 보리를 경작하였으며 양과

염소도 길렀다.[9]

로버트 맥 아담스와 한스 니센은 남부 메소포타미아 지역의 정착 형태에 관하여 광범위한 연구를 실행하였다.[10] 우바이드 시기 18개의 조그마한 정착지들은 단지 몇 헥트아르 크기로 강을 따라 여기저기 흩어져있다. 그다음의 우룩 시기, 특히 우룩 시기 말기 기원전 3500~3200년에, 지표 조사된 지역의 정착지가 108개로 증가하였다. 이 지역의 중심지인 우룩은 50헥타르가 넘는 크기로 커졌지만 다른 장소들의 크기는 단지 몇 헥타르에 이른다. 오직 우룩만이 빠르게 커졌고 "도시"가 되었다〈그림 2:a〉. 우룩 말기가 끝날 무렵 우룩의 에안나 신전 지역에서는 놀라운 공동 건물들이 발견되었다〈그림 3〉.[11] 큰 공동 건물 단지는 한 정치적 종교적 권력자가 있었음을 가리키며, 우룩 말기 끝날 시기 추정되는 우룩의 크기는 약 500 헥타르에 이른다〈그림 4〉.[12]

---

9 Huot, J.-L. 1992 The first farmers at Oueili, *The Biblical Archaeologist* 55(4) pp.188~195.

10 Adams, R.McC. and H.J.Nissen 1972 *The Uruk Countryside: The Natural Setting of Urban Societies*, University of Chicago Press, Chicago.

11 Oates, D. and Oates, J. 1976 *The Rise of Civilization*, Elsevier/Phaidon, Oxford, p.34.

12 Lloyd, Seton, 1979, *The Archaeology of Mesopotamia: from the Old Stone Age to the Persian Conques*, Thames and Hudson, London.

〈그림 3〉 우룩 말기의 원뿔 모자이크 단면 재건

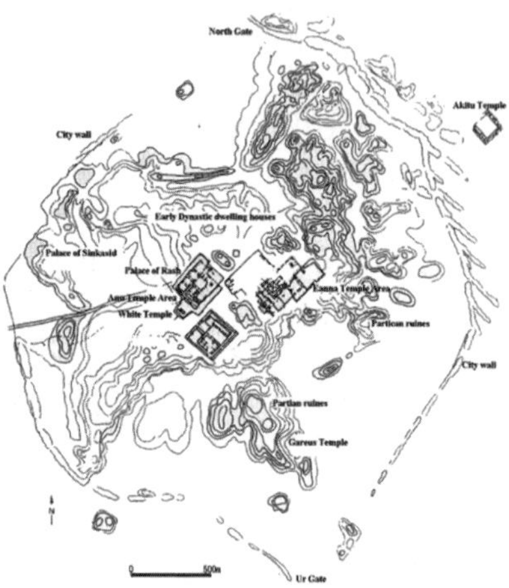

〈그림 4〉 우룩 도면

이후 젬뎃 나스르 시기 기원전 3200~3000년, 제1~2 왕조 초기 기원전 3000~2700년, 제 3왕조 초기 기원전 2700~2400에는 시대가 흘러갈수록 정착 지점의 수는 점차 감소하였다〈그림 2:b~d〉. 그러나 수십 헥타르가 넘는 큰 정착지들의 숫자는 증가하였고 이 지역의 전체 정착 지역은 증가하였다〈그림 2:e〉. 달리 말하면 조그마한 촌락에 거주하던 사람들이 그들의 정착지를 떠나 큰 정착지로 이주하였던 것으로 보인다. 덧붙여 말하면 큰 정착지들은 울타리를 가지기 시작하였다. 이러한 정착 형태 변화의 배경을 어떻게 설명할 수 있는가? 이 시기의 수백 년 동안 인간 집단 간의 부와 가난의 차이는 매우 두드러지게 되었고, 사람들은 조그마한 촌락에서는 더 이상 안전을 유지할 수 없게 되었다.

그렇다면 왜 메소포타미아 남부 지역에 첫 도시가 등장하게 되었는가? 이 질문에 답하기 위하여 우리는 다시 이 지역의 자연환경에 주목해야만 한다. 위에서 언급한 것처럼, 이 지역에는 오직 물, 햇볕 그리고 진흙만 있었다. 따라서 이 지역의 생계 전략은 충분한 유용 자원으로 생계 가능하였던 이웃 지역과는 매우 달랐다. 남부 메소포타미아 지역에 살았던 사람들은 외부 세계로부터 필요 물자를 수입해야만 했다. 그러므로 그들은 완전히 새로운 생계 전략을 고안해야만 했다.

만약 그들이 티그리스-유프라테스 강물을 이용할 수 있다면, 그들의 자원인 물, 햇볕, 진흙으로 밀과 보리 생산을 촉진케 할 수 있었다. 따라서, 그들은 대규모의 관개 농업을 개발하기 시작하여 건조 농업보다 면적당 생산성을 더 높일 수 있게 되었고, 많은 잉여 곡식물을 축적할 수 있었다. 그들은 짚으로 양과 염소를 길렀고, 양모로부터 매우 높은 질의 천을 만들 수 있었다. 그들은 매우 다양한 천연자원을 수입하여 가공하였고 양질의 수공업품을 만들어 수출하였다. 마침내, 그들은 높은 수준의 단일 상업 생산과 교역 체계 과정을 개발하였다. 이러한 조건은 부의 불균형적 분배와 인간 집단간의 사회적, 경제적 차이를 일으켰다.

주변 지역과의 무역 관계를 형성하는 것은 메소포타미아 남부 지역인들에게 생과 사의 문제였다. 우리는 물자와 무역 관계를 위하여 사용된 문구 즉 표시와 인장으로 불려지는 고고학적 증거를 가지고 있다. 이 진흙 표시와 인장은 우룩 시기 북부 메소포타미아, 남부 메소포타미아, 시리아, 아나톨리아, 이란고원 지역의 장소들에서 발굴되었다. 이후 논의하겠지만, 표시와 인장 문구 체계는 도

상 토판으로, 마침내 쐐기문자 문서로 발전하였다.

V. 메소포타미아 북부 지역의 주장들

수십 년 동안 기원전 4천 년대 말기 메소포타미아 남부 지역의 충적 평지는 인류사에서 도시 등장의 무대로 생각되었다. 특별히 초기 도시들의 등장과 남부 메소포타미아 지역과 그 주변 지역 간의 상호 관계를 설명한 길레르모 알가제의 "우룩 세계 체계" 이후, 이 가설은 이론으로 자리를 잡았다.[13]

그러나 21세기에 접어들어 메소포타미아 북부 지역의 발굴을 근거로 도시의 등장에 대하여 새로운 의견이 주장되기 시작하였다. 어떤 학자들은 도시화가 기원전 5천년대 말기 석동기 제2기 말기 메소포타미아 북부 지역에서 이미 나타나기 시작하였다고 주장하였다. 이 새로운 가설은 도시들의 등장이 기존 이론보다 거의 천 년 더 일찍 일어났다고 주장한다. 이 새로운 가설의 가장 중요한 발굴 결과는 시리아 북동쪽 카부르 지류에 위치한 텔 브락에서 나온 것이다.[14]

---

[13] Algaze, G. 1993 *The Uruk World System: The Dynamics of Expansion of Early Mesopotamian Civilization*, University of Chicago Press, Chicago and London.

[14] Oates, J., McMahon, A. Karsgaard, P.al-Quntar, S. and Ur. J. 2007 "Early-Mesoptamian Urbanism: a view from the north" *Antiquity* 81(313) pp.585~600.

이 결과들을 논의해 보자.

텔 브락은 큰 고고학적 장소이며 주요 정착 언덕은 40헥타르 크기이고, 주변 평지보다 40미터 높다〈그림 5〉. 만약 우리가 주변의 저지대까지 범위를 포함한다면 전체 정착 지역은 300헥타르가 넘는다.[15] 이 지점은 1930년대에 발굴되었으나 새로운 증거들은 2000년대 이후에 보고되었다. TW지역의 새로운 발굴은 석동기 제2기 말기~제4기 시대기원전 4200~3600년의 것인 일련의 공공건물들을 들어냈다. 가장 아래의 지층 20에서, 탑 같은 구조물과 1.85미터 너비의 벽을 지닌 큰 공공건물 모서리가 발견되었다.

발굴자들은 지층 19와 18에서, “산업” 지역으로 해석할 수 있는 “적색 벽돌 건물들”을 발견하였다. 이 지역에서 독특한 흑요석과 백색 대리석으로 만들어진 “향완chalice”과 사자 모양 인장, “왕권” 상징을 포함하는 많은 양의 진흙 인장들이 발견되었다. 적어도 두 경우의 인장은 한 개 이상의 인장 자국을 포함하는 것이었으며 그러한 이중 인장은 실제적 조직 복합성에 대한 증거임을 가리킬 수 있다.[16] 이러한 종류의 공동 건물들과 고급 물품들은 TW 지역뿐만 아니라 이 지역 남쪽 300m 떨어진 CH지역에서도 발견되는데 그것들은 우바이드 시기 말기원전 약 4400년의 것이다.

---

15 *Ibid.* p.586.

16 *Ibid.* p.593

〈그림 5〉 언덕 모양의 텔 브락(2010, 필자 촬영)

더구나, 1930년대에 맥스 마로완Max Marrowan에 의하여 발견된 "눈 신전Eye temple"과 눈 – 신상들eye-idols은 같은 카부르 지류 지역에 위치한 텔 하무카르의 새로운 발굴 증거Reichel 2002에 근거하여 기원전 5천 년대 말기와 4천 년대 초기의 것임이 분명해졌다.[17] 이 새로운 증거를 바탕으로 조안 오테스와 그의 동료들은 메소포타미아 북부 지역이 기원전 5천 년대 말경에 기념비적 건물, 산업화, 고급 상품 등에서 보여 진 바와 같이 도시화의 길을 걸어왔다고 주장하였다. 따라서, 세계에서 가장 이른 도시들은 메소포타미아 북쪽에 있었던 것으로 여겨지며 우룩 세계 체계의 확장 모델은 현재 수

---

[17] McMahon, A., Sołtysiak, A. & Weber, J. 2011 "Cities and Conflict: Late Chalcolithic Mass Graves at Tell Brak, Syria (3800-3600 B.C.), *Journal of Field Archaeology* 36(3) pp.201~220; Reichel, C. 2002 "Administrative complexity in Syria in the 4th millennium BC - the seals and sealings from Tell Hamoukar", *Akkadica* 123: 35-56.

정해야할 단계에 와있다.

텔 브락의 발굴, 원격 탐사, 자세한 지표 조사 결과에서 도시화 과정에 대한 하나의 새로운 가설이 대두되었다. 각 시대의 정착 크기를 이해하기 위하여 제이슨 우르와 동료들은 텔 브락과 그 주변의 대규모 지표 조사를 하였다.[18] 그들은 먼저 텔 브락과 그 주변 지역을 가로세로 10m 정방형으로 나누고 각 정방형에서 나온 토기 조각들을 후기 석동기 제2기 기원전 4200~3900년와 후기 석동기 제3기~4기 기원전 3900~3400년로 나누었다.

이 자료를 바탕으로, 그들은 텔 브락의 도시 성장은 후기 석동기 제2시기에 시작하였다고 결론을 내렸다. 이 시기의 토기가 지점 중앙 언덕과 중앙 언덕에서 일반적으로 200~500m 떨어진 외곽 지역의 2~4 헥타르 크기의 여섯 개의 개별 지역군에서 발견되었다〈그림 6A〉. 그들은 정착 지역이 총 55헥타르에 이른 것으로 계산하였다. 후기 석동기 제3기 시기에 외곽 마을 정착이 안쪽으로 확장하였고 이전에 정착하지 않은 많은 지역이 그 시기 정착되었다. 중앙 언덕은 큰 산업 구조물과 적어도 한 개의 정교하게 장식된 신전을 지니게 되었으며, 후기 석동기 시대 제3기와 제4기의 정착 지역은 총 130헥타르로 늘어났다〈그림 6B〉.

그들은 지표면의 많은 양의 토기 조각들이 정착 밀집성의 증가를 알려주는 것이라고 해석하였다. 따라서, 정착 밀집성이 공간의 확장을 따라 증가하였다. 성장 패턴은 동시적으로 안쪽으로의 정착

[18] Ur, J., Karsgaard, P.& Oates, J. 2007 Early Urban Development in the Near East, *Science* 317(5842) p.1188.

확장과 함께 나타난, 밀집된 정착 증가의 하나였고, 이 형태는 텔 브락의 최초 성장에서 비중앙화된 과정을 위하여 좀 더 중대한 역할과 중앙화된 권력의 중요성 약화를 나타낸다. 결국 도시화는 적어도 부분적으로 독립적이고도 계급에 속하지 않은 무리의 행동의 의도치 않은 결과이다. 이것은 또한 메소포타미아 도시화의 연구는 도시들의 기원에 대한 다중 모델들을 수용해야 함을 가리킨다.

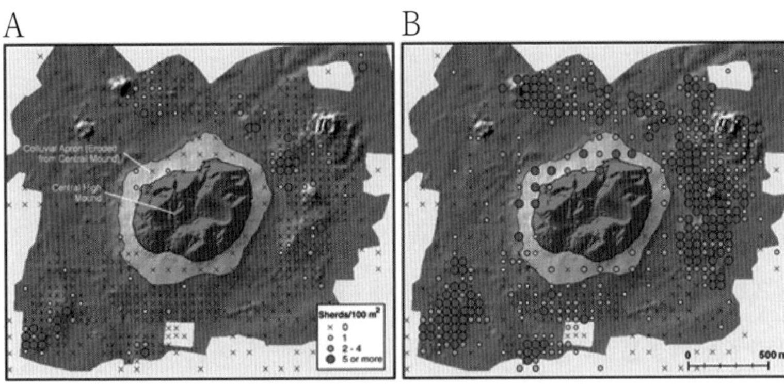

〈그림 6〉 A-B. 텔 브락의 100 평방미터당 표면 도편 분포
(A : 후기 석동기 제2기, B : 후기 석동기 제3기. Ur. et al. 2007: fig.1)

메소포타미아 북부 지역으로부터의 주장들은 서아시아 지역의 도시들의 발생의 이유와 배경을 재고케 하는 기회를 제공한다. 메소포타미아 남부 지역의 사람들은 사회적 경제적 차이를 발생시키는 대규모의 관개 농업과 무역 체계를 발전시켰다. 그러나 메소포타미아 북부의 사람들은 자급자족 생활을 영위할 수 있었다. 그러므로, 만약 우리가 메소포타미아 북부 지역에 도시들이 독립적으로 등장하였고 메소포타미아 남부 지역보다 더 이른 것이라고 받아들

인다면, 우리는 그들의 등장 이유와 배경을 찾아야만 한다.

메소포타미아 북부 지역의 큰 건조 농업 곡창 지대가 바빌로니아와 앗시리아 시대에 제국의 경제를 지탱해 주었다는 점은 잘 알려졌다. 하비 바이스는 동일한 건조 농업 곡창 지대가 기원전 3천 년대 동안 메소포타미아 북부 지역의 – 그가 "건조 농업 도시들"이라고 부른- 대규모 도시 – 국가의 번영을 위해 중요한 배경이었다고 강력히 주장하였다.[19] 우리는 심지어 기원전 5천 년대와 4천 년대에도 메소포타미아 북부 지역 평원에서 밀과 보리의 수확량이 많았다고 생각할 수 있다. 텔 브락, 텔 하무카르와 같은 큰 중심지들이 이 거대한 건조 농업 곡창 지대 중앙에 있었다. 넓은 곡창 지대의 높은 수확량을 바탕으로 기원전 5천 년대 말기까지 지방민과 인간 집단 사이에 빈부 격차가 증가하였다. 이러한 환경은 큰 도시와 같은 정착지의 형성을 부추겼다.

Ⅵ. 신석기 시대 거대 지점과 도시화 과정

위에서 우리가 논의하였던 바와 같이, 도시화에 대한 두 가지 다른 가설이 있다. 하나는 기원전 4천 년대 말기 관개 농업을 기반을

[19] Weiss, H. 1986 *The Origins of Cities in Dry-Farming Syria and Mesopotamia in the Third Millennium B.C.*, Four Quarter Press,

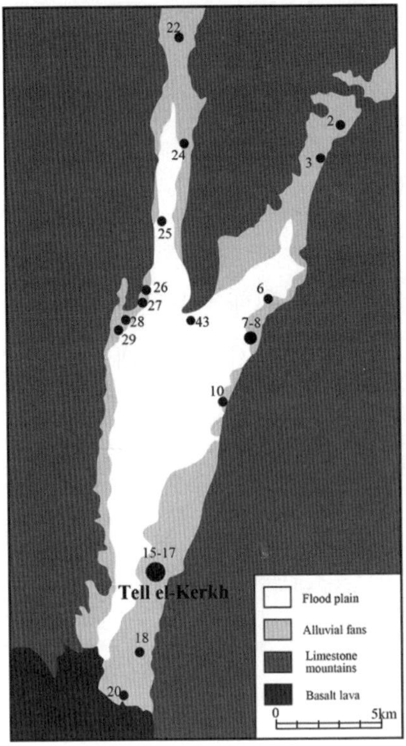

〈그림 7〉 북서 시리아 지역 루즈 분지내 1c-2d 시기 루즈의 정착 형태

둔 메소포타미아 남부 가설이며, 또 다른 하나는 기원전 5천 년대 말경 광범위한 건조 농업에 기반을 둔 메소포타미아 북쪽 가설이다. 현재 이 가설이 더욱 힘을 얻고 있다. 만약 우리가 어느 가설을 존중하든, 도시화는 농경사회의 발전과 함께 일어났다. 이 점에서 우리는 밀, 보리, 콩 생산에 기반을 둔 농경사회가 서아시아의 다른 어떤 지역보다 더 일찍, 시리아, 아나톨리아 남동 지역을 포함하는 메소포타미아 북쪽지역에서 시작되었다는 것을 인식해야만 한다.

최근 고고학적 조사는 소위 "황금 삼각지"라 불리는 시리아 북부 지역, 아나톨리아 남동 지역, 메소포타미아 북서 지역을 잇는 구역이 농경사회의 기원 연구에 가장 중요한 지역임을 지시하고 있다.[20] 덧붙이자면, 레반트에서부터 북시리아를 지나 아나톨리아 남동 지역에

[20] Kozlowski, S.K. and Aurenche, O. 2005 *Territories, Boundaries and Cultures in the Neolithic Near East*, BAR International Series 1362, Archaeopress, Oxford.

10헥타르가 넘어 거대 지점이라 불리는 큰 정착지들이 이른 시기의 토기 이전 신석기시대 후반 말기, 기원전 8천 년 기에 나타났다.[21]

주목할 만한 예들은 남부 레반트에서는 아인 가잘,[22] 바스타,[23] 와디 슈에입 Zeuner 1957, 베이사문,[24] 북부 레반트에서는 텔 아부 후레브라,[25] 텔 할룰라,[26] 텔 엘 - 케르크[27]가 있다. 아나톨리아 중앙지역

---

[21] Rollefson, G.O. 1987 Local and external relations in the Levantine PPN period: 'Ain Ghazal (Jordan) as a regional center, In Hadidi, A. (ed.) *Studies in the History and Archaeology of Jordan III*: Anman, pp.29~32.

[22] *Ibid.*; Rollefson, G.O. and Simmons, A.H. 1988 "The Neolithic settlement at Ain Ghazal," in Garrad A. and Gebel, H. (eds.) *The prehistory of Jordan*, BAR International Series Oxford, pp.393~421.

[23] Gebel, H.G., Muheisen, M. and Nissen, H.J. 1988 "Preliminary report on the first season of excavations at the late Aceramic Neolithic sites of Basta" in Garrad, A. and Gebel, H. (eds.) *The prehistory of Jordan*, BAR International Series: 396, 101-134. Oxford; Nissen, H.J., Muheisen M. and Gebel H.G. 1991 "Report on the excavations at Basta 1988," *Annual of the Department of Antiquities of Jordan* 35, pp.13~26.

[24] Lechevallier, M. 1978 *Abu Gosh et Beisamoun: deux gisements de VII millenaire avant l'ere chretien en Israel*, Masson, Paris.

[25] Moore, A.M.T., Hillman, G.C. and Legge, A.J. (eds.) 2000 *Village on the Euphrates: From Foraging to Farming at Abu Hureyra, Oxford* University Press, Oxford.

[26] Molist, M.M. (ed.) 1996 *Tell Halula (Siria) Un Yacimiento Neolitico del Valle Medio del Eufrates:Campanas de 1991 y 1992*, Ministerio Educacion y Cultura/Instituto del Patrimonio Historico Espanol, Madrid.

[27] Tsuneki, A., Hydar, J., Miyake, Y., Akahane, S., Nakamura, T., Arimura, M. and Sekine, S. 1997 "First preliminary report of the excavations at Tell el-Kerkh (1997), northwestern Syria," *Bulletin of the Ancient Orient Museum* 18, pp.1~40; Tsuneki, A., Hydar, J., Miyake, Y., Akahane, S., Arimura. M., Nishiyama, S., Sha'baan, H., Anezaki, T. and Yano, S. 1998 "Second preliminary report of the excavations at Tell el-Kerkh (1998), northwestern Syria," *Bulletin of the Ancient Orient Museum* 19, pp.1~40; Tsuneki, A., Hydar, J., Miyake, Y., Hudson, M. Arimura, M., Maeda, O., Odaka, T. and Yano, S.

에도 거대 지점들의 예가 있는데, 아시클리 휴육Esin and Harmankaya 1999,[28] 챠탈 휴육[29]이 있다.

그러나 이상하게도 유프라테스강 동쪽 지역에는 신석기시대의 거대 지점의 흔적이 발견되지 않는다. 따라서, 레반트는 서아시아 지역에서 신석기시대 거대 지점의 등장을 고찰하는 데 가장 중요한 지역이 되어왔다. 이 정착지 중 몇몇은 이후의 청동기시대와 철기 시대의 작은 도시들과 그 크기가 맞먹는다. 여기서 나는 쓰쿠바대학교 팀이 오랫동안 조사해왔던 신석기시대 거대 지점인 텔 엘 –

1999 "Third preliminary report of the excavations at Tell el-Kerkh (1999), northwest Syria," *Bulletin of the Ancient Orient Museum* 20, pp.1~32; Tsuneki, A., Hydar, J., Miyake, Y., Maeda, O., Odaka, T. Tanno, K. and Hasegawa, A. 2000 "Fourth preliminary report of the excavations at Tell el-Kerkh (2000), northwest Syria," *Bulletin of the Ancient Orient Museum* 21: 1-30; Tsuneki, A., Hydar, J., Odaka, T. and Hasegawa, A. 2007 *A Decade of Excavations at Tell el-Kerkh, 1997-2006,* Department of Archaeology, University of Tsukuba, Tsukuba; Tsuneki, A. 2012 "Tell el-Kerkh as a Neolithic mega site", *Orient* XLVII, pp.29~65; Tsuneki, A 2013 "Another image of complexity: the case of Tell el-Kerkh", in Nishiaki, Y., Kashima, K., and Verhoeven, M. (eds.) *Neolithic Archaeology in the Khabur Valley, Upper Mesopotamia and Beyond,* Studies in Early Near Eastern Production, Subsistence, and Environment 15, Berlin, ex oriente, pp.188~204.

28 Esin, U. and Harmankaya, S. 1999 "Ac ı kl ı ," in Ozdog ˘ an, M. and Bacgelen, N. (eds.) *Neolithic in Turkey, The Cradle of Civilization*, Arkeoloji ve Sannat Yay ı nlar ı , Istanbul, pp.115~132.

29 Hodder, I, 1996 "Catalhoyuk: 9000 year old housing and settlement in central Anatolia," in Sey, Y. (ed) *Housing and Settlement in Anatolia, an historical perspective*, Turkiye Ekonomik ve Toplumsal Tarih Vakfi, Istanbul, pp.43~48; Hodder, I. 2007 *Excavating Catalhoyuk: South, North and KOPAL Area reports from the 1995-99 seasons.* McDonald Institute for Archaeological Research/British Institute of Archaeology at Ankara Monograph.

케르크를 소개하고자 한다.

텔 엘 – 케르크는 북서 시리아 지역에 있는 남북 37㎞, 동서로 2~7㎞ 크기의 루즈 분지로 불리는 조그만 계곡에 자리 잡고 있다. 쓰쿠바대학교는 1990년에서 1992년간 광범위한 지표 조사와 분지 지역 몇 지점에서의 시험 발굴을 통하여 37개의 인공 언덕 거주지가 발견되었다. 37개의 인공 거주지 중 22개에서 신석기시대 유물이 발견되었다. 이 분지 지역에 신석기시대에 처음으로 주민이 정착한 시기는 기원전 약 8700년 경으로 토기 이전 신석기시대 후반 초기로 거슬러 올라간다. 기원전 8천 년대 말경까지, 신석기시대 정착지 크기에 극심한 차이가 나타났다. 토기 이전 신석기시대 후반 말기 경에 텔 엘-케르크가 이 분지에서 가장 큰 정착지가 되었고, 이 장소는 이 지역의 중심 지였을 것으로 보인다〈그림 7〉.

텔 엘 – 케르크는 남북 약 1㎞, 동서 400m 크기로 일련의 세 개의 인공 언덕으로 이루어져 있다〈그림 8〉. 비록 텔 엘 – 케르크 1의 남쪽 끝은 청동기 시대

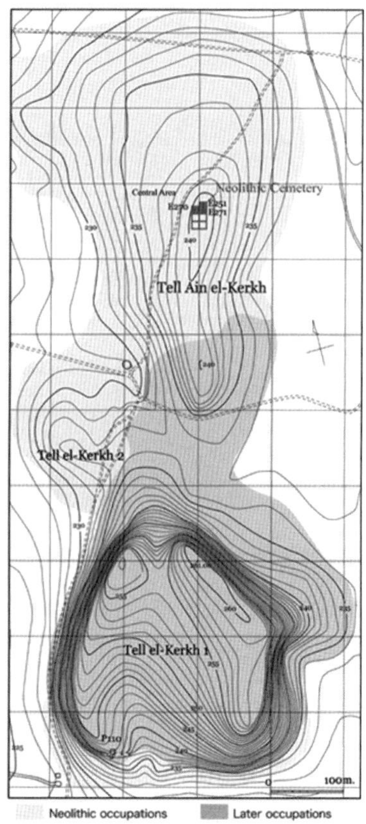

〈그림 8〉 북서 시리아 지역 텔 엘-케르크 대규모 거주 단지

와 철기 시대의 유물에 의하여 덮여졌지만, 텔 엘 – 케르크 2와 텔 아인 엘 – 케르크의 북반부는 순전히 신석기 시대 문화층을 이루고 있다. 따라서 쓰쿠바대학교와 시리아 문화 및 박물관 관리청과의 협력팀은 1997년부터 2010년까지 초기 농업사회에서 복합사회 형성에 이르는 역사적 과정을 조사하기 위하여 텔 엘 – 케르크에서 광범위한 발굴을 실시하였다. 우리는 거주지의 다양한 부분에 발굴지를 택하여 각 시대별로 정착지의 크기를 다음과 같이 도출하게 되었다:

- 토기 이전 신석기 시대 후반 초기 (기원전 8700~8300년)- 1 헥타르 미만
- 토기 이전 신석기 시대 후반 말기 (기원전 7600~7000년)- 약 16 헥타르
- 토기 신석기 시대 초기 (기원전 7000~6600년)- 약 10 헥타르
- 토기 신석기 시대 중기 (기원전 6600~6100년)- 약 5-6 헥타르
- 토기 신석기 시대 말기 (기원전 6100~5800년)- 약 1 헥타르

우리는 케르크의 신석기시대 정착 역사를 다음과 같이 재건할 수 있을 것이다. 토기 이전 신석기시대 후반 초기에 사람들이 루즈 분지에서 조그마한 영구 농경 촌락을 발전시키기 시작하였다. 수백 년간의 휴지기 이후, 그 농경 촌락은 빠르게 큰 규모의 정착지로 확장되어 신석기시대에 서아시아에서 거대한 지점 중 하나가 되었다. 그 이후 정착지는 기원전 7천 년대 대부분 기간에 계속해서 분지에서 가

장 큰 정착지가 되었다. 기원전 7천 년대 말경에 이르러, 정착지 크기는 급속도로 줄어들었고, 기원전 6천 년대 초기에 쇠퇴하였다.[30]

토기 이전 신석기시대 후반 말기부터 토기 신석기시대 중기까지 케르크의 신석기시대 정착지는 규모면에서 클 뿐만 아니라 집단저장, 집단 묘지, 고도의 기술, 장거리 무역, 소유권 개념, 많은 제의 행위를 포함하는 복합사회였다. 분명한 것은 그들의 사회가 그저 단순한 농경 촌락이 아니었다는 점이다.

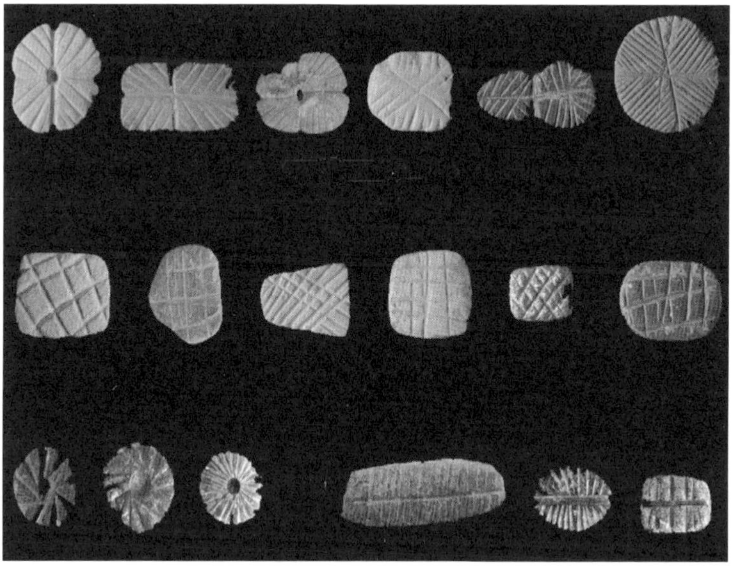

〈그림 9〉 텔 엘-케르크 발굴에서 발견된 다양한 인장들

[30] 세부 사항은 Tsuneki, A. 2012 "Tell el-Kerkh as a Neolithic mega site", *Orient* XLVII pp.29~65 참조.

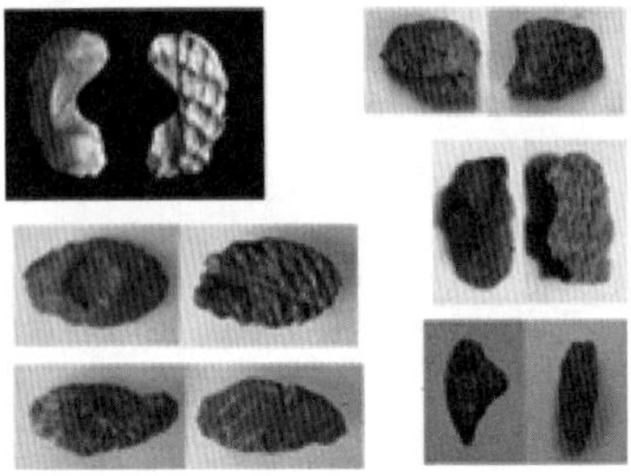

〈그림 10〉 텔 엘-케르크에서
발견된 진흙 인장

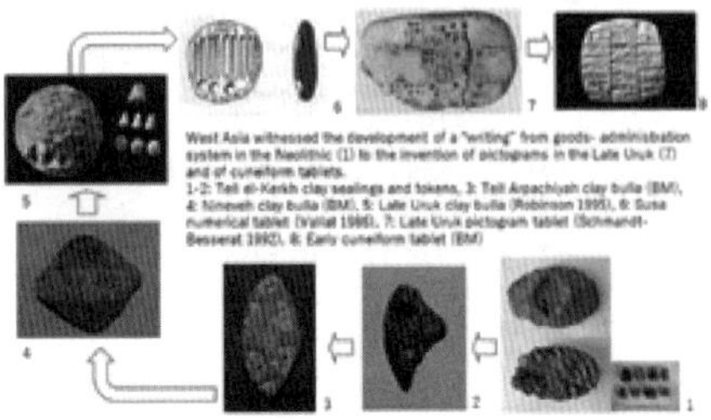

〈그림 11〉 서체 발전 과정

나는 특별히 사회에서 소유권의 발전, 물품 저장, 경제 차이를 가리키는 인장 체계에 주목하였다. 텔 엘 – 케르크에서 가장 이른 시기의 인장은 가장 큰 정착지가 등장한 시기인 토기 이전 신석기 시대 후반 말기에 나타나며, 전체 약 130개의 많은 양의 인장이 이후 토기 신석기 시대에도 발견되었다〈그림 9〉. 몇 개의 진흙 인장은 표면에 인장 자국을 지녔고 뒤면에는 바구니와 끈 매듭 자국을 지닌 채 발견되었다〈그림 10〉. 따라서 인장 체계는 고가치의 물품을 타인으로부터 보호할 목적으로 봉하기 위하여 사용된 것이 분명하다.

조그맣게 찍힌 자국봉인을 지닌 진흙 또한 많이 발견되었는데, 저장된 물품의 행정과 무역을 위해 인장과 봉인되었다. 인장 체계는 물품 소유권의 존재와 행정을 가리킨다. 그것은 또한 권리, 이자, 경제 불균형이 있었음을 가리킨다. 우리는 3000년 이상의 기간에 일어난, 신석기시대의 인장 체계에서 세계에서 가장 오래된 필기 체계인 쐐기문자로의 발전을 추적할 수 있다〈그림 11〉.

인장 체계에 덧붙여, 우리는 또한 텔 엘 – 케르크의 신석기시대 거대 지점들로부터 이후의 도시 사회들로 이어지는 많은 고고학적 증거들을 발견하였다. 예를 들어, 발열 -기술, 허위 터키석, 집단 묘지 등은 이후 도시 문명화 시기에 금속, 전문화된 장인 예술, 매장 체계로 발전할 수 있는 것들이다. 다양한 "도시 요소들"의 기원이 이 신석기시대 거대 지점들로 거슬러 올라가게 된다.

우리는 세계 어떤 다른 지역보다 더 이른 시기의 매우 큰 정착지 또는 도시들의 형성을 서아시아 선사시대에서 목격할 수 있다. 왜 이곳인가? 갱신세에서 충적세로의 전환기에 나타난 정착 형태의 삶 조성과 농경사회는 세계 다른 지역보다 더 일찍이 이루어졌다. 이 농경사회는 경제적 차이를 부추겼고 이후, 경제적 차이는 사회 분화를 낳았다. 사회 분화는 극심해져서 사회 안전이 위협을 받게 되었고, 사람들은 조그마한 정착지 수준에서 그들의 안전을 유지할 수 없었다. 그래서 마침내 도시가 탄생하였다. 상류계층 사람들이 도시 내 안전과 사람들의 생존을 보장함에 따라, 사람들은 상류층의 권력을 받아들이게 되었다.

이러한 도시들의 등장으로의 사회 변화 과정에서, 정착의 어느 단계에서 우리가 도시라고 일컬을 수 있을까? 전언한 바와 같이, 원초적 의미의 "도시의 요소들"은 이미 토기 이전 신석기시대 후반 사회에서 나타났다. 그러나 이러한 원초적 이미지는 곧바로 진정한 의미의 도시로 발전하지 않았다. 이 과정 가운데 중요한 역사적 전환점으로서 다음과 같이 시대를 구분할 수 있다:

기원전 10,000년 이후 시리아 북부와 아나톨리아 남동부 지역의 농경사회의 형성

기원전 8천 년대 말기 레반트와 아나톨리아 지역에서 10 헥트아르가 넘는 신석기시대 거대 도시들의 등장

기원전 5천 년대 말기 메소포타미아 북쪽지역의 공공건물을 지닌 매우 큰 정착지의 등장

기원전 4천 년대 말 메소포타미아 남부 지역 충적지에서 기념비적 건물을 가진 매우 큰 정착지의 등장〈그림 12〉

〈그림 12〉 서아시아 도시들의 등장 과정

이들 가운데, (3)과 (4)의 매우 큰 정착지들을 도시로 보는데 망설이는 고고학자는 거의 없다. 그러나 레반트와 아나톨리아의 신석기시대 정착지들은 원초적으로 도시의 이미지를 준비하였으며 우리

는 그들이 이바지했던 점을 간과해서는 안 된다. 고대 서아시아에서 도시의 등장은 농경사회의 시작에서 시작된 긴 역사적 과정의 결과이며, 각 지역은 도시 사회 형성을 위한 환경을 준비하는 데 토대가 되었다.

이리두二里頭 중국 고대국가 기원론의 딜레마

심재훈(단국대학교 사학과 교수, 고대문명연구소 소장)

I. 이리두 유적과 그 연구의 쟁점

중국 고대사 연구의 여러 쟁점 중 이리두二里頭 고대국가 기원론만큼 첨예한 논쟁의 대상이 된 경우는 드물 것이다. 이 글은 그 논란의 가장 큰 핵심인 이리두 유적과 그 문화 전반의 초기 국가적 성격과 함께 하夏 왕조와의 연관성 문제에 초점을 맞추려고 한다.

1959년 슈슈성徐旭生이 이른바 "하허夏墟"를 찾으려는 조사에서 최초로 낙양洛陽 동쪽 언사현偃師縣의 이리두 지역을 주목했다. 슈슈셩은 실상 그 지역이 상商의 첫 번째 왕 탕湯의 도성일 가능성이 크다고 보았지만,[1] 이후 2006년까지 60여 차에 걸친 발굴을 거치며[2] 대부분의 중국학자들은 이리두 유적을 하의 도성으로 인식하게 되었다.[3] 낙양 분지 동부의 이하伊河와 낙하洛河가 만나는 협소한 삼각지대 동단에 위치한 이리두 유적은 서북과 동남부가 튀어나온 형태로 총 면적이 300ha 정도이다. 동서의 최대 길이가 2400m, 남북은 1900m에 달한다.

---

1 徐旭生, 「1959年夏豫西調查"夏墟"的初步報告」, 『考古』 1959.11, 592-600.

2 최근 二里頭 발굴 60년을 회고, 전망하는 논문에서 趙海濤 등은 그 발굴을 세 단계로 나누어서 설명하고 있다. 즉 1959-1979년까지를 이리두 유적과 문화의 분기와 내용, 성격을 전면적으로 이해하는 1단계로, 1980-1998년까지를 청동기 옥기 등 특정 학술목적을 위한 2단계 발굴로, 1999-2019년까지를 유적지의 취락 형태를 탐색하는 제3단계로 규정했다(趙海濤 등, 「二里頭遺址發現60年回顧,反思與展望」, 『中原文物』 2019.4, 45-47).

3 Li Liu, "Academic Freedom, Political Correctness, and Early Civilisation in Chinese Archaeology: the Debate on Xia-Erlitou Relations," *Antiquity* 83 (2009), 835.

발굴자들은 이리두에서 발견된 토기 양식을 토대로 그 발전 단계를 4기로 나누었다. 2000년에 완료된 하상주단대공정夏商周斷代工程에서는 이리두 I기에서 IV기까지의 방사성탄소측정연대를 기원전 1880~1520년으로 제시했다.[4] 반면에 2005-2006년 베이징대학北京大學과 중국사회과학원 고고연구소에서 각각 시도한 방사상탄소측정 연대는 기원전 1750~1530년 정도로, I기의 상한 연도에서 130년 차이가 있다.[5] 하상주단대공정에서 제시한 하 왕조의 대략적 연대는 기원전 2070~1600년이다.[6] 상商 왕조의 개시년을 1600년 정도로 추정하고 『고본죽서기년古本竹書紀年』에 언급된 하 왕조의 적년積年 471년을 역산한 수치이다.

다양한 유적과 유물이 발굴된 이리두에서 가장 주목을 끄는 것은 유적지 중앙에 위치한 이른바 '궁전구'이다. 이리두 II기에 중심구에 井 자형 도로망이 형성되어 동북쪽에 건축들3호, 5호이 출현했다. 궁전구 남쪽에 위치한 청동기 주조 공방과 터키석 공방도 생산을 시작했다. III기에 井정 자형 도로망을 에워싸고 사각형의 성벽이 둘러쳐졌다. 복원된 동서의 길이가 각각 378m와 359m, 남북은 각각 295m와 292m이고 성벽의 평균 두께가 2m에 달한다. 성벽 내부의 면적은 10.8ha이다.[7] 성벽 건조와 비슷한 시기에 남쪽에서 이리두 최대인 1호 건축서 98.8m, 북 90m, 동 96.2m, 남 107m; 총면적 9585

---

4 夏商周斷代工程專家組, 『夏商周斷代工程1996-2000年階段成果報告』(北京, 世界圖書出版公司, 2000), 75-77.

5 孫慶偉, 『鼏宅禹迹: 夏代信史的考古學重建』(北京, 三聯書店, 2018). 346-347.

6 夏商周斷代工程專家組, 『夏商周斷代工程1996-2000年階段成果報告』, 82.

7 孫慶偉, 『鼏宅禹迹』, 319-321.

㎡이, 서남쪽으로 7호, 8호, 9호 건축이, 동북부에서 4호와 2호남북 72.8m, 동서 57.5-58m 건축이 출현했다. 청동기와 터키석 공방구역에서 수공업 생산이 더욱 발전했다. IV기에도 井 자형 도로망과 성벽은 여전히 사용되었지만 후기에 이르면 성벽이 파괴되어 내부의 건물도 결국 폐기된 것으로 보인다.[8]

한편 IV기의 후반에 이리두에서 동북쪽으로 6km 지점 언사偃師에서 다른 대형 취락이 등장했다. 이 유적은 작은 궁전 건축에서 시작하여 요새화된 200ha 규모의 성벽 도시로 확장되는데, 이리두의 다음 단계이자 상商 전기의 대표 문화로 알려진 이리강二里崗 스타일 유물이 주류를 이룬다. 이리두의 마지막 단계와 언사 성벽 도시의 부상이 일치하므로 현재 중국학계에서는 이를 상이 하를 정복한 흔적으로 보는 견해가 지배적이다. 역시 비슷한 시기에 이리두에서 동쪽으로 85km 떨어진 정주鄭州에 더욱 거대한 성벽도시가 축조되었다. 직사각형의 내성이 300ha로 이리두 전체 유적과 맞먹는 규모이고, 이를 에워싼 원형 외성의 총 길이가 18km로, 그 내부에서 다양한 건축과 풍부한 청동기가 발굴되었다.[9] 중원의 중심축이 이리두에서 정주로 이전했음이 분명해 보인다.[10] 중국학계에서는 이 두 성을 각각 언사상성偃師商城과 정주상성鄭州商城으로 명명하고 있다.

---

8 朱鳳瀚, 「夏文化考古學探索六十年的啓示」, 『歷史研究』 2019.1, 28-29.

9 Li Liu & Xingcan Chen, *The Archaeology of China: From the Late Paleographic to the Early Bronze Age* (Cambridge, Cambridge University Press, 2012), 278-284.

10 Li Min, *Social Memory and State Formation in Early China* (Cambridge, Cambridge University Press, 2018). 241.

이리두 유적지에서 아직 대형 묘지는 발견되지 않았다. 현재까지 알려진 가장 큰 묘는 2호 궁전 뒤편에서 발굴된 VD2M1으로 너비 5.2m×4.25m, 깊이 6m 규모이다. 이층대二層臺와 함께 칠목관漆木棺이 있었지만 고대에 이미 도굴되어 부장품을 알 수 없다. 나머지 발굴된 묘들은 모두 중소형이다.[11] 대부분의 묘가 토기만을 부장하고 있지만 II기의 후단부터 청동 방울鈴과 동패식銅牌飾, 터키석이 상감된 용 모양 기물을 부장한 묘들이 나타나며 묘의 규모나 부장 기물에서 차이가 두드러지기 시작한다. III기에 이르면 최초로 청동 용기인 爵작뿐만 아니라 무기인 斧부와 戈과 및 터키석이 상감된 기물도 부장되어 나타난다. 통상 청동 작은 토기 盉화와 짝을 이룬 것으로 보인다. IV기의 묘에서는 청동 용기가 더욱 다양해져서 작 이외에 斝가 와 鼎정, 盉화도 부장되어 나타난다.[12]

현재까지 이리두에서 총 131점의 청동기가 출토되었다. 무기와 공구, 장식품이 비교적 많고 용기예기는 觚인지 불명확한 기물 1점을 포함하여 총 14점이다.[13] 이리두의 문화 특징을 가장 잘 반영한 것이 토기로, I기에서 IV기까지 鼎정과 豆두, 罐관, 盆분, 爵작, 觚고, 尊준, 盉화, 盤반 등이 지속적으로 사용되었다. 따라서 전 시기를 동일한 독립적 고고학문화로 보는데 대체로 이견이 없다. 이전 II기에서 III기 사이, III기에서 IV기를 하와 상의 분계로 파악한 견해들과

11 Gideon Shelach-Lavi, *The Archaeology of Early China: From Prehistory to the Han Dynasty* (Cambridge, Cambridge University Press, 2015), 174.

12 朱鳳瀚, 「夏文化考古學探索六十年的啓示」, 30; 오창윤, 「二里頭 青銅器와 饕餮紋」, 단국대학교 석사학위논문, 2017년, 4-9.

13 孫慶偉, 『鼏宅禹迹』, 334.

달리 최근에는 네 시기 모두 하로 파악하려는 경향이 강하다.[14] 이러한 토기의 분포 범위를 토대로 허난성河南省 중서부와 산시성山西省 남부, 양쯔강楊子江 중류나 단강丹江 일대까지 이리두문화가 확산된 것으로 보기도 한다.[15]

현재 중국 학계에서는 이리두 유적지와 이리두 유형 문화의 분포지를 모두 중국 최초의 고대국가인 하 왕조의 것으로 보는데 큰 이견이 없어 보인다. 그렇지만 전설상의 치수 영웅인 우禹를 시조로 하는 하 왕조의 역사는 전국시대인 기원전 4세기경부터 문헌에 나타나기 시작한다. 따라서 특히 서양 학계를 중심으로 "이리두=하"의 등식뿐만 아니라 국가로서의 그 성격에 대해서도 회의적인 견해가 제기되고 있다. 먼저 이리두와 하 왕조의 연관성 문제부터 살펴보기로 하자.

II. 문헌 증거: 문자 전승과 구전

베이징대학 고고문박학원考古文博學院 원장 쑨칭웨이孫慶偉는 최근 『鼏宅禹迹: 夏代信史的考古學重建』이라는 책을 출간했다. 진秦 경공景公 576-537 B.C. 시 제작된 청동기로 추정되는 진공궤秦公簋 명문의 구

[14] 孫慶偉, 『鼏宅禹迹』, 483; 朱鳳瀚, 「夏文化考古學探索六十年的啓示」, 29-30.

[15] Liu & Chen, *The Archaeology of China*, 262.

절인 "秦의 선조가 우禹의 자취 위에 평온하게 자리했네鼏宅禹迹"를 제목으로 차용해서 시사적이다. 진秦과 하夏의 연관성을 부각시킬 뿐만 아니라 "夏代信史하대신사"라는 그 부제에서도 뚜렷이 드러나듯, 이 책은 이리두 유적뿐만 아니라 그에 앞선 하남용산문화河南龍山文化 후기의 고고학 성과까지 하 왕조의 역사와 등치시키고 있다. 전설상의 왕조로 여겨지던 하의 역사를 진정한 중국사의 반열로 올려놓으려는 시도로 보인다.

고고학자의 저작임에도 불구하고 이 책의 제1장에서는 하에 관한 전래문헌의 서술을 거의 망라하여 그 계년繫年과 도읍都邑, 족씨族氏, 사사史事까지 정리하고 있다. 이를 토대로 쑨칭웨이가 내린 결론은 다음과 같다:

① 대우大禹의 치수에 전설과 신화의 내용이 포함되어 있지만 그 핵심은 역사적 사실이다. 대우는 이로 인해 성姓을 하사받고 사성姒姓 부족의 수령이 되어 선양禪讓 체계 중의 법정 상속인이 되었다.

② 요堯-순舜-우禹-고요皋陶(백익伯益)로 이어지는 선양은 사실상 군장 추선제推選制의 일종 특수형태로 이하夷夏 연맹 하의 순번제 집정 방식이었다. (우의 아들) 계啓가 익益을 공격하여 군위를 차지함으로써 선양제가 붕괴되고 세습제가 확립되었다.

③ '사성賜姓'과 '명씨命氏'가 결합한 것이 하대夏代 사회의 특징으로 하 왕조는 혈연사회(姓)에서 지연사회(氏)로 향하는 과도 시기였다.

④ 하우씨夏后氏가 하 왕조 최고 통치집단 중의 핵심으로, 하대 도읍의 변천은 실제상 핵심 세력의 소장消長을 반영한다.

⑤ 하대의 도읍 중 양적陽翟(하읍夏邑, 현재 하남河南 우주禹州)이 가장 중요하다. 하는 도읍을 여러 번 옮겼지만 양적은 시종 존재하여 하대의 성도聖都라 할만하다.

⑥ 『사기史記』 『하본기夏本紀』의 세계世系는 기본적으로 신뢰할만하다. 『고본죽서기년古本竹書紀年』에 기재된 하대의 적년積年 471(472)년은 쉽게 부정해서는 안 된다. 이에 의거하면 하대의 시년始年은 최소한 기원전 21세기까지 올라간다.[16]

이러한 결론은 전래문헌의 신빙성에 대한 믿음에서 출발한다. 맹목적인 신고信古를 우려하면서도, 쑨칭웨이는 대다수 하대의 계년과 역사가 중요한 학술 가치를 지니고 있어서 가벼이 방기할 수 없다고 본다. 특히 여러 학자들이 주목하듯 계통이 다른 『고본죽서기년』과 「하본기」의 하대 통치자 계보가 거의 비슷한 점을 강조한다. 뒤에서 언급할 하대 세계世系의 구전口傳 가능성에 대해서도 "실제상 중국 고대에 결코 구전 세계는 없었다"고 주장한다.[17] 이를 위해 『국어國語』 「진어晉語 9」의 특정 구절에 대한 위소韋昭204~273의 주注 "태사太史가 씨성氏姓을 관장했다"太史掌氏姓와 『주례周禮』 「춘관종백春官宗伯」에 "소사小史가 방국邦國의 기록을 관장하여 세계世系를 바로 잡는다"掌邦國之志, 奠繫世는 구절을 인용하고 있다. 하대 귀족의 씨성과 세계가 사책史冊에 기재되었으리라는 것이다. 따라서 쑨칭웨이는 하대의 세계와 존속 연대에 의문을 품는 연구자들은 반드시 전면적인

[16] 孫慶偉, 『鼏宅禹迹』, 484-485.

[17] 孫慶偉, 『鼏宅禹迹』, 16쪽 각주 2.

체계적 문헌 연구에 기초해야지 '의고疑古'를 위한 '의고'를 해서는 안 될 것이라고 일갈한다.[18]

그렇지만 그 자신 역시 이런 대담한 주장을 하기 위해서 최소한도의 문헌 연구에 기초해야 한다는 사실을 망각하고 있는 듯하다. 위에서 쑨칭웨이가 활용한 『국어』의 위소韋昭 주注는 기원전 5세기경의 한 사건에 대해 그보다 700여년 이후의 인물인 위소가 주석을 덧붙인 것이다. 「진어 9」에 나오는 내용에 따르면 춘추 말 진晉의 최고 권력자인 지선자智宣子에게 같은 일족인 지과智果라는 인물이 후계자 선정에 대해 간언을 했지만 받아들여지지 않았다. 이 때 지씨智氏의 멸망을 예견한 지과智果는 문제의 '태사太史'를 찾아가서 분족分族을 요청하여 보씨輔氏로 바꿔서 지씨智氏 멸망 이후에도 살아남았다고 한다.[19] 따라서 "태사太史가 씨성氏姓을 관장했다"는 위소의 주해는 춘추 말의 태사太史에 대해 설명한 것이다. 쑨칭웨이 자신이 추정하고 있는 하대보다 대략 1000~1500년 이후인 춘추 말기의 관직을 하의 관직으로 소급하여 적용할 수 있을지 의문이다. 그가 인용한 다른 문헌인 『주례』 역시 빨라야 춘추 말기의 저작으로[20] 그 이전 시대, 특히 하의 실상을 반영하는 것으로 보기는 어렵다. 문헌의 맹목적 신빙성을 바탕으로 한 그의 여러 주장이 손쉬운 비판의 대상이 될 수 있을 것임은 두말할 나위가 없다.

쑨칭웨이는 자신의 입론을 강화하기 위해서 "중국의 원사原史와

---

18 孫慶偉, 『鼏宅禹迹』, 485.

19 『國語』(上海, 上海古籍出版社, 1988), 500-501

20 Michael Loewe ed., *Early Chinese Texts: A Bibliographical Guide* (Berkeley, University of California Press, 1993), 25-29.

역사고고학 연구가 순결과 독립적 지위를 추구하기 위해 풍부한 역사문헌과 절연하는 학문이 될 필요는 없다"는 주펑한朱鳳瀚의 지적[21]을 인용하고 있다. 그럼에도 불구하고 이리두와 하의 연관성에 대한 주펑한의 최근 주장은 훨씬 신중한 편이다.[22]

우선 그는 의고疑古 사조를 이끈 구시에강顧頡剛이 우禹와 하夏의 관계뿐만 아니라 전국시대 사서에 나오는 하 왕조 세계世系의 인물인 계啓, 태강太康, 중강中康, 상相, 저杼의 존재도 부정했지만, 하의 도성이나 강역 부분은 인정하며 그 왕조의 존재 차체를 부정한 것은 아니라고 강조한다. 구시에강이 하를 완전히 부정하지 못한 이유에 대해 서주西周 초기기원전 11~10세기의 문헌으로 그 신빙성을 인정받는 『상서尙書』의 「소고召誥」와 「다사多士」, 「다방多方」 등 몇 편에 하가 언급되어 있기 때문이라고 본다. 그 문헌들에 하인夏人의 천명天命 상실과 상인商人 혁명革命의 역사 교훈이 명시되어 있어서, 서주 초에 이미 상 왕조 이전에 하가 있었다는 사실은 일종의 상식이었다는 것이다.

그러나 문제는 이러한 문헌들이 하의 존재 이외의 정황에 대해서는 전혀 전해주지 않는다는 데에 있다. 이미 앞에서 언급했듯이 하에 대한 구체적 기록은 전국시대 이후에야 나타나므로, 구시에강은 그것들을 신빙성이 결여된 전설로 간주하여 상주商周 이전의 역사를 결정하는데 사용해서는 안 된다고 주장한 것이다. 따라서 주펑한은 신화 전설에 사실 성분이 내포되어 있을 가능성과 함께 이리두 유

21 朱鳳瀚, 「中國考古學與歷史學的關係」, 『歷史研究』 2003.1, 20.

22 朱鳳瀚, 「夏文化考古學探索六十年的啓示」, 22-35.

적이 문헌상의 하와 맞아떨어지는 점을 인정하면서도, 한 가지 결정적인 문제가 남아 있다고 본다. 즉 하의 존재를 동시기의 문자로 증명할 수 없으니, 이리두 유적을 하 왕조의 것으로 단정하는 건 일정 정도 가설적 성격을 지닐 수밖에 없다는 것이다.

그럼에도 불구하고 주평한은 13-16세기 잉카에서 무문자 문명이 존재했고, 이리두 IV기의 도각陶刻 부호도 그 구조가 갑골문과 유사하여 문자 부호일 가능성을 배제할 수 없다고 본다. 상 전기의 청동기에 아직 명문이 나타나지 않지만 상 후기의 갑골문은 성숙한 문자이므로 장기 발전 과정을 거쳤을 것이어서, 상 전기에도 문자가 존재했을 가능성은 충분하다는 것이다. 갑골문을 토대로 그 신빙성이 입증된 것으로 보는 『사기』「은본기殷本紀」의 세계世系에 대해서 우선 대을大乙: 탕湯보다 앞선 상갑上甲에서 시계示癸까지 6대 선공先公들의 것은 작위성이 크다고 본다. 그러나 대을大乙 이후의 세계는 상당히 정확하고, 특히 일정 주기로 제사를 올리며 점친 주제周祭 복사卜辭에 나타나는 상갑上甲에서 대을大乙까지, 대을에서 강정康丁까지의 왕 명은 그 순서가 엄밀하여 결코 허구 성분을 찾을 수 없다고 주장한다.

상의 첫 번째 왕 대을에서 갑골문을 처음으로 사용한 상 후기의 왕 무정武丁까지는 대략 300년의 시차가 존재한다. 이러한 측면에서 주평한은 암송으로만 구전되어 주제 복사에서처럼 오차 없는 정확한 세계가 전래되기는 불가능했을 것이므로, 상 전기에도 문자를 장악한 소수 귀족이나 작책作冊, 정인貞人 등이 왕조의 세계世系나 정사正史를 기록해왔을 가능성이 있다고 본다. 상 전기에 이러한 문자 실물이 발견되지 않은 이유는 복골卜骨 각사刻辭나 동기銅器 명문을 집어넣는 풍조가 아직 생기기 않았기 때문이고, 특히 상 전기의 왕실이나 상층 귀족 묘가 아직 발굴되지 않은 점도 염두에 둘 필요가 있다고 한다.

그러므로 주평한은 「하본기」에 나타나는 하의 세계 역시 자신이 추정하는 상 전기와 비슷한 맥락일 수 있으므로 그 타당성 여부에 대해 성급하게 결론내릴 필요는 없다고 주장한다. 상 전기 이리강 시기의 팽창을 행정적으로 뒷받침했을 문자 사용 가능성이 제기되었다고 해도,[23] 하에 관한 한 경험적 증거보다 정황에 의존한 주평한의 희망 섞인 주장은 후술할 서양 학자들의 견해와 상충하고 오히려 구전설을 강화해주는 측면도 있어 보인다.

최근 서양 학자들도 이리두 유적의 규모와 발전 양상에 주목하지만 하와의 연관성에 대해서는 신중하다. 특히 구시에강과 마찬가지로 하에 대해 본격적으로 언급한 최초의 기록이 하가 존재한 것으로 추정되는 시점보다 14세기 이후나 그 이상인 점에 주목한다. 그 시차가 역사 기록이 훼손 없이 지속되기는 너무 긴 시간이라는 것이다.[24] 따라서 가장 덜 비판적인 연구자조차도 『사기』 「하본기」 등에 언급된 하에 관한 대부분의 내용이 전설이라고 인정해야 할 것으로 본다. 설사 전설적이거나 시대착오적 내용을 걸러낸

---

[23] Robert Bagley, "Anyang Writing and the Origins of Chinese Writing System," in *The First Writing*, ed., by Stephen D. Houston, (Cambridge, Cambridge University Press, 2004). 190-249.

[24] John S. Major and Constance A. Cook 2017, *Ancient China: A History* (New York, Routledge, 2017), 60.

나머지를 사실로 믿는다고 해도, 하의 사회나 정치조직, 문화 등에 대해 의미 있는 내용은 없고, 결국 하 왕들의 세계만 남겨질 뿐이라는 것이다.[25]

그렇다면 「하본기」와 『죽서기년』을 토대로 추정된 14대 17왕 471년이라는 하의 세계와 연대기는 과연 쑨칭웨이의 주장처럼 신빙성이 있을까? 이와 관련하여 중국계인 리우리劉莉와 쉬홍許宏은 하에 대한 몇몇 연대기 중 하나는 정확할 거라는 중국 고고학계의 믿음에 근본적인 문제가 있다고 본다. 앞에서 언급한 쑨칭웨이나 주평한의 추정과 달리 그러한 연대기가 기본적으로 문서화되어 전래된 것이 아니라 구전된 것으로 보기 때문이다. 특히 『죽서기년』과 『사기』 「은본기」에 나타나는 상의 세계가 갑골문을 통해 어느 정도 신빙성이 입증되었다고 해도 그것이 하의 연대기도 신뢰할 수 있는 증거는 될 수 없다고 간주한다.[26] 이와 관련하여 데이비드 키틀리는 갑골문에도 왕의 재위년수가 명시되지 않았고, 은허의 마지막 단계인 제을帝乙과 제신帝辛 시기의 복사에서야 제사 주기에 일관된 왕의 재위년이 나타나므로, 상조차 온전히 정확한 연대기를 기록하여 후대에 전해주지 못했을 것으로 추정한다.[27] 그는 또한 『죽서기년』에 일부 왕들의 재위년수가 들어간 현존하는 가장 오래된 하의 연대기가 등장하지만, 오히려 그보다 늦은 상 왕들의 재위년

---

[25] Shelach-Lavi, *The Archaeology of Early China*, 163-164.

[26] Li Liu & Hong Xu, "Rethinking Erlitou: legend, history and Chinese archaeology," *Antiquity* 81 (2007), 886.

[27] David N. Keightley, "The Bamboo Annals and Shang-Chou Chronology," *Harvard Journal of Asiatic Studies*, 38.2 (1978), 427.

수는 완전히 누락되어 있음에도 주목한다. 특히 『죽서기년』에 언급된 하 왕들의 믿기 어려울 정도로 긴 재위년禹 45년, 后芒 58년, 不降 69년은 전국시대 저술가들이 멀리 떨어진 왕조일수록 더 상세한 무언가를 고안해낸 메타역사적metahistorical 관행의 산물로 본다.[28]

따라서 리우리와 쉬훙은 『죽서기년』이나 「하본기」 등에 나타나는 하의 연대기를 구전 전통의 연대기로 이해하며, 다른 고대 문명의 사례 연구들을 통해 중국만 먼 과거의 왕실 계보에 집착한 것이 아니었음을 제시한다.[29] 즉 대략 기원전 2100년 작성된 "수메르 왕의 명단"The Sumerian King List은 당시까지 메소포타미아를 통치한 115명의 통치자를 순차적으로 나열하고 있다. 그러나 실제로 이들 중 상당수는 병존한 다른 도시국가들에 속하는 왕들로, 단선적인 계보로 편입시켜서는 안 되는 것이었다. 이러한 연대기적 왜곡의 결과로 수메르 왕의 명단은 사실상 600년에 해당하는 기간 동안 1900년 이상에 이르는 긴 통치자들의 존속 기간을 창출했다.[30] 기원전 1세기로 편년되는 초기 마야 기념비의 상형문자 역시 중요한 역산曆算의 시점을 기원전 3114년까지 소급하지만,[31] 이는 이 지역

---

28 Keightley, "The Bamboo Annals and Shang-Chou Chronology," 433.

29 Liu & Xu, "Rethinking Erlitou," 898-899.

30 David P.Henige, *The Chronology of Oral Tradition: Quest for a Chimera*, (Oxford, Clarendon Press, 1974), 42; Liu & Xu, "Rethinking Erlitou"에서 재인용.

31 Michael D. Coe, "Early Steps in the Evolution of Maya Writing, in H.B. Nicholson (ed.) *Origins of Religious Art and Iconography in Preclassic Mesoamerica* (Los Angeles, UCLA Latin American Center & Ethnic Arts Council of Los Angeles), 112; Liu & Xu, "Rethinking Erlitou"에서 재인용.

에서 농경 공동체가 최초로 나타난 시점보다 1000년 이상 길다.[32] 19세기~20세기 초의 이집트 연구자들 역시 기원전 3세기경 이집트의 사제인 마네톤Manetho이 구성한 것으로 전해지는 30개 왕조 연대기에 따라 이집트 왕조사를 기원전 5000년 이전으로 소급했다. 그러나 마네톤이 순차적으로 열거한 왕조들에도 역시 병존한 지역 정치체들이 포함되어 지금은 제1 왕조의 시점을 기원전 3100년으로 보고 있고, 아직도 그 체계로 인한 혼란이 이어지고 있다.[33]

중국을 비롯한 많은 고대 사회에서 과거를 가늠하는 가장 흔한 방법은 왕의 명단이나 세계를 활용하는 것이었다.[34] 다양한 지역과 시대에 걸쳐 형성된 왕의 명단이나 세계를 비교함으로써 특정 유형의 연대기적 왜곡이 나타났음을 알 수 있는데, 그 왜곡은 위의 사례와 마찬가지로 통상 과거 늘리기였다.[35] 고대는 어디서나 존숭되기 때문이다. 허구적인 "수메르 왕의 명단"이라는 문헌의 작성이 당대

---

[32] Rosemary A. Joyce, "High Culture, Mesoamerican Civilization, and the Classic Maya Tradition," in J. Richards & M.V. Buren (ed.), *Order, Legitimacy, and Wealth in Ancient States*: (Cambridge, Cambridge University Press, 2000), 74; Liu & Xu, "Rethinking Erlitou"에서 재인용.

[33] David P.Henige, "Oral Tradition and Chronology," *Journal of African History* 12.3 (1971), 378-379. 마네톤이 그리스어로 편찬한 고대 이집트 역사는 왜곡가능성이 큰 단편들만 후대 저작에서 인용된 형태로 보존되어 원래 어떤 모습이었을지 파악하기 어렵다. 그럼에도 불구하고 고대 이집트 자료를 활용한 것으로 여겨져 고대 이집트 연구의 기본 틀을 제시하고 있다(John Baines, "Ancient Egypt." *The Oxford History of Historical Writing, Volume 1: Beginnings to AD 600*, edited by Andrew Feldherr and Grant Hardy [Oxford, Oxford University Press, 2011], 53-54.

[34] Wang Haicheng, *Writing and the Ancient State: Early China in Comparative Perspective* (Cambridge, Cambridge University Press, 2014), 21-52.

[35] Henige, "Oral Tradition and Chronology," 389.

정치체의 정통성 확보 목적에서 기인했듯이,[36] 역사의 정치적 활용은 고대에도 예외가 아니었다.

이런 연대기적 왜곡은 20세기 아프리카의 구전 전통에서도 명백히 나타난다. 가와다 준조川田順造의 아프리카 모시족 구전 연대기 연구가 그 좋은 사례가 될 것이다. 국가 수준의 발달 단계에 이른 아프리카 무문자 사회에서 왕의 계보와 이야기 낭송은 구성원들을 결속시키는 핵심 기제였다. 아프리카 왕조들에서 이러한 암송은 조상의 제사나 수확제 등에서 벤다라고 부르는 이야기꾼이자 악사에게만 그 권한이 주어졌다. 그 축제의 절정이 왕조의 이데올로기 표현 성격을 지닌 왕의 계보 낭송이었다.[37] 역사 전승을 습득해야 하는 벤다의 자격 요건이 까다로웠고 원로들이 주요한 역할을 담당했기에 그 구전 전승에 상당한 정확성이 유지되었다.[38] 그럼에도 불구하고 가와다는 구연 전승 자체에 큰 한계가 있음을 적절히 지적한다. 10대 이전이든 5대 이전이든 당대의 왕에 대한 것은 모두 그 이후 현재까지 살고 있는 사람들의 기억을 통해 여과된 모습일 뿐이라는 것이다.[39]

가와다의 연구에서 특히 인상적인 부분은 앞에서 살펴본 계보의 병합 양상이 아프리카 모시족의 구연전승 연대기에도 그대로 반영

---

[36] Piotr Michalowiski, "Early Mesopotamia," in *The Oxford History of Historical Writing, Volume 1*, 15.

[37] 가와다 준조/임경택 옮김, 『무문자 사회의 역사: 서아프리카 모시족의 사례를 중심으로』 (논형, 2004). 123.

[38] 가와다 준조, 『무문자 사회의 역사』, 132.

[39] 가와다 준조, 『무문자 사회의 역사』, 39-40.

되어 나타난다는 점이다.[40] 20세기 이후 모시족 사회의 계보에 관심을 가진 가와다를 포함한 세 명의 연구자가 모시족의 벤다들로부터 구술로 전승되어 온 텐코도코 왕조의 계보를 채록했다. 1908년 프로베니우스L. Frobenius의 첫 번째 채록은 비슷한 뒤의 두 개1953년 A. Prost; 1966년 가와다와 달리 상당히 짧았다. 따라서 결락이 많아 불충분한 채록으로 생각되어 전문가의 관심을 끌지 못했다. 그러나 가와다는 신중한 분석을 통해 1908년 채록한 계보가 세대 수에 있어서는 1966년 자신이 채록한 것과 거의 일치함을 밝혀냈다. 계보 속 왕의 이름이 두 배 가까이 늘어난 이유는 종속된 왕조와 방계 수장들의 이름까지 단일 계보에 포함되었기 때문이다. 가와다는 1953년과 1966년 채록 정보를 제공한 동일한 벤다의 박학한 지식과 뛰어난 기억력 덕택에 더 긴 계보가 만들어졌으리라 보지만, 앞에서 언급한 고대 왕조의 사례와 마찬가지로 그 계보를 더 길고 풍부하게 하고자 하는 정치적 동기도 작용했을 것이다.

주평한을 비롯한 중국학자들이 상 후기 갑골문 이전인 상 초기나 하대에도 문자가 사용되었을 가능성을 제시하지만, 그 자신도 인정하듯 이는 아직 가설에 불과할 뿐이다. 따라서 위에서 제시한 연대기 왜곡의 사례가 하와 상의 연대기에도 숨겨져 있고, 전설과 실제 역사가 뒤섞여있을 것이라는 리우리와 쉬훙의 주장은 충분히 재고의 여지가 있다. 물론 그들 역시 갑골문과 후대 문헌에 언급된 선사시대 일부 왕명이 여러 세대를 거친 구전 전통에서 실제로 전래된

[40] 가와다 준조, 『무문자 사회의 역사』, 54-70.

인물의 것일 가능성을 배제하지 않는다. 그러나 이러한 왕의 명단을 왕조사의 완전한 기술이나 정확한 순서로 보기 어렵고, 그 연대기도 다른 지역의 사례들과 마찬가지로 후대의 정치적 동기에서 윤색되었을 가능성이 크기 때문에, 이를 고고학에 무비판적으로 적용해서는 안 된다고 주장하는 것이다.

이를 뒷받침하듯 최근 세상에 모습을 드러내고 있는 초간楚簡들도 하夏와 관련된 본격적인 서술이 시작된 전국시대戰國時代에 다양한 유형의 고사전설이 생겨나 유포되었음을 보여준다. 초간의 이른바 고사류故事類 문헌들이 여기에 해당되는데, 2018년까지 알려진 고사류 문헌만 42종으로, 이는 초간 역사류 문헌의 대략 64%를 차지한다. 대체로 한 편의 완결된 이야기를 이루는 이러한 고사류 문헌은 그 신빙성이 인정되는 기사記事보다는 전설적인 이야기인 기언記言의 분량이 압도적으로 많다.[41] 유리 피네스가 "유사역사 설화" quasi-historical lore로 명명하는 교훈적 일화逸話 중심의 기언들은 도덕적 서술 경향이 뚜렷하여 액면 그대로의 역사적 사실로 받아들이기는 불가능하다.[42]

따라서 필자는 전국시대 유행하여 역사류 문헌의 주종을 이루는 기언 위주의 일화들은 대체로 그 이전까지 구전이나 문자로 전래된 상고시대의 정치체나 그 통치자들에 대한 희미한 기억을 뼈대

---

[41] 김석진, 「戰國 楚簡 역사류 연구 試論」, 『中國古中世史硏究』 48 (2018), 1-27.

[42] Yuri Pines, "History without Anecdotes: Between the *Zuozhuan* and the *Xinian* Manuscript," *Between History and Philosophy: Anecdotes in Early China*, ed. by Paul van Els and Sarah A. Queen (Albany, State University of New York, 2017), 288-289.

로 하되, 전국시대의 관점에서 다양한 새로운 이야기들이 덧붙여진 것일 가능성이 크다고 본다. 이러한 설화들은 독일의 이집트학자 얀 아스만Jan Assmann이 이집트와 메소포타미아, 이스라엘, 그리스 등 고대문명 발전의 기제로 제시한 당대의 필요성에 따라 지속적으로 재구성된 이른바 "문화적 기억"cultural memory의 산물일 것이다. "기억된 과거의 형태는 신화와 역사가 뒤섞인 것이어서 오염되지 않은 고대의 자료는 없다"는 아스만의 지적은 이론의 여지가 없다.[43] 다만 앞에서 살펴본 계보 위주의 아프리카 구연 전승에서 상당한 정확성이 유지된 것을 감안하면, 최소한 초간에 명시된 개별 인물이나 왕조의 이름은 그 "기반 전설"의 토대로서 어느 정도 신빙성을 지닐 수 있을지도 모른다. 전국시대 이래로 이러한 유사역사 일화들은 반복적으로 변용되며 활용되었는데, 교훈적 측면을 중시하다 보니 그 역사적 사실성 여부는 큰 고려 대상이 아니었다.[44] 한대漢代 이래 경전經典이 중시되고 정사正史 서술이 자리 잡게 됨에 따라 이러한 일화의 중요성이 감소되었어도,[45] 전국시대에 문헌화되어 한대까지 전래된 이야기의 대부분은 이미 역사 지식으

---

[43] Jan Assmann, *Cultural Memory and Early Civilization: Writing, Rememberance, and Political Imagination* (Cambridge, Cambridge University Press, 2011), 특히 59, 62쪽. 아스만은 문화적 기억의 중요한 형태로 신성하게 고취되어 현재를 의미 있게 해주는 "기반 기억"(foundational memory)을 들고 있다. 그가 의도하는 "기반 기억"이라는 용어는 고정불변의 신화로서 역사성이 배제된 개념이지만, 고대에 창출된 그 "기반 기억"이 역사성을 지닌 토대 없이 온전히 창작되지는 않았을 것이다.

[44] David Schaberg, "Chinese History and Philosophy," in *The Oxford History of Historical Writing, Volume 1*, 398.

[45] Schaberg, "Chinese History and Philosophy," 413.

로 수용되어버렸을 것이다.[46]

이러한 측면에서 서주 초기까지 소급되는 『상서尙書』의 일부 장에서 하夏의 존재가 언급되듯, 중국 역사상 최초로 황하 중하류 유역에서 발전한 국가 수준의 사회로 고대인에게 강하게 기억되었을 이리두 유적이 하와 관련될 가능성을 배제할 수는 없을 것이다.[47] 전국시대의 저술가들은 자신들에게 전승된 그러한 기억을 바탕으로 『국어國語』 「주어周語」에 "이하伊河와 낙하洛河의 물이 말라 하夏가 망하였다"라든지, 『일주서逸周書』 「도읍해度邑解」와 『사기史記』 「주본기周本紀」에 "낙하洛河와 이하伊河의 어귀 사이에 지세가 평탄하고 장애물이 없어 하夏의 근거지가 있었다"와 같이 현재 이리두 유적의 위치에 상응하는 하에 대한 기록을 남겼을 것이다. 그럼에도 불구하고 다른 왕조와 비교해서 상당히 긴 하대 왕들의 평균 재위년수471년÷14대=33.6년나[48] 『상서』 「우공禹貢」편 등을 토대로 「하본기」에 언급된 우禹의 광범위한 치수와 구주九州 통일, 전복甸服과 후복侯服 등 체계적 지역 정비, 우禹와 고요皐陶의 덕행 같은 전설적 내용은 쑨칭웨이의 주장과 달리 훨씬 후대에 먼 과거를 기억하며 창출되었을 가능성이 커 보인다.

따라서 『죽서기년』에 언급된 하의 적년積年 471년이 다른 지역 고대 연대기의 사례처럼 증폭된 것일 수 있다면, 그리고 하의 존재 자

---

46 심재훈, 「전설과 역사 사이: 山西省의 堯舜禹」, 『歷史學報』 241 (2019), 283.

47 리펑 지음/이청규 옮김, 『중국고대사』 (사회평론, 2017), 66-67.

48 西周의 경우 기원전 1045년부터 기원전 771년까지 274년 동안 11대 12명의 왕이 재위하여 세대당 평균 재위 년수가 24.9년이다. 동주시대는 기원전 770년부터 기원전 256년까지 514년 동안 21대 25명의 왕이 재위하여 세대당 평균 24.4년이다.

체를 전적으로 부인할 수 없다면, 앞에서 언급한 방사성탄소측정 연대를 토대로 한 이리두 유적의 짧은 존속 기간200~300년이 오히려 하의 실재와 부합할 수도 있다. 신빙성이 떨어지는 그 긴 연대기를 근거로 "사실상 이리두와 고고학적 연결성을 찾기 어려운 하남용산문화河南龍山文化 후기 단계"[49]까지 하의 범위에 포함시켜 논란을 자초할 필요는 없을 것이다.

지금까지 살펴보았듯이 "이리두=하 왕조" 등식의 가능성과 불가능성을 모두 염두에 두고 이리두의 고고학 성과 자체에 대한 평가로 넘어가보자.

III. 이리두 국가론의 함정

고고학적으로 드러난 이리두 유적의 발전 양상을 어떻게 이해할 수 있을까? 최근 출간된 중국 고고학 개설서 두 권 모두 이 문제에 대해 상당한 비중을 두고 서술한 바 있다. 우선 리우리와 천싱찬은 중국 고대국가 기원론과 관련하여 국가 형성과 도시 발전, 문명 출현, 왕조사의 시작 네 문제가 맞물려 있고, 앞 장에서 언급한 고고학과 전래문헌의 결합 문제나 다양한 국가의 정의까지 얽혀 있어 합의가 어려운 사안이라고 본다. 그러한 연구 사례들로 중국 고

[49] Li Min, *Social Memory and State Formation in Early China*, 225.

대 국가 기원에 대한 네 가지 접근법, 즉 샤나이夏鼐가 제기한 고전적 진화론과 수빙치蘇秉琦의 신석기 문명론, 중국학계에서 주류를 이루는 역사문헌 접근법, 서구의 인류학 이론을 활용한 사회고고학 접근법을 소개한다.[50] 셸라흐 역시 중국 고대국가의 기원 문제를 둘러싸고 많은 논의가 진행되었지만 국가의 정의 문제와 함께 국가와 그에 선행하는 비국가의 경계선을 어떻게 정하느냐가 핵심 기준이 되어, 그 논의 자체가 의미론적semantic으로 흐를 수 있음을 경계한다.[51]

그럼에도 불구하고 이들 모두 사회고고학적 방법이 중국 고대국가의 기원 문제를 밝히는데 유용한 도구가 될 것임을 인정한다. 사회고고학의 초기 단계에서는 국가를 질적으로 규정하는 여러 요인들, 즉 최소 영토 단위와 인구수, 기념비적 건축, 문자, 야금술 등을 정해놓고, 특정 유적지의 양상을 거기에 대입하는 방식으로 연구가 이루어졌다. 셸라흐는 이러한 접근법에 대해 두 가지 문제를 제기한다. 첫째, 설정된 여러 요인들이 각각의 지역에서 다르게 구현되어 나타나기 때문에 일관된 적용이 어렵다. 예컨대 레반트Levant 지역 초기 국가들의 수도는 그가 국가 이전 단계로 보고 있는 중국의 신석기시대 성벽 유적들보다 그 규모가 훨씬 작다. 인구도 아마 더 적었을 것이다. 둘째, 국가는 사회정치적 구조에 따라 정의되어야 한다. 위의 요인들이 국가의 고고학적 표식일 수 있지만, 그것들에

---

[50] Liu & Chen, *The Archaeology of China*, 253-259. 이 책은 2019년 국내에 번역 출간되었다(류리, 천싱찬 지음/김정열 옮김, 『중국고고학: 구석기시대 후기부터 청동기시대 전기까지』, 사회평론아카데미).

[51] Shelach-Lavi, *The Archaeology of Early China*, 184-185.

대한 분석이 영토나 인구 규모 같은 정적인 수치에 그쳐서는 곤란하다. 대신 그 수치를 국가 체계의 구조나 기능의 맥락에 위치시키는 역동적 접근법을 채용할 필요가 있다.

따라서 셸라흐는 국가가 어떻게 기능했고, 비국가와는 어떻게 다르게 기능하는지 이론적 의문을 제기한다. 정치적 통제 체제에 초점을 맞춘 그에 대한 대답으로 국가 수준의 사회는 그 이전보다 훨씬 위계적이고 전문화된 체계를 갖추었을 것이라고 한다. 즉 국가 이전의 군장chiefdom 사회가 공식적 임무 분화와 전문화된 제도 없이 최고 지도자가 직접 통치한 "전지전능한generalist" 체계라면, 국가는 이와 대조적으로 통치 집단의 기능이 전문화된 업무 분화에 따라 내재적으로 분리되었다. 그 분리된 각각은 또한 그 내재적 위계와 함께 최고 지도자까지의 위계적 명령 체계로 통제되었다. 이러한 국가의 영역에 대한 통제는 중앙을 중심으로 정보 흐름의 측면에서 개념화되어, 2차, 3차 등의 하부 중심까지 위계적 소통이 이루어졌으리라 보는 것이다.

따라서 셸라흐뿐만 아니라 리우리와 천싱찬도 위와 같은 맥락에서 켄트 플래너리Kent Flannery와 헨리 라이트Henry Wright 등이 제시한 국가의 정의를 준거 틀로 삼는다. 즉 고고학적 측면에서 국가는 최소한 네 등급tier의 지역 취락 위계를 지닌 정치체로 규정되고, 이는 일반 촌락의 통제를 가능케 한 세 단계level 이상의 정치적 위계에 상응한다.[52] 이렇게 유사한 이론 틀로 이리두 유적을 분석했음에

[52] Liu & Chen, *The Archaeology of China*, 258; Shelach-Lavi, *The Archaeology of Early China*, 186. 여기서 셸라흐는 고고학적으로 국가로 규정될 수 있는 체계를 확정하기

도 불구하고 그들의 결론은 상당히 다르다.

먼저 리우리와 천싱찬의 견해부터 살펴보자.[53] 이들은 이리두 이전 단계인 산동용산문화山東龍山文化 후기에 해당하는 일조日照의 양성진兩城鎮과 요왕성堯王城 유적에서 세 단계의 정치적 위계를 지닌 취락 체계를 발견할 수 있다고 본다. 그러나 자료 부족으로 인해 그 지역 정치 조직의 성격을 단정할 수는 없다는 그 유적 발굴자 앤 언더힐Anne Underhill 등의 견해를 수용한다. 일조日照의 두 유적을 비롯한 다른 지역이 기원전 2000년 무렵 대부분 쇠퇴를 겪는 반면, 이리두를 중심으로 한 伊洛 지역에서는 이리두 시기에 인구가 급격히 늘어나며 세 단계의 정치적 위계를 확인할 수 있는 도시 중심이 발전하여 국가의 형성이 명확히 구현될 수 있었다고 단언한다.

일부 중국학자들이 이리두 I기에 선행한 하의 초기 도읍으로 보고 있는 숭산嵩山 일대의 신채新砦: 신밀新密 성벽 유적70ha에 대해서, 그 유형의 유적이 많지 않고 50km 정도 떨어진 주변의 다른 성벽 유적인 30ha의 화지취花地嘴: 공읍鞏邑와도 상쟁하는 관계로 보여서 거대 중심을 상정하기 어렵다고 본다. 반면에 그 중심이 300ha 규모

위해서는 국가 행정과 관련된 유물(공식적 인장옥새이나 신분 상징)과 그 통제와 관련된 구조(행정 중심과 세금 징수를 위한 창고) 같은 더 구체적 증거가 필요하다고 한다. 또한 고고학적 논의에서 대체로 무시된 다른 문제는 국가의 최고 지도자(왕)와 국가 이전 단계 정치체의 지도자(군장) 사이의 권력 위임 역량에 대한 근본적 차이이다. 군장은 대체로 카리스마에 의존하여 사적으로 통제하는 반면 왕은 추종자에게 책임을 위임하여 그들을 최대한 많은 장관(minister)으로 나눈다. 이러한 위임 체계가 왕으로 하여금 더 넓은 지역을 장악하여 많은 재원을 획득할 수 있도록 했다. 군장이 중심에서 하루 정도 걸리는 거리를 통제한다면 왕은 그 범위에 제한이 없었을 것이다.

[53] Liu & Chen, *The Archaeology of China*, 258-274.

로 이보다 훨씬 방대한 이리두는 그 주변의 충적평원이나 황토고원에 200개 이상의 유사한 문화를 지닌 취락이 산재해 있었다. 더욱이 이리두에서 북동쪽으로 70km 지점인 형양滎陽의 대사고大師姑에서 청동기와 옥기를 사용한 흔적이 있는 상당 규모의 성벽 유적51ha과 남동쪽으로 100km 떨어진 신정新鄭의 망경루望京樓에서도 유사한 유적이 발견되었다. 리우리와 천싱찬은 이 두 유적을 이리두 중심에 속한 2급의 부속 군사 요새나 위성도시로 추정한다. 특히 이 두 2차 중심지에 성벽이 쳐진 것과 달리 이리두에서는 성벽이 발견되지 않아, 이를 이전 용산시대의 성벽이 쳐진 다수의 정치체들이 상쟁하던 상황과는 다른 단일 중심 체제의 양상으로 해석한다. 또한 이리두문화는 하남성 중부뿐만 아니라 산서성 남부東下馮 유형와 양자강 중류 유역까지도 확장했을 것으로 본다.

이리두의 도시 중심 역시 궁전구를 중심으로 위계적 구조를 이루어 궁전 구역 동부와 동남쪽 인근에 하급귀족의 주거지와 무덤이 집중되어 있었다. 궁전구의 북쪽으로 제사 구역이 있었고 남쪽으로는 청동기와 터키석 공방이 위치했다. 평민들의 거주구와 무덤은 궁전구 서부와 서북부의 외곽에 자리했다. 이리두의 인구는 추정이 어렵지만 전성기인 III기에 1만 8천명~3만명 규모에 이르렀을 것으로 본다. 리우리와 천싱찬은 이리두에서 묘지가 발견되지 않은 사실을 신석기시대나 상 시대의 중심지 양상과 다르게 보아, 이리두 지역으로의 급격한 인구 유입으로 인한 다양한 주민 구성의 결과로 이해한다.

이리두의 청동기 제작에 대해서는 합금의 표준화가 결여되어 있었고 기물도 단순했지만 야금술이 명백히 초보 단계는 넘어서 청동 예기를 주조하도록 합범법陶范法을 개발한 점에 주목한다. III기부터 나타나기 시작한 주기酒器 위주의 청동예기는 당시 통치 귀족의 정치적 정당성을 강화하기 위한 조상 숭배 의례에 활용된 중요한 매개이자 최고의 위신재였다. 당시 이리두가 유일하게 도범법을 사용한 지역으로 청동예기의 제작과 분배를 독점했을 것이다. 이러한 새로운 청동기 제작은 노동 분화와 원료 장악, 복잡한 기술과 관리 역량까지 필요로 하여, 고도의 계층화된 사회가 아니라면 불가능했을 것으로 본다. 특히 이리두에서 청동과 터키석 공예품 제작이 전문화됨에 따라 식료품은 점점 더 공납이나 교환에 의존했을 것이고, III기에 청동 화살촉 제작이 II기의 10배에 이른 것을 토대로 주변 지역으로 이리두 국가의 영토가 팽창했을 것으로 추정한다. 금속이나 소금 등 주요 자원 획득 필요성이 이러한 팽창을 추동했을 것이다. 이리두의 이러한 재원 중 일부는 약 500km 남쪽의 양자강 유역에서 왔을 수도 있고, 산서성 남부 중조산中條山 인근 동하풍東下馮이나 남관南關, 섬서성의 동룡산東龍山, 호북성의 반룡성盤龍城 등은 청동 원료 등 자연자원을 획득하기 위한 이리두 국가의 군사 거점이었을 것으로 본다.

그러므로 리우리와 천싱찬은 이리두 유적을 행정 중심과 위계화된 지역 중심을 통해 거대한 지역을 장악한 정치적 실재로 상정하며, 브루스 트리거가 도시국가에 상대적인 개념으로 제시한 영역국가[54]의 범주에 포함시킬 수 있으리라 주장한다.

---

[54] Bruce G. Trigger, *Understanding Early Civilizations* (Cambridge, Cambridge University Press, 2003), 107-110.

그렇지만 이리두 시기 북중국에 결코 단일 중심은 존재하지 않았으리라 보는 로더릭 캠프벨과 마찬가지로[55] 리우리와 천싱찬의 해석에 대한 셸라흐의 비판은 상당히 신랄하다.[56] 일단 리우리와 천싱찬의 증거 활용이 신중함은 인정하지만, 그들 역시 이리두 국가론을 다루는 많은 중국학자들의 연구에서 공통적으로 나타나는 증거와 설명의 혼재나 은연중의 가정 남발 등의 문제에서 자유롭지 못하다고 본다. 일례로 중국 학계에서 관행적으로 사용하는 '궁전'이라는 용어는 국가 행정의 중심지이자 왕의 주거지라는 관념을 전제로 할 수밖에 없는데, 리우리와 천싱찬 역시 이 용어를 무비판적으로 사용하고 있다고 지적한다.

셸라흐는 우선 신석기 후기의 대형 유적인 산서성의 도사陶寺나 호북성의 석가하石家河도 이리두 유적보다 그 규모가 작지 않다고 한다. 더욱이 많은 학자들이 국가의 수도 표식으로 주목하는 이른바 '궁전구'와 그 내부의 1호, 2호 건축이 다른 고대국가의 궁전구와의 비교에서 그 정당성을 얻기 어렵다고 본다. 대체로 다른 고대국가의 궁전이 다기능으로 해석되는 많은 방을 구비한 복잡한 구조인 반면에, 1호와 2호 건축은 각각 330㎡와 132㎡에 달하는 지붕 하나로 연결된 단순 구조로, 왕과 가족의 거주지로는 소규모일 뿐만 아니라 행정중심으로 보기에도 미흡하다고 한다.[57] 더욱이 이것들

---

[55] Roderick B. Campbell, *Archaeology of the Chinese Bronze Age: from Erlitou to Anyang* (Kindle Edition, 2014), 61.

[56] Shelach-Lavi, *The Archaeology of Early China*, 186-190.

[57] 1호와 2호 건축은 회랑으로 둘러쳐진 구조이다. 1호의 경우 회랑을 포함한 총 면적이 9585㎡이지만 셸라흐는 그 중앙 북쪽에 위치한 건물 규모가 330㎡에 불과하다는 점

과 유사한 규모의 건축이 하남성 신밀시新密市의 신석기 후기 고성채古城寨 성지城址에서도 발견되어 이리두에서 궁전으로 불리는 이러한 건축물이 새로운 유형의 건축이거나 권위를 암시하기보다는 양식이나 기능면에서 이전 시기의 연속선상으로 보인다는 것이다.

이리두에서 비록 대묘가 도굴되었어도 현재까지 발견되는 묘의 양상이 신석기 후기나 기원전 두 번째 천년기 초반 중국의 다른 지역과 다르지 않음 점도 지적한다. 그 묘들의 부장품에서 일정한 의례규범을 찾기도 어렵다. 오히려 도사陶寺나 산동용산山東龍山의 묘들이 더 풍부한 부장품을 담고 있어서, 그 조성에 이리두보다 더 많은 노동력이 투입되었을 것으로 본다. 마찬가지로 이른바 궁전구의 성벽도 하가점하층夏家店下層의 삼좌점三座店이나 도사陶寺 유적의 성벽보다 훨씬 적은 노동력이 투입되었을 것임을 지적한다.

셸라흐 역시 이리두 청동기 제조가 당시 다른 지역보다 월등했음은 인정한다. 그렇지만 그 생산 규모가 과장되어 있다고 본다. 지난 50년 동안의 발굴 과정에서 발견된 청동기의 총 수량이 117점쑨칭웨이는 131점, 각주 13 참조에 불과하고 용기도 모두 소형이다. 더욱이 약 300년에 걸쳐 존속한 이리두 유적 전체에서 회수한 청동기의 전체 무게가 이리강 시기 대형 청동 방정方鼎 한 점의 무게보다 가볍다는 사실을 강조한다. 많은 학자들이 이리두 국가 의례의 증거로 보는

에 주목하고 있다. 반면에 二里頭 발굴을 주도한 許宏은 동서 36m, 남북 25m에 달하는 그 건물을 기둥구멍에 의거하여 전면 8칸, 측면 3칸의 진흙 벽 대형 전당으로 추정한다. 나아가 1호와 2호 건축 모두 본당과 곁채, 정원, 문 등을 갖춘 중국 궁전 건축의 효시라고 본다(許宏/김용성 옮김, 『중국 고대 성시의 발생과 전개』, 진인진 2013, 112-113).

청동예기의 기능에 대해서도 문헌이나 후대의 명문을 통해 알게 된 사실을 이리두까지 시대착오적으로 소급한 것일 수 있다고 본다. 이리강에서 나타나는 상 초기의 청동기 명세가 이리두보다 훨씬 다양할 뿐만 아니라, 이리두의 청동기가 그 유형 상 신석기 토기와 유사한 점 역시 새로운 국가 수준의 전통이 출현한 것이라기보다 신석기 후기 이래의 의례가 지속된 것으로 추정한다.

셸라흐는 이리두의 취락 위계와 영토 확장에 대해서도 비판적이다. 먼저 리우리와 천싱찬이 강조한 이리두 인근의 2차, 3차 중심지로 간주된 유적들에서 행정 기능을 지닌 중심을 암시하는 증거를 찾을 수 없다고 지적한다. 네 등급의 취락 위계 모델을 가능케 하는 가정 중 하나인 하부 등급으로부터 재원을 착취해서 왕실을 비롯한 최고 등급의 비생산 부문을 지원하는 체계 역시 확인 불가능하다고 본다. 다른 고대 국가의 사례와 달리 이러한 위계에 걸맞은 관리의 흔적이나 특히 대형 식료 저장소가 이리두나 다른 중심지로 추정되는 유적에서도 발견되지 않았기 때문이다.[58]

---

[58] 중국사회과학원 고고연구소 偃師商城考古隊는 2019년 말 二里頭 유적 인근 偃師商城의 小城 서북부에서 직경 10m, 깊이 0.3-0.5m 정도의 원형 건축 토대 23기를 발견했다. 발굴자들은 모두 8열로 일정하게 배열된 이 商 초기의 건축군을 원형 곡식창고인 困倉으로 보고 있다. 그들은 각각의 건축 높이를 10m로 가정할 수 있다면, 하나당 약 750톤의 粟을 담을 수 있어서, 총 1.7만톤을 저장할 수 있었을 것으로 추정한다. 1년 동안 약 7만 명을 먹일 수 있을 정도라고 한다. 二里頭에서 곡식 창고로 추정되는 건축이 발견되지 않은 것과 달리, 같은 시기의 山西省 夏縣 東下馮 유적에서도 언사상성의 것과 비슷하지만 직경이 8.5m-9.5m로 규모는 조금 작은 원형 건축 토대 40~50기가 발견되었다(常書香, 「洛陽考古新發現! 商代的"國家糧倉"找到了!」, 中國考古網 2019년 12월 19일[http://kaogu.cssn.cn/zwb/xccz/201912/t20191219_5062053.shtml], 2020년 1월 29일 접속).

이리두 정치체의 군사적 팽창에 대한 비판은 더욱 신랄하다. 토기를 중심으로 한 이리두 문화 요소의 광범위한 분포를 이리두 국가의 정치적 영역으로 동일시하는 가설에 결함이 있다고 믿기 때문이다. 특히 산동용산문화나 다른 신석기 후기의 지역 문화에도 유사한 확산 양상이 나타나지만 이에 대해서는 그 가설을 적용하지 않음을 지적한다. 토기 위주의 유사한 물질문화 요소를 제외하면, 거대한 지역이 정복되어 이리두에서 500km 떨어진 지역까지 자원획득이라는 구체적인 목적으로 식민지가 세워졌다는 어떤 다른 근거가 있는 지에도 의문을 제기한다. 나아가 이리두 III기와 병존한 하남성 북부 맹장孟莊의 성벽 유적10ha 이상은 비非이리두 정치체가 분명해 보이고, 리우리와 천싱찬이 이리두의 2급 중심지 요새로 추정한 대사고大師姑 유적에서도 그와 관련된 뚜렷한 증거를 찾을 수 없다고 본다. 이리두의 또 다른 2차 중심으로 추정된 산서성 남부의 동하풍東下馮과 남관南關도 왜 별개의 지역 정치체가 아닌 이리두 정치체의 일부로 파악되었는지 불분명하다고 강조한다. 이 두 유적을 포함한 산서성 남부를 굳이 동하풍東下馮 유형으로 분류한 것은 이 지역이 다른 정치체 소속임을 뒷받침하듯 이리두 지역과의 토기 조합 유형 차이를 전제로 한다고 보기 때문이다.

따라서 셸라흐는 군사적 팽창 이론이 입증되려면 더 강한 증거 필요하다고 단언한다. 예컨대 하남성 남부의 소수 유적에서 이리두 유형 토기가 소량 발견되는데 이는 이리두 정치체의 군사적 팽창보다는 평화적 교류의 점진적 발전을 나타낼 가능성이 더 크다고 파악한다. 이리두에서 500km 남쪽의 반룡성에 군사기지를 설치했으리라는 가설도 비현실적이기는 마찬가지다.[59] 리우리와 천싱찬이 강조한 III, IV기의 화살촉 증가도 I, II기와 비교해서 많이 늘어난 것이지만, 전체적으로 그 수량이 많다고 할 수 없다. 이러한 증가는 장거리 영토 확장보다 인근에 출현한 요새화된 유적인 언사상성偃師商城과의 상쟁을 암시하는 것일 가능성이 크다. 더욱이 이리두의 귀족을 위한 수공예 생산 규모도 크지 않아, 자원 장악을 위한 군사 팽창도 절박한 필요성으로 보이지 않는다. 오히려 현재의 증거로만 보면 금속 공예품의 원료도 주변 정치체와의 평화로운 교환으로 수급되었으리라는 것이다.

그러므로 셸라흐는 리우리와 천싱찬을 비롯한 대부분의 학자들이 주장하는 이리두 III기 국가 형성설이 명확한 근거가 없다고 본다. 당시 이리두가 가장 번성한 중심지인 것은 분명하다고 해도 그 규모 면에서 도사陶寺나 석가하石家河 등 신석기 후기 정치체들과 비슷하고, 전문화된 통치 체계가 발전한 증거도 찾기 어렵기 때문이다. 북중국의 사회정치적 궤적에서 한 단계 도약하는 질적인 변화는 이리두가 아니라 그 다음 단계인 정주상성鄭州商城으로 대표되는 이리강 시기에서 일어났음이 분명하다고 주장한다.[60]

---

59 반면에 이리강 시기의 盤龍城 유적에서는 鄭州와 偃師에서 발견된 것들과 거의 일치하는 청동기와 건축 구조가 발굴되어 확실히 商의 거점이었을 것으로 인정한다(Schelach-Lavi, *The Archaeology of Early China*, 199).

60 캠프벨도 이리두의 청동 제작이 소규모여서 중앙집권화된 교환 체계가 존재한 것으로 보기 어렵고, 이리두 토기의 광범위한 분포도 정치적 행위와는 단지 간접적으로만 연관되어 있었을 것으로 추정한다. 따라서 그 역시 셸라흐와 마찬가지로 이리두의 중앙집권화 정도는 이리강 시기 정주나 상 후기 安陽(殷墟)과 비교하기 어려울 정도로 질적, 양적인 차이가 있음을 강조한다(Campbell, *Archaeology of the Chinese Bronze Age*,

IV. 양자택일을 넘어선 해석 틀

앞 장에서 살펴본 두 저서에 나타난 이리두 고고학 자료에 대한 상반된 해석은 결국 토기의 분포만으로 이주 같은 정치적 팽창의 증거로 삼을 수 있을지, 이리두 유적의 상대적 규모와 함께 거기서 동아시아 최초로 나타나는 청동예기 등 새로운 양상을 어떻게 이해할지에 달려 있는 것 같다. "원칙적으로 토기의 유형이 직접적으로 반영할 수 있는 것은 그 토기가 제조된 지역 공방의 작업관습에 불과하다...토기 그 자체는 주민 이동이나 문화적 영향 같은 현상을 입증할 수 없다"[61]는 지적을 감안하면, 전자의 해석에는 신중을 기할 수밖에 없다. 그럼에도 불구하고 이리두 정치체가 당대 최고의 중심이었다는 점에 이론의 여지가 없고, 최초의 "국가들"이 통상 하나의 통치 구조 속에 거대한 영역적 팽창을 포괄하지 않은 "도시국가"였다는 노먼 요피의 주장[62]도 되새길 필요가 있다. 이리두에서 상주시대에 의례의 중심으로 확고히 자리한 청동예기 제작 기술이 최초로 나타나는 사실을 간과해서도 안 될 것이다.

특히 금속 원료의 획득 필요성이 이리두 국가 형성의 촉매 역할을 했으리라는 장광즈K.C Chang에서 비롯된 리우리와 천싱찬의 주

61-62).

[61] 로타 본 팔켄하우젠 지음/심재훈 옮김, 『고고학 증거로 본 공자시대 중국사회』 (세창출판사, 2011), 263.

[62] Norman Yoffee ed. *Early Cities in Comparative Perspective, 4000 BCE-1200 CE*, (Cambridge, Cambridge University Press), 3.

장은,[63] 군사적 팽창 동반 부분에서 이론의 소지가 크지만, 이리두 정치체의 이해에 유용한 통찰력을 제공하고 있다. 이리두 국가론을 조목조목 반박한 셸라흐의 연구 역시 고고학 자료 활용의 엄정성 측면에서 시사하는 바가 크다. 필자는 이리두 국가론에 관한 한 셸라흐의 비판적 접근에 손을 들어주고 싶지만 반대의 주장도 무시할 수는 없을 듯하다.

이러한 측면에서 중국 고대 국가의 형성을 선사시대의 유산과 그에 대한 사회적 기억이라는 새로운 틀로 분석한 리민Li Min의 최근 연구가 주목을 끈다.[64] 리민도 일단 셸라흐와 마찬가지로 용산문화가 붕괴되고 수 세기 이후 발전한 이리두를 취락 규모나 조직 구조 측면에서 용산문화의 주요 중심지와 양적, 질적으로 다른 정치적 실재로 간주하지는 않는다. 이리두의 중심이나 주변의 유적들에서 강압coercion이나 국가 기구의 존재를 암시하는 강력한 근거도 찾기 어려워, 리우리와 천싱찬이 주장한 강력한 군사력 팽창에 따른 영역 국가 양상도 읽어내기 어렵다고 한다.

그럼에도 불구하고 리민은 이리두가 용산문화 후기의 다양한 지역 중심이 붕괴된 후 나타난 최초의 단일 중심이라는 점을 강조한다. 나아가 이리두에서 후대에 하상주 삼대 전통의 주요 요소로 규정된 많은 특성, 즉 정교한 청동제작 기술, 삼족기 중심의 기물 조합, 중원 중심 정치 경관 등이 창출되었음에 주목한다. 더욱이 금속 독점에 대한

---

63 Li Liu & Xingcan Chen 지음/심재훈 옮김, 『중국 고대국가의 형성』 (학연문화사, 2006), 39-101.

64 Li Min, *Social Memory and State Formation in Early China*, 225-228.

욕구가 이전의 사치품 교역과 달리 멀리 떨어진 원산지까지 교역을 촉진하여 이전과는 완전히 다른 종류의 지리 지식이 생겨날 기반이 마련되었으리라고 본다. 따라서 이리두의 청동 용기 제작에 대한 강조와 금속 산지로의 확산이 삼대 문명의 특징적 정치 경관landscape인 금속 중심 이데올로기의 부상을 입증해줄 수 있다고 주장한다.

실상 리민에게 이리두가 국가 단계에 이르렀는지 여부는 중요한 관심의 대상이 아닌 듯하다. 다만 그는 자신이 국가 형성이라고 묘사한 이리두 정치체의 발전 과정이 기술적 종합과 정교한 의례, 낙양洛陽 분지를 중심으로 한 지역 연결망을 따르는 거대 중심Metropolitan 양식의 발전을 촉진시켰을 것임에 주목한다. 특히 이리두 정치체가 그 분지에서 정치적 패권을 공고히 함으로써, 그 유산으로 인해 중국사에서 장기간 지속된 낙양을 왕조의 중심으로 보는 지정학적 전통이 개시되었으리라 생각한다. 나아가 학계의 격한 논쟁처럼 이리두와 하의 연관성 여부 자체가 과장될 필요는 없지만, 중원 지역 사람들에게 남겨진 이리두의 유산과 그에 대한 강한 기억이 기원전 첫 번째 천년기 동안 周人들의 삼대 문명에 대한 개념을 형성시켰으리라 본다. 따라서 전국시대 저술가들의 전설적 하왕조에 대한 기술은 과거의 사회적 기억과 연관된 당대의 문화적 재구성으로 보는 것이 합리적이다.[65]

---

[65] 이러한 현상은 기원전 두 번째 천년기 중반 이래 후기 메소포타미아 사회의 역사 서술에서도 나타난다. 마리오 리버라니는 당시 정치적 관계의 변화가 역사서술에도 변화를 초래하여 "과거에 대한 기억은 항상 그 텍스트가 편찬된 정치적 문화적 환경에 영향을 끼치는 문제에 대응하여 (특성 텍스트의 장르로) 형식화되었다"고 한다. 그 가장 두드러진 변화로 기원전 16세기 바빌로니아의 쇠퇴와 주변 정치 세력들

이리두를 대략 기원전 1700~1600년 1세기 동안 동아시아 최대의 도시 중심으로 보는 견해처럼,[66] 실상 이리두 정치체 발전의 전성기는 그다지 길지 않았다. 이리두 III기와 IV기 고고학 자료를 어떻게 활용하느냐에 따라 이 시기를 리우리와 천싱찬처럼 중국 최초 국가사회의 시작점으로, 혹은 셸라흐처럼 군장사회의 마지막 단계로도 볼 수 있을 것 같다. 마찬가지로 II장에서 다루었듯이 그 시기를 전래문헌에 언급된 하 왕조와 연관시킬 수도 혹은 그 관계를 부인할 수도 있을 것이다.[67] 이 글의 목적이 이리두를 둘러싼 상반된 해석 중 어느 하나를 지지하는 데에 있지 않고, 더욱이 그것이 가능

의 동등한 부상으로 인한 다극화된 공간 인식을 들고 있다(Mario Liverani, "Later Mesopotamia," in *The Oxford History of Historical Writing, Volume 1*, 30). 마찬가지로 주 왕실의 몰락과 함께 시작된 춘추전국시대의 다극화와 확대된 지리인식이 「夏本紀」에 나타난 禹의 광범위한 치수와 九州 통일, 甸服과 侯服 등 체계적 지역 정비와 같은 과장된 역사를 창출했을 것이다. 당시 메소포타미아 정치체들의 상쟁과 불화가 '역사적 증거'를 활용한 우위 점거 경쟁을 야기했듯이(Liverani, "Later Mesopotamia," 31), 『左傳』이나 楚簡에도 그러한 증거로서 다양한 故事가 소환되고 있다. 메소포타미아의 역사적 증거가 정의의 편에만 신의 가호가 깃든다는 신학적 추정에 근거한 승자 위주의 목적성 기록인 것처럼, 『좌전』이나 초간의 記言 위주 고사들 역시 교훈적 측면이 강조된 창작의 산물일 가능성이 크다.

66 Campbell, *Archaeology of the Chinese Bronze Age*, 62.

67 이리두와 하의 연관성에 대해서 설문조사를 토대로 한 연구까지 진행되었다(Liu, "Academic Freedom, Political Correctness, and Early Civilisation in Chinese Archaeology," 831-843). 이 무기명 설문조사에는 고고학자와 관련분야 교수, 대학원생 중심의 "중국그룹" 75명과 "외국그룹"(주로 서구) 28명이 참여했다. 다양한 항목의 질문 중 첫 번째가 "고대문헌에 기록된 하 왕조는 역사적으로 사실이다"로, 중국그룹의 경우 a동의: 49%, b반대: 4%, c알 수 없음: 13%, d가능: 38%였다. 반면에 "외국그룹"의 경우는 a동의: 22%, b반대: 22%, c알 수 없음: 4%, d가능: 59%였다. "외국그룹"의 경우도 반대는 22%에 불과해 상당수의 연구자가 이리두와 하의 연관성을 전적으로 부정하지는 않음을 알 수 있다.

한 일로 여겨지지도 않지만, 굳이 정답을 추구해야 한다면 오히려 그건 그 중간쯤에 자리할 지도 모른다.

이러한 측면에서 이리두 중국 고대국가 기원 논쟁의 보다 본질적인 문제는 그 분석 대상 자료에 대해 연구자들 각자가 지닌 선험적 기준이 일관되지 않는데 있을 수 있다. 여기에는 전래문헌과 고고학 자료 해석상의 기본 전제뿐만 아니라 개별 연구자의 국적에 따른 교육 배경까지 영향을 미쳤을 것이다.[68] 리민의 시각은 이리두의 국가 단계 여부나 하 왕조와의 연관성에 대한 인정 혹은 불인정이라는 양자택일의 기로를 넘어선 새로운 연구 프레임을 제시한 점에서 주목할 가치가 있다.[69] 여기에 다른 지역의 고대 문명이나 국가 사례들과 비교 연구까지 추가할 수 있다면, 이리두를 비롯하여 그보다 앞선 용산시대의 성읍 유적들까지도 새로운 연구의 소재로 거듭날 수 있을 것이다.

---

[68] 西周史의 해석에서도 이러한 경향이 나타난다. 컬럼비아대학의 중국 출신 리펑이 전래문헌을 신뢰하며 이전 상 왕조와 다른 서주 政體의 체계적 발전을 추구했다면, 자료의 활용에 신중한 UCLA의 독일 출신 로타 본 팔켄하우젠에게 서주의 중심은 무계획적 거주지의 집적으로 그 초기 발전도 상 왕조의 연장선상 이상은 아니었다(심재훈, 「周代를 읽는 다른 방법: 자료와 체계의 양면성」, 『中國古中世史硏究』 26 [2011], 250-261).

[69] 수천 년에 걸친(신석기 후기부터 周代까지) 중국의 주요 고고학 성과를 신화적 설화에 반영된 "사회적 기억"이라는 틀을 통해 유기적으로 연결시킨 리민의 거시적 접근은 기발한 통찰력을 보여주었지만 세부적 측면에서 논란의 여지도 커 보인다. 그럼에도 불구하고 그 설화의 "역사적 진실"이 아닌 그것이 "발명되고 조종되는" 역사적 맥락을 추구한 점은 신선하다(Li Min, *Social Memory and State Formation in Early China*. 1-4).

제3부

문명 간
위세품 교역 네트워크

라피스 라줄리 로드: 실크 로드 이전의 실크 로드

박성진(단국대학교 동양학연구원 연구교수)

I. 머리말

주지하듯이 실크 로드라는 말은 19세기 후반기 독일의 지리학자 리히트호펜이 창안한 용어이다. 그는 한漢나라와 로마 간의 비단을 매개로 한 교역로를 실크 로드라고 명명하였다. 그러나 이 말이 등장하기 훨씬 이전인 한대 이후부터 중국 서쪽 변경에 타림분지를 거쳐 파미르고원 이서 지역으로 연결되는 교역로가 존재한다는 점은 이미 잘 알려져 있었다. 다만 리흐트호펜은 여기에 '비단'이라는 낭만적인 이름을 줌으로써, 실크 로드라는 단어는 학계를 넘어 일반 대중 사이에서조차 널리 쓰이는 말이 되었다.[1]

문제는 사용자에 따라 실크 로드라는 말의 뜻이 다르다는 점이다. 어떤 이는 실크 로드에서 짐을 잔뜩 실은 낙타들이 사막을 가로지르는 대규모의 대상隊商, caravan을 떠올린다. 19세기 근대적 상상력이 빚어낸 결과이다. 한편 리히트호펜 이후 실크 로드는 끊임없이 확장되어 갔지만, 그러면 그럴수록 실크 로드라는 개념은 모호해지는 그런 역설적 상황이 빚어졌다. 그런 이유로 몇몇 연구자들은 날로 확장일로 걷는 실크 로드를 "단지 신화일 뿐"이고 "낭만적 사기"일 뿐이라며 신랄하게 비판한다.[2]

---

1 김호동, 『몽골제국과 세계사의 탄생』, 사계절, 2010, 20쪽.

2 Ball, Warwick, "Following the mythical road," *Geographical* 70, 1998, p.23; Pope, Hugh, "The Silk Road: A romantic Description?" *The Globalist* (https://www.theglobalist.com/the-silk-road-a-romantic-deception, 2020년 10월 13일 참조).

그러나 최근 이처럼 실크 로드에 대한 극단적인 관점을 지양하고 시기에 따라 변동하는 실크 로드의 실체를 밝혀보려는 발레리 한센Valerie Hansen 같은 역사학자도 있다. 그는 실크 로드의 탈신비화를 시도하면서, 주로 6~7세기 둔황문서를 비롯한 문헌 자료를 근거로 '실크 로드란 길이 아니라 이동범위였으며, 거대한 사막과 산맥을 가로지르는 이정표 없는 발자취'에 지나지 않았다고 주장하였다. 한편 실크 로드를 따라 교역된 물량도 초라했고 리히트호펜이 대표적인 교역품이라고 여겼던 비단조차도 그저 실크 로드에서 교역된 여러 가지 물품 중 하나였을 뿐이라고 했다.[3] 한마디로 실크 로드는 상업적으로 초라했지만, 역사적으로는 중요했다는 말이다.[4]

사실 실크 로드는 그 길이 언제 열렸는지도 뚜렷하지 않다. 흔히 기원전 1세기 무렵에 있었던 '장건張騫의 서역 진출'을 실크 로드의 출발점으로 삼고 있지만, 중국 학계를 제외한 현대의 연구자들은 대개 그와 같은 주장에 회의적이다. 그도 그럴 것이 특정 국가, 그것도 특정 인물에 의해서 길이 처음 열렸다는 발상 자체가 그리 현실적이지 않은 데다가, 다분히 정치적 의도가 숨겨져 있는 고대 중국 측 사료들을 비판 없이 받아들이기가 어렵기 때문이다.[5]

그렇다면 실크 로드는 언제 열렸던 것일까? 사실 수많은 이름 없는 사람들이 지나면서 길이 열린다. 그런 식으로 따져 거슬러 올라

---

3 발레리 한센(지음), 류형식(옮김), 『실크 로드 7개의 도시』, 소와당, 2015, 19쪽.

4 위의 책, 403쪽.

5 Church, Sally, "The Eurasian Silk Road: Its historical roots and the Chinese imagination," *Cambridge Journal of Eurasian Studies* 2, 2018, pp.1~13.

가면 실크 로드의 기원은 멀리 구석기시대까지 거슬러 올라갈지도 모른다. 하지만 실크 로드의 의의는 그 길이 단순한 교통로가 아니라, '경계'를 넘나들었던 교류와 교역의 장이라는데 있다.[6] 따라서 실크 로드의 연원을 찾으려면 언제부터 이 길이 교역과 교류의 장으로서 기능했느냐는 물음에서 시작해야 한다. 필자는 이러한 의문에서 라피스 라줄리Lapis Lazuli, 또는 청금석靑金石에 주목하게 되었다.[7] 뒤에서 상술하겠지만 이 보석은 실크 로드를 거쳐 고대문명 간 장거리 교역이 존재했음을 보여주는 결정적 증거이기 때문이다.[8]

한편 고대문명 간 장거리 교역 문제는 현대 자본주의 사회의 기원을 어디서부터 찾을 것이냐는 문제와도 맞닿아 있다. 1974년에 발간된 『근대 세계체제The Modern World-system』에서 이매뉴얼 월러스틴Immanuel Wallerstein은 16세기 이후 유럽에서 발생한 자본주의가 19세기에 지배적인 세계체제로 확산하였고 이렇게 확산된 세계체제는 세계의 국가들을 단일한 분업체계 아래 중심부, 반주변부, 주변부 등 세 가지 국가군으로 재편했다고 주장했다. 그리고 이 세 국가군은 서로 비대칭적 관계를 맺고 있으며 국가기구의 강도와 노동 통제 방식도 국가군에 따라 다르게 나타난다고 보았다. 즉 강력

---

6 수전 휫필드, 「들어가며」, 『실크 로드』, 수전 휫필드(외 지음), 이재황(옮김), 책과함께, 2019, 15쪽.

7 라피스 라줄리라는 외래어를 한국어로 풀이한 말이 청금석이다. 그러나 일상에서 라피스 라줄리라는 말이 좀 더 널리 사용되는 듯하여 이 글에서는 라피스 라줄리라는 용어를 사용하였다.

8 조지나 허먼, 「금보다 귀한 것: 청금석」, 『실크 로드』, 수전 휫필드(외 지음), 이재황(옮김), 책과함께, 2019, 182~187쪽.

한 국가기구와 자유 임노동에 기초해 제조품 생산에 주력하는 중심부 국가는 약한 국가기구와 강제노역에 기초해 농산물 경작에 주력하는 주변부 국가들의 잉여생산물을 수탈한다는 의미다. 그는 또한 중심부와 주변부에서 중개자 역할을 하는 반주변부 국가들은 단일한 세계체제 안에서 중심부 국가에 수탈당하는 동시에, 주변부 국가를 수탈하는 이중적 역할을 담당한다고 보았다.[9]

월러스틴의 세계체제론은 발표 당시 학계에 큰 반향을 불러일으켰다. 특히 그의 말처럼 고고학자들로부터 커다란 호응을 얻은 것은 전혀 뜻하지 않았던 일이었다. 고고학자들이 월러스틴의 '세계체제론'에 관심을 가졌던 이유는 고대문명의 생산, 유통, 장거리 교역 문제를 해석하는데 그의 세계체제론이 유용한 방법론을 제공해 줄 수 있다고 보았기 때문이었다. 그런데 아이러니하게도 월러스틴의 이론을 받아들여 고대문명의 경제체계와 장거리 교역을 연구했던 고고학자들이 도달한 결론은 월러스틴의 결론과는 판이했다. 1990년대 초 안드레 군더 프랑크Andre Gunder Frank를 비롯해서 몇몇 역사가와 고고학자들이 5백 년 전이 아니라, 그보다 훨씬 이전인 5천 년 전에 이미 세계체제가 성립되었다고 주장하고 나선 것이다. 이처럼 세계체제의 역사가 아주 오래되었다는 일부 고고학자들과 역사학자들의 주장에 대해 월러스틴이 반론을 제기함으로써 논쟁이 시작되었다.[10] 이 논쟁의 핵심은 전근대적 경제·교역체계와 근

---

9 월러스틴의 '근대세계체제론'에 관해서는 이매뉴얼 월러스틴(지음), 나종일(외 옮김), 「이론적 재고찰」, 『근대세계체제』 1, 까치, 2판, 2013, 529~546쪽 참조.

10 세계체제의 연원을 5천 년 전부터 찾을 수 있다는 관점을 공유하는 학자들의 종합적인 연구는 Frank, Andre Gunder, Gills, Barry, *The World System: Five Hundred Years*

대적 자본주의 경제·교역체계를 연속선상에서 보느냐, 아니면 단절적으로 보느냐이다.

본문에서는 기원전 3천 년 전에 유라시아대륙을 가로지르는 광역 교역망이 이미 구축되었다는 보는 관점에서 라피스 라줄리 장거리 교역망을 사례로 고대문명 간 장거리 교역의 특성에 대해 논해보겠다. 먼저 라피스 라줄리란 무엇이고 어떻게 형성되었으며, 왜 라피스 라줄리가 고대문명 간 장거리 교역체계를 규명하는 데 핵심인지를 설명하도록 하겠다. 다음으로 아프가니스탄에서 이집트에 이르는 광활한 공간 속에서 라피스 라줄리 유물들의 시·공간적 분포 양상을 확인하고 거기서 제기되는 몇 가지 사실들에 대해 살펴보겠다. 마지막으로 이란·이라크 지역의 고대문명 간의 역학 관계를 중심으로, 장거리 교역을 발생시키고 붕괴시켰던 구조적 요인들에 대해서도 논해보겠다.

II. 라피스 라줄리의 정의 및 산지 분포의 특성

라피스 라줄리는 황산염 및 염화물이 함유된 텍토 규산염 광물tectosilicate mineral로서, 등축정계 결정구조를 가진 변성암이다. 라

---

or Five Thousand?, Routledge, 1993, p.320. 이에 대한 월러스틴의 반론은 위의 책 제2판 서문, 20~22쪽.

피스 라줄리는 석회암의 접촉 변성 작용의 산물로서, 방해석calcite, 황철석pyrite, 투휘석diopside, 휴석humite, 마그네슘, 감람석forsterite, 백운모muscovite 등의 여러 가지 광물을 함유한다. 광물 중에서는 특히 천람석lazurite: Na3Ca Si3Al3O12S, 방해석, 황철석의 함량이 라피스 라줄리의 보석으로서의 품질을 결정한다. 라피스 라줄리가 청색을 띠는 이유는 천람석을 다량 함유하고 있기 때문이다. 대개 라피스 라줄리는 30~40% 정도의 천람석을 함유한다. 한편 라피스 라줄리에는 황금색을 띠는 무수히 많은 작은 점들이 보이는데, 이 점들이 바로 바보금이라고 불리는 황철석이다. 흰색을 띠는 방해석은 일종의 불순물인데, 방해석 함량이 높으면 라피스 라줄리가 전체적으로 색깔이 탁하고 방해석이 뭉쳐진 지점에서는 흰색 얼룩이나 띠가 생긴다.[11] 일반적으로 방해석불순물은 적을수록, 비금속원소인 황S과 천람석은 많을수록, 그리고 황철석은 골고루 퍼져 있을수록 라피스 라줄리의 가치가 올라간다.[12] 라피스 라줄리가 채굴되는 광산은 주로 아프가니스탄의 힌두쿠시산맥과 타지키스탄의 파미르고원 등 바다흐샨Badakhshan 고산지대에 집중되어 있다. 그 밖에 시베리아 바이칼호 인근, 미얀마, 이탈리아 등지에 라피스 라줄리 광산이 있지만, 모두 최근에 개발된 광산들로서 고대 장거리 교역과 관련 없

[11] 문희수, 『보석, 보석광물의 세계』, 자유아카데미, 2010, 233쪽.

[12] Blaise, Jacques, Cesbron, Fabien, "Données minéralogiques et pétrographiques sur le gisement de lapis-lazuli de Sar-e-Sang, Hindou-Kouch, Afghanistan," *Bulletin de la Société française de Minéralogie et de Cristallographie* 89: 3, 1966, p.333; Wyart, J., Bariand, P., Filippi, J., "Lapis-Lazuli from Sar-e Sang, Badakhshan, Afghanistan," *Gems & Gemology*, 17: 4, 1981, p.186.

다.[13] 한편 미국, 캐나다, 칠레 등 신대륙에서도 라피스 라줄리 광산이 있으나, 이 또한 구대륙의 문명과는 상관없다.[14] 따라서 고대에는 힌두쿠시와 파미르 고원지대에서만 라피스 라줄리를 채굴할 수 있었다.

최근 고대문명의 라피스 라줄리의 기원지를 찾기 위해 X선 형광분석μ-XRF, 이온 루미네센스분석IL, 음극선 루미네센스 분석CL, PIXE분석, PGAA분석 등 자연 과학적 분석 방법이 적용되었다. 그 결과에 따르면 바다흐샨 채취 원석에는 황철석이 풍부하고 투휘석과 규회석wollastonite이 없는 반면, 바이칼호 채취 원석에서는 황철석이 거의 없는 대신 투휘석과 규회석이 풍부한 편이다.[15] 규회석은 또한 칠레 광산 채취 원석과 바다흐샨 채취 원석을 구별하는데 주요 기준이기도 하다.[16] 한편 버마의 모곡Mokok 광산에서 채취된 라피스 라줄리 원석에 대한 황동위원소분석sulfur isotope analysis에서는

---

[13] 石黑孝次郎, 「ラピス·ラズリ考」, 『オリエント』 20:1, 1977, pp.165~167.

[14] Aleksandrov S. M. & Senin V. G. "Genesis and composition of lazurite in magnesian skarns," *Geochemistry International* 44, 2006, p.976.

[15] Nikbakht, T. Kakuee, O., Lamehi-Rachti, M., "Ionoluminescence spectroscopy and microscopy of lapis lazuli," *Journal of Luminescence* 181, 2017, pp.246~251; Law, Randall, "Evaluating Potential Lapis Lazuli Sources for Ancient South Asia using Sulfur Isotope Analysis," In: *My Life is Like the Summer Rose: Maurizio Tosi e l'archeologia come modo di vita*, C.C. Lamberg-Karlovsky, B. Genito and B. Cerasetti, (eds.), Bar International Series 2690, 2014, pp.419~429; Nöller, Renate, Feldmann, Ines, Kasztovszky, Zsolt, Szőkefalvi-Nagy, Zoltán and Kovács, Imre, "Characteristic Features of Lapis Lazuli from Different Provenances: Revised by μXRF, ESEM, PGAA and PIXE," *Journal of Geological Resource and Engineering* 7, 2019, pp.57~69.

[16] Nöller, Renate, et al., *Ibid.* p.58.

바다흐샨, 바이칼호, 이탈리아, 칠레, 미국 등의 산지에서 채취된 원석과 황 동위원소비율 δ^{34}에서 크게 다르다는 점도 밝혀졌다.[17] 이처럼 라피스 라줄리에 대한 자연 과학적 분석은 산지를 추정하는데 중요한 역할을 하지만, 아직 자연 과학적 분석이 시도된 사례가 그리 많지 않고 또 분석 대상이 문화재이기 때문에 제약도 많이 따른다.[18] 그런 한계가 있지만 최근 라피스 라줄리 산지에서 채취된 시료들을 직접 조사하고 분석했던 고고학자들과 암석학자들은 서아시아와 이집트에서 발견된 라피스 라줄리 유물들이 모두 바다흐샨 일대 광산에서 운반되었다고 보는 점에 대해서 의견을 같이한다. 과거 이란과 파키스탄 국경선 부근 창가이산맥Changai 주변에서 이른바 '페르시아 산지'라고 불린던 산지가 존재한다는 보고가 있었지만, 현재는 연구자들이 그와 같은 견해에 대해 부정적이다.[19]

[17] Keisch, B. and Callahan, R. C., "Sulfur Isotope Ratios in Ultramarine Blue: Application to Art Forgery Detection," *Applied Spectroscopy* 30: 5, 1976, pp.515~520; Law, Randall, *op.cit.* p.425.

[18] 자연 과학적 분석을 위해서는 유물에 어느 정도 손상을 줄 수밖에 없는데, 문화재를 파괴 분석한다는 결정을 내리기가 쉽지 않기 때문이다. 따라서 분석은 대개 매우 작은 파편처럼 문화적 가치가 상대적으로 낮은 부스러기로 제한되고 이나마도 전체 라피스 라줄리 유물의 양에 비하면 극소수이기 때문에 이를 일반화해서 말하기가 어렵다. 대안으로 비파괴분석 방법들이 개발되고 있지만, 아직 비파괴분석은 정확도가 떨어진다는 것이 중론이다.

[19] Law, Randall, *op.cit.* pp.421~423.

III. 라피스 라줄리 유물의 시공간적 분포와 교역로

1. 유물의 분포 양상과 교환의 형태

인더스문명과 메포타미아문명의 라피스 라줄리 교역에 관한 종합적인 연구는 1960년대 말 영국의 조지나 허먼Georgina Herrmann에 의해 선구적으로 이뤄졌다.[20] 그 후 70년대와 80년대의 연구들은 구대륙의 고대문명 간 장거리 교역시스템을 설명하는 과정에서 라피스 라줄리 교역이 간혹 언급되었지만, 당시 논의는 허먼의 연구에서 크게 벗어나지 않았다. 그러다가 1990년 초반부터 2010년까지 고대문명에서의 라피스 라줄리에 관한 연구를 꾸준히 수행해 온 프랑스의 미셸 카자노바Michèle Casanova가 2013년에 그동안 자신의 연구 성과들을 한데 모은 종합적인 연구서를 출간했다.[21] 따라서 이 장에서는 주로 허먼과 카자노바의 연구를 바탕으로 라피스 라줄리의 시공간적 분포 양상과 이동 경로에 대해 논의하겠다.

---

[20] Herrmann, Georgina, "Lapis Lazuli-The Early Phases of its Trade," *Iraq* 30: 1, 1968, pp.21~57.

[21] Casanova, Michèle, *Le lapis-lazuli, la pierre précieuse de l'Orient ancien: gisements, production, circulation, des origines au début du second millénaire avant J.-C.*, CTHS, 2013, p.281.

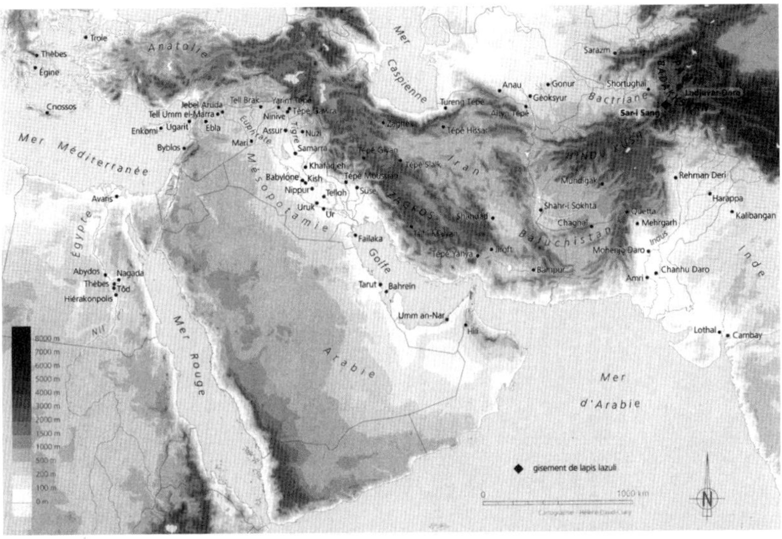

〈그림 1〉 라피스 라줄리가 출토된 주요 고대 유적(Casanova, 2013)

〈그림 1〉에서 보듯 라피스 라줄리 유물은 중앙아시아 힌두쿠시 산맥, 파미르고원, 인더스강 유역, 이란고원, 페르시아만 연안, 메소포타미아, 레반트, 북아프리카, 유럽 동남부 등 매우 광범위한 지역에서 출토되었다.[22] 카자노바의 조사에 따르면 라피스 라줄리가 출토된 유적은 적어도 70여 곳이 넘는다.[23] 한편 라피스 라줄리 유

[22] 高宮いづみ,「前4千年紀ナイル川下流域におけるラピスラズリ交易について」,『西アジア考古学』2, 2001, pp.24~27; 川又正智,『漢代以前のシルクロード--運ばれた馬とラピスラズリ』, 雄山閣, 2006, pp.43~51.

[23] 〈그림 1〉의 분포도에는 63개소의 유적만 표시되어 있다. 분포도를 작성한 카자노바는 유적 간 거리가 너무 가까워 지도상에 표기하기 어려운 유적을 생략하거나, 아니면 출토된 유물이 라피스 라줄리인지가 불확실한 경우 분포도에서 제외했다. 사실 라피스 라줄리가 출토된 고대 유적이 정확히 얼마인지 파악하기도 쉽지 않다. 제2차 대전 이전에 수습된 유물 중에는 남동석(azulite)과 혼동하여 라피스 라줄리로 보고한 경우가 적지 않기 때문이다. 카자노바의 분포도에서 제외된 유적은 다음과 같다. 중앙아시아: 무디각(Mudigak), 몬주클리-데페(Mondjukli-Depe), 카라-데페(Kara-Depe),

물가 출토된 유적들을 문명권에 따라 살펴보면 옥서스문명 또는 박트리아-마르기아나문명, 인더스문명, 엘람문명, 메소포타미아문명, 이집트문명, 에게문명 등 고대의 다양한 문명권에서 출토되었다〈그림 2〉.

1. 메소포타미아, 우르(기원전 2550년~기원전 2400년)

2. 이집트, 히에라콘폴리스 (기원전 2900년)

〈그림 2〉 메소포타미아문명과 이집트 문명의 라피스 라줄리
(The Metropolitan Museum of Art, 2003)

그런데 이처럼 여러 문명권에서 라피스 라줄리 유물이 출토되지만 가장 많은 라피스 라줄리 유물이 출토된 문명권은 〈표 1〉에서 보듯이, 메소포타미아문명권이다. 메소포타미아문명권은 차순위인 엘람문명권에 비교해 봐도 무려 10배가 넘을 정도로 많은 라피스 라줄리가 출토되었다는 점에서 다른 문명권을 압도한다.

카푸즈-데페(Khapuz-Depe), 파르카이(Parkhai); 이란고원: 텔리이블리스(Tell-i Iblis); 메소포타미아: 에리두(Eridu), 텔아르파치야(Tell Arpachiyah), 제벨아루다(Jebel Aruda).

〈표 1〉 지역에 따른 라피스 라줄리 유물의 빈도수 (Casanova, 2013, p. 23)

	메소포타미아	이란	중앙아시아-파키스탄	동부 아라비아	총계
구슬	30,002점	1,382점	1,004점	8점	32,396점
상감 부속품	4,840점	183점	0점	1점	5,024점
소형 조각품	197점	10점	4점		211점
기타	72점	5점	2점	2점	81점
제작과정 부산물	76점	1,582점	728점		2,386점
총계	35,187점	3,206점	1,738점	11점	40,142점

이론적으로 볼 때 상호 호혜적 관계에 있는 마을 간 물자 교환은 대개 산지로부터 거리가 멀어질수록 그 양이 적어지는 경향이 있다. 그리고 그 관계를 그래프로 표현하면 직선에 가까워서 그와 같은 교환을 직선감쇠형 교환down-the-line exchange이라고 부른다. 반면에 중심지와 중심지 사이에 교환이 일어나고 중심지가 여러 마을을 거느린 경우, 권력에 의한 재분배 또는 시장에 의한 교환이 이뤄

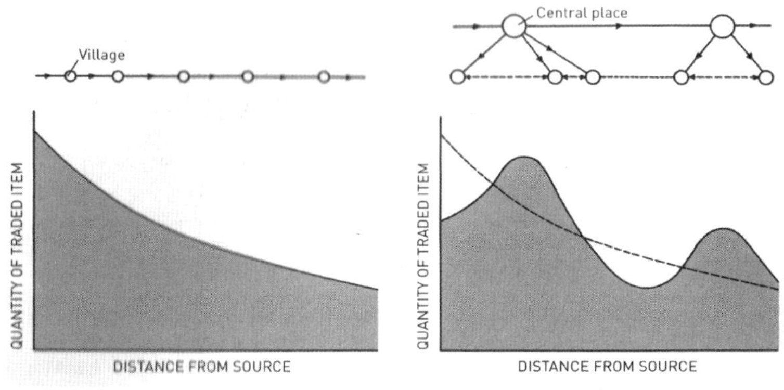

〈그림 3〉 평등사회와 불평등사회의 교환체계의 이론적 분포 양상 (Renfrew and Bahn, 2016)

지고 이와 같은 교환 형태를 다형감쇠곡선형 교환multi-modal fall-off curve exchange이라고 한다〈그림 3〉.

그러나 메소포타미아문명은 산지와 가장 멀리 떨어져 있음에도 불구하고 라피스 라줄리 유물이 가장 많이 출토된 지역이라는 점에서 직선감쇠형 교환 유형에 속하지도, 그렇다고 다형감쇠곡선형 교환에 속하지도 않는다. 따라서 라피스 라줄리의 교역은 순전히 경제원리에 따른 교역 패턴만으로는 설명하기가 곤란하다. 아마도 해당 지역의 취향 또는 기호 같은 비경제적 요인이 라피스 라줄리 교역에 결정적인 영향을 끼쳤을 것으로 추정된다.[24] 메소포타미아 지역에서 출토된 토판들을 통해 볼 때 라피스 라줄리 유통은 때론 시장을 통해서 때론 왕실과 사원에 대한 공납 형태로 이뤄졌다.[25] 1944년 칼 폴라니Karl Polanyi의 『거대한 전환The Great Transformation』 출간 이후, 고대문명의 경제의 성격에 관하여 '형식론자와 실질론자 사이의 논쟁formalist-substantivist debate'이 80년대까지 이어졌지만, 현재 고대 메소포타미아와 이집트에서 시장경제의 존재했다는 점 자체를 부인하는 고고학자는 없다.[26] 다만 재분배왕실경제, 사원경제와 시장경제의 영역들이 서로 겹치고 그 경계가 모호하기에 그에 관한 세부적 논의만 있을 뿐이다. 일반적으로 라피스 라줄리 교역은 개별 도시국가들의 사정에 따라, 국가 또는 사원에 의해 독점적

---

[24] Renfrew, Colin, Bahn, Paul, *Archaeology: Theories, Methods, and Practice*, Thames & Hudson, 7th edition, 2016, p.378.

[25] Casanova, Michèle, *op.cit.* pp.225~231.

[26] Warburton, David, "Marchés dans l'Égypte Ancienne, In: *Histoire des représentations du marché*, Guy Bensimon," (éd.), M. Houdard, 2005, p.641.

으로 재분배되기도 하고 시장에서 시세에 따라 교환되기도 하였다.

2. 시대 변화에 따른 라피스 라줄리 소비량 변동

고대 사회에서 장신구는 소속집단에 대한 결속의 상징이자, 다른 집단과 구별하기 위한 수단이었다. 따라서 그 속성상 장신구 원료는 늘 새로웠어야 했으며 귀해야만 했다.[27] 다소 도식적으로 말해서 구석기시대 장신구의 주원료가 육상동물의 뼈와 치아상아였다면 신석기시대 장신구들의 주원료는 조개였다.[28] 그러던 것이 금속이 이용되는 동석시대銅石時代, Chalcolithic Age, 즉 후기 신석기시대에 이르러 주원료가 금속과 보석 등 땅속에서 나오는 광물로 제작된 장신구가 증가한다. 그런 맥락에서 메소포타미아 지역에서의 라피스 라줄리의 사용은 이전 시대, 즉 전기 신석기시대와 단절을 의미한다고도 볼 수 있다. 왜냐하면, 후술하겠지만 메소포타미아 지역에서 전기 신석기시대에 속한다고 보고된 라피스 라줄리는 우선 유물 자체가 극소수이고 그나마도 남동석일 가능성이 매우 크거나, 아니면 교란층에서 나온 유물들이기 때문이다. 현재까지 확실하게 전기 신석기시대에 속하는 라피스 라줄리 유물은 인더스 문명권 안에서만 발견되었다. 라피스 라줄리가 최초로 확인된 유적은 파키스탄의

[27] 장 길렌·장 자미트(지음), 박성진(옮김), 『전쟁 고고학: 선사시대 폭력의 민낯』, 사회평론아카데미, 2020, 313~314쪽.

[28] Dubin, Lois Sherr, *The Worldwide history of Beads*, Thames & Hudson, Second edition, 2009, p.25; Casanova, Michèle, *op.cit.* p.22.

발루치스탄Balochistan지역에 있는 메르가르Mehrgarh 유적이다. 인더스문명의 발상지인 이 신석기시대 유적은 기원전 7천 년부터 기원전 2천 5백 년까지 약 4천 5백 년 동안 점유되었다. 라피스 라줄리 유물은 이 유적의 IA기, 즉 기원전 7000년~기원전 6000년 사이에 형성된 무덤에서 출토되었다.[29] 메르가르 유적에서 이처럼 라피스 라줄리가 일찍 출현했던 이유는 유적이 산지와 가까워서 접근이 상대적으로 쉽다는 점이 영향을 끼쳤을 것이다.

한편 메소포타미아 지역에서 라피스 라줄리가 최초로 발견된 유적으로 이라크 북부 모술 인근의 야림테페Yarim tepe I 유적과 남부 바그다드 근처 사마라Samara유적이 자주 언급된다. 그러나 카자노바의 재조사에 따르면 야림테페의 아래층에서 출토된 라피스 라줄리로 보고된 구슬들은 남동석으로 판명되었고, 1910년대에 조사된 사마라유적은 후대의 층과 교란된 층에서 출토되었다.[30] 따라서 메소포타미아 지역 신석기시대 층에서 출토되었다고 보고된 라피스 라줄리 5점은 모두 신석기시대에 속하는 유물이 아니거나, 라피스 라줄리가 아닐 가능성이 크다. 사실 메소포타미아 지역에서 라피스 라줄리는 신석기시대는 물론, 그 이후 시대인 우바이드기Ubaid period: 기원전 5100년~기원전 4000년, 심지어 메소포타미아 전 지역에서 도시들이 형성되는 우루크 팽창기Uruk expansion, 또는 우루크기Uruk

[29] Jarrige, Jean-François, "A propos d'un foret à tige hélicoïdale en cuivre de Mundigak," In: *De l'Indus aux Balkans: Recueil à la mémoire de Jean Deshayes*, Jean-Louis Huot, Marguerite Yon, Yves Calvet (eds.), Editions Recherche sur les Civilisations, 1985, pp.281~292.

[30] Casanova, Michèle, *op.cit.* p.24.

period: 기원전 4000년~3100년에서조차 매우 드물다〈표 2〉.[31]

〈표 2〉 메소포타미아와 시리아 지역의 라피스 라줄리 유물 (Casanova, 2013, p. 18)

	시대 (BC)	구슬	상감 부속품	소형 조각품	기타	제작과정 부산물	총계
순동시대	우바이드시대 (5100~4000)	2점					2점
	우루크시대 (4000~3100)	9점	7점	1점		1점	18점
	순동시대 총계	11점	7점	1점		1점	20점
청동기시대	청동기 전기 I-II (3100~2600)	840점	29점	10점	2점	1점	882점
	청동기 전기 III-IV (2600~2000)	28,701점	4,796점	185점	69점	74점	33,825점
	청동기 중기 I (2000~1800)	5점					5점
	청동기시대 중기 II (1800~1600)	3점	6점				9점
	분기 미상	442점	2점	1점	1점		446점
	청동기시대 총계	29,991점	4,833점	196점	72점	75점	35,167점
	총계	30,002점	4,840점	197점	76점	76점	35,187점

메소포타미아 지역에서 라피스 라줄리 유물의 양이 가파르게 늘어나는 시대는 청동기시대로, 특히 청동기시대 전기 후반, 즉 청동기시대 III-IV기에 폭발적으로 증가한다〈표 2〉. 그런데 기원전 3000년부터 기원전 2000년까지는 도시국가들이 성장과 몰락을

[31] 메소포타미아 지역의 동석시대와 청동기시대의 편년은 연구자에 따라 다양한데, 여기서는 카자노바의 편년을 따랐다. Casanova, Michèle, *ibid.* p.19.

반복하던 불안정한 시대였다. 이 기간에 명멸했던 왕조들을 연대순으로 나열하면, 왕조성립 이전 시기인 옘뎃 나스르 시대Jemdet Nasr period: 기원전 3100년~기원전 2900년부터 초기왕조 시대Early Dynastic Period: 기원전 2900년~기원전 2350년, 아카드 제국 시대Akkadian Empire: 기원전 2334년~기원전 2154년, 구티왕조 시대Gutian dynasty: 기원전 2199년~기원전 2119년, 우르 제3왕조 시대Third Dynasty of Ur: 기원전 2112년~기원전 2004년 등이다. 특히 메소포타미아 지역에서 라피스 라줄리와 관련하여 눈여겨봐야 할 점은 초기왕조 시대, 그중에서도 특히 제III기 기원전 2600년~기원전 2450년의 우르 왕조 능역陵域, The royal cemetery of Ur에서 막대한 양의 라피스 라줄리가 출토되었다는 점이다〈표 3〉.[32] 이상의 결과를 볼 때 메소포타미아 문명권에서 라피스 라줄리는 단기간 집약적인 방식으로 소비된 물질임을 잘 알 수 있다.

〈표 3〉 우르 도시국가 무덤에서 출토된 라피스 라줄리의 시기별 빈도수 변화(Casanova, 2013, p. 52)

시기	젬데트 나스르시대	초기 왕조시대 I기	초기 왕조시대 II기	초기 왕조시대 III기	초기 왕조시대 (분기미상)	아카드 제국 시대	우르 제3왕조 시대	총계
무덤 개수	6기	17기	5기	264기	7기	197기	25기	521기
유물 개수	8점	26점	10점	30874점	10점	678점	313점	31917점

[32] Woolley, Leonard, *Ur Excavations II: The royal cemetery*, Publications of the Joint Expedition of the British Museum and the Museum of the University of Pennsylvania to Mesopotamia, 1934, 604p; Woolley, Leonard, *Ur Excavations IV: The Early Periods*, Publications of the Joint Expedition of the British Museum and the Museum of the University of Pennsylvania to Mesopotamia, 1954, p.225.

초기왕조 시대 III기 능역은 라피스 라줄리가 상당히 많이 출토되었다는 점에서도 중요하지만, 다양한 양식의 라피스 라줄리가 출토되었다는 점에서도 주목된다. 물론 다른 유적들에서처럼 이곳에서 출토된 라피스 라줄리도 대부분 아주 작은 장신구였다. 그렇지만 같은 장신구라 하더라도 능역에서 출토된 장신구들은 그 제작 솜씨가 빼어났다. 이는 수준 높은 장인집단이 존재했음을 암시하는데, 학계에서는 왕실이 장인집단을 직접적인 통제를 했을 것으로 추정하고 있다.

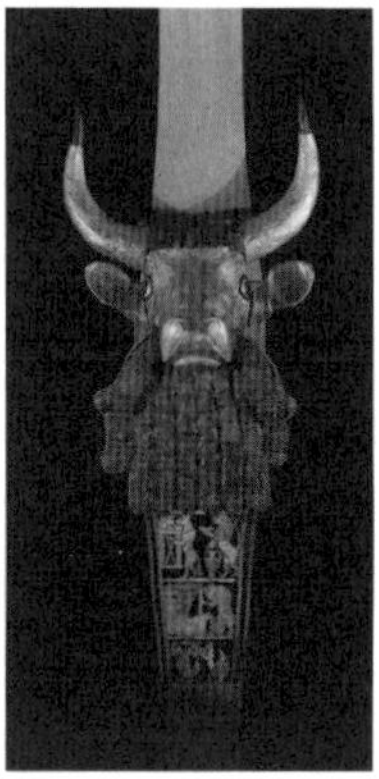

황소 머리 장식의 리라

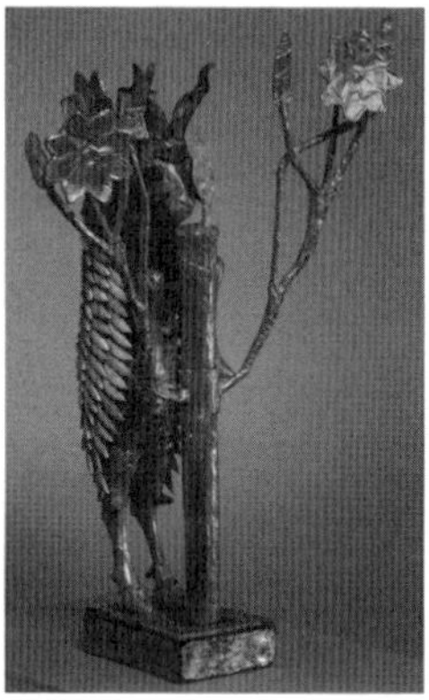

나무에 발을 걸치고 있는 숫양

〈그림 4〉 우르 능역에서 출토된 라피스 라줄리 유물(The Metropolitan Museum of Art, 2003)

한편 목걸이, 팔찌 이외에도 푸아비Puabi 왕비 능에서 금, 홍옥수carnelian, 라피스 라줄리로 화려하게 장식된 보관寶冠, headdress이 출토되었다는 사실도 특기할 만하다. 그밖에 〈그림 2-1〉의 우르의 깃발Standard of Ur을 비롯해 황소 머리 장식의 리라Bull-headed lyre, 나무에 앞발을 걸치고 있는 숫양Ram in a Thicket, 홀笏, Scepter, 단검손잡이, 놀이기구보드게임의 판과 말, 잔, 화장품 용기 등 다른 유적에서는 그 유례를 찾아보기가 어려울 정도로 크고 아름다운 작품들이 출토되었다〈그림 4〉. 그러나 이처럼 초기왕조 시대 제III기에 절정에 이르렀던 라피스 라줄리 소비량은 〈표 2〉와 〈표 3〉에서 보듯이, 아카드 제국 시대와 신수메르제국Neo-Sumerian Empire이라고도 불리는 우르 제3왕조 시대를 거치면서 빠르게 감소하고 기원전 2000년경 이후 구바빌로니아 시대Old Babylonian period: 기원전 2025년~기원전 1595년가 열리면서부터 거의 자취를 감추고 만다. 여기서 라피스 라줄리의 수요가 급락했던 배경이 무엇인지 궁금하지 않을 수 없다. 라피스 라줄리의 소비량이 급락했던 원인으로 여러 가지 이유를 생각해 볼 수 있지만, 무엇보다 문명 간 장거리 교역망이 파괴되었다는 점이 메소포타미아 지역에서 라피스 라줄리에 대한 수요가 급감하는 직접적인 요인으로 작용했던 것으로 추정된다.[33] 기원전 2100년경부터 이란 저지대 수사Susa지역에서 건국한 엘람은 이웃한 메소포타미아 지역을 빈번하게 침략했다. 그러나 이미 약해진 메소포타미아의 수메르 도시 국가들은 이를 제대로 막아 내지 못하였다. 결국, 기원전 2004년 엘람은 자그로스산맥 고원의 시마슈키 왕조Simashki dynasty와 동맹을 맺고 제3왕조의 왕, 입비신Ibbi-Sin을 엘람으로 압송하고 우르를 약탈했다. 이렇게 우르 제3왕조가 멸망하면서 수메르 시대는 종말을 고하게 된다. 이 사건은 과거 중앙아시아와 메소

---

[33] Cunliffe, Barry, *By Steppe, Desert, and Ocean: The Birth of Eurasia*, Oxford University Press, 2017, pp.116~117.

포타미아 교역의 중개자middleman로서, 종속적인 역할에 머물렀던 이란 지역의 정치체가 기존의 종속적 처지에서 벗어나 강력한 독자적인 세력으로 성장했음을 천명하는 중요한 사건이었다. 이와 같은 엘람의 급성장은 육로를 통한 라피스 라줄리 교역에 크게 영향을 끼쳤던 것으로 추정된다. 그렇지만 더 결정적인 사건은 더 동쪽에서 일어났다. 기원전 1900년경에 인더스문명이 붕괴된 것이다.[34] 초기왕조 제III기의 수메르인들은 당시 라피라줄리를 비롯한 많은 물자를 주로 해상교역로를 이용해서 인더스문명과 교역했는데, 이젠 교역의 파트너 자체가 사라지게 된 것이다. 따라서 소비자수메르문명와 공급자인더스문명의 몰락과 중개자이란의 발흥으로 라피스 라줄리 장거리 교역체계는 무너졌던 것으로 보인다.

3. 3대 교역로와 교역로의 전환

〈그림 1〉의 라피스 라줄리의 분포 양상에서 알수 있듯이, 중앙아시아에서 메소포타미아로 라피스 라줄리가 이르는 도달하는 길은 크게 세 가지로 이 중 두 가지는 육로이고 다른 한 가지는 해로이다.[35] 첫 번째 북부 교역로는 원산지인 바다흐샨에서 아무다리야강의 지류인 콕차강Kokcha River를 따라 저지대로 내려와서 카라쿰, 키

[34] Possehl, Gregory, *The Indus civilization: A contemporary Perspective*, Altamira, 2002, p.237.

[35] Herrmann, Georgina, *op.cit.* p.53.

질쿰사막 남단의 박트리아-마르기아나지역에 산재된 오아시스들을 지나, 자그로스산맥을 넘어, 메소포타미아의 북부 지역으로 진입하는 길이다. 이 길은 후대의 실크 로드, 좀 더 구체적으로 말하자면 호라산로Khorassan road와 같다. 이 교역로 상에서 라피스 라줄리 유물이 출토된 유적으로는 소르투가이Shortugai, 고누르Gonur, 알틴테페Altyn tepe, 테페히사르Tepe Hissar, 테페시알크Tepe Sialk, 테페기얀Tepe Giyan, 테페가우라Tepe Gawra 등이 있다〈그림 5〉.

두 번째 육로는 힌두쿠시산맥에서 남서 방향으로 흐르는 헬만드강Helmand을 따라 저지대로 내려 와서, 이란 남부를 거쳐 메소포타미아 저지대로 들어가는 남부 교역로이다. 남부 교역로 상에서 라피스 라줄리 유물이 출토 유적으로는 문디각Mundigak, 샤흐레쇼흐타Shahr-i-Sokhta, 샤다드Shahdad, 지로프트Jiroft, 테페야히야Tepe Yahya, 탈리말얀Tall-i Malyan, 수사Susa 등이 있다〈그림 5〉. 해상교역로는 남부 교역로 상에 있는 테페야히야를 출발하여, 호르무즈해협으로 와서 배를 타고 고대 텍스트에 등장하는 마간Magan, 딜문Dilmun을 거쳐 페르시아만을 지나, 메소포타미아 남부 저지대에 도달하는 교역로를 말한다. 그 밖에도 문헌상 멜루하Meluhha로 여겨지는 인더스 문명권의 로탈Lothal이나 캄베이Cambay 등 항구도시를 출발, 아라비아해를 거쳐 호르무즈해협을 지나, 메소포타미아 남부 저지대까지 연안 항해를 통해 직접 교역하는 해로도 있었다.[36]

---

[36] 인더스문명과 서아시아 문명의 해상교역에 관해서는 Possehl, Gregory, *op.cit.* pp.218~221 참조.

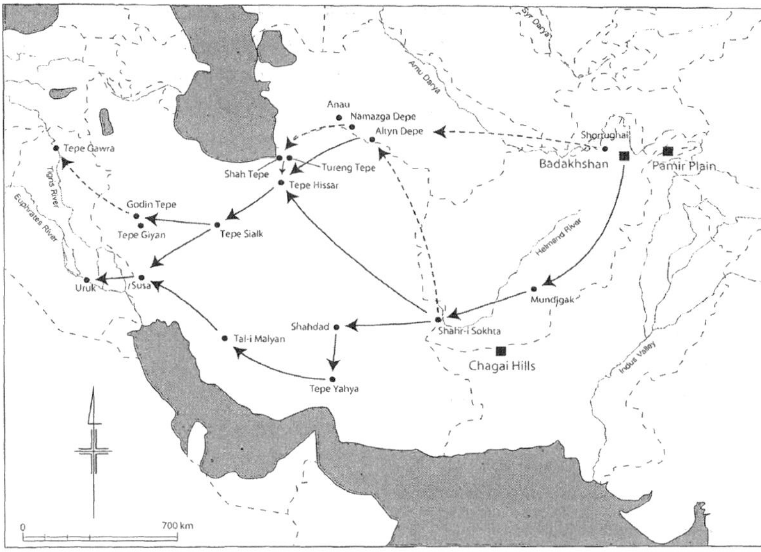

〈그림 5〉 라피스 라줄리 남북 교역로(工藤悠大, 2015)

그런데 여기서 주목되는 점은 이 세 가지 교역로가 동시에 이용되는 것이 아니라, 시대 변화에 따라 주요 교역로가 바뀌었다는 점이다. 아마도 교역로가 전환되는 데에는 국제정세의 변화나 운송비용, 운송량과 같은 여러 가지 요인들이 영향을 끼쳤을 것이다. 일반적으로 육로는 해로를 이용하는 것보다 운송비가 더 든다. 그리고 해로를 이용하게 되면 육로로 운송할 때보다 보다 더 많은 물자를 운송할 수 있다.[37] 게다가 육로를 통한 장거리 교역은 이웃 국가 간에 갈등이나 약탈의 위험이 크다는 점도 육로교역의 약한 고리다.

---

[37] 후대인 기원전 1800년경 텍스트이긴 하지만, 메소포타미아와 틸문(Tilmun, Dilmun: 현재 바레인) 사이의 단 한 번의 교역에서 구리만 무려 20t이나 거래되었다는 기록이 남아 있는 것을 보면 당시 해상교역의 규모가 막대했음을 잘 보여준다. Cunliffe, Barry, *op.cit.* p.113.

따라서 여러모로 육로보다는 해로를 이용하는 편이 유리하였을 것이다.

허먼은 라피스 라줄리 장거리 교역이 초기에는 북부 교역로 상의 주요 거점 유적이었던 테페 가우라와 같은 메소포타미아문명의 식민 도시들이 중심이 되어 이뤄지다가, 후기에는 샤흐레쇼흐타와 테페야히야와 같은 원시 엘람문명의 도시들이 교역의 주도권을 잡는 남부 교역로로 바뀌었다는 흥미로운 주장을 펼친 적 있다. 그렇지만 이에 대한 반론도 만만치 않은데, 요세프 마지드자데 Yousef Majidzadeh에 따르면 라피스 라줄리 교역에서 북부 교역로의 역할은 미미했으며 라피스 라줄리 교역은 주로 남부 교역로를 통해 이뤄졌다고 주장하였다.[38] 이처럼 학계에서는 북부 육로와 남부 육로의 비중을 놓고 다소 논쟁이 있지만, 라피스 라줄리를 비롯한 동서 교역로가 최종적으로 해상교역로로 귀결되었다는 점에 대해서는 이견이 없다.[39]

---

[38] Majidzadeh Y., "Lapis lazuli and the Great Khorasan Road," *Paléorient* 8: 1, 1982, pp.59~69.

[39] 해상교역로의 주요 길목이었던 오만 동부, 라스 알-진즈(Ra's al-Jinz)의 RJ-2유적에서 기원전 2500년에서 기원전 2200년에 해당하는 시기에 제작된 배의 방수용 역청(bitumen) 파편이 다량으로 발견되었다 Cleuziou, Serge and Tosi, Maurizio, "Black boats of Magan: some thoughts on Bronze Age water transport in Oman and beyond from the impressed bitumen slabs from Ra's al-Junayz," *South Asian Archaeology* 271, 1994, pp.745~762.

Ⅳ. 고대 장거리 교역의 구조

이란의 테페히사르Tepe Hissar 유적과 샤흐레쇼흐타Shahr-i-Sokhta 유적은 라피스 라줄리를 대량생산했던 도시 유적이다.[40] 그런데 이 도시에서 대량생산된 라피스 라줄리 물품들은 샤흐레쇼흐타 유적의 무덤에 부장된 라피스 라줄리 유물과의 비교분석에서도 드러났듯이, 도시 내 소요량을 훨씬 초과하는 것이었다. 따라서 이 두 도시에서 생산된 라피스 라줄리 물품은 어딘가로 수출되었을 터인데, 대다수 연구자는 메소포타미아, 그중에서도 특히 남부 저지대 도시국가들로 수출되었을 것으로 본다. 즉 테페히사르와 샤흐레쇼흐타에서 생산된 물품들은 대개 내수용이 아닌 수출용 상품이었다는 의미이다.

그런데 파키스탄의 라피스 라줄리 세공장인들에 관한 민족지 연구와 라피스 라줄리 구슬 제작의 정교함에서 보듯이, 라피스 라줄리 세공에는 상당히 숙련된 기술도가 필요하다.[41] 따라서 이와 같

---

[40] Bulgarelli, Grazia, "Tepe Hissar, Preliminary Report on a Surface Survey," *East and West* 24: 1/2, 1974, pp.15~27; Tosi, Maurizio, Bulgarelli, G. M., "The stratigraphic sequence of square DF 88/89 on south Hill, Tappeh Hesār," In: *Tappeh Hesär: Report of the Restudy Project, 1976*, R. H. Dyson and S. M. Howard (eds.), Monografie di Mesopotamia, Firenze, 1989, pp.48~50; Vidale, Massimo and Lazzari, Alessandra, *Lapis Lazuli bead making at Shahr-i-Sokhta-Interpreting: Craft Interpreting Production in a Urban Community of the 3rd Millennium bc*, ISMEO, Edizioni Antilia, 2017, p.379.

[41] Kenoyer, Jonathan, "Lapis Lazuli: Beadmaking in Afghanistan and Pakistan," *Ornament* 15: 3, 1992, pp.71~74; Casanova, Michèle, *op.cit.* pp.203~206.

은 상품들이 전문적인 장인집단에 의해서 제작되었을 것이라는 점에 대해 이견이 없다. 그리고 전문적인 장인집단이 형성되고 운영되기 위해서는 식량자원을 비롯한 생필품의 안정적 공급이 필요하다. 왜냐하면, 만약 안정적인 생필품 공급이 없다면 도시 생활에 필요한 사회적 분업체계 자체가 무너져 버리기 때문이다. 따라서 두 도시의 엘리트에게 가장 중요한 임무는 식량자원을 비롯한 생필품을 도시 공동체에 안정적으로 공급하는 일이다. 그런데 이 도시들은 자체 내 생산만으로는 생필품을 충당할 수 없는 환경에 있었다. 다른 지역으로부터 생필품을 수입해야만 도시의 수요를 맞출 수 있었다. 필자는 이러한 환경적 압력이 테페히사르와 샤흐레쇼흐타에서 라피스 라줄리를 비롯한 사치재 생산을 촉진했고 일찍부터 도시 내에 전문적인 장인집단이 생산하는 고부가가치 상품을 대량으로 생산하는 시스템을 발달시켜 그와 같은 환경적 장애물을 극복했다고 본다. 장인집단에 의해 대량 생산된 사치재 수출을 통해 그 대금을 가지고 자신들이 필요로 하는 생필품을 수입할 수 있기 때문이다. 이러한 메커니즘을 잘 이해하기 위해 좀 더 일반적이고 구조적인 측면에서 설명할 필요가 있다.

1960년대부터 1979년 이란혁명이 일어나기 전까지 미국의 고고학자들은 신고고학의 관점에서 이란과 이라크 일대에서 고고학적 조사를 수행했다.[42] 그들은 기존의 왕릉 또는 신전 중심 발

---

[42] Adams, Robert (with H. J. Nissen), *The Uruk Countryside: The Natural Setting of Urban Societies*, University of Chicago Press, 1972, p.241; Lamberg-Karlovsky, C. C., "Trade Mechanisms in Indus-Mesopotamian Interrelations," *Journal of the American Oriental Society*, 92: 2, 1972, pp.222~229; Wright, Henry and

굴조사에서 벗어나, 처음으로 소외되었던 농촌에 주목했고 이전에는 엄두 내지도 못했던 광범위한 지표 조사를 통해서 취락 간의 서열화를 밝혀냈다. 또한 그들은 고고학적 사실들을 단순히 기술description하는데 만족하지 않고 과거 사회의 구조를 설명explanation하고자 했다. 이렇게 새로운 방법론으로 무장한 미국의 고고학자들은 60·70년대에 당시 세계고고학계를 주도했다. 그런데 당시 이란·이라크의 생태 환경에 관한 미국 측 연구에서 한 가지 주목되는 점은 이란 지역이 목재와 지하자원은 풍부하지만, 안정적인 생필품 공급이 어려운 지역이었던 반면, 이라크 남부지역은 생필품은 풍부하지만, 목재와 지하자원을 공급하기가 어려운 지역이었다는 지적이다. 달리 말하자면 이란의 엘람 사회는 장거리 교역을 통해서라도 안정적으로 생필품을 공급할 필요가 있었고 이라크의 수메르 사회는 도시 생활과 국가적 번영을 도모하려면 목재와 지하자원을 장거리 교역을 통해서 확보해야 했다는 뜻이다. 일찍이 고든 차일드Gordon Childe는 도시와 국가의 출현과 번영에서 장인집단의 출현과 장거리 교역의 상관관계에 대해 언급한 적 있는데, 이 두 문명의 관계가 바로 그런 사례에 해당한다.[43]

Johnson, Gregory, "Population, exchange, and early state formation in southwestern Iran," *American Anthropologist*, 77: 2, 1975, pp.267~289; Kohl, Philip, "The Balance of Trade in Southwestern Asia in the Mid-Third Millennium B.C.," *Current Anthropology* 19: 3, 1978, pp.463~492; Potts, T. F., "Patterns of trade in third-millennium BC Mesopotamia and Iran," *World Archaeology* 24:3, 1993, pp.379~402.

[43] Childe, Gordon, "The Urban Revolution," *The Town Planning Review* 21: 1, 1950, pp.15~16.

서로 이웃하고 있는 메소포타미아 문명권과 엘람 문명권은 서로에게 부족한 자원을 채워주고 또 남는 자원은 덜어내는 상보적 관계complementarity가 형성될 수 있는 생태 환경이 아주 일찍부터 무르익었고, 실제로 복합사회complex society 출현 이후 이 두 문명권은 장거리 교역망을 통해 자신들의 환경적 제약에서 벗어날 수 있었다. 두 문명권 간 생태적 그리고 사회-경제적 구조에 대해 필립 콜Philp Kohl은 다음과 같이 표로 정리했다〈표 4〉.[44]

〈표 4〉에서 '특화된 고지대'란 이란 고원지대의 도시와 촌락을, '도시화된 저지대'란 메소포타미아 유역 저지대와 이란 서남부의 수사Susa 일대, 즉 수시아나Susiana 지역을 말한다. 필립 콜은 고지대와 저지대의 생태 환경적 그리고 사회-경제적 특징을 자급자족할 수 있거나 독립적인 경우+와 대외 의존도가 높은 경우-, 그리고 별다른 이점이 없는 경우0 등 세 등급으로 서열화한 다음, 두 지역을 비교·분석하였다. 그에 따르면 산악지대는 정주성이 낮고 인구분포는 분산적이며 권력의 집중화 정도는 미약하다. 반면에 저지대는 정주성이 높고 인구는 밀집되어 있으며 권력이 집권화되었으며 체계적이다. 따라서 저지대에서는 도시발달과 국가 형성이 고지대보다 일찍 성숙했고 고지대의 정치체는 저지대 국가들과의 교역을 통한 물적-이데올로기적 자극을 받아 도시와 국가가 탄생하였다.

[44] Kohl, Philip, *op.cit.* p.471.

〈표 4〉 기원전 2500년경 서아시아의 환경 및 사회경제적 구조(Kohl, 1978)

	특화된 고지대	도시화된 저지대
생태 환경	산악지대, 원료 풍부 (+)	하천 평야지대, 원료 빈곤 (-)
거주 패턴	중심지로부터 고립되어 자치적, 분산된 형태의 인구, 뚜렷한 영역 간 구별 (-)	인구밀도가 높은 중심지들이 하천을 따라 발달됨 (+)
경제 토대	농업 및 목축 경제(0)	주로 관개 농업, 목축과 어업이 보충적인 역할(0)
생업 토대의 특징	매년 가축과 곡물 기근을 겪음 (-)	항구적인 잉여 식량 (+)
기본 생산 단위	"가족 공동체"와 농한기 일시적으로 결집되는 친족 단위 (-)	"농촌공동체"/사원-국가에 고용된 노동자 (+)
지배적인 사회정치 조직	목축 기반 마을 연합체 (다지역 간 상호작용에 적응) (+)	영역 왕국 (-)
통치 단위	군장 개인(-)	과두제적 사제 계급(+)
사회 발전 단계	군장 사회? (-)	국가 (+)
산업 생산 조직	리더가 주기적으로 통제하는 장인들 (-)	대가족 기반의 개인과 사원-국가에서 고용한 반자유 노동자 또는 고객
교역 주체	일시적인 개별 교역자/이동 생활을 하는 친족 기반 집단 (-)	제도화된 상인 계급 (+)
교환을 위한 생산품의 성격	값진 원료와 정교한 사치품 (-)	잉여 식량(곡물과 생선)과 생활용품(직물) (+)

인류학계는 고지대의 정치체 같은 국가를 이차국가secondary state라고 한다. 이차국가는 일차국가primary state에 의존적 관계 속에서 발전한다는 특징이 있다.[45] 고대 사회가 근대 사회와 크게 다

[45] Parkinson, William and Galaty, Michael, "Secondary States in Perspective: An Integrated Approach to State Formation in the Prehistoric Aegean," *American*

른 점은 이차국가가 일차국가를 정복하거나 위협을 가하지 않는 한, 식량자원을 비롯한 생필품을 생산하는 일차국가가 고부가가치 제품, 즉 사치재를 생산하는 이차국가에 대해 주도권을 행사한다는 점이다. 따라서 일차국가와 이차국가 간의 서열이 발생하며 고대 세계체제 속에서 일차국가는 중심지로 이차국가는 반주변부로서 기능하게 된다. 그렇지만 중심지와 반주변부의 관계는 유동적이었으며 그 과정에서 갈등이 유발될 경우, 군사적 충돌로 이어지고 때론 이차국가가 일차국가를 정복하여 흡수·통합한다거나, 아니면 군사적 위협을 통해서 일차국가에서 헤게모니를 탈취할 수도 있다.

고지대와 저지대의 모두 농업-목축 경제를 기반으로 하고 있다는 점에서는 같지만, 저지대는 높은 인구밀도, 문자를 통한 행정체계, 노동집약적인 관개 농법 등을 통해 막대한 양의 잉여 식량 생산과 거의 산업화 수준에 가까운 모직물생산이 가능했다.[46] 반면에 고원지대는 식량과 모직물 같은 생필품을 자체 생산으로 충당할 수 없다는 점에서 일정 규모 이상의 복합사회를 유지·발전시키는데 한계가 있다. 이처럼 생필품 공급조달이 어려웠던 고지대는 자신들이 저지대에 비교 우위에 있는 목재, 지하자원을 원료 상태로 또는 반제품, 완제품 상태로 수출하거나, 중개 무역을 통해 생필품 수입

Anthropologist 109: 1, 2007, p.114.

46 Algaze, Guillermo, "Initial Social Complexity in Southwestern Asia: The Mesopotamian Advantage," *Current Anthropology* 42: 2, 2001, pp.199~233; Breniquet, Catherine, "Early wool of Mesopotamia, C. 7000-3000 BC, Between prestige and economy," In: *The Competition of Fibres*, Wolfram Schier and Susan Pollock (eds.), Oxbow Books, 2020, p.26.

에 따른 무역수지 적자를 메꿔나갔다. 또한 테페히사르와 샤흐레쇼흐타의 사례에서 보듯이, 장거리 교역체계에서 고지대는 저지대에 수출할 목적에서 귀금속 원료공급지에서 수입해 정교한 사치품으로 가공할 수 있는 장인집단을 특화했고 이 장인집단은 군장의 통제 아래 운영되었다.

한편 국가 간 수출입을 원활히 하려면 물품을 크기 또는 무게를 재기 위한 측정체계가 있어야 하고 또한 개별 문화권마다 다른 측정 단위들을 평가할 수 있는 환산체계도 마련되어야 한다. 당시 메소포타미아 문명권에서는 셰켈Shekel이라는 무게 단위를 사용했다.[47] 현존하는 중동지역 저울추에 관한 연구에 따르면 1/60의 셰켈0.14g을 측정할 수 있었다.[48] 아마도 이런 작은 추는 보석이나 귀금속의 무게를 달기 위한 추였던 것으로 보인다. 한편 거래할 때는 지불수단도 갖추고 있어야 한다. 중동과 지중해 동부에서 현재와 같은 주조화폐가 등장한 시기는 수메르문명이 사라지고도 한참 뒤인 기원전 7세기 또는 6세기 무렵이다.[49] 따라서 수메르문명에서는 지금과 같은 화폐는 존재하지 않았다. 대신 보리, 양모, 구리, 은, 금 등이 화폐 역할을 했다고 보고 있는데, 일상재 거래에는 보

---

47 1셰켈을 지금의 무게 단위로 환산하면 대략 8.4g이다. Mederos, Alfredo and Lamberg-Karlovsky, C. C., "Converting currencies in the Old World," *Nature* 411, 2001, p.437; Hafford, William, "Weighing in Mesopotamia: The Balance Pan Weights from Ur," *Akkadica* 133: 1, 2012, 2005, pp.21~65.

48 Hafford, William, "Hanging in the Balance," *Expedition* 47: 2, 2005, p.37.

49 Neiburger, E.J. and Spohn, Don, "Prehistoric money," *Central States Archaeological Journal* 54: 4, 2007, p.189.

리가, 사치품 거래에는 금속이 많이 쓰였다.[50] 거래는 물자들의 무게를 달아 이뤄졌다. 메소포타미아 문명권에서는 무게가 곧 가격이었기 때문이다.[51] 특히 은은 장거리 교역에서 많이 사용되었던 화폐로서, 기원전 18세기 도시국가 마리Mari의 토판에는 라피스 라줄리 1세켈이 은 2세켈, 금 0.5세켈과 같다는 기록이 있다. 그러나 라피스 라줄리의 실제 시세는 원석의 품질에 따라, 원산지와 거리에 따라 결정되었다.[52] 다만 라피스 라줄리는 터키석, 홍옥수, 설화석고, 동석과 같은 다른 보석류에 비해 전반적으로 비쌌을 것이다.

앞서 필자는 고지대와 저지대가 구조적으로 상보적 관계에 있었다고 언급했다. 그렇다고 이 두 지역이 상생적 공생 관계이었다는 뜻은 전혀 아니다. 오히려 적대적 공생 관계에 있었다고 보는 편이 더 타당하다. 일반적으로 문명 초기, 즉 원시-엘람 시대기원전 3200년~기원전 2700년와 고 엘람 시대 전기기원전 2700년~기원전 2400년까지는 저지대의 메소포타미아 도시국가들이 우위를 점했다. 그러나 엘람의 첫 번째 왕조인 아완 왕조Awan dynasty: 기원전 2400~기원전 2100년가 들어서고 고지대 국가와 저지대 국가 간에 우열을 가리기 힘들어졌다. 메소포타미아 도시국가들은 동서 교역로 상에 식민 도시를 건설함으로써 교역망을 장악하고자 했고다. 동시에 원산지인 인더스 문명권

---

[50] Powell, Marvin, "Money in Mesopotamia," *Journal of the Economic and Social History of the Orient* 39: 3, 1996, pp.224.

[51] Warburton, David, "Integration by Price in the Bronze Age," In: *South Asian Archaeology 2007: Proceedings of the 19th conference of the European Association of South Asian Archaeology, Ravenna, Italy (2-6 July 2007)*, Dennys Frenez and Maurizio Tosi (eds.), BAR International Series 2454, 2013, p.295.

[52] Casanova, Michèle, *op.cit.* p.230.

과 장거리 직거래를 통해 낮은 가격으로 자원을 공급받으려 했다. 반대로 장거리 교역의 중개자로서 발흥했던 엘람은 메소포타미아와 인더스 간의 직거래를 막고 중개자로서 이익을 챙기려 했기에, 두 지역 사이에 갈등이 끊이지 않았다.[53] 앞서 라피스 라줄리의 교역로가 시기에 따라 전환되었을 가능성이 크다고 언급했는데, 필자는 이와 같은 소비지 국가와 중개지 국가 간의 입장의 차와 국제 관계에서의 역학 관계가 교역로의 변동을 추동했다고 본다. 즉 장거리 교역의 초기에는 소비지의 메소포타미아 국가들이 식민 도시를 경영하면서 헤게모니를 유지하였지만, 후기에는 후발주자인 이란의 중개지 국가들의 급격한 성장과 저항에 부딪히게 되면서, 육로를 통한 교역을 줄여나가는 대신에 원료공급지인 중앙아시아와 직거래를 할 수 있는 해로를 통한 교역을 늘려나갔던 것이 아닌가 생각한다.

V. 맺음말

지금까지 라피스 라줄리를 중심으로 고대 교역의 특징들에 대해 알아봤다. 필자는 여기서 라피스 라줄리가 생산지힌두쿠시산맥부터 소비지나일강까지 그 교역 범위가 4000km가 넘는 장거리 교역망이 고

[53] Lamberg-Karlovsky, C. C., *op.cit.* p.228.

대 사회부터 이미 존재했음을 입증하는 거의 유일한 고고학적 자료라는 점을 강조하고 싶다. 물론 고대 사회 장거리 교역 존재를 지시하는 다른 고고학적 사례도 있다. 주석, 구리 같은 금속류나 홍옥수, 터키석 같은 보석들이 바로 그것이다. 하지만 이러한 금속 또는 광물 자원은 산지가 여럿이어서, 고고학적 자료의 산지가 정확히 어디인지 판별이 어렵다. 따라서 교역망을 복원하기도 쉽지 않다. 그렇지만 라피스 라줄리의 고대 산지는 힌두쿠시산맥 일대이므로 좀 더 확실한 근거를 갖고 고대문명의 장거리 교역망을 복원할 수 있다.

필자는 서론에서 '실크 로드가 언제 열렸느냐'하는 문제에 논란이 있고 그 연원을 규명하려면 언제부터 실크 로드가 '교역과 교류의 장'으로서 기능했는지를 알아야 한다고 주장했다. 그런 맥락에서 3000년 전에 라피스 라줄리 교역망이 중앙아시아에서 이집트까지 구축되었다는 사실은 실크 로드 개시연대에 결정적인 실마리를 제공한다. 나아가 라피스 라줄리 장거리 교역망은 수요자, 중개자, 공급자가 누구였는지 명확히 파악할 수 있다는 점에서도 중요하다. 카자노바의 연구에서 드러났듯이, 라피스 라줄리 유물이 원산지에서 가장 먼 곳에서 오히려 압도적으로 많은 라피스 라줄리가 단기간에 대량으로 소비되었다. 그것도 불특정 다수가 아닌, 수메르와 이집트의 왕실 또는 신전 구성원처럼 극소수의 기호층嗜好層을 겨냥한 사치품이었다는 점도 특징적이다. 이는 고대에도 극소수 상층부 인사들의 기호에 따라 궁극적으로 세계적 규모의 장거리 교역망이 편제되었고 공급량 또한 결정되었음을 여실히 보여주는 증거이다.

한편 교역 양상을 볼 때, 같은 중심지라 하더라도 메소포타미아 저지대의 일차국가와 이란 고지대의 이차국가 간에는 비대칭적 관계에 형성되어 있었던 것으로 추정되며, 이는 근본적으로 해당 지역의 생태적 차이에서 비롯되었다. 또한 장거리 교역로의 변동에서 보듯이, 막대한 잉여 식량 자원을 거머쥔 일차국가의 수요변동에 따라 이차국가의 산업구조가 재편되고, 다시 이차국가의 산업구조 재편됨에 따라, 원료공급지에서 공급되는 품목과 양이 정해지는 일련의 연쇄 반응이 일어났다. 이처럼 각각의 개별 문명들은 자기 완결적 구조를 갖추지 못한 채 상호작용 속에 유지되었고 또 한 문명의 흥망성쇠가 다른 문명의 흥망성쇠에 심각하게 영향을 주었다.

소비지→중개지→공급지 순으로 연동되는 고대 세계 분업체계는 중심부→반주변부→주변부의 순으로 연동되는 근대 세계 분업체계와 유사한 측면이 있다. 장거리 교역에서 중앙아시아 원산지와 직교역을 추구하는 소비 국가와 그것을 억제하려는 중개 국가 간의 갈등이라든지, 인더스문명의 붕괴 같은 요인들로 동방 교역로가 막히면서 그 대안으로 아나톨리아 반도, 레반트, 에게해가 새로운 원료공급지로서 떠올랐다. 그리고 그러한 과정에서 메소포타미아 남부 저지대 도시국가들의 세력이 약화되고, 새로운 교역 루트에서 유리한 위치를 점하고 있는 메소포타미아 중·상류의 바빌론·아수르 같은 도시국가들이 새롭게 부상하여 패권을 행사하는 모습에서 근대 무역 체제의 모습을 엿볼 수 있다.

따라서 근대적 세계체제가 과연 500년 전부터 시작된 것인가, 아니면 그보다 훨씬 이전인 5000년 전부터 시작되었는가 하는 의문을 자연히 품게 된다. 세계체제가 500년 전부터 시작되었다고 보는 단기론자들短期論者, short chronologists은 세계체제가 서유럽을 중심으로 역사상 단 한 번 발생했다고 본다. 반면에 5,000년 전부터 세계체제의 맹아를 찾을 수 있다고 보는 장기론자들長期論者, long chronologists은 16세기 이전에도 유럽 이외 지역에서 세계체제가 이미 여러 차례 있었지만, 전근대 사회의 구조적 '허약성fragility' 때문에 붕괴하였다고 본다. 궁극적으로 이 모든 논쟁은 이른바 '근대성modernity'이 오로지 16세기 서유럽에서만 나타났던 특수한 현상이었느냐는 문제로 귀결된다. 세계사적 관점에서 볼 때 지금으로부터 5,000년 전, 즉 기원전 3000년에 청동기시대가 시작되었고 동시에 유라시아대륙을 가로지르는 장거리 교역망도 형성되었다. 잭 구디Jack Goody의 말처럼 이 시기에 '유라시아 기적Eurasian miracle'이 일어난 것이다. 필자는 라피스 라줄리 장거리 교역망이 청동기시대 세계체제가 이미 존재했다는 가설을 뒷받침하는 결정적인 사례로 본다.

라피스 라줄리 장거리 교역망과 관련하여 마지막으로 언급되어야 할 점은 무슨 까닭으로 그토록 넓은 공간에서 라피스 라줄리가 유통되었는가에 관한 의문이다. 사치품의 속성상 라피스 라줄리에서 상징적, 또는 이데올로기적 기능 이외에 어떤 실용적 가치를 찾기 어렵다. 왜 수메르와 고대 이집트의 왕실과 사제들은 온갖 어려움을 무릅 쓰고 그다지 쓸모도 없는 비싼 사치품을 구하려 했던 것일까? 이와 정반대로 왜 동아시아 고대 사회에서는 라피스 라줄리에 대해 수요가 전혀 없었던 것일까? 필자가 조사한 바로는 선사시대는 물론 선진시기의 중국에서도 라피스 라줄리 유물이 출토된 적이 없다. 그리고 중국뿐만 아니라 한국, 일본 등 다른 동아시아 고대 사회에서도 발견된 적이 없는 것으로 안다. 심지어 라피스 라줄리 산지와 가깝고 문화적으로 공유되는 속성이 많은 북방 초원 지역의 고대문명에서조차, 터키석이나 홍류석pyrope에 비해 라피스 라줄리 유물이 발견되는 사례는 그리 많지 않다.

주지하듯이 중국인의 옥에 대한 선호選好는 멀리 신석기시대까지 거슬러 올라갈 정도로 그 연원이 깊다. 그중에서도 타림분지 남부 지역에서 생산되는 호탄옥和田玉, Khotan은 중국인들이 예로부터 옥 중에서도 최상으로 치는 옥이다. 그리고 하남성 은허殷墟의 부호婦好의 무덤에서 호탄옥이 확인된다는 점에서 적어도 역사시대 초기부터 이미 호탄옥의 장거리 교역망이 존재했을 가능성이 크다. 그런데 흥미로운 점은 호탄과 라피스 라줄리가 생산되는 바다흐샨이 그리 멀지 않다는 점이다. 곤륜산崑崙山 너머에 바다흐샨이 있고, 또 조금 돌아가지만 카슈가르喀什地區 교역로를 따라가면 라피스 라줄리 광산에 도달할 수 있었을 텐데, 왜 동아시아 고대 유적에서는 라피스 라줄리가 출토되지 않는지 그 이유가 궁금하지 않을 수 없다. 아직 조사 중이라 단언하기 힘들지만, 동아시아 사회에 라피스 라줄리가 최초 진입했던 시기는 중국에서 소그드인이 깊숙이 활동하던 시기와 겹치고 사상적으로는 불교가 중국 사회에 확산하던 시기와도 관련이 있는 듯하다.

사실 고대 수메르인과 이집트인이 라피스 라줄리에 깊은 애착을 느꼈던 이유나, 고대 중국인이 라피스 라줄리에 무관심했던 이유나, 결국 해당 사회의 기호나 욕망에 관한 문제로 귀착된다. 필자는 고대 서아시아 문명과 동아시아 문명에서 특정 광물에 대해 탐닉하고 무관심했던 이유를 자연 환경적 요인이나 사회-경제적인 요인만으로는 설명할 수 없다고 본다. 따라서 특정 사회의 기호나 취향을 헤아려 보려면 해당 사회의 물질적 토대뿐만 아니라, 해당 사회의 가치관, 우주론, 종교 등 정신적 영역에 속하는 부분을 이해해야만 한다. 다음 연구에서는 고대 메소포타미아 지역과 이집트 지역에서 라피스 라줄리가 선호되었던 상징적 또는 이데올로기적 배경들에 대해서 살펴보도록 하겠다.

謝辭: 고대 라피스 라줄리 교역에 관해 일문으로 작성된 논문들을 필자에게 알려주시고 보내주신 교토京都 여자대학의 오영삼 선생님께 감사드린다.

중국 초기국가시기 청동원료의 생산과 유통

김정열(숭실대학교 사학과 교수)

I. 머리말

이 글의 초기국가시기는 중국 전래문헌이 전하는 하夏, 상商, 주周 삼대三代를 가리킨다. 하 왕조가 실재했는지 여부를 놓고 학계에는 여전히 이견이 있다. 그럼에도 분문에서 '하夏 왕조' 또는 '하대夏代'라는 술어를 사용하고, 이것을 초기국가시기에 포함시킨 것은 하 왕조의 실재가 입증되었다고 믿어서가 아니다. 필자에게는 아직도 하 왕조가 실재했는지 여부에 대한 정견定見이 없다. 따라서 그것은 다분히 편의적인 입장에서 나온 술어로, 하남河南 언사시偃師市 이리두二里頭 유적과 그것을 표준으로 하여 설정된 이리두문화二里頭文化를 간결하고 포괄적으로 표현하기 위해 사용한다. 즉 본문이 말하는 초기국가시기는 달리 말하면 이리두문화부터 서주시대까지를 가리킨다.

중국에서 가장 오래 된 구리합금은 신석기시대 앙소문화仰韶文化의 섬서陝西 임동臨潼 강채姜寨 유적에서 출토되었다. 이 유적에서는 구리와 아연을 합금한 황동 管과 파편이 출토된 바 있으며, 그 연대는 대개 6000BP 전후로 추정된다. 진정한 의미의 청동인 주석청동이 최초로 발견된 것은 감숙甘肅 동향림東鄉林의 마가요문화馬家窯文化 유적인데, 이 유적의 연대는 기원전 3000년경까지 소급된다.[1] 이렇게 보면 중국은 인류문명의 발상지 가운데 하나라는 호칭에 걸맞게 매우 일찍부터 청동문명을 영위하였다. 기원전 2000년경 이리두문화, 즉 하 왕조가 시작되면서 중국의 청동문명은 질적인 도약을 맞

[1] 劉詩中, 『中國先秦銅礦』, 江西人民出版社, 2003, 19~25쪽.

이한다. 이 시기에 들어 의례용 용기아래에서는 '예기'라 쓴다.를 청동으로 제작하면서부터, 중국의 청동기는 의례의 매개체인 예기를 중심으로 발전하기 시작한다. 이런 경향은 초기국가시기 내내 변함없이 유지되었다.

초기국가시기에 청동기 제작에 사용된 금속광물구리, 주석, 납을 가리킨다. 이하에서 이 3가지 금속광물을 통틀어 가리킬 때는 '청동원료'라는 술어를 사용한다.이 차지하는 중요성은 두말할 나위가 없다. 청동원료는 엘리트의 신분과 권위를 상징하는 예기를 주조하는 핵심원료였을 뿐만 아니라, 차마기車馬器, 병기兵器, 생활용구生活用具 등을 제작하는 데 사용된 전략물자이기도 했다. 따라서 청동원료의 생산과 유통에 관련된 문제는 단순히 야금술, 주조기술 등의 차원으로 국한되지 않고 초기국가시기의 정치, 경제, 문화, 지리, 운송, 생산조직, 사회구조 등 여러 분야에 관련된 다차원적 문제까지 확대될 수 있는 잠재력을 지니고 있다. 이 문제를 통하여 중국의 초기국가가 어떻게 권력과 권위를 획득하고 확장하며 유지하였는지를 파악하려는 관심이 지속되고 있는 것은 바로 그 때문이다.[2]

---

[2] 이 문제에 대한 본격적인 관심은 張光直에 의해 촉발되었다. 그는 청동기가 "(夏商周) 三代의 정치적 투쟁에서 중심적인 위지를 차지"하였으며, 삼대의 왕실에게 청동기는 "궁정의 사치품이나 장식품이 아니라 정치적 투쟁에서 반드시 필요한 수단"이었기 때문에, 삼대의 왕실은 청동원료를 획득하기 위해 부단히 천도를 반복하였다고 썼다.(「夏商周三代都制與三代文化異同」, 『中國青銅時代』, 三聯書店, 1999[원 1984], 42-65쪽.) 張光直의 견해를 국가의 자원 통제와 배분이라는 구조적 차원의 논의로 발전시킨 것은 劉莉와 陳星燦이었다. 이들은 천연자원의 장악과 분배가 중국 '고대국가' 형성에서 핵심적인 동력이 된 것으로 이해하였다.(Li Liu & Xingcan Chen 지음 2006, 심재훈 옮김, 『중국 고대국가의 형성』, 학연문화사, 2006.)

그러나 지금까지도 이에 관련된 연구가 어려움을 겪고 있는 것은 주로 청동원료의 산출지를 파악하기 힘들었기 때문이다. 청동원료는 어디에서 누구에 의해 채굴되어 어디로 갔으며, 어떻게 소비되었을까 라는 문제를 다룰 때, 생산지와 소비지가 특정되지 않은 결론은 자칫하면 개연성이나 선험적 결론의 늪으로 빠져 들어가게 될 공산이 크다. 그렇지만 근년에 들어 과학적 수단을 활용한 청동원료 원산지 추정이 점차 정교해지고 또 활발히 진행되고 있다. 아울

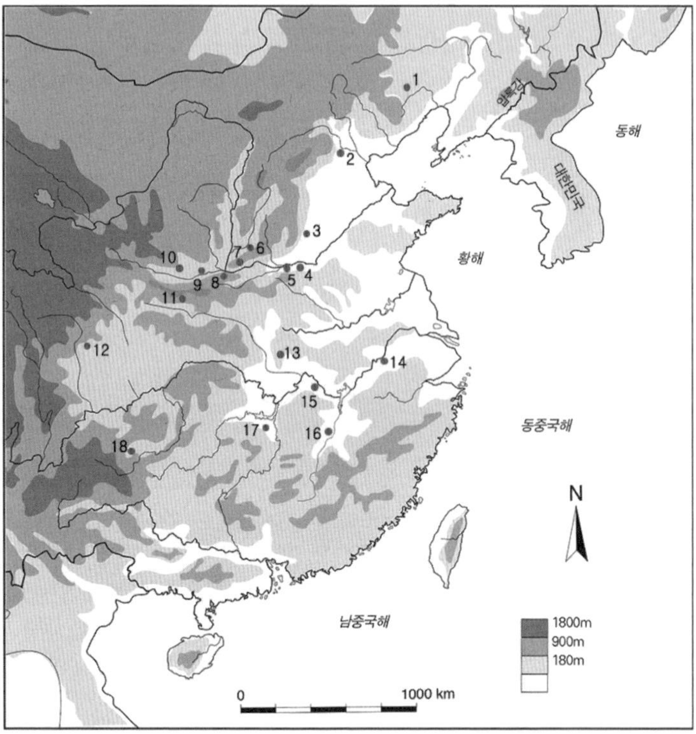

〈그림 1〉 본문에서 언급하는 주요 유적과 현대 도시

1.적봉赤峰 2.북경北京 유리하琉璃河 3.은허殷墟 4.정주鄭州 5.낙양洛陽 이리두二里頭 6. 천마-곡촌 북조天馬-曲村 北趙 7.중조산中條山 8.소진령小秦嶺 9.서안西安 종주宗周 10.주원周原 11.성고城固 12.삼성퇴三星堆 13.섭가산葉家山 14.동릉銅陵 15.동록산銅綠山 16.대양주大洋洲 17.영향寧鄕 18.금사창金沙廠

러 최근 수년 동안에는 이 문제의 해명에 크게 기여할 수 있는 유적과 유물이 줄지어 학계에 보고되고 있다. 그러므로 이제는 청동원료의 산출지와 소비지를 특정하고 이를 통해 초기국가시기의 청동원료 생산과 소비의 양상, 나아가 여기에서 이루어진 국가권력의 역할과 기능의 문제에 대해서도 더 한층 진전된 논의를 어느 정도는 할 수 있게 되었다.[3]

이 글은 이와 같은 최신의 지견知見을 바탕으로 중국 초기국가시기 청동원료의 생산, 유통 나아가 소비 양상 등을 다소 구체적으로 파악하기 위한 목적을 가지고 있다. 이를테면 청동원료는 어디에서 누구에 의해 생산되었을까, 청동원료의 소비지는 어디이며 어떻게 사용되었을까, 청동원료의 유통 과정에서 국가는 어떻게 기능했을까 등의 문제를 해명해 보고자 하는 것이다. 이를 통하여 중국 학계를 중심으로 점차 정론화定論化되어 가는 '국가의 강력한 청동원료의 장악과 배분'이라는 견해가 얼마나 타당한지도 가늠해 볼 수 있을 것이라 생각한다.

글을 시작하기에 앞서 본문에서 사용하게 될 몇 가지 용어에 대해 우선 설명한다. 아래에서 말하는 '핵심지역'은 초기국가시기 각 왕조의 도읍과 그 인근 지역을 가리킨다. 특히 서주시대에는 복수의 핵심지역이 존재하는데, 주 왕조의 기원지인 주원周原, 왕조 내내 도읍으

3 최근의 연구성과가 비교적 잘 반영된 연구로는 郁永彬 등, 「關于葉家山青銅器鉛同位素比值研究的幾個問題」, 『南方文物』 2016(1); 袁曉紅, 「西周中央王朝的金屬控制策略:以雒邑地區出土西周銅器金屬資源研究爲中心」, 『考古學集刊』 22, 文物出版社; 易德生, 「關于西周王朝青銅器原料與鑄造作坊的多視角考察」, 『江漢論壇』 2019(4) 등을 꼽을 수 있다.

로 기능한 종주宗周, 중원 지배를 위해 건설된 행정도시 성주成周 등이 이에 해당한다. 한편 '지역중심'은 지역정치체의 근거지나 제후의 봉지封地처럼 특정 지역에서 지배력을 행사하는 취락을 가리킨다. 시간의 폭을 가리키는 용어로 사용된 '상 전기'는 고고학적으로 정의되는 이리강문화기二里岡文化期를, '상 후기'는 은허문화기殷墟文化期를 의미한다. 마지막으로, 본문에서 언급되는 주요 지명과 유적의 위치는 〈그림 1〉에서 보는 바와 같다.

II. 청동원료의 생산지

청동은 구리Cu와 주석Sn의 합금이다. 청동기는 이 합금으로 제작된 물건이다. 다만 청동기를 제작할 때 합금의 유동성과 인성을 높이기 위해 납Pb을 추가하기도 한다. 특히 중국 고대의 청동기에서는 예기와 병기가 차지하는 비중이 매우 높았기 때문에 납은 청동의 중요한 합금성분으로 폭넓게 활용되었다.

구리는 중국 전역에서 산출되지만 특히 양자강揚子江 중하류, 운남雲南의 동천東川과 역문易門, 산서山西 남부의 중조산中條山, 감숙甘肅의 금주金川과 백은白銀 등지가 전체 구리 매장량의 2/3 가량을 차지한다.[4] 이 가운데 양자강 중하류에 위치한 호북湖北 대야大冶·양신陽新 일대,

[4] Li Liu & Xingcan Chen 지음, 심재훈 옮김, 『중국 고대국가의 형성』, 학연문화사, 2006, 52쪽.

강서江西 서창瑞昌 일대, 안휘安徽 동릉銅陵·남릉南陵 일대, 안휘 저주滁州 일대에는 고대 광산 유적이 널리 분포하고, 대야의 동록산銅綠山 유적과 양신의 항하港下 유적, 그리고 서창 동령銅嶺 유적은 이미 발굴 조사된 바 있다.[5] 그 결과, 이들 유적 가운데 일부는 상 전기까지 소급될 수 있으며, 초기국가시기의 청동원료 가운데 일부는 이곳에서 채굴되었을 가능성이 있다는 견해가 널리 수용되고 있다.[6] 중조산中條山 일대에서도 후한後漢 때의 광정礦井이 발견된 바 있었지만, 초기국가시기까지 소급되는 유적은 최근까지 보고된 바 없었다.[7]

주석은, 지금도 그렇지만, 옛날에도 구리보다 희소하고 그 가치도 높았다. 현재 중국의 주석은 주로 운남雲南, 호남湖南, 광동廣東 그리고 광서廣西에서 산출된다. 특히 운남의 개구個舊는 '석도錫都'라고 불리는데, 이곳의 매장량이 중국 전체 매장량의 80% 이상을 차지한다.[8] 이밖에도 내몽골, 흑룡강黑龍江, 감숙甘肅, 신강新疆 등지에도 약간의 주석 광산이 있다고 알려져 있다.[9] 일부 연구자들은 문헌기록을 근거로 주석 광산이 황하 중·하류와 양자강 일대를 비롯한 중국 각지에 산포되어 있었다고 믿었지만,[10] 오랜 기간에 걸친 지질탐사 결과, 문헌기록에 전하는 이른바 주석광 가운데 일부는 납광 또는 안티몬광이며,[11] 중원에서 주석이 채굴되었다는 분명한 역사

---

5 朱鳳瀚, 『中國青銅器綜論』 上, 上海古籍出版社, 2009, 676쪽.

6 裘士京, 『江南銅研究』, 2004, 黃山書社, 25~46쪽.

7 華覺明, 「"玄鏐"新釋及商周錫料的可能來源」, 『文物保護與考古科學』 1-1, 1989.

8 華覺明, 위의 논문, 1989, 57~58쪽.

9 http://www.chyxx.com/industry/201710/575968.html.

10 聞廣, 「中國古代青銅與錫礦(續)」, 『地質論評』 26~5, 1980, 420~428쪽.

11 華覺明, 앞의 논문, 1989, 57쪽.

학적, 고고학적 증거가 없다는 점이 확인되었다.[12] 춘추 중기경의 증백칠보曾伯霥簠 명문에는 '금도석행金道錫行'이라는 표현이 보이고, 『고공기考工記』에는 "오월吳越의 구리와 주석은 재료 가운데서도 좋은 것이다."는 구절도 있으므로, 호남湖南과 영남嶺南 등지에서 산출된 주석이 일찍부터 중원에 공급되었을 가능성이 있다.

중국의 납은 그 전체 매장량의 약 6할 가량이 운남, 내몽골, 감숙, 호남, 광동, 광서 지역에 분포되어 있지만, 그러나 중국 전역에서 쉽게 구할 수 있는 자원이다. 뿐만 아니라 납 광석은 구리 광석이 공생하는 경우가 많다. 구리 광산은 초기국가의 핵심지역 가까이에서도 찾기 어렵지 않으므로, 초기국가의 납은 중원과 그 인근 지역에서 충당되었을 것이라 생각되는 견해가 일반적이었다.[13] 그렇지만 1980년대 이래 진정야오金正耀를 비롯한 일군의 연구자들이 특히 상대商代의 청동기에 고방사성인납이하에서는 '이상납'이라 한다.이 포함되어 있는 현상에 주목하고, 이런 종류의 납은 중국 서남부의 운남, 귀주, 사천 등지에서만 제한적으로 산출된다고 주장함으로써 초기국가시기 청동원료의 원산지 문제가 본격적으로 논의의 궤도에 오르기 시작하였다.

자연계에 존재하는 모든 납은 ^{204}Pb, ^{206}Pb, ^{207}Pb, ^{208}Pb 등 4종의 안정동위원소가 혼합된 물질이다. 이 가운데 ^{206}Pb, ^{207}Pb, ^{208}Pb 등 3종은 각각 우라늄 ^{238}U, ^{235}U, 토륨 ^{232}Th 방사성원소의 붕괴로부터 생성되었다. 그러므로 이들은 시간의 흐름에 따라 부단히 축적되고, 따라서 그 함량이 점차 증가한다. 반면 ^{204}Pb은 비방사성원

---

12 金正耀, 「晩商中原青銅的錫料問題」, 『自然辨證法通訊』 1987(4), 47~48쪽.

13 Li Liu & Xingcan Chen, 앞의 책, 2006, 54~57쪽.

소로 지구 형성 시점의 함량을 그대로 유지하며, 시간에 따라 증가하지 않는다. 지구에 존재하는 각 금속 광상의 지질학적 연령과 우라늄, 토륨의 농도가 완전히 동일할 확률은 극히 희박하기 때문에, 각 금속 광상의 납동위원소의 구성은 서로 다르다. 즉 금속 광상마다 서로 다른 납동위원소 구성을 가지게 되는 것이다. 이 납동위원소는 채굴이나 제련 그리고 주조 과정에서는 변화가 생기지 않으므로, 제련된 금속이나 주조된 물건에는 산출 광산의 납동위원소 비율이 그대로 보존된다. 이것이 청동기의 납동위원소 비율을 측정하여 청동원료의 산출지를 추정하는 이론적 근거이다[14].

이른바 '이상납'은 납동위원소 구성에서 ^{206}Pb, ^{207}Pb, 또는 ^{208}Pb 등 방사성원소의 붕괴로 생성된 동위원소의 함량이 특히 높은 것을 가리키는데, 일반적으로 $^{207}Pb/^{206}Pb$의 비율이 0.80보다 크고 $^{206}Pb/^{204}Pb$의 비율이 20.0보다 작은 것을 보통납으로, 그렇지 않은 것을 이상납으로 구분한다[15]. 이상납은 중국은 물론이려니와 세

---

14 李淸臨 · 朱君孝, 「二里頭文化研究的新視角-從靑銅器的鉛同位素比値看二里頭四期的文化性質」, 『江漢考古』 2007(4), 68쪽.

15 崔劍鋒 · 吳小紅, 『鉛同位素考古研究-以中國雲南和越南出土靑銅器爲例』, 文物出版社, 2008, 31쪽. 보통납과 고방사성인납(이상납)의 구분 기준이 모두 일치하는 것은 아니다. $^{207}Pb/^{206}Pb$의 비율이 0.84보다 큰 것을 보통납으로, 0.80 이하인 것은 고방사성인납으로, $0.8 < ^{207}Pb/^{206}Pb < 0.84$인 것을 과도납으로 구분하는 견해도 있다.(肖夢婭 등, 「信陽羅山天湖墓地出土靑銅器的檢測分析及相關問題初探」, 『華夏考古』 2016(2), 140~141쪽) 金正耀에 의하면 중국 고대 청동기에서 발견되는 고방사성인납은 $^{207}Pb/^{206}Pb$의 비율이 대부분 0.70-0.78 사이에 위치하며 일반 금속 광상의 납은 이 비율이 대개 0.84 이상이다.(金正耀, 「論商代靑銅器中的高放射成因鉛」, 『考古學集刊』 15, 文物出版社, 2004, 269쪽.) 여기에서는 대부분의 연구자가 사용하는 0.80을 기준으로 하여 그 이상을 보통납, 이하를 고방사성인납으로 구별한다.

계적인 범위에서도 매우 드물게 발견된다.

그런데 진정야오 등에 의해 진행된 중국 초기국가시기, 황하와 양자강 유역 일대 출토 청동기의 납동위원소 분석에 의하면, 상대의 청동기에는 이상납이 포함되어 있는 경우가 많다. 이런 현상은 상 전기부터 시작하여 은허문화기상 후기 3기까지 계속 이어진다.[16] 수치로 보면 상 전기에는 전체 측정 샘플의 약 50%가 이상납을 함유하고, 은허문화기 1, 2기에는 그 점유 비율이 80%까지 상승하였다가, 은허문화기 3기에는 40%로 다소 감소한다. 하대와 서주시대의 청동기 중 일부에서도 이상납이 포함된 사례가 있지만, 그것은 극소수에 불과하다.[17]

납동위원소 비율을 통해 추정되는 것은 기본적으로 납 광산에 대한 정보이다. 그런데 각각의 샘플에서 측정되는 납동위원소 비율이 납에 대한 정보만을 제공하는 것은 아니다. 보통의 구리광에는 납, 아연, 황화철 등이, 또 주석광에도 소량이긴 하지만 납이 공반되므로, 구리나 주석에도 납이 잡질雜質로 포함될 수 있다. 이론적으로는, 순 구리의 납동위원소는 구리에 관한 정보를, 순 주석의 납동위원소는 주석에 대한 정보를, 순 납의 납동위원소는 당연히 납에 관한 정보를 제공한다. 또 구리-주석-납 합금류 청동의 납동위원소에는 모든 합금 광물의 납동위원소가, 구리-주석 청동주석청동이나 구리-납 청동납청동의 경우에도 각 합금 광물의 납동위원소가 반영된

[16] 金正耀 등, 「中國兩河流域青銅文明之間的聯系-以出土商青銅器的鉛同位素比值研究結果爲考察中心」, 中國社會科學院考古研究所 編, 『中國商文化國際學術討論會論文集』, 中國大百科全書出版社, 1998, 427~429쪽.

[17] 金正耀, 앞의 논문, 2004, 271쪽.

다. 다만 주석은 일반적으로 극소량의 잡질만을 포함하므로 청동기의 납동위원소 구성에 영향을 끼칠 가능성은 무시된다.[18] 따라서 청동기의 납동위원소 구성에 영향을 끼치는 것은 주로 구리와 납이 된다. 그러므로 어떤 특정한 청동기의 납동위원소 구성이 납에서 온 것인지 아니면 구리에서 온 것인지는 납동위원소 자체만으로는 판단하기 어렵다[19].

그러나 진정야오 등은, 황하와 양자강 유역에 위치한 모든 상대 유적에서 출토된 청동기 샘플의 이상납은, 그것이 납에서 온 것인지 아니면 구리의 잡질에서 온 것인지를 막론하고 모두 유사한 동위원소 구성을 보이고 있다는 점에 주목하고, 그 광물의 출산지는 경제성을 갖춘 동일 지역의 다금속 공생 광상일 것이라고 추정했다[20]. 특히 사천 삼성퇴三星堆, 호북 반룡성盤龍城, 강서 대양주大洋洲 등 양자강 수계에 위치한 유적에서 출토된 청동기 샘플에서 이상납이 더욱 보편적으로 확인되고, 이 연구가 한창 진행되던 당시에는 운남 금사창金沙廠 지역의 납-아연 광상이 그와 유사한 납동위원소 특징을 보였으므로, 이들은 구리와 납을 포함한 상대의 청동원료 중 상당 부분은 운남, 귀주, 사천의 접경 지역에서 산출되었을 가능성

---

18 따라서 주석청동의 납동위원소 비율이 주로 나타내는 것은 구리 광석의 정보이고 납청동의 납동위원소 비율은 주로 납 광석의 정보가 된다.(崔劍鋒 · 吳小紅, 앞의 책, 2008, 48쪽; 郁永彬 등, 「隨州羊子山M4出土噩國青銅器的檢測分析及相關問題」, 『文物』 2016(12). 95~96쪽.)

19 金正耀, 앞의 논문, 2004, 272~274쪽.

20 金正耀, 앞의 논문, 2004, 272~274쪽; 金正耀 등, 「商代青銅器中的高放射性成因鉛:三星堆器物與沙可樂(賽克勒)博物館藏品的比較研究」, 北京大學考古學系 編, 『"迎接二十一世紀的中國考古學"國際學術討論會論文集』, 科學出版社, 1998, 565~567쪽.

이 높다고 진단했다.[21]

진정야오 등의 연구는 학계에 커다란 파장을 불러왔다. 왜냐하면 지금까지도 초기국가시기로 소급되는 청동원료 채굴 유적이 운남, 귀주, 사천에서 보고된 바 없고, 또 그곳은 초기국가의 핵심지역에서 가기 힘든, 중원 일대에서는 매우 멀리 떨어진 곳이었기 때문이다. 그곳에서 생산된 청동원료가 그토록 먼 거리를 거쳐 수송되었다고 상상하기는 곤란했다. 그렇지만 이들이 제시한 과학적 데이터는 중국의 서남 지역을 일약 초기국가시기의 청동원료 공급지로 주목받도록 하였다.

그러나 2000년대에 접어들면서 중국 초기국가시기 청동원료의 산출지 문제에 지구화학 연구자들이 뛰어들면서 상황에 다소간의 변화가 생겼다. 이를테면 주빙취안朱炳泉 · 창샹양常向陽은 지구화학 이론에 근거하여 이상납이 생성될 수 있는 지질 조건을 갖춘 곳으로 운남雲南 이외에도 소진령小秦嶺, 요동반도遼東半島의 청성자青城子, 양자강 중하류 등을 지목하였다.[22] 이로써 이론상으로는 이상납이 산출될 수 있는 지역의 범위가 크게 확대되었다. 이후 주빙취안은 지화학구地化學區, geochemical province, 地球化學省의 개념을 도입하고, 3종의 납 동위원소 비율을 2차원 평면에 구현하는 방법을 개발하여 청동원료 산출지를 추적할 수 있는 방법을 더욱 정밀하게 다듬었다.[23]

어떤 특정한 지질블록 내의 납은 다른 특정 지질블록의 그것과는

[21] 金正耀 2002,「商代青銅業的原料流通與遷都問題」,『二十一世紀』2002(2).

[22] 朱炳泉 · 常向陽,「評“商代青銅器高放射性成因鉛”的發現」,『古代文明』1, 文物出版社, 2002, 278~283쪽.

[23] 朱炳泉,『地球化學省與地球化學急變帶』, 科學出版社, 2001.

구별되는 특징을 가진다. 이것은 납뿐만 아니라 지질블록 내에 포함된 다른 모든 종류의 금속에도 적용된다. 이 지질블록을 지화학구라고 칭하는데, 지화학구는 청동원료의 산출지를 탐색하는 데 혁신적인 진전을 가져왔다.

위에서 언급한 바와 같이, 청동기의 납동위원소 특징이 납에서 온 것인지 아니면 구리에서 온 것인지를 분별하는 문제는 줄곧 명쾌하게 해결되지 못한 난제였다. 그러나 지화학구의 개념이 도입됨으로써 문제 해결의 단서가 확보되었다. 왜냐하면 설령 금속의 종류가 다르다고 해도 동일한 지화학구 내의 광상은 모두 유사한 납동위원소 특징을 보일 것이기 때문이다. 주빙취안은 납동위원소 비율을 기반으로 하여 중국 전역을 화북성華北省, 양자성揚子省, 화하성華夏省 등의 지화학구로 구분하였다〈그림 2〉.

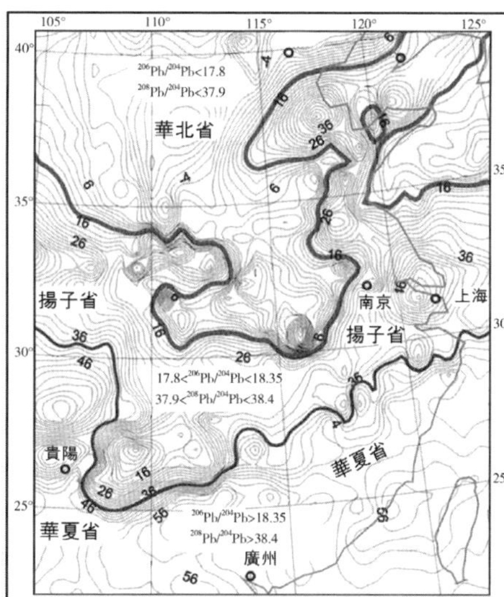

〈그림 2〉 주빙취안의 지화학구地化學區

한편, 일반적으로는 특정한 광물이 산출된 광산을 정의할 때 2종의 납동위원소 비율 수치를 활용한다. 그러나 중국에는 동위원소 비율이 근사치를 보이는 광상이 광범위하게 존재하기 때문에, 이것만으로는 여러 광상에서 중복되는 수치가 나오는 현상을 피하기 어렵다. 그런데 이것을 만약 3종으로 확대하게 된다면 광물의 특징은 더욱 뚜렷하게 정의되고, 따라서 산출 광상을 변별할 수 있는 확률도 크게 높아진다. 이에 주빙취안은 2차원 평면상에 3종의 납동위원소 비율 데이터를 구현하는 벡터 작도 기법을 고안하여 청동기와 광산 등에서 채취된 샘플의 납동위원소 특징을 더욱 분명하게 드러낼 수 있게 되었다.[24]

정교하게 다듬어진 주빙취안의 이론을 중국 고대 청동기 연구에 적용한 것은 추이지엔펑崔劍鋒·우샤오훙吳小紅 등이다. 이들은 기왕에 발표되었던 중국 초기국가시기 청동기의 납동위원소 데이터를 다시 분석하여 매우 흥미로운 결론을 제시하였는데, 그 요점은 다음과 같다. ① 중국 초기국가시기의 청동원료는 대부분 양자성揚子省에서 온 것이며, 그 중에서도 60% 이상은 양자성과 화하성華夏省의 접경 지역에서 조달되었다. 이것은 초기국가의 광산 개발이 특정한 곳에서 집중적으로 이루어졌고 그곳은 비교적 안정적으로 유지되었음을 의미한다. ② 상대에는 주로 2곳의 광산崔劍鋒 등은 이것을 Ⅱa, Ⅱb로 표현하였다이 이용되었지만, 이 2곳은 하나의 대광구大鑛區Ⅱ에 속하여 서로 가까운 곳에 위치하였다. 이 중 Ⅱb은 하대부터 채굴되기 시작하여 상 전기까지 사용되었지만 상 후기에는 고갈되었다. 이에 따라 Ⅱa가 본격적으로 개발되기 시작하였는데, 이 Ⅱa도 상 후기의 전반 경을 지나면서 산출량이 감소하기 시작하였다. 이에 따라 상 후기의 후반 경에는 새로운 광물 공급원이 개척되었으

[24] 崔劍鋒·吳小紅, 앞의 책, 2008, 32~34쪽 참조.

며, 이곳은 이전에 폐기되었던 Ⅱb이다. 폐기된 광산이 새로운 청동원료 공급원으로 다시 등장하게 된 것은 황화구리 제련기술이 개발되어 지표 아래쪽에 매장된 광물자원을 풍부하게 활용할 수 있게 되었기 때문이다. 이후 이 Ⅱb는 서주시대에도 주요한 청동원료 공급원으로 계속 유지되었다. ③ 서주시대에 들어 청동원료 중 상당 부분이 화하성에서 공급되기 시작하였다. 이것은 이때에 들어 비로소 양자강 일대의 광산이 적극 개발되었음을 의미한다.[25]

추이지엔펑 등은 Ⅱa, Ⅱb의 위치를 특정하지 않았지만, 가능성이 가장 높은 지역으로 中條山 일대를 지목했다. 그는 이곳이 이른바 양자성에 속하지는 않지만 양자성과 화하성 광상의 특징을 모두 가지고 있으며, 중조산의 광산에서 수집된 광석 샘플의 납동위원소 구성 중 일부가 Ⅱ의 범위 내에 든다는 점에 주목하였다. 아울러 이들은 二里頭 유적에서 발견된 구리 조각 1점84YLDT8이 지질학적 정보를 비교해 보았을 때 중조산 비자구篦子溝 동광에서 산출되었을 가능성이 높다는 점과 중조산 인근에 위치한 원곡상성垣曲商城 유적에서 상 전기의 제련 유적이 발견된 점 등을 함께 고려하여 중조산 일대가 초기국가시기의 주요 청동광물 산출지였을 가능성이 높다고 추정했다.[26]

이들의 연구를 통해 초기국가시기 청동원료의 산출지를 서남쪽의 먼 지역에서 구하기보다는 중원 일대에서도 충분히 찾을 수 있는 가능성이 제시되었다. 재미있는 것은 이들의 견해가 최근의 연구와 고

25 崔劍鋒 · 吳小紅, 위의 책, 2008, 35~44쪽.

26 崔劍鋒 · 吳小紅, 위의 책, 2008, 45~47쪽.

고학적 발견을 통해 속속 입증되고 있다는 사실이다. 예컨대 위안샤오홍袁曉紅은 낙양에서 출토된 서주시대 각종 청동기 샘플 59점과 중국 고대 동광 또는 현대 주요 광산의 광석, 광재鑛滓, Slag 등에서 확보된 납동위원소 비율을 비교하여, 낙양 출토 청동기는 소진령小秦嶺과 동록산銅綠山 그리고 중조산中條山 등지에서 온 구리와 납을 이용하였다고 판단하였다. 특히 낙양 출토 청동기의 납동위원소 비율은 중조산 동광의 비율 범위에 가장 근접한다는 점을 근거로 서주시대 낙양의 청동원료는 주로 중조산에서 왔다는 주장을 제기하였다.[27]

이와 같은 분석은 추이지안펑 등의 추정과 자못 일치하는 바가 많다. 그 핵심은 중조산이 중국 초기국가시기의 주요 청동원료 공급원이었다는 것, 그리고 서주시대에 들어 청동원료 가운데 상당 부분이 양자강 일대에서 공급되기 시작하였다는 것이다. 양자강 일대의 광산이 일찍부터 초기국가의 청동원료 공급원으로 지목된 것은 위에서 언급했지만, 중조산 역시 이전부터 청동원료의 주요 공급지로 추정되어 왔다[28]. 이곳이야말로 화북 지역 최대 규모의 구리 광상이 있고, 그 위치 또한 양자강 중류나 운남보다는 초기국가의 중심지에 훨씬 가까웠기 때문이다. 뿐만 아니라 중조산 서록에 위치하는 산서山西 하현夏縣 동하풍東下馮 유적에서 하대부터 상 전기에 걸쳐 구리 제련이 이루어진 흔적이 발견된 바 있고[29], 중조산 동남

---

[27] 袁曉紅, 앞의 논문, 2019, 256~262쪽.

[28] 張光直, 앞의 책, 1999, 55~57쪽; Li Liu & Xingcan Chen 지음, 심재훈 옮김, 앞의 책, 2006, 57-59쪽.

[29] 中國社會科學院考古研究所 등, 『夏縣東下馮』, 文物出版社, 1988, 75, 100, 147, 167, 186, 208~209쪽.

록의 원곡상성垣曲商城 유적에서도 상 전기의 문화층과 유구에서 광재, 용로, 도가니 파편 등이 확인되기도 하였다.[30]

이것은 하대와 상 전기부터 중조산 일대에서 청동원료의 제련이 이루어졌음을 시사한 것이었지만, 그럼에도 불구하고 정작 중조산에서는 한대漢代[31]와 전국시대[32]의 광산은 확인된 바 있었어도 초기 국가시기까지 올라가는 광산 유적이 발견된 적은 없었다. 중조산의 청동원료가 당시에 실제로 채굴되었는지에 대해 확인할 수 있는 근거가 없었던 셈이다. 그러나 이 문제 역시 최근에 들어 산서 문희聞喜에 위치한 천금파千金耙에서 상 전기의 광산 유적이 발견됨으로써 말끔히 해소되었다. 천금파는 원곡상성垣曲商城 유적과 가까운 위치에 있으므로, 양자의 채굴-제련 분업 관계도 추정해 볼 수 있는데, 더욱 중요한 점은 이 유적이 위치한 문희聞喜와 원곡垣曲 일대의 광상에서 상대의 청동기에서 상당한 비중을 차지하는 이상납이 함유된 구리 광상이 확인됨으로써, 이 일대가 상대 청동원료의 중요한 공급지였을 가능성이 더 한층 높아지게 된 것이다.[33]

최근의 발견은 중국 초기국가의 청동원료는 중조산 일대를 주요 공급원으로 하고, 시대에 따라서는 양자강 중류지역 일대의 자원도 활용되었다는 윤곽을 분명하게 그릴 수 있게 해주고 있다.

---

30 佟偉華, 「垣曲商城與中條山銅礦資源」, 北京大學考古文博學院 · 北京大學中國考古學研究中心 編, 『考古學研究』 9, 文物出版社, 2012, 346~361쪽.

31 華覺明, 앞의 논문, 1989, 57쪽.

32 李延祥, 「中條山古銅礦冶遺址初步考察研究」, 『文物季刊』 1993(2), 66쪽.

33 李剛, 「聞喜千金耙遺址的發現與商代早期青銅器原料産地研究」, 北京大學出土文獻研究所 編, 『青銅器與金文』 1(下), 上海古籍出版社, 2017, 511~524쪽.

III. 청동원료 생산과 소비의 양상

1. 생산자의 성격

채굴된 청동원료의 일부는 광석의 형태로 소비지까지 운송되었다. 이리두 유적에서 발견된 공작석[34]이나, 정주상성鄭州商城 남관외南關外 유적에서 출토된 공작석[35]과 자형산紫荊山 유적에서 출토된 대소 40여 개의 구리광석[36] 등이 모두 그 사례이다.[37] 내몽골 두패자頭牌子 유적에서 출토된 동정銅鼎 1점 내부에 담겨 있던 광사鑛砂도 정선된 광석이 직접 운반된 사례에 포함될 것이다.[38] 운반된 광석은 소비지에서 제련되어 청동기 제작에 투입되었다. 이리두 유적에서는 광석을 제련한 흔적이 발견되지 않았으나,[39] 정주상성 남관외 유적에서는 확인된 바 있다.[40] 따라서 정주상성의 청동공방도 광석을 제련하

---

[34] 中國社會科學院考古研究所, 『二里頭 1999-2006』 壹, 文物出版社, 2004, 124쪽.

[35] 河南省文物考古研究所, 『鄭州商城-一九五三年-一九八五年考古發掘報告-』 上冊, 文物出版社, 2001, 334, 347쪽.

[36] 河南省文物考古研究所, 위의 책, 2001, 378쪽.

[37] 中國社會科學院考古研究所. 『殷墟的發現和研究』, 科學出版社, 1994, 92-93쪽. 은허 내의 다른 청동공방 유적에서는 광석이 발견된 바 없었으므로, 일반적으로는 은허에서 제련이 이루어지지 않았을 것으로 생각한다.

[38] 궈다순 · 장싱더 지음, 김정열 옮김, 『동북문화와 유연문명』 하, 동북아역사재단, 2008, 802쪽.

[39] 中國社會科學院考古研究所 2004, 『二里頭 1999-2006』 三, 文物出版社, 1501쪽.

[40] 河南省文物考古研究所, 위의 책, 2001, 347~349쪽.

는 공정이 일부 진행된 것으로 판단된다.[41]

그러나 청동원료가 광석의 형태로 운송되는 것은 상당한 비용을 소모했을 것이므로 채굴지에서 광석을 제련하여 소비지로 운송하는 방식이 일찍부터 채택되었다. 초기국가시기의 광산 유적은 노천광이나 굴착된 갱도의 형태로 대개 광산의 꼭대기 혹은 산 중턱에 위치한다. 채굴된 광석은 정선을 거쳐 인근의 제련시설로 옮겨졌다. 최근 보고된 산서山西 강현絳縣 서오벽西吳壁 유적은 중원 일대에서 가장 이른 시기까지 소급되는 하·상 전기의 제련 유적이다. 이 유적은 면적이 70만㎡에 달하고 공방, 용광로, 목탄가마, 우물 등의 시설을 갖추고 있다. 서오벽 유적의 위치는 중조산에서 북쪽으로 약 6㎞ 떨어진 지점이므로 인접한 중조산에서 채굴된 광석을 제련한 시설 가운데 하나였음이 분명하다.[42] 중조산 동남록에 위치한 원곡상성 역시 하·상대의 취락유적인데, 이곳에도 제련 관련 유적이 산포되어 있다. 원곡상성은 구리광산이 집중된 지역에서 남쪽으로 약 30~40㎞의 거리에 위치하며, 중조산에서 발원하는 연하沇河와 박청하亳清河로 광산 지역과 연결된다. 이 유적에서는 하대부터 소규모로 청동원료 제련이 이루어졌지만, 상 전기에 들어 돌연 제련 시설이 크게 확충되었고,[43] 이때 취락을 에워싼 토성이 건설되었다.[44]

초기국가시기에 광산의 채굴과 광석의 제련 등 생산 관리의 주체

---

[41] 劉詩中, 앞의 책, 2003, 175쪽.

[42] 中國國家博物館考古院 등, 「山西絳縣西吳壁遺址2018~2019年發掘簡報」, 『考古』 2020(7), 47~74쪽.

[43] 佟偉華, 앞의 논문, 2012, 346~361쪽.

[44] 김정열, 「二里崗文化期 城郭聚落 硏究」, 『崇實史學』 19, 2006, 349~353쪽.

는 분명하지 않다. 『주례周禮』 지관地官 광인卝(礦)人에는 "금金, 옥玉, 석錫, 석石의 산출지를 관리하고 엄격한 금령禁令을 만들어 그것을 지키는 것을 관장한다. 때에 맞춰 그것을 취할 때에는 그 산지를 표시한 지도를 그려 채굴하는 자에게 준다."[45]는 기록이 있다. 『주례』의 '금金'은 구리를 의미한다. 따라서 이 기록에 의하면 국가에 광인이라는 관리가 있어 광산 관리를 담당하였다. 『주례』는 주공周公이 제정한 전장제도典章制度를 표방하고 있으므로, 이 기록을 신뢰한다면, 서주시대에는 국가가 직접 청동원료의 생산과 관리를 통제하고 있었다고 이해할 수 있다.

시대는 다소 내려가지만 관중管仲의 언설을 기록했다고 전하는 『관자管子』에는 유사한 기록이 보인다. "만약 산에 광묘礦苗가 있는 것을 발견하면 엄격하게 봉하여 출입을 금지하고 봉산封山을 파괴하는 자는 사형에 처하여 용서하지 않습니다. 만약 금령을 범하는 자가 있으면, 왼발이 산에 들어갔다면 왼발을, 오른발이 산에 들어갔다면 오른 발을 자릅니다. 이렇게 하면 사람들은 법령을 저촉하지 않을 것입니다."[46] 『관자』의 이 기록은 『주례』 광인의 소전所傳에 보이는 '금령禁令'을 구체적으로 설명하는 듯 보인다. 그러나 『주례』나 『관자』 등의 전래문헌은 모두 전국시대 이후에 편찬된 작품이기 때문에 이들 기록의 문면文面 그대로를 초기국가시기에 적용하기는 어렵다. 복사나 금문 등의 출토문헌에도 광산 관리를 담당한 관직은

---

45 『周禮』 地官, 卝人. "掌金玉錫石之地, 爲之厲禁以守之. 若以時取之, 則物其地圖而授之."

46 『管子』 地數. "苟山之見榮者, 謹封而爲禁. 有動封山者, 罪死而不赦. 有犯令者, 左足入, 左足斷, 右足入, 右足斷. 然則其與犯之遠矣."

확인되지 않는다.

그럼에도 불구하고 늦어도 춘추春秋 중기 경에는 국가가 광석의 채굴과 제련 등을 직접 관리한 것은 사실인 듯하다. 슈종슈徐中舒에 의하면, 춘추시대의 초楚는 초웅楚雄에 대리인을 두어 황금의 채굴과 운반을 관리하였다.[47] 이것은 국가가 이른 시기부터 중요 광물자원의 생산을 관리하였음을 보여주는 사례가 될 것이다. 춘추전국시대에 열국간의 생존경쟁이 치열해짐에 따라 병기 제작이나 화폐 주조에 사용될 수 있는 광물은 중요한 전략물자가 되었다. 따라서 각종 금속자원을 산출하는 광산은 국가의 직접적인 관리를 피하기 어려웠을 것이다.

그렇지만 이와 같은 국가의 개입이 초기국가시기까지 소급될 수 있는지 여부를 판단할 수 있는 문헌기록은 없다. 이때 주목되는 것은 위에서 언급한 바 있는 원곡상성 유적이다. 이곳에는 하대부터 환호취락이 건설되어 있었지만, 상 전기에 들어 그 문화적 경관에 급격한 변화가 나타난다. 무엇보다 이리강하층문화 제2기에 들어 취락을 에워싼 성곽이 건설되고, 유적의 문화적인 양상도 왕조의 중심지에 가깝게 변모한다. 뿐만 아니라 이때에 들어 구리 제련 시설이 성 내에 전체적으로 확산되었지만 이곳에서 청동기가 활발하게 주조된 흔적은 없다. 이것은 상 전기에 들어서면서 청동원료의 공급기지로서 기능이 특화된 것을 의미한다. 아마도 상 핵심지역의 구성원이 이곳에 이주하여 성곽을 건설하고, 이곳을 청동원료 생산 거점으로 활용했

[47] 徐中舒, 『巴蜀考古論文集』, 文物出版社, 1987, 60쪽.

을 것이다. 정주상성에서 쇠락하는 이리강상층문화 제2기에 들어 원곡상성 역시 급격하게 몰락한 것은 원곡상성이 핵심지역과 성쇠를 같이 하고 있었음을 추측하게 한다. 원곡상성은 국가가 청동원료를 직접 획득, 관리하기 건설한 기지였을 가능성이 매우 높다.[48]

중조산의 반대편 사면에 펼쳐진 운성분지運城盆地의 동하풍東下馮 유적은 원곡상성과 매우 유사한 발전 과정을 겪었지만, 그와는 다소 다른 맥락에서 이해할 필요가 있다. 동하풍에는 이리두문화 제1기에 처음 취락이 건설되었다. 이 취락은 제3기에 환호취락으로 성장하였다가, 상 전기에 이르러 성곽취락으로 발전했다. 이 유적에서는 환호가 개착되었을 때를 전후한 시점부터 구리 제련에 관련된 유물이 출토되지만, 유적 내에서는 역시 간단한 청동기만이 소량으로 제작된 것 같다. 따라서 대체로 이리두문화 제3기경부터 이곳에서 제련된 구리가 다른 지역으로 수출되었을 가능성이 크다. 원곡상성과의 차이는 이 유적의 문화 내용이 상 왕조의 핵심지역과는 상당히 다르다는 데 있다. 즉 핵심지역의 영향을 수용하면서도 지역적 전통이 강고하게 유지하였으며, 이 전통은 핵심지역에서 하와 상이 교체된 이후에도 계속되었다. 그러므로 원곡상성과는 달리 이곳에 핵심지역의 구성원이 직접 지배거점을 설치하여 청동원료의 생산에 종사하였으리라고는 생각되지 않는다. 이 유적의 주인공은 줄곧 재지민이었을 것이다.[49]

---

48 류리 · 천싱찬 지음, 김정열 옮김, 『중국고고학-구석기시대 후기부터 청동기시대 전기까지-』, 사회평론아카데미, 2019, 336~338쪽.

49 于孟洲 · 夏微, 「東下馮文化的源流及相關問題」, 『文物世界』 2010(1), 46~50쪽.

서오벽 유적 역시 중조산의 서쪽 사면과 운성분지가 만나는 지점에 위치한다. 이 유적 또한 동하풍과 동일한 양상의 문화적 경관을 보이는 재지계 유적이다. 서오벽 유적은 현재까지 알려진 산서 남부의 동 시대 유적 중 최대 규모이며, 이곳에서 출토된 유물은 그 주민이 수준 높은 문화생활을 영위하였음을 시사한다. 서오벽 유적에서도 대규모의 제련이 행해졌음에도 불구하고 자체에서 청동기를 활발하게 제작하지 않았다.[50] 그러므로 서오벽 유적 역시 청동원료를 생산, 수출하는 것은 생업으로 한 지역집단의 흔적이라 생각된다.

광산 채굴과 금속 제련은 조직된 노동력과 높은 기술력 그리고 막대한 비용 투자를 동반하는 일이다. 그야말로 초기국가시기에는 최고의 테크놀로지 산업이었던 셈이다. 따라서 여기에는 국가의 개입이 불가피했을지도 모른다. 원곡상성은 그것을 보여주는 사례로 간주될 수 있다. 그러나 청동원료 생산에서 지역집단의 역할을 과소평가하는 것도 타당하지 않다. 동하풍이나 서오벽 유적서 재지집단의 역할을 발견하게 된다. 재지집단의 청동원료 생산은, 서주시대에 핵심지역에 청동원료를 본격적으로 공급하기 시작한 양자강 중류의 동록산銅綠山, 동릉銅陵 일대의 광산, 제련 유적에서도 관찰된다. 서주시대에 이들 유적을 지배한 문화 양상은 핵심지역의 그것과는 확연히 다른 재지계의 대로포문화大路鋪文化였다.[51]

---

50 中國國家博物館考古院 등, 「山西絳縣西吳壁遺址2018-2019年發掘簡報」, 『考古』 2020(7), 73~74쪽.

51 黎海超 · 崔劍鋒, 「試論晉, 楚間的銅料流通-科技, 銘文與考古遺存的綜合研究」, 『考古與文物』 2018(2), 100쪽.

2. 소비지의 청동기 생산 양상

청동원료는 구리와 주석, 납 등이 각각 별도로 제련되어 소비지에 도착하였다. 청동원료는 대개 주괴鑄塊, 정錠, ingot의 형태로 유통되었다. 구리 주괴는 제련 유적과 청동공방 유적에서 주로 발견된다. 제련 유적 중에서는 동릉 일대에서 구리 주괴가 발견된 사례가 많다. 그 연대는 대체로 서주·춘추시대경이며, 형태는 마름모꼴이다.[52] 한편 동록산 인근에 위치한 나사당螺螄塘 유적에서 출토된 구리 주괴는 모두 원판형이다. 나사당에서 출토된 서주·춘추시대경의 주괴 10여 점은 대개 직경 14~15㎝, 무게 약 1.5㎏ 가량으로 상당한 통일성을 보인다.[53] 서주시대 금문에는 구리의 수량을 세는 단위로 '판鈑'이 사용되었다. 『이아爾雅』「석기釋器」에 "병금餠金을 판鈑이라 한다."고 하므로, 판鈑은 주괴의 형태를 갖춘 구리를 가리키는 것이라 생각된다. 제련지에서는 제련된 조동粗銅을 지역 고유의 틀로 성형하여 일정한 규격을 갖춘 다음 이것을 소비지로 보냈을 것으로 생각된다.[54]

일반적으로 제련 유적에서는 청동기 제작이 활발하게 이루어진 흔적을 볼 수 없다. 따라서 주괴 대부분은 소비지로 운송되었다고

---

[52] 陳榮·趙匡華 1994, 「先秦時期銅陵地區的硫銅礦冶煉研究」, 『自然科學史研究』 1994(2). 140쪽.

[53] 黃石市博物館, 『銅綠山古礦冶遺址』, 文物出版社, 1999, 154쪽.

[54] 裘士京, 앞의 책, 2004, 40~41쪽.

여겨진다.[55] 소비지는 주로 청동공방이다. 은허 묘포북지苗圃北地[56]와 주원周原의 주공묘周公廟, 공두구孔頭溝 유적 등에서 출토된 주괴가 소비지로 보내진 사례이다. 그런데 서주시대에는 구리 주괴가 청동공방뿐만 아니라 청동예기 매장 구덩이나 무덤에서 발견되는 경우가 있다. 구덩이에서 출토된 주괴의 사례에는 섬서 서안西安 임동臨潼 영구진零口鎭[57], 부풍扶風 소진촌召陳村[58], 소리촌召李村[59] 등의 것을 꼽을 수 있다〈그림3〉.

1. 召陳村 2.7.葉家山 3.上康村 4.零口鎮 5.螺螄塘 6.殷墟

〈그림 3〉 상주시대의 구리 주괴

이들 유적에서 출토된 주괴는 모두 평면 원형으로 직경은 각각

---

[55] 夏鼐 · 殷瑋璋, 「湖北銅綠山古銅礦」, 『考古學報』 1982(1), 12쪽.

[56] 中國社會科學院考古研究所, 『殷墟發掘報告 1958-1961』, 文物出版社, 1987, 58쪽.

[57] 臨潼縣文化館, 「陝西臨潼發現武王征商簋」, 『文物』 1977(8), 2, 4쪽.

[58] 周文, 「新出土的幾件西周銅器」, 『文物』 1972(7), 9~10쪽.

[59] 羅西章, 「從周原出土文物試論西周貨幣」, 『中國錢幣』 1985(2), 18~19쪽.

20㎝, 23.5㎝, 31㎝ 가량이며, 무게는 영구진 출토품이 미상인 것을 제외하면 각각 4.65㎏, 5㎏이다. 무덤에서 출토된 것으로는 최근 호북 수주 섭가산葉家山 묘지의 M28에서 출토된 2점을 꼽을 수 있다. M28은 서주 전기 증후曾侯의 무덤으로 추정된다. 출토된 2점의 주괴는 원형M28:160과 방형M28:161 각 1점으로 전자는 직경 29.5㎝, 테두리 두께 1.8㎝, 중량 2,865g, 후자는 길이 36.3, 폭 14.1~14.6, 두께 1.2~2.3㎝, 중량 2,960g이다. 이 2점은 모두 묘실 북쪽의 이층대 동편에서 발견되었다.[60] 부장품이었을 것이다.

전체적으로 보면, 구리 주괴는 원형, 장방형, 마름모꼴 등으로 다양하고 크기나 크기 등도 규격화되어 있지 않다. 은허와 주원 유적의 청동공방에서 출토된 주괴는 대부분 조동粗銅이다. 조동 상태의 구리는 청동공방에서 정련되는 과정을 거쳤을 것이다. 그런데 섭가산 M28에서 출토된 주괴는 모두 순동이기 때문에 소비지에서 정련된 구리 주괴가 다시 유통되는 경우가 있었음을 알 수 있다. 주괴가 청동공방뿐만 아니라 구덩이나 무덤 등에 매장된 것은 이것이 일종의 사치품으로서 권력이나 재부를 상징하기도 하였음을 시사한다. 구리 주괴가 일종의 칭량화폐로 기능하였다는 견해를 제기한 연구자도 있다.[61]

주석 역시 주괴의 형태로 소비지에 이송되었다. 은허에서는 일

---

[60] 湖北省文物考古硏究所 · 隨州市博物館, 「湖北隨州葉家山M28發掘報告」, 『江漢考古』 2013(4), 3-57쪽; 郁永彬 등, 「湖北隨州葉家山西周墓地M28出土銅錠相關問題硏究」, 『江漢考古』 2016(5), 100~107쪽.

[61] 羅西章, 위의 논문, 1985, 18쪽.

찍이 무게가 3㎏에 달하는 주석 주괴가 발견된 바 있다.[62] 서주시대 금문에는 왕이나 상위자가 신하에게 '백금白金'을 하사한 사례가 다수 확인된다. 백금이 주석을 가리키는 것이라면,[63] 주석 주괴 역시 청동기 제작의 원료이면서 동시에 사치품의 성격도 갖추고 있었으리라 추정된다.

납 주괴의 발견 사례도 드물지 않다. 이리두 유적의 재구덩이에서 출토된 근방형의 납 조각ⅣH76:48은 길이 3.6㎝, 폭 3.5㎝로 납의 비중이 95.90%에 달한다.[64] 이것이 현재까지 알려진 가장 이른 납 샘플이다. 납 또한 하대부터 제련된 상태로 유통되고 있었음을 알 수 있다. 납 조각 또는 주괴는 상 전기의 남관외, 자형산 유적, 상 후기의 은허 유적,[65] 서주시대의 섬서 장안 풍서灃西 유적[66]에서도 발견된 바 있다. 그렇지만 특히 인상적인 것은 2015년 은허 유가장劉家莊에서 대량으로 발견된 납 주괴이다. 이 유적의 H25 저장갱은 직경 약 1.8m, 깊이 약 1m 가량의 근원형으로, 저장갱 내부에서 총중량이 3.4t에 달하는 거북등 모양의 납 주괴 293점이 출토되었다. 출토된 납 주괴는 크기와 무게가 균일하지 않지만, 길이 30~50㎝,

---

62 萬家保, 「殷商的青銅工業及其發展」, 『大陸雜志』 41~4, 1970. 裘士京, 앞의 책, 2004, 43쪽에서 재인용.

63 李建西, 「西周金文"白金"初探」, 『考古與文物』 2010(4), 97쪽.

64 李敏生, 「先秦用鉛的歷史」, 『文物』 1984(10); 曲長芝 · 張日淸, 「二里頭遺址出土銅器X射線螢光分析」, 中國社會科學院考古研究所, 「偃師二里頭」, 中國大百科全書出版社, 1999, 399쪽.

65 金正耀, 앞의 논문, 2004, 272쪽.

66 李建西, 앞의 논문, 2010: 99쪽; 李建西 · 李延祥, 「銅料名稱"□鋁"考」, 『江漢考古』 2010(2), 126쪽.

무게 10~20㎏의 것이 각각 50%와 40% 가량을 차지한다. 이들의 납 함량은 대개 75~85% 가량이므로 아직 정련되지 않은 상태인 것을 알 수 있다.[67] 구리와 마찬가지로, 납 역시 제련 과정만을 거쳐 소비지로 유입되었다.

〈표 1〉 중국 초기국가시기 핵심지역의 청동공방

	지역	유적명	시대		주조관련유물					생산기종			
			왕조(분기)	문화기	광석	광재	용로	坩堝	용범	예기	병기	차마구	공구
1	하남 언사	二里頭	하	이리두	○	○	○	○	○				
2	하남 언사	偃師商城	상	이리강하Ⅰ-상Ⅰ		○		○	○				
3	하남 정주	南關外	상	이리강하Ⅱ-상Ⅰ	○	○	○	○	○	○	○		○
4	하남 정주	紫荊山北	상	이리강하Ⅱ-상Ⅰ	○	○		○	○	○	○	○	○
5	하남 안양	韓王度	상	은허Ⅰ		○	○		○				
6	하남 안양	苗圃北地	상	은허Ⅰ-Ⅳ		?	○	○	○	○	○		○
7	하남 안양	孝民屯	상	은허Ⅱ-Ⅳ		○	○	○	○	○	○	○	○
8	하남 안양	薛家莊南地	상	은허Ⅱ-Ⅳ		○		○	○	○	○		
9	하남 안양	小屯東北地	상		○	○			○	○	○	○	
10	하남 안양	辛店	상	은허Ⅱ-Ⅳ			○	○	○	○	○	○	○
11	하남 낙양	北窯	서주	전기		○	○	○	○	○	○	○	
12	섬서 기산	折樹棱	상주	후기-후기		○	○		○				
132	섬서 기산	祝家巷	상주	후기-전기		○		○	○				
14	섬서 기산	孔頭溝	서주	전기-후기		○	○		○	○	○	○	○
15	섬서 부풍	莊李村	서주	전기-후기		○	○		○	○	○	○	○

약간의 예외는 있지만 아무래도 대부분의 청동원료가 소비된 곳은 청동공방일 것이다. 일반적으로 청동공방은 주조 기술에 대한 비밀 유지 및 완성품에 대한 엄격한 관리를 위해 외계와 격리된 곳

67 中國社會科學院考古硏究所安陽工作隊, 「河南安陽市殷墟劉家莊北地鉛錠貯藏坑發掘簡報」, 『考古』 2018(10), 32~41쪽.

에 위치하였다고 여겨진다[68]. 청동원료는 예기나 병기 또는 차마구로 제작되었고, 이 가운데 병기나 차마구는 주로 군사적인 목적으로 소비되는 물건이었으므로 국가에 의한 엄격한 통제가 필요하였다는 생각일 것이다.

사실 초기국가시기의 청동공방이 주로 발견되는 장소는 핵심지역이다. 하의 이리두 유적,[69] 상 전기의 언사상성,[70] 정주상성 유적,[71] 상 후기의 은허 유적 그리고 서주시대의 풍서 유적,[72] 낙양 북요 유적[73] 그리고 주원의 몇몇 유적이 이에 해당한다〈표 1〉.

주목되는 것은 중심지에서 발견되는 청동공방이 상당한 수에 달하였다는 점이다. 이것은 발견된 청동공방이 매우 적은 하대를 제외하면 상대와 서주시대에 모두 확인되는 현상이다. 상 전기 정주상성 유적에서는 남관외와 자형산북지 등 2곳의 청동공방이 확인되었고, 상 후기의 은허 유적에서는 묘포북지苗圃北地[74], 효민둔서지孝民屯西地[75],

---

[68] 朱俊英 · 熊北生, 『大冶五里界-春秋城址與周圍遺址考古報告』, 科學出版社, 2006.

[69] 中國社會科學院考古研究所, 앞의 책, 2004, 122~124쪽.

[70] 中國社會科學院考古研究所, 『偃師商城』 1(下), 科學出版社, 2013, 722~723쪽.

[71] 河南省文物考古研究所, 앞의 책, 2001, 307~384쪽.

[72] 中國科學院考古研究所, 『灃西發掘報告』, 文物出版社, 1963, 78, 87쪽.

[73] 洛陽博物館, 「洛陽北窯村西周遺址1974年度發掘簡報」, 『文物』 1981(7), 52~64쪽; 洛陽市文物工作隊, 「1975-1979年洛陽北窯西周鑄銅遺址的發掘」, 『考古』 1983(5), 430~441, 338쪽.

[74] 中國社會科學院考古研究所安陽工作隊, 「1980-1982年安陽苗圃北地遺址發掘簡報」, 『考古』 1986(2).

[75] 中國社會科學院考古研究所, 앞의 책,1987, 60~69쪽; 中國社會科學院考古研究所安陽工作隊, 「2000-2001年安陽孝民屯東南地殷代鑄銅遺址發掘報告」, 『考古學報』 2006(3); 安陽孝民屯考古隊, 「河南安陽市孝民屯商代鑄銅遺址2003-2004年的發掘」, 『考古』 2007(1).

설가장남지薛家莊南地[76]와 소둔동북지小屯東北地,[77] 한왕도韓王度[78] 그리고 신점辛店 유적[79] 등 현재까지 적어도 6곳에서 발견되었다. 이와 같은 현상은 서주시대에도 이어진다. 가장 두드러진 사례는 서주 왕실의 기원지로 알려진 이른바 주원 지역이다. 이곳에서는 주공묘周公廟,[80] 공두구孔頭溝,[81] 장리촌莊李村[82] 등에서 대형 청동공방이 발굴되었고, 아직 자세하게 조사되지 않거나 보고되지 않았지만, 청동공방의 존재를 짐작할 수 있는 경우도 적지 않다.[83]

추산에 의하면 주원에는 약 2-3㎞의 거리마다 하나씩 청동공방이 설치되어 있었던 셈이다. 뿐만 아니라 이들이 존속한 시간 범위와 생산 기종은 대체로 동일하고, 출토 유물로 보아 정련에서 주조에 이르는 완정한 작업공정이 수행되었다. 게다가, 최근의 연구에 의하면, 이들 각 청동공방에서 생산된 청동기는 해당 공방이 위치한 구역 내에서 주로 유통되었다.[84] 이상과 같은 현상은 주원 지역의 청동기 제작이 매우 분산적인 구조를 가지고 있었음을 의미하는

---

76 周到·劉東亞,「1957年秋安陽高樓莊殷代遺址的發掘」,『考古』1963(4).

77 中國社會科學院考古硏究所, 앞의 책, 2004, 92~93쪽.

78 夏毓靈,「河南安陽洹北商城鑄銅, 製骨作坊遺址」,『大衆考古』2017(1).

79 孔德銘 등,「安陽辛店鑄銅遺址的年代, 性質和布局探討」,『南方文物』2019(5), 106~115쪽.

80 徐天進,「周公廟遺址的考古所獲及所思」,『文物』2006(8).

81 種建榮 등,「岐山孔頭溝遺址商周時期聚落性質初探」,『文博』2007(5).

82 周原考古隊,「陝西周原遺址發現西周墓葬與鑄銅遺址」,『考古』2004(1); 周原考古隊,「周原莊李西周鑄銅遺址2003與2004年春季發掘報告」,『考古學報』2011(2).

83 勸讀 유적에서는 용로가,(雷興山,「論新識的一種周系鑄銅工具」,『中原文物』2008(6), 75쪽.) 齊鎭 유적에서는 용로와 광사, 거푸집 등이 발견된 바 있다.(魏興興·李亞龍,「陝西扶風齊鎭發現西周煉爐」,『考古與文物』2007(1), 22~23, 61쪽.)

84 近藤晴香,「大周原地區鑄銅遺存與西周的政體」,『三代考古』6, 2019, 365~376쪽.

데, 그와 동일한 양상은 상 후기의 은허 유적에서도 볼 수 있다.

은허 유적 일대에서는 지금까지 적어도 6곳의 청동공방이 발견되었는데, 한왕도韓王度 유적을 제외하면 이들이 존속한 연대의 폭과 생산기종은 대체로 동일하다. 은허의 도시 구조를 분석한 근래의 연구[85]에 따르면, 은허는 주거구역과 묘지 그리고 수공업 공방을 보유하는, 독자적으로 완결된 구조를 갖춘 '족읍族邑'을 단위로 하여, 다수의 족읍이 하나로 결합된 분절적 도시구조를 가지고 있다. 이 견해를 참조하면 은허에는 특정한 족읍에 소속된 청동공방이 여럿 병존하고 있었다고 이해할 수 있다. 이때 주목되는 것이 최근 발견된 신점辛店 유적이다. 이 유적은 은허 유적이 위치한 안양시에 포함되어 있기는 하지만 소둔촌小屯村의 궁전종묘구역에서 동북쪽으로 약 10㎞가량 상당한 거리를 두고 떨어져 있다. 이 유적에서는 주택은 물론 묘지와 공방이 모두 발견되어 독자적인 생활단위로 기능한 족읍의 하나였으리라 추정된다. 이곳에서 발굴된 48기의 무덤 중 7기에서 '과戈', '과제戈齊' 등의 명문이 있는 청동예기가 출토되었다.[86] 보고자는 이에 근거하여 이 족읍의 거주민은 과족戈族이며, 청동공방은 그들에 의해 운영된 것이라고 추정했다.

이처럼 초기국가의 핵심구역에는 복수의 청동공방이 다양한 인적집단에 의해 분산적으로 운영되었다. 여기에서는 국가에 의한 일원적인 통제와 관리가 이루어졌다고 볼만한 근거는 발견되지 않

---

85 金正烈 · 岳洪彬, 「殷墟의 구조 -최근의 고고학적 조사 성과를 통해 본-」, 『中國古中世史硏究』 35, 2015, 26~33쪽.

86 孔德銘 등, 앞의 보고, 2019, 106~115쪽.

았다.

물론 초기국가시기에 청동기 제작이 핵심지역에서만 이루어진 것은 아니다. 상 전기까지 청동예기는 언사상성, 정주상성, 반룡성 같은 비교적 제한적인 지점에서 출토되지만, 후기로 이행하는 시기를 전후해서는 전형적인 상문화 분포 지역 바깥에서도 商式의 청동예기가 발견된다. 이것은 상문화의 외연 확장을 보여주는 현상인데, 이런 경향은 상 후기에도 이어졌다. 상 후기에는 산동, 하남, 산서, 섬서, 호북, 호남, 안휘, 강서 등 광역에 걸쳐 상식의 청동예기가 출토된다. 여기에는 핵심지역에서 제작된 것과 각 지역에서 그것을 모방한 것이 혼재되어 있다. 상 후기에 들면 핵심지역 외의 지역중심, 예컨대 한중분지漢中盆地의 성고城固, 양현洋縣 일대, 사천 삼성퇴三星堆, 녕향을 중심으로 한 호남의 상강湘江과 례수澧水 하류 일대, 강서 공강贛江 유역의 청강淸江, 신간新幹 등지에서 지역적 특징이 농후한 청동예기가 출현하기 시작한다.[87] 이와 같은 일련의 과정은 상문화의 영향 하에 청동기 제조기술이 광역에 걸쳐 보편화되고, 이에 따라 각 지역에서 독자적으로 수준 높은 청동기를 제작할 수 있게 된 것을 의미한다. 상대의 청동공방 유적이 은허 이외에도 하남 정주 소쌍교小雙橋[88], 호북 무한 반룡성, 산동 제남 대신장大辛莊,[89] 안휘 부남阜南 영

[87] 中國社會科學院考古硏究所, 『中國考古學-夏商卷-』, 中國社會科學出版社, 2003, 379~386쪽.

[88] 河南省文物考古硏究所, 「鄭州小雙橋遺址的調查與試掘」, 『鄭州商城考古新發現與硏究』, 中州古籍出版社, 1993; 河南省文物考古硏究所 등, 「1995年鄭州小雙橋遺址的發掘」, 『華夏考古』 1996(3).

[89] 方輝 등, 「濟南市歷城區大辛莊商代遺址」, 中國考古學會 편, 『中國考古學年鑒 2015』, 中國社會科學出版社, 2016, 204~205쪽.

수사迎水寺,[90] 섬서 서안 노우파老牛坡[91] 등지에서 발견된 것은 이것을 입증한다.

물론 서주시대에도 지역중심의 독자적 청동기 제작 전통은 지속적으로 이어졌다. 주펑한朱鳳瀚은 주로 청동예기의 형식과 문양을 검토하여, 왕조의 핵심지역 외연에 그 기형과 문양에서 공히 재지적 요소가 두드러지는 지역이 펼쳐지는 것을 확인했다. 그에 따르면, 핵심지역의 외연이 펼쳐지기 시작하는 지역은 하남 남부, 산동 동부, 섬서 서부 등이다.[92] 사실 핵심지역과 동일한 양식의 청동예기가 출토되는 지역에서조차 핵심지역에서는 볼 수 없는 양식의 청동예기가 발견되는 경우는 드물지 않다. 섬서 보계寶鷄의 어국𢐗國묘지와 호북 수주의 악후묘지噩侯墓地 등에서 그와 같은 양상을 확인할 수 있는데,[93] 이런 사례는 산서 강현 횡수묘지橫水墓地, 익성翼城 대하구묘지大河口墓地, 수주 증후묘지 등지까지 확장될 수 있다. 때문에 장창핑張昌平은 제후가 봉건된 서주의 지역중심 가운데 상당수에는 독자의 청동기 공방이 있었을 것이라고 추정한 바 있다.[94] 실제로 진후晉侯의 봉지로 추정되는 천마天馬-곡촌曲村 유적의 J7, J8 구역 내에

---

[90] 蔡波濤 등,「安徽阜南迎水寺遺址發現龍山到西周遺存」,『中國文物報』2019年 11月 29日.

[91] 劉士莪,『老牛坡』, 陝西人民出版社, 2001, 161~164쪽.

[92] 朱鳳瀚, 앞의 책, 2009. 이 문제에 대해서 일찍이 林巳奈夫도 주목한 바 있다. 그에 의하면 서주시대에 山西 石樓, 陝西 城固, 湖南 寧鄉, 華容 등에서 핵심지역과는 뚜렷이 구별되는 각종 청동기가 발견되며, 이것은 현지의 제작 전통을 보여주는 것이다.(林巳奈夫,「殷, 西周時代の地方型青銅器」,『考古學メモワール』, 學生社, 1981, 17~58쪽.)

[93] 張昌平,「論隨州羊子山新出噩國青銅器」,『文物』2011(11), 87~94쪽; 角道亮介,『西周王朝とその青銅器』, 六一書房, 2014, 98-105쪽.

[94] 張昌平,「論隨州葉家山西周墓地曾國青銅器的生産背景」,『文物』2013(7), 45~50, 89쪽.

서는 예기禮器, 병기, 공구, 차마기 등과 고풍관 등이 발견된 바 있으며,[95] 최근에는 위후衛侯의 봉지封地로 추정되는 하남 학벽鶴壁 신촌辛村 유적에서 청동공방이 발견되었다는 보도도 있다.[96]

독자적인 청동공방이 운영되는 지역중심에서도 물론 청동원료를 필요로 했을 것이다. 이처럼 청동원료는 왕조의 핵심지역 내의 다양한 청동공방은 물론 지역중심의 청동공방까지 공급되어야 했다. 그렇다면 청동원료의 공급은 어떤 방식으로 이루어졌을까? 이 문제는 다음 장에서 다루어 보기로 한다.

Ⅳ. 청동원료의 유통과 국가

1. 청동원료의 광역적 유통

납동위원소 비율은 청동원료의 산출지에 대한 정보를 알려주는 동시에 각각의 청동공방이 사용한 청동원료의 구성에 관해서도 흥미로운 사실을 전해준다. 낙양 일대 출토 서주 청동기에 대한 납동위원소 비율 분석에 의하면, 이 지역의 청동기는 대체로 서로 다른

---

95 北京大學考古學系商周組 · 山西省考古研究所, 『天馬-曲村 1980-1989』, 科學出版社, 2000.

96 http://kaogu.cssn.cn/zwb/xsdt/xsdt_3347/xsdt_3348/201811/t20181128_4783965.shtml.

3곳의 광산에서 채굴된 청동원료를 사용했다. 관심을 끄는 현상은 그것이 보여주는 특징은 주원의 여러 유적, 산서 북조北趙 진후묘지晉侯墓地와 천마天馬-곡촌묘지曲村墓地, 류리하瑠璃河 연후묘지燕侯墓地 그리고 섭가산 증후묘지에서 출토된 서주시대 청동기의 그것과 매우 유사하다는 점이다.[97]

이런 현상은 섭가산 서주 증후묘지 출토 청동기를 대상으로 한 연구에서도 확인된다.[98] 증후묘지 청동기는 낙양과 주원 일대에서 출토된 청동기는 물론 호북 수주 양자산羊子山 악후묘지나 섬서 보계 석고산묘지石鼓山墓地, 나아가서는 외국 박물관에 수장되어 있는 같은 시기의 청동기와 납동위원소 비율에서 매우 높은 중복도를 보인다. 아울러 산서 횡수묘지橫水墓地, 대하구묘지大河口墓地에서 출토된 서주 청동기의 대다수도 유사한 비율 특징을 나타낸다.[99] 각 지역중심에서 출토된 청동기 가운데는 핵심지역에서 제작된 청동기가 유입된 경우도 있겠지만, 각지의 청동공방에서 자체 제작된 것도 포함되어 있을 것이다. 그러므로 이상의 정보는 서주시대 핵심지역과 지역중심의 청동기가 동일한 광상에서 생산된 원료를 이용하여 제작되는 빈도가 상당했음을 시사한다.

물론 모든 청동원료가 그런 것은 아니다. 예를 들면 섬서 보계의 어국묘지強國墓地에서 출토된 주석기朱錫器의 납동위원소 비율은 북조 진후묘지, 천마-곡촌묘지 등에서 출토된 주석기와는 분명한 차이

97 袁曉紅, 앞의 논문, 2019, 239~278쪽.

98 郁永彬 등, 앞의 논문, 2016, 98~100쪽.

99 南普恒 · 馬江波, 「絳縣橫水西周墓地青銅器的鉛同位素比值分析」, 『文物世界』 2012(4), 14~15쪽.

를 보인다.[100] 또 양자산 악후묘지 M4 무덤 출토 청동기의 납동위원소 비율은 인근에 위치한 증후묘지 출토 청동기와 높은 중복도를 보이지만,[101] 이 무덤에서 출토된 4점의 이형수면문異形獸面紋, 신면문神面紋 청동예기 한 세트[102]는 함께 출토된 다른 청동기와는 산출지가 다른 청동원료로 제작되었다.[103]

이 글의 제2장에서 검토한 바를 참조하면, 서주시대에는 핵심지역과 지역중심여기에는 주계와 비주계의 그것이 모두 포함된다.에서 제작된 청동기는 중조산과 양자강 중류 일대에서 산출된 청동원료를 주로 사용하였으되, 일부는 다른 지역아마도 현지에서 가까운에서 채굴된 청동원료를 이용하였음을 알 수 있다.

동일한 결론은 상 후기에도 적용될 수 있다. 앞서 상 후기 청동원료의 상당수에는 이상납의 특징이 나타난다는 점에 대해 이미 언급했다. 그런데 이와 같은 이상납의 특징은 호남 녕향의 대형 청동부瓿와 호남 익양益陽 사림항謝林港 출토 각형기角形器에서 확인된다. 그 재지적 특징을 보면 이들 유물은 현지에서 제작된 것이 분명하다.[104] 또 상 후기-서주 초기로 편년되는 녕향 탄하리炭河里 유적에서 출토된 청동기 샘플 26점에 대한 분석에 의하면, 이곳에서 출토된

---

[100] 南普恒 · 馬江波, 위의 논문, 2012, 15쪽.

[101] 郁永彬 등, 앞의 논문, 98-100쪽.

[102] 李學勤, 「由新見青銅器看西周早期的鄂, 曾, 楚」, 『文物』 2010(1); 張昌平, 앞의 논문, 2011.

[103] 郁永彬 등, 앞의 논문, 98~100쪽.

[104] 馬江波 등, 「湖南寧鄉出土商代大型銅瓿初探-兼談圓肩銅瓿的年代與産地」, 『四川文物』 2018(6), 27~34; 馬江波 · 吳曉桐, 「湖南益陽商代青銅角形器的科學分析」, 『有色金屬(冶鍊部分)』 2019(5), 73~78쪽.

보통납 청동기 가운데 Ⅱ그룹과 Ⅲ그룹의 납동위원소 특징은 은허 출토 청동기와 중복된다.[105] 이밖에도 하남 신양信陽 라산羅山의 천호 묘지天湖墓地는 상대 '식息'족族의 묘지로 추정되는데,[106] 이곳의 청동기 샘플은 합금성분 뿐만 아니라 납동위원소 비율에서도 은허의 이상납 청동원료와 동일한 특징을 공유한다.[107]

이상의 현상은 몇몇 연구자에 의해 매우 유의미한 것으로 주목되었다. 이를테면 위안샤오홍袁曉紅은 서주시대의 청동원료를 주로 검토하여 아래와 같은 결론에 도달하였다. ① 서주 전기에는 핵심지역과 지역중심의 청동기에 보이는 청동원료와 제작기술, 합금기술, 기형, 문양 그리고 그 기용제도器用制度 및 부장습속 등은 상당히 일치하므로, 지역중심에서 출토되는 청동기의 상당수는 왕실에 소속된 청동공방예컨대 낙양 북요北窯 유적과 같은에서 제작되었을 가능성이 높다. ② 왕조의 핵심지역과 지역중심의 청동원료가 동일한 곳에서 산출된 것은 왕실이 금속 등 중요 자원의 생산과 유통을 장악하고 있었음을 의미한다.[108] 위용빈郁永彬 등의 연구자들 또한 그와 동일한 맥락에서, 서주 왕실은 청동원료를 집중적으로 관리하고 분배했으며, 왕실의 기획 하에 청동기와 청동원료의 제작과 분배가 이루어

105 馬江波 등, 앞의 논문, 2016, 115~119쪽.

106 信陽地區文管會 · 羅山縣文化館, 「河南羅山縣蟒張商代墓地第一次發掘簡報」, 『考古』 1981(2); 信陽地區文管會 · 羅山縣文化館, 「羅山縣蟒張後李商周墓地第二次發掘簡報」, 『中原文物』 1981(4); 信陽地區文管會 · 羅山縣文化館, 「羅山蟒張後李商周墓地第三次發掘簡報」, 『中原文物』 1988(1); 歐潭生, 「羅山天湖商周墓地」, 『考古學報』 1986(2); 河南省文物硏究所, 「1991年羅山考古的主要收獲」, 『華夏考古』 1992(3).

107 肖夢娅 등, 앞의 논문, 2016.

108 袁曉紅, 앞의 논문,

졌다고 판단했다.[109]

사실 이와 같은 주장이 새삼스러운 것은 아니다. 마츠마루미치오松丸道雄는 일찍이 1970년대부터 서주시대의 청동예기는 주로 왕실의 공방에서 제작되어 분배된 것이며, 여기에는 신하가 조상에게 올리는 제례의 場에서 왕실과의 유서 깊은 연대를 재확인하도록 강제하는 정치적 의도가 내포되어 있다고 주장한 바 있다.[110] 이것은 청동예기의 명문을 대상으로 한 역사학적 연구였지만, 청동예기의 기형, 문양 그리고 조합 등을 대한 대상으로 한 고고학적 연구를 통해 松丸의 주장을 보강한 연구도 있었다.[111]

따라서 위안샤오홍 등의 주장은 왕실공방의 주도적 청동예기 제작이라는 종전의 가설에 납동위원소 비율 특징에서 확인된 새로운 인식을 결합하여, 국가 주도의 강력한 청동원료 관리와 분배, 나아가서는 청동기 제작을 상정한 것이라고 할 수 있다. 이들의 연구는 그 분석 대상이 서주 전기에 집중되어 있기 때문에 '서주 전기'라는 시간적 제한이 붙어 있지만, 국가의 청동원료 장악이라는 그 핵심적 내용이 중국 초기국가시기에 걸쳐 널리 적용될 수 있다는 생각은 이미 암묵적인 동의하에 널리 공유되어 있는 것처럼 보인다.[112]

그러나 초기국가시기에 광역에 걸쳐 동일한 청동원료가 사용된 사실은 핵심지역과 지역중심의 청동공방에서 청동원료를 공유하고

---

[109]郁永彬 등, 2019, 90쪽.

[110]松丸道雄, 「西周青銅器製作の背景-周金文研究 · 序章-」, 松丸道雄 편, 『西周青銅器とその國家』, 東京大學出版會, 1980, 11~131쪽.

[111]角道亮介, 앞의 책, 2014, 119~183, 251~256쪽.

[112]류리 · 천싱찬, 앞의 책, 2019, 336~343, 421~422쪽.

있었다는 것, 즉 특정한 시대에는 특정한 지역에서 산출된 청동원료가 광범위하게 유통되고 있었음을 보여준다고 해도, 그것이 즉각 "왕실이 사토四土의 자원을 장악하고 청동원료의 강력한 통제를 바탕으로 하여 왕실이 지배적인 지위를 유지하고 강화"[113]한 것을 입증하는 것은 아니다. 초기국가시기에 핵심지역은 물론 지역중심의 여러 청동공방에서 수준 높은 청동기를 제작하고 있었지만, 이들이 사용한 청동원료를 국가가 관리하고 통제했는지 여부는 별도로 입증되어야 할 사안이기 때문이다. 여기에서 청동원료의 관리와 분배에서 국가가 담당한 역할에 대한 이해가 필요하게 된다.

2. 청동원료 유통의 제상

각각의 비중은 정확하게 알 수 없지만, 초기국가시기에 청동원료는 국가가 직접 채굴한 것 이외에도 공납이나 증여 또는 교역이나 약탈 등을 통해 조달되었다고 추정된다.[114] 아마도 이 범위를 크게 벗어나지는 않을 것이다. 그렇지만 복사卜辭나 금문 등의 출토문헌에 청동원료의 약탈에 관한 약간의 기사가 전해지는 것을 제외하면, 공납이나 교역에 관한 기록은 매우 드물다. 심지어 청동기 주조가 활발하게 이루어진 상대의 복사에서조차 구리를 가리킨 '금金'자

[113] 郁永彬 등, 「試析西周早期社會青銅工業生産機制:以湖北隨州葉家山墓地出土銅器爲中心」, 『文物』 2019(5), 100쪽.
[114] 朱鳳瀚, 앞의 책, 2009, 667쪽.

가 아예 보이지 않는다.[115]

다만 금문에서는 다양한 방식의 구리 유통에 관한 약간의 정보를 얻을 수 있다. 우선 공납의 경우, 시대가 다소 내려가지만, 서주 말기 경, 초공楚公 역逆이 조상신과 사방四方의 신령에게 제의를 거행할 때, 이름이 분명하지 않은 한 지역정치체의 수장이 적금赤金 구만균九萬鈞을 '납향納享', 즉 공납하였다는 초공역편종楚公逆編鐘의 명문을 그 사례로 들 수 있다.[116] 초공 역은 웅악熊咢으로 기원전 799년에 즉위하여 기원전 791년에 사망하였다. 따라서 명문에서 초 공실에 청동원료를 공납한 지역정치체는 서주 후기 동록산과 동령 일대에서 청동원료의 생산에 종사하고 있던 집단이었다고 추정된다.[117] 금문에서 '금'의 수량은 보통 판鈑으로 헤아리거나 균鈞으로 표기한다. 『설문해자說文解字』에 균鈞은 30근斤이라 하는데, 전국시대의 1근은 약 250g에 해당하고, 그것은 서주시대에도 큰 차이가 없었을 것으로 추정되므로, 1균은 약 7.5㎏ 가량일 것으로 추정된다.[118] 초공

---

[115] 제5기 복사에 "王께서 黃吕를 주조하고 血祭를 하려고 하는데 오늘 乙未日이 이롭겠습니까?(王其鑄黃吕, 奠血, 今日乙未利, 英藏 2567)"는 기록이 있다. 이 '黃呂'는 『小屯殷墟文字甲編』 제1467판에도 보인다. 그것은 름신 · 강정시대의 것인데, 여기에는 "정해일에 점칩니다. 대가 묻습니다. 黃吕를 …"이라고 되어 있다.(英藏 2567) 황려의 황이 색깔이고, 吕는 광석을 제련하여 만든 주괴를 의미는 견해(燕耘, 「商代卜辭中的冶鑄史料」, 『考古』 1973(5), 299쪽)를 수용한다고 해도, 이상이 복사의 청동원료에 관한 내용의 전부이다.

[116] 李學勤, 「試論楚公逆編鐘」, 『文物』 1995(2), 69~72쪽; 黃錫全 · 于炳文, 「山西晉侯墓地所出楚公逆鐘銘文初釋」, 『考古』 1995(2), 170~178쪽; 董珊, 「晉侯墓出土楚公逆鐘銘文新探」, 『中國歷史文物』 2006(6), 67-74쪽.

[117] 黎海超 · 崔劍鋒, 「試論晉, 楚間的銅料流通-科技, 銘文與考古遺存的綜合研究」, 『考古與文物』 2018(2).

[118] 李建西, 앞의 논문, 2010, 98쪽.

역편종楚公逆編鐘에서 공납된 구리의 양이 구만 균이라면, 그것은 약 675t에 해당한다. 그 내용대로라면 막대한 양의 구리가 초 공실에 공납된 것이지만, 이것이 실수實數였는지에는 의문의 여지가 있다.

지역정치체의 공납은 서주시대에 빈번히 행해졌다. 서주 후기의 구부수駒父盨, 집성9.4464에는 남회이南淮夷가 왕싱에 공납을 바친 일이 보이고, 사산반士山盤[119]에는 지금의 호북 무한 일대로 파견된 사산士山이 파견 지역의 지역정치체로부터 공부貢賦를 징수한 일이 보인다. 구보수와 사산반에서는 공납의 물품으로 구리가 직접 거론되지는 않았으나, 후자에는 지역정치체의 수장이 사산에게 패貝와 금金을 예물로 증여한 사실이 기록되어 있다.[120] 이와 같은 상황을 고려하면 서주시대에는 국가에 구리가 헌상되는 일이 있었으며 그 수량이 상당한 규모에 달하였을 개연성도 있다.

청동원료는 왕실의 책명의례에서 하사품으로 사용되기도 하였다. 그것을 전하는 사례는 상당수에 달하지만 예컨대 서주 중기경의 작품인 물정曶鼎 집성5.2838도 그 가운데 하나이다. 여기에는 왕이 물曶로 하여금 조고祖考를 계승해서 복사卜事를 관장하도록 책명하고, 이 책명의례에 배석한 형숙邢叔이 물曶에게 '적금赤金'을 하사한 내용이 보이는데, 적금은 구리를 가리킨다. 명문의 마지막 부분인 하사嘏辭는 "물曶은 왕에게 은총을 받았으니, 물은 이 금金으로 나의 문고文考인 구백弃伯을 제사할 상우정䵼牛鼎을 만든다"로 마무리된다. 이처럼 주왕周王이 신료臣僚에게 금을 하사한 경우는 책명금문 이

[119] 朱鳳瀚, 「士山盤銘文初釋」, 『中國歷史文物』 2002(1), 4쪽.
[120] 김정열, 『서주 국가의 지역정치체 통합 연구』, 서경문화사, 2012, 193~195쪽.

외에도 빈번하게 나타난다. 서주 전기의 사유존師兪尊, 집성11.5995에는 왕이 상후上侯로 수렵을 갔을 때 사유가 호종한 공로로, 이궤利簋, 집성8.4131, 소자생존小子生尊, 집성11.6001과 금궤禽簋, 집성7.4041는 모두 서주 전기의 작품인데, 이들에는 작기자作器者가 주왕의 친정親征에 참가한 공로로 각각 금을 하사받았다는 기록이 있다. 역시 서주 전기의 유물인 작백궤柞伯簋[121]에는 주왕周王이 주周에서 대사례大射禮를 거행했을 때 여기에 참여해서 훌륭한 성적을 거둔 공로로 말미암아 왕이 작백에게 적금赤金 10판鈑을 주었다는 내용도 보인다. 이처럼 주왕은 다양한 일을 계기로 삼아 신료臣僚에게 구리를 수여했다.

그런데 하위자에게 금을 하사하는 경우는 주왕에게서만 볼 수 있는 것은 아니다. 왕이 아니더라도 상위자가 하위자에게 금을 하사하는 일 역시 서주 금문에 빈번히 나타난다. 예컨대 서주 중기의 현존臤尊, 집성11.6008과 우정䣄鼎 집성5.2721에는 현臤과 우䣄가 사옹부師雍父가 지휘하는 전역戰役에 종군한 공로로, 전기의 맥방존麥方尊에는 맥麥이 형후邢侯를 호종하여 주왕을 알현한 공로로, 역시 전기의 영방존令方尊, 집성11.6016에는 영令이 명보明保가 성주成周, 즉 낙양에서 거행한 일련에 의례에 참여한 공로로 각각 자신의 주군으로부터 금을 받았다. 뿐만 아니라 후기의 공신궤公臣簋, 집성 8.4184와 사현궤師獸簋 집성8.4311에는 각각 괵중虢仲과 백화부伯龢父가 공신公臣과 사현師獸을 가신家臣으로 책명하면서 5금金을 하사하는 내용이 있다. 주왕과 유사한 각종 사건을 계기로 하여 주군은 자신의 가신에게 금을 하사하였던 셈이다.

[121] 王龍正 등, 「新發現的柞伯簋及其銘文考釋」, 『文物』 1998(9).

흥미로운 것은 구리가 외교적인 의례의 장場에서도 선물로 교환된 사례가 적잖이 확인된다는 점이다. 서주 전기의 숙궤叔簋, 집성8.4132에는 왕강王姜이 숙叔을 태보大保에게 사신으로 파견하였을 때 태보가 숙에게 '백금白金', 즉 주석을 주었다는 기록이 있고, 후기의 사송궤史頌簋, 집성8.4232에는 왕이 사송史頌을 소蘇로 보냈을 때 소가 사송에게 길금吉金을 빈례賓禮로 준 일이 전해진다. '왕강'과 '왕'은 주 왕실의 성원이므로 이들 사례가 왕실과 관련된 것이라면, 중기의 포화匍盉에는 응후應侯의 사신인 포匍가 저氐로 가서 형후邢侯를 만났을 때 형후가 적금赤金을 예물로 준 일이,[122] 역시 중기의 우언遹甗 집성3.948에는 사옹부師雍父가 우遹를 호후胡侯에게 사신으로 파견했을 때, 호후가 우에게 금을 사여한 일이 보인다.

왕이나 제후 또는 유력 귀족을 막론하고 방문한 사신에게 예품을 수여하는 것은 일종의 관행으로 정착되어 있었으며, 그 가운데는 왕왕 구리, 주석과 같은 청동원료가 포함되기도 했다.

아마도 목왕기의 작품일 것으로 추정되는 풍존豐尊 집성11.5996도 이와는 유사한 경우로 분류될 수 있다. 여기에는 "유월 기생패既生覇 정묘丁卯일, 왕王은 성주成周에 계셨다. 풍豐으로 하여금 대구大矩에게 은례殷禮를 베풀게 하였다. 대구大矩는 풍에게 금金, 패貝를 주었다. 이로써 부신父辛을 제사하기 위한 보배로운 제기를 만든다."는 명문이 있다. 은례殷禮는 회집會集의 의례이며, 그 소집 대상이 되는 자는 문수文盨[123]의 사례에서 보듯이 제후나 지역정치체를 대표하는 자였

[122] 王龍正 등, 「匍鴨銅盉與頫聘禮」, 『文物』 1998(4), 88~91쪽.

[123] 李學勤, 「文盨與周宣王中興」, 『文博』 2008(2).

다. 대구가 양자 가운데 어디에 해당하는지 이 기록만으로는 알 수 없지만 주왕周王의 신료에게 외방外方의 사신이 구리를 헌상하는 일도 당시에는 크게 이상한 일로 취급되었던 것 같지는 않다.

시대가 조금 내려가는 사례이긴 하지만, 고궁박물원에 수장되어 있는 㝬敖簋蓋 집성8.4213에는, 융戎이 금金 백거百車를 자아부子牙父에게 헌상하고, 그 일부가 다시 노魯의 㝬敖에게 분여分與되었다는 기록이 있다. 이 궤는 기형이나 문양으로 보아 춘추 전기의 작품으로 생각된다. 여기에서 자아부子牙父는 제齊 환공桓公의 총신인 포숙아鮑叔牙[124] 또는 노魯 장공莊公의 권신權臣인 공손오公孫敖[125] 등으로 비정된다. 구리를 헌상한 '융戎'은 흉노匈奴, 서융徐戎, 산융山戎[126] 또는 회융淮戎[127] 등으로 다양하게 설명되지만, 흉노가 시간적으로 맞지 않는 것을 제외하면, 나머지 제설諸說 가운데 어떤 것이 좋은지는 판단하기 어렵다. 융戎이 자아부子牙父에게 왜 구리를 헌상하였는지는 㝬敖簋蓋의 명문만으로는 판단하기 어렵다. 유의해야 할 것은, 규모의 차이는 있겠지만, 청동원료는 국가에 대한 공납뿐만 아니라 각종 증여의 형태로, 그리고 주왕뿐만 아니라 지역중심의 장이나 왕조의 유력자 또는 관료 등을 대상으로 해서 빈번히 발생했던 일이라는 점에 유의할 필요가 있다.

다음으로 살펴볼 것은 교역이다. 청동원료 교역에 관한 구체적인 정보를 전하는 자료 역시 찾아보기 어렵다. 춘추 전기경의 자료에

---

[124] 郭沫若, 「敖簋銘考釋」, 『考古』 1973(2), 66~70쪽.

[125] 劉丕烈, 「"子牙父"和"敖"」, 『考古』 1983(7), 639~640쪽.

[126] 劉桓, 「關于敖簋銘文中"戎"的問題」, 『北方文物』 2001(4), 81~83, 90쪽.

[127] 馬承源 主編, 『商周青銅器銘文選(三)』, 文物出版社, 1988, 335쪽.

청동원료의 교역을 전하는 것으로 짐작되는 기록이 있기는 하다. 전세기인 진강정晉姜鼎은 진晉 문후文侯의 부인으로 추정되는 진강晉姜이 진晉 소공昭公 때에 만든 작품으로 추정되는데, 여기에는 "문후께서 삼가 소금과 양초糧草 천량千輛을 나에게 남겨주었다. 나는 문후의 밝은 명을 버리지 않고 관串, 통通, 홍弘으로 하여금 번탕원繁湯原을 정벌하게 하여 길금吉金을 취하였다."는 기록이 있다. 근래에 보리예술박물관保利藝術博物館에 입장入藏된 융생편종戎生編鐘은 진후晉侯에게 예속된 지역정치체의 수장 융생戎生이 제작한 것으로, 진강정과 동일한 사건에 관련된 또 다른 기록으로 보인다. 이 명문에도 "소백昭伯께서 삼가 소금과 양초를 남겨주어 번탕繁湯을 습격하여 정벌케 함으로써 길금을 취득했다."[128]는 기사가 있다.

진강정과 융생편종 등이 전하는 것은 진晉 소공昭公 때 진후의 군대가 번탕繁湯을 공격하여 청동원료를 획득한 사건이다. 그런데 리쉐친李學勤은 융생편종의 명문을 해설하면서 명문의 내용을 정벌에 관련된 것으로 보지 않고, 진晉이 융생에게 준 소금 천량千輛을 소지하고 번탕으로 가서 길금吉金과 '교환'한 내용이라고 하여, 명문의 기록을 소금과 구리 교역을 전하는 것으로 이해하였다. 이것은 명문의 '征정'을 '벌伐'로 읽을지 혹은 '행行'으로 읽을지에 대한 견해 차이로 비롯된 것인데, 사실 후자와 유사한 견해는 일찍부터 있었다. 바이취안징白川靜은 진강정의 '정벌하게 하여 길금吉金을 취하였다'는 부분을

[128] 晉姜鼎과 戎生編鐘의 명문은 沈載勳, 「戎生編鐘과 晉姜鼎 銘文 및 그 歷史的 意義」, 『東洋史學硏究』 87, 2004, 11~12쪽 및 5~9쪽의 번역을 인용하였다.

정벌征伐로 읽지 않고 '정취征取'라고 읽었다.[129]

정征의 다양성多義性을 생각하면 진강정이나 융생편종이 전하는 바가 약탈인지 아니면 교역인지 선뜻 판단하기 어렵다. 이 문제는 일단 놓아두고, 위 두 편의 금문에서 구리를 약탈혹은 교역한 장소로 지목된 번탕繁湯에 주목해 보자. 번탕은 춘추 중기경의 작품인 증백칠보曾伯霥簠에도 출현한다. 증백칠보의 명문에는 "모왕의 9월 초길初吉 경오庚午일. 증백曾伯 칠霥은…회이淮夷를 징치懲治하고 번탕繁湯을 안정시켜 금도석행金道錫行이 정상으로 회복되도록 하였다."는 기록이 있다. 여기에 보이는 증曾은 희성姬姓의 증曾으로, 당시의 하남 남양南陽과 호북 수주隨州 사이의 어느 지점에 위치해 있었으리라 생각된다.[130] 명문은 증의 군주인 칠霥이 번탕을 장악하여 구리와 주석 유통의 거점을 정상화한 업적을 스스로 찬양하는 내용을 담고 있다.

증백칠보曾伯霥簠를 포함한 이상의 여러 금문에 출현하는 번탕은 『좌전』 정공 4년에 보이는 번양繁陽으로, 현재 하남 신채新蔡 북쪽 30㎞ 지점, 여하汝河의 북안에 위치하는 곳으로 이해된다. 이곳에는 청동원료가 산출되지 않으나, 출토 유물 가운데 "번양지금검繁陽之金劍"이라는 명문을 가진 것이 있는 것을 볼 때, 청동원료가 집산되는 일종의 교역 중심지였을 것으로 추정된다. 번탕이 무언가의 원인으로 청동원료의 집산지와 교역지로서 제 기능을 하지 못하게 되자 인근에 위치한 증백이 이곳을 장악하여 정상화하고 청

---

129 白川靜, 『金文通釋』 4, 平凡社, 1993, 90~92쪽.

130 김정열, 「출토자료를 통해 본 西周의 南方 경영과 그 좌절-曾侯와 噩侯의 동향을 중심으로-」, 『歷史學報』 228, 2015.

동원료 교역을 회복시킨 사실은 번탕을 중심으로 청동원료 교역이 빈번하게 이루어지고 있었음을 암시한다.[131]

신채新蔡가 있는 회수淮水 중류 일대는 주 소왕昭王의 남정 실패 이후 회의淮夷의 세력권에 들어갔다. 주왕周王은 빈번히 사신을 파견하여 이 지역을 통제하려는 의도를 드러냈지만, 회이는 서주 왕조가 종언을 고할 때까지 끊임없이 왕조를 괴롭혔다. 그럼에도 불구하고 서주와 회이 사이에는 정치적, 경제적인 교류가 지속적으로 유지되었다. 예컨대 서주 후기의 혜갑반兮甲盤, 집성16.10174에는 주왕이 혜갑兮甲으로 하여금 회이가 납부하는 각종 공물貢物을 관리할 것과 회이와의 교역을 '차次'와 '시市'에서 제한적으로 허용할 것을 명하는 내용이 보인다.[132] 여기에 교역에 관한 내용이 출현하는데, 혜갑반에 따르면 서주 왕실은 서주 쪽의 사람들, 즉 "우리 제후와 백성"도 역시 '시'에서 물자를 교역하도록 제한하하고 있다.

이 기록은 제한된 장소이긴 하지만 왕실 이외의 각종 인적 집단이 회이와의 교역에 참여하고 있었다는 사실과, 현실에서는 회이와의 교역이 통제에도 불구하고 광범위하게 이루어져 온 것을시사하는 것이기도 하다. 진강정과 융생편종이 교역인지 약탈인지를 판단하기에는 자료가 부족하지만, 서주 중기 이래 청동원료 집산지 번탕이 위치한 회수 중류 일대를 회이가 장악하였으며, 주 왕실이 회이와의 교역에 개입하여 그것을 통제하려 했음을 보여주는 이상의 기록은 서주 사회의 다양한 인적 집단이 회이와의 교역을 통해 청

[131] 裘士京, 앞의 책, 2004, 94쪽.

[132] 白川靜, 『金文通釋』 3下, 平凡社, 1993, 785~799쪽.

동원료를 입수할 수 있었던 정황을 충분히 짐작하게 한다.

마지막으로 살펴볼 것은 약탈이다. 주 왕실이 특히 남방을 대상으로 한 전쟁을 통해 청동원료의 약탈에 적극 나섰다는 주장은 서주 중기 이후 회이와의 전쟁이 빈발하였던 사실을 통해 널리 수용되는 것으로 보인다. 예컨대 소왕昭王 때의 작품인 과백궤過伯簋, 집성7.3907에는 과백過伯이 왕을 따라 형荊을 정벌하여 '부금孚金'했다는 기록이 있다. 명문의 '부금孚金'은 구리를 노획한 것을 의미한다. 또 료생수翏生盨, 집성9.4459에는 "왕이 남회이南淮夷를 정벌하여 각角, 진津을 정벌하고 또 동桐, 휼遹을 정벌했다. 료생翏生이 종군하여 포로를 잡고 적의 목을 베었다. 융기戎器를 노획하고 금金을 노획하였다."는 기록이 있고, 중칭부정中偁父鼎, 집성5.2374에도 남회이 정벌과 '부금'이 연계되어 있다. 요생수와 중칭보궤는 모두 주 려왕厲王 때의 것으로 편년된다. 이밖에 서주 후기의 사원궤師寰簋, 집성8.4313에도 사원師寰이 왕명을 받아 회이淮夷를 정벌하고 '부길금孚吉金'했다는 기록이 있다. 이상의 여러 명문은 서주 중기 이래 주 왕실이 형荊, 초楚, 회이淮夷, 남회이南淮夷 등 남방의 지역정치체 또는 인접 집단과의 전쟁 과정에서 구리를 노획하는 일이 지속적으로 발생했음을 전해준다. 따라서 왕조의 남방 원정에서 중요한 목표 가운데 적어도 하나는 청동원료를 획득하는 것이었다는 주장[133]도 설득력이 없지는 않다.

이와 같은 주장의 타당성을 검증할 때 주목되는 자료는 서주 후기의 사동정師同鼎, 집성5.2779이다. 여기에도 '부금'의 기록이 등장하

[133] 裘士京, 앞의 책, 2004, 88쪽.

지만, 여기에서 약탈의 대상이 된 것은 '융戎'이다. 물론 서주시대에는 남방의 이족異族도 융이라 칭한 경우가 있으므로, 사동정의 융 또한 남방의 어느 이족을 가리키는 것일 수도 있다. 그렇지만 소왕 때의 원유員卣, 집성10.5387에는 원員이 史旗을 따라 회鄶를 정벌하여 '부금'한 기록이 있고, 이 회鄶는 현재의 하남 밀현密縣에 해당하므로 사동정의 융戎 역시 꼭 남방의 이족을 가리키는 것으로 해석할 필요는 없다. 즉 청동원료를 노획하는 일은 특정한 지역을 대상으로 한 유목적적인 전쟁에서만 발생한 것이 아니라 어떤 전쟁에서든 모두 발생할 수 있는 일종의 전리품 노획이라는 차원에서 이해하는 것이 더 타당하다는 의미이다. 남방과의 전쟁에서 청동원료의 약탈에 관한 내용이 자주 보이는 것은 남방의 물산 가운데 비교적 풍부한 청동원료가 쉽게 약탈의 대상이 될 수 있었음을 보여주는 것에 불과할 수도 있다.

이런 시각에서 청동원료 약탈에 대한 금문의 기록을 보면, 그것이 우선 국가에 귀속되어야 할 것으로 규정된 내용이 보이지 않는다는 점도 쉽게 이해할 수 있다. 물론 문면에는 기록되어 있지 않더라도 전리품의 대부분이 주왕에게 귀속되고, 참전한 일부 장령將領이 그 기회를 틈타 청동원료를 사적으로 편취하거나 또는 국군이 상사賞賜하는 방식을 통해 약간의 전리품을 챙긴 것으로 볼 수도 있다.[134] 그렇지만 위의 원유員卣에 "원員이 먼저 마을로 들어가, 원員이 구리를 노획하였으므로, 그 공적을 기념하기 위해 이것으로 휴대용 제기

134 裘士京, 앞의 책, 2004, 88쪽.

를 만든다."고 기록되어 있는 것처럼, 청동원료의 입수는 조직적인 행위로 이루어진 것이라기보다는 승리의 전리품을 획득하는 개인적인 약탈에 가까웠다고 생각된다. 거기에서 청동원료 획득을 위한 국가적인 차원의 고려를 확인하기는 어렵다.

서주시대의 금문 보이는 바로는, 청동원료가 국왕과 신하라는 특정한 관계에서 일방적인 방향으로 유통되는 것이었다고 간주할만한 증거는 보이지 않는다. 물론 국가와 그것을 대표하는 주왕은 최고의 권력자이며 재력가로서 청동원료의 획득과 분배에서 '큰손'의 역할을 하였음에는 이론의 여지가 없다. 그렇지만 청동원료는 서주사회를 구성하는 복잡하고 다양한 차원의 인적 네트워크에서 일종의 사치품으로서, 다양한 경로를 통해 빈번하게 교환되고 소비되었다. 그것은, 다소의 제약은 있었겠지만, 국왕은 물론 지역정치체의 장이나 관료, 귀족 또는 기타 유력자들에 의해 교역이나 증여를 통해 입수될 수도 있었으며, 때로는 전쟁 등의 비정상적이며 우연한 기회로 획득될 수도 있었다. 이와 같은 상황에서는 국가에 의한 청동원료의 관리와 통제를 과대평가할 필요도 없다.

V. 맺음말

중국 초기국가시기에 청동기는 사회 지배층의 신분과 권위를 보장하는 물건이었으며, 병기 또는 차마기로 활용되어 군사력을 극대화하는 데 유용한 물건이기도 하였다. 그러므로 청동원료는 당시로서는 매우 중요한 자원이었고 따라서 그것의 생산과 유통에 대한 관심 또한 지대했을 것임을 짐작할 수 있다. 때문에 청동원료의 생산과 유통이라는 문제는 초기국가시기의 국가와 사회 나아가서는 경제의 구조를 이해하는 데 매우 유익한 방편이 될 수 있다. 이 글에서는 이와 같은 문제의식을 바탕으로 논의를 전개해 왔다.

청동원료의 생산지에 관한 문제는 근년에 활발히 이루어진 납동위원소 비율 분석에 힘입어 커다란 진전을 거두고 있다. 1980년대에 양자강 중·하류의 동록산, 동릉 등지에서 초기국가시기까지 소급될 수 있는 동광 유적이 발견되면서, 이 지역을 주요한 청동원료 공급지로 간주하는 견해가 대세를 이루었다. 그러나 이후 일군의 연구자들이 특히 상대의 청동기에서 이상납을 발견하고 이런 종류의 청동원료의 공급지를 사천, 운남 등지에서 구하면서 청동원료 공급지에 대한 이해는 일대 혼란에 빠지게 되었다. 그렇지만 최근에 들어 납동위원소 비율을 이용한 청동원료의 산출지 추정 기술이 더욱 고도화되고, 그와 함께 의미 있는 유적이 속속 발견되면서, 이 문제는 어느 정도 해결의 실마리를 찾게 된 것 같다. 초기국가시기의 청동원료의 주요 공급지는 중원에서 가까운 중조산 일대이며, 서주시대에 들어 양자강 중류 동록산 일대의 공급량이 증가하게 되었다는 것이 그것이다.

청동원료는 광산 인근에서 제련을 거쳐 소비지로 운송되었다. 청동원료의 산출지는 상 전기의 원곡상성에서 보는 것처럼 국가권력의 직접적인 개입과 관리 하에 운영된 것도 있었지만, 동하풍이나 서오벽 유적에서 추정되는 것처럼 재지세력의 지배하에 경영되는 것도 있었다. 이처럼 청동원료의 생산 주체는 다양했다. 소비지에 도착한 청동원료는 각종 청동기로 제작되었다. 청동공방은 국가가 직접 경영한 경우가 있었음을 배제할 수 없지만 국가가 청동기 제작을 독점하였다거나 아니면 그 대부분을 차지한 것은 아니다. 은허나 주원에서 확인되는 것처럼 청동기 제작 주체는 청동원료의 생산 주체만큼 다양했다. 거기에서 재지의 인적집단이나 지역중심의 역할을 과소평가할 이유는 없다.

최근의 연구에서, 다양한 생산과 소비 주체의 사이에 이루어진 청동원료의 유통에 대한 문제는 일종의 경향성을 띠고 있는 듯하다. 초기국가시기의 핵심지역과 지역중심에서 소비된 청동원료 가운데 동일한 지역에서 산출된 것의 비중이 높았음을 알려주는 정보가 축적됨에 따라, 국가 권력의 청동원료 장악과 독점을 상정하는 견해가 학계에서 점차 주도적인 지위를 점해 가는 것으로 보인다. 그러나 청동원료가 소비되는 양상을 구체적으로 전하는 서주시대의 금문 자료는 그것이 복잡하고 다양한 차원의 인적 네트워크에서 다양한 계기와 경로를 통해 입수되고, 빈번하게 교환되었으며 또 소비되었다는 사실을 알려주고 있다. 따라서 국가에 의한 청동원료의 관리와 통제를 지나치게 확대해서 평가하는 견해는 좀 더 보완되어야 할 과제를 안고 있다고 생각된다.

청동원료를 포함한 각종 자원의 통제를 중국의 초기국가에 투영하는 것은 중국 초기국가의 성격을 어떻게 이해할 것인가 라는 문제와 밀접한 관련을 맺고 있다. 중국 초기국가의 구조를 분절적 인적 집단의 집적으로 이루어진 일종의 네트워크로 이해할 것인가 아니면 국가 권력의 지배하에 조직된 기능적 단위의 집적으로 볼 것인가는 이 문제가 해결해야 할 최종적인 과제가 될 것이다. 선험적 결론을 경계하고 자료의 집적과 천착을 지속해야 할 필요가 있다.

동남아시아의 고대 교역과 세계화: 기원전 2000년~기원후 500년

홍샤오춘(洪曉純, Hsiao-chun, Hung) (저, 오스트레일리아대학교Australian National University 교수)

소동섭(역, 베이징北京대학교 박사과정생)

I. 서론

인도와 중국의 양대 문명국 사이에 위치한 동남아시아Southeast Asia는 항상 문화의 변경 지역 혹은 문화적으로 정체된 지역으로 여겨왔다. 우리가 세계 고대문명을 이야기할 때, 동남아시아의 중요성에 대해서 소홀히 다루었다. 사실, 아시아의 동남부에 위치한 동남아는 서쪽에 인도가 있고 북쪽에 중국이 있으며, 동쪽으로는 태평양의 여러 섬들이 있기 때문에 태평양과 인도양의 사이의 교차로 상에 놓여있는 지역이다. 동남아는 유리한 지리적 조건에 있어서, 全 지구적인 장거리 무역이 활발해지기 시작할 때인 기원전 500년부터 세계 교역 네트워크 사이에서 중요한 위치를 차지했다.

동남아 지역은 광활하며, 이곳의 민족과 문화는 다양하다. 동남아는 서방의 식민 지배를 받기 이전까지 고유 문자 시스템을 발전시키지 못했기 때문에, 우리는 근접한 나라인 중국, 인도의 고대 문헌 기록이나 보다 먼 로마를 통해서만 동남아의 고대문화를 이해할 수 있다. 그밖에 고대의 동남아 지역을 이해할 수 있는 가장 직접적인 증거는 동남아나 인근 지역의 고고 유적에서 출토된 자료들이다. 고대 문헌과 고고학적 증거는 동남아시아의 고대 경제 발전과 다른 지역의 문명과의 교류 양상을 재구축하는데 이바지한다.

본고는 동남아시아의 고대 무역과 세계적 네트워크를 위주로 문화 단계를 세 단계로 나누어 논의할 것이다. 먼저, 기원전 2000년부터 기원전 500년 즉, 동남아시아의 신석기시대Neolithic Age에 나타나기 시작한 지역적 교환exchange이다. 다음으로 기원전 500년부터 기원전 200년 즉, 동남아 사회가 완전한 금속시대Metal Age 시대로 접어든 시기에 동남아시아 각 지역에서는 사회와 문화에 뚜렷한 변화가 있었고 많은 장거리 교역과 다자교역이 존재했다. 이 시기에, 인접 지역인 중국이나 인도와의 교류가 점차 많아졌다. 마지막으로 기원전 200년부터 기원후 500년의 동남아는 해상 실크로드Maritime Silk Road를 통해 유라시아 대륙을 연결했고 세계의 여러 지역, 고대 문명 사이에서 장거리 무역을 연결하기 시작했다. 또한, 이 시기에 첫 번째 유라시아 세계 체제the first Eurasian World System가 구체적으로 형성되었다〈그림 1〉.

본고에서 다루는 동남아 지역이란 동남아시아 본토Mainland Southeast Asia와 동남아시아의 도서島嶼지역Island Southeast Asia을 포괄하는 개념이다. 동남아시아 본토는 인도차이나 반도에 있는 다섯 개의 현대 국가, 즉 베트남, 라오스, 캄포디아, 태국, 미얀마를 지칭한다. 동남아시아의 도서 지역은 남태평양에 위치한 여섯 개의 현대 국가, 즉 말레이시아, 인도네시아, 필리핀, 보르네오, 싱가포르, 동티모르를 가리킨다. 타이완臺灣은 예부터 동남아시아의 여러 섬들과 밀접한 관계에 있었으므로 본고에서 논의하는 동남아의 도서 지역의 범주에 포함할 것이다. 다수의 고고학적 증거와 고대 문헌 기록은 무역이나 교환 활동가 다양했다는 것을 반영하는데, 지면 관계상, 본고에서는 세 문화 단계의 사례로 제시하여 각 시기의 무역 성격과 규모, 형식을 증명할 것이다. 그러면 고대 문명사에서의 동남아의 역할과 위상을 알 수 있을 것이다.

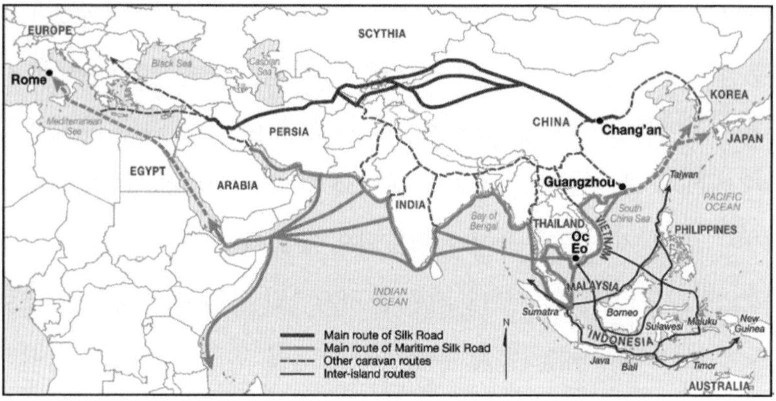

〈그림 1〉 기원전 200년부터 기원후 500년까지의 해상 실크로드와 육상 실크로드는 유라시아를 연결하였다. 세계 고대문명은 장거리 무역으로 연결되기 시작했으며, 동남아는 해상 실크로드의 교차로에 위치한다.

II. 기원전 2000년~기원전 500년 : 동남아시아 무역교류의 초기

동남아 신석기 문화Neolithic Culture는 지금으로부터 4000년 전에 시작되었다. 고고학, 언어학, 체질인류학, 고대 유전자연구 등을 통해서 동남아의 신석기시대 사람들이 주로 중국 남방에서 왔다는 사실이 이미 밝혀졌다.

지금으로부터 4000년부터 2500년 전까지의 동남아에서는 각종 형식의 교환이나 무역 행위가 출현했는데, 대부분 지역적인 성격을 가진다. 이 시기에 교환이나 무역trade하는 물품과 형식에 대해서는 고고학적 유적 중 보존상태가 양호한 석기와 토기를 통해서 많은 실마리를 얻을 수 있다. 그러나 당시에는 식물, 동물 혹은 다른 먹을거리가 주요 교역품였으므로 유기물이 많을 수밖에 없다. 교역품의 기원과 분포 범위를 분석하면, 당시의 교환과 무역의 규모를 추론할 수 있다. 여기서 이 시기의 몇 가지 사례가 설명될 수 있는데, 타이완 해협의 감람석 현무암olivine basalt 등의 석기 무역, 보르네오의 흑요석 무역obsidian trade, 베트남과 중국 싼싱두이三星堆의 아장牙璋, Yazhang Blade과 유령환有領環, T-sectioned bracelets 등의 특수 옥기의 교환이 있다. 아래에서 간단히 언급할 것이다.

1. 타이완 해협의 석기 무역

타이완 해협의 펑후澎湖 제도諸島에는 풍부한 감람석 현무암이 풍부한데, 그 중에서도 치메이七美 섬에는 세 곳의 대형 선사시대 석기 제작터 유적이 있다. 이 유적의 연대는 기원전 2200년에서 기원전 1800년의 사이이다. 유적 곳곳에는 감람석 현무암으로 만든 반제품毛胚, preforms, 격지, 타제석기용 망치돌 등이 있었다〈그림 2〉. 타이완 서해안의 평원에는 석기를 제작에 좋은 돌감이 부족했기 때문에, 지금으로부터 4000년 전에 치메이 섬의 다량의 반제품을 배로 타이완 서해안에 가져와서 가공했다.

〈그림 2〉 타이완 해협의 펑후 치메이 섬 중 시베이완(西北灣) 선사 석기 제작터 유적. 4000년 전에 이곳의 많은 반제품이 타이완 서해안으로 운송된 후 제작되고 사용됐다(직접 촬영).

타이완의 서해안인 타이난臺南 지역의 몇몇 신석기 유적에서는 편년이 치메이 섬의 석기 제작터와 비슷한 시기의 간석기가 많이 발견되었다. 이 간석기들은 치메이 섬에서 운반된 반제품을 갈아서 가공한 석기로, 타이난 지역에 공급되어 사용되었다. 같은 시기에 타이완 섬의 일부 물품을 펑후 제도로 수입했는데, 벼와 좁쌀처럼 펑후의 환경에서 비교적 자라기 어려운 농작물이 있었을 것이다. 그밖에 펑후 제도의 여러 고고 유적지에서는 타이완 동부 화롄옥花蓮玉으로 만든 옥기가 수입된 것이 확인되었다.[1] 펑후 제도로 운송된 것 이외에도 옥기들은 기원후 2000년을 전후한 시기에 고古 오스

1 Tsang, C.H. 1992 *The Archaeology of the P'eng-hu Islands*, Taipei: Institute of History and Philology, Academia Sinica; Hung, H.C. 2004 "A sourcing study of Taiwan stone adzes", *Bulletin of the Indo-Pacific Prehistory Association* 24, pp.57~70.

트로네시아 어족Austronesian speaking population이 이주하면서 타이완에서부터 필리핀의 여러 섬과 타이완 동부에 분포되었다.[2] 펑후 제도와 타이완 서해안의 사이에는 '펑후 수도水道', 혹은 이른바 '헤이수거우黑水溝'라고 불리는 해구가 있는데, 이곳을 항행할 때마다 상당히 어려웠다. 그렇지만 타이완 서부에서 발견된 치메이 섬의 감람석 현무암으로 제작된 다량의 석기들을 통해, 당시 타이완의 신석기시대의 사람들이 숙련된 항해기술로 이미 타이완 해협을 이미 왕래했다는 사실이 밝혀졌다.

2. 보르네오와 멜라니시아의 흑요석 무역

부킷 텅코락Bukit Tengkorak은 보르네오의 샤바Sabah 동북부에 위치한 신석기 유적이다. 유적의 연대는 기원전 1300년에서 기원전 1000년 사이인데, 이곳에서는 멜라네시아의 라피타Lapita 문화기에 사용된 두 종의 화산 유리 즉, 흑요석이 출토되었다. 이 두 종류의 흑요석은 뉴기니 북부의 애드미랄티Admiralty 섬과 뉴브리튼 북부의 탈라시Talasea 반도에서 기원한다.[3] 샤바에서 북부 뉴기니 부

2 Hung, H.C. · Y. Iizuka · P.Bellwood, 2007 Ancient jades map 3000 years of prehistoric exchange in Southeast Asia, 104: 50, pp.19745-19750.

3 Bellwood, P.1989, "Archaeological investigations at Bukit Tengkorak and Segarong, Southeastern Sabah" *Bulletin of the Indo-Pacific Prehistory Association* 9, pp.122~162; Chia, S. 2003, "Obsidian sourcing at Bukit Tengkorak, Sabah, Malaysia", *Sabah Society Journal* 20, pp.45~63.

근의 흑요석 산지까지 거리는 약 3500km에 달한다.

이외에도 부킷 텅코락 유적에서는 녹색 운모雲母, mica의 장식품이 발견되었는데, 아마도 필리핀 중부의 민도로Mindoro 섬에서 유입된 듯하다.[4] 흑요석과 녹색 운모의 발견을 통해, 당시의 부킷 텅코락 사람들은 남방이나 북방의 섬 주민들과 장거리 교역 활동했다는 것을 추론할 수 있다.

3. 베트남에서 출토된 아장牙璋, 유령환有領環 등의 옥기

신석기시대부터 청동기시대까지 베트남과 중국에서는 상호 유사한 기물들이 출토되었다. 그 중에서 비교적 특이한 유물은 아장과 유령환이다. 이들은 일반적으로 연옥軟玉, nephrite jade으로 제작된다.

아장의 출현 시기는 북중국의 룽산龍山문화 시기까지 거슬러 올라갈 수 있다. 중국 중원 지역이 아닌 다른 곳에서 발견된 아장에 대해 많은 학자들은 아장의 전파와 청동기시대 상商 문명의 영향이 서로 관련이 있다고 생각한다. 동남아 특히, 북부 베트남의 몇몇 지방 즉, 썸 렌Xom Ren, 풍 응우옌Phung Nguyen, 쿠 드엉Khu Duong, 짱 껜Trang Kenh 유적에서 아장이 출토되었다.[5]

---

4 Hung, H.C. · Iizuka, Y. 2017, "Nephrite and Mica industries: a link towards the Austronesian world", B. Bellina(ed.), *Khao Sam Kaeo: An Early Port-City between the Indian Ocean and the South China Sea*, Paris: Ecole française d' Extrême-Orient, pp.461~486.

5 Ha, V. T. 1994, "Yazhang in Viet Nam", C. Tang(ed.), *Ancient Cultures of South*

중국에는 신석기시대부터 유령환이 있었는데, 유령환의 지리적 분포범위는 북중국에서부터 말레이 반도까지 뻗어있다. 동남아시아 본토인도차이나 반도에서 유령환이 출토된 곳은 많다. 적어도 베트남, 태국, 말레이시아가 그 범위에 포함되고,[6] 필리핀과 인도네시아에서도 소량의 유령환이 확인된다. 동남아의 유령환은 기원전 1800년부터 기원전 1500년까지 거슬러 올라갈 수 있다. 동남아시아에서는 연옥과 기타 돌감, 조가비로 제작된 유물을 발견할 수 있는데, 늦은 시기에는 청동으로도 제작되었다. 일부 학자는 유령환이 북중국의 황허 지역에서 기원했을 것으로 보지만,[7] 어떤 학자들은 중국 서남부의 쓰촨四川 청두成都의 싼싱두이三星堆 문화와 연관이 있다고도 본다.[8]

일부 학자들은 유령환이 중국에서 유구한 전통을 가지고 있으므

China and Neighboring Regions, Hong Kong: The Chinese University of Hong Kong Press, pp.451~454; Hoa, D. D. 1996, "New findings on Zhang in the Phung Nguyen culture", *South Pacific Studies* 17, pp.83~101; 鄧聰,「越南馮原遺址與香港大灣遺址玉石器對比試釋」, 鄧聰 主編, 1994,『南中國及鄰近地區古文化研究: 慶祝鄭德坤教授從事學術活動六十週年論文集』, 香港: 中文大學出版社, pp.215~218.

6 吉開將人, 1994,「論"T型玉環"」, 鄧聰 主編,『南中國及鄰近地區古文化研究: 慶祝鄭德坤教授從事學術活動六十週年論文集』, 香港 : 中文大學出版社, pp.255~268; Huang, C. 2017, "T-Sectioned Bangles and Yazhang in Ancient China and Mainland Southeast Asia(ca. 2300-500 BC)", Canberra: Australian National University(PhD thesis).

7 楊建芳,「略論有領環的起源·傳播與用途」,『中國文物報』, 1994年1月9日; 吉開將人, 1994,「論"T型玉環"」, 鄧聰 主編,『南中國及鄰近地區古文化研究: 慶祝鄭德坤教授從事學術活動六十週年論文集』, 香港 : 中文大學出版社, pp.255~268.

8 孫華,「凸好郭器的淵源」,『中國文物報』1993年 11月 14日; 黃翠梅, 2015,「殷墟出土的有領玉環及其相關問題」, 李永迪 主編,『紀念殷墟發掘八十週年學術研討會論文集』, 臺北: 中央研究院歷史語言研究所, 2015, pp.211~225.

로 이러한 물품이 동남아에서 발견된다는 것은 중국의 영향이 반영된 것이라고 본다. 그러나 일각에서는 유령환이 동남아에서 독립적으로 기원한 것으로써 반드시 중국에서 유입되었다고 할 수 없다고 생각한다. 가령, 베트남의 고고학자는 베트남을 유령환의 기원지로 보고 있다. 베트남에서 출토된 유령환이 북중국의 것에 비해 늦게 나타나지만, 남중국의 것에 비해 일찍 나타나기 때문이다. 현재까지 고고학적 증거로 볼 때, 당시 중국과 베트남 두 곳 모두 지역에서 제조한 증거도 있지만, 유령환을 두 지역 사이에서 교류했던 흔적 또한 존재한다.

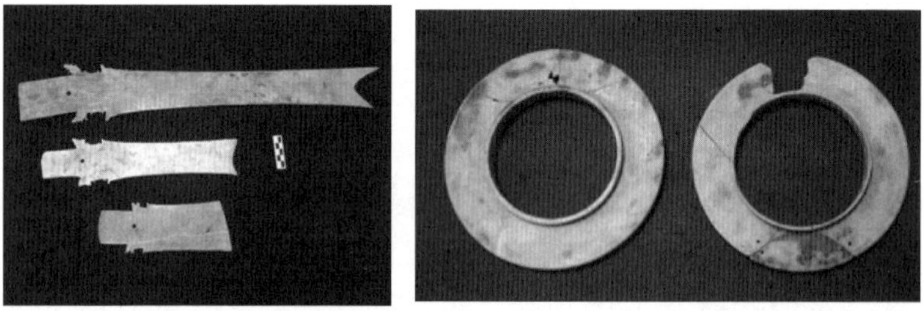

〈그림 3〉 북부 베트남의 썸 렌 유적에서 출토된 옥제 아장과 유령환. 썸 렌에서 출토된 이 두 종류의 유물은 중국 쓰촨의 싼싱두이 유적에서 왔을 것이다(베트남의 푸 타오(Phu Thao)박물관에서 직접 촬영).

북부 베트남의 썸 렌Xom Ren유적에서는 연옥으로 제작된 아장과 유령환이 동시에 출토되었다〈그림 3〉. 썸 렌 유적에서 출토된 두 종류의 유물은 형태와 재질 측면에서 모두 중국 쓰촨 청두의 싼싱두이 유적에서 출토된 것과 매우 흡사하다. 썸 렌 유적에서 출토된 세 점의 아장과 네 점의 유령환은 모두 싼싱두이에서 왔다고 볼 수

있다.[9]

북부 베트남과 남중국의 빈번한 교류는 적어도 신석기시대까지 소급될 수 있다. 중국 고대의 문헌에도 고대의 촉인蜀人이 쓰촨에서 북부 베트남으로 이주했다는 기록이 있다.[10] 중국 서남부에 위치한 남방 실크로드Southern Silk Road는 신석기시대부터 이미 존재한 듯하다. 남방 실크로드는 고대 중국과 북부 베트남만을 연결한 것이 아니라 중국과 동남아의 태국, 라오스, 미얀마 등은 물론이거니와 심지어 남아시아의 인도까지도 연결하였다. 북부 베트남의 썸 렌 유적과 중국 쓰촨의 싼싱두이 유적으로 대표되듯이, 많은 부분에서 문화적 관습, 물질문화, 아장과 유령환을 공유하였다. 이러한 사실은 기원전 1500년 전에 이미 장거리 교역이 있었음을 보여준다. 고고학적 증거에서 나타나듯이, 쓰촨 싼싱두이에서도 다른 지역에서 유입된 바다조가비와 상아들이 출토되었는데, 남방 실크로드를 경유하여 인도나 동남아 지역에서 중국의 서남부까지 유입되었을 가능성이 가장 농후하다.

9 Huang, C. 2017, "T-Sectioned Bangles and Yazhang in Ancient China and Mainland Southeast Asia(ca. 2300-500 BC)", Canberra: Australian National University(PhD thesis).

10 孫華, 2000, 『四川盆地的青銅時代』, 北京: 科學出版社, pp.347~353.

III. 기원전 500년~기원전 200년: '해상 실크로드' 이전의 해상 실크로드

동남아 본토는 기원전 1200년에 청동기시대Bronze Age를 맞았고 기원전 500년에 철기 시대Iron Age에 진입했다. 동남아시아 섬들의 신석기시대는 기원전 500년까지 지속되었고 이어서 금속 시대에 진입하면서 청동기시대와 철기 시대를 동시에 맞이하였다. 금속 공구의 출현에 따라 기원전 500년 이후, 동남아 지역의 조선造船 기술이 급속히 발전하였고 각 지역의 해상 교류와 무역이 더욱 빈번해졌다.

동남아 지역 문화의 발전에 있어서 기원전 500년에서 기원전 200년까지는 전환기였다. 지역 내의 교류 무역도 더욱 밀접하게 발전되고 통합되었는데, 우리는 이 시기를 '해상 실크로드 이전의 해상 실크로드'라고 부를 수 있다. 기원전 200년 경, 한漢 제국이 남중국과 북부 베트남으로 확장하면서 해상 실크로드의 발전에도 직접적인 영향을 주었다.

본 장에서는 기원전 500년부터 기원전 200년까지 동남아 여러 섬들 간에 무역이 활발했던 것을 예로 들어 설명할 것이다. 타이완 동부의 타이완 옥台灣玉, Taiwan nephrite jade과 북부 베트남 동손의 청동 북東山銅鼓, Dong Son bronze drums으로 나눌 수 있다.

1. 타이완 옥

우리는 선사시대 타이완 옥의 산지 연구sourcing study를 통해 타이완 동부의 화롄花蓮 펑톈風田에서 기원한 연옥으로 제작된 옥기와 돌감이 이미 선사시대에 동남아의 여러 지역으로 유통되었다는 사실을 알 수 있었다. 기원전 2000년부터 기원전 500년까지 즉, 타이완과 필리핀의 신석기시대 제1단계에 타이완 옥이 북부 필리핀의 바타네스Batanes 제도와 루손섬에서 주로 발견되었다. 필리핀의 타이완 옥 장식과 타이완 본토에서 발견되는 옥이 매우 흡사한 것을 보면, 타이완의 오스트로네시아 어족이 선사시기에 이주하면서 옥기들도 필리핀에 전해진 듯하다.

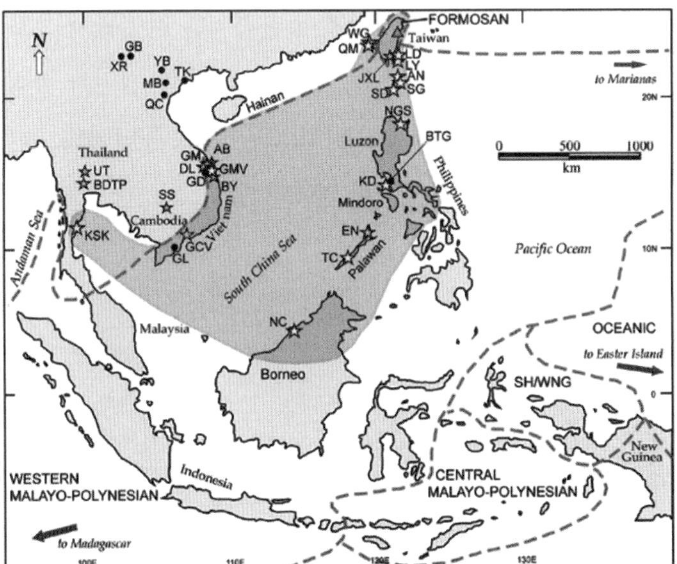

〈그림 4〉 선사시대 동남아의 타이완 옥 분포도. 음영처리한 부분이 현재까지 알려진 동남아의 타이완 옥의 분포 범위다. 삼각형은 타이완 펑톈의 옥 광산이 위치한 곳이며, 점선은 오스트로네시아 어족이 분포했던 지역이다.

제2단계는 기원전 500년부터 서기 원년을 전후한 시기인데, 타이완 옥이 더욱 남쪽으로 확산되어 필리핀 서남부 팔라완Palawan, 북부 보르네오, 중남부 베트남, 심지어 태국 중부와 태국 남부 반도에서까지 발견된다〈그림 4〉.[11] 이 시기에는 옥기 유통의 형식이 타이완 옥의 원재료가 유출되는 것으로 점차 변화되어, 란위蘭嶼섬, 바타네스 제도, 필리핀 팔라완, 남부 베트남, 남부 태국 등지에서도 옥기가 제작되었다. 우리는 타이완 옥의 원재료가 가공되는 과정에서 버려진 폐기물을 여러 유적에서 확인할 수 있다. 이 시기에 동남아에서 제작된 옥기와 타이완 본토의 옥기 사이에 기형 차이가 확연하고 다량의 옥기의 형태에서 동남아 특유의 양식이 나타났다. 동남아 원주민들이 선호하는 스타일에 결합한 듯하다.

요컨대, 두 단계의 동남아시아에서 발견되는 타이완 옥으로 제조된 옥기는 서로 다르며, 옥기가 동남아에서 발생한 원인과 과정 또한 다르다.[12] 게다가 동남아에 분포된 타이완 옥은 동남아의 오스트로네시아 어족 분포 지역과 밀접한 관계에 있다.

2. 동손의 청동 북

기원전 500년부터 기원후 300년까지 북부 베트남 동손東山, Dong

[11] Hung, H.C. · Y. Iizuka · P.Bellwood, 2007, Ancient jades map 3000 years of prehistoric exchange in Southeast Asia, *PNAS* 104: 50, p.19747.

[12] *Ibid.*

Son 문화에서는 고도의 공예 기술로 알려진 청동 공업이 발달했다. 가장 유명한 청동기는 실랍법失蠟法, lost wax으로 주조된 청동 북, 청동 도끼, 청동 창, 청동 팔찌 등 청동 기물과 청동 장식품이다.

청동 북〈그림 5〉은 독특한 양식과 광범위한 분포로 가장 많은 관심을 받았다. 다양한 동손의 청동 북 중에서 오스트리아 민속학자인 프란츠 헤거Franz Heger, 1853~1931에 의해서 제1유형으로 분류된 유물들이 가장 광범위하게 나타나는데, 이를 일반적으로 '헤거 Ⅰ'라고 부른다. 이 유형은 남중국남중국의 광시廣西, 윈난雲南, 구이저우貴州에서도 자체적으로 청동 북을 생산했다., 라오스, 태국, 미얀마, 말레이시아, 인도네시아 심지어 뉴기니 서부에서도 확인된다.[13] 수마트라에서 동쪽으로 자바섬을 지나 소小 순다 섬Lesser Sunda까지의 범위 안에서 동손의 청동 북은 순다섬에서 소 순다 열도에 이르는 지역에 주로 분포해 있다. 그러나 보르네오섬에서는 이 청동 북이 드물고, 필리핀 제도나 타이완에서는 아직 출토된 적이 없다. 현재까지 동손의 청동 북은 아주 특수한 유통 네트워크에서만 존재했다는 것을 알 수 있다.

---

[13] Bernet Kempers, A. J. 1988, "The kettle drums of Southeast Asia", *Modern Quaternary Research in Southeast Asia* 10; Imamura, K. 2012, "The distribution of bronze drums of the Heger I and Pre-I types: Temporal changes and historical background", *Bulletin of the Department of Archaeology, University of Tokyo* 24, pp.29~44; Calo, A. 2014, *Trails of Bronze Drums across Early Southeast Asia: Exchange Routes and Connected Cultural Spheres*, Singapore: Institute of Southeast Asian Studies; Oliveira, N.V. · S. O'Connor · P.Bellwood, 2019, "Dong Son drums from Timor-Leste: prehistoric bronze artefacts in Island Southeast Asia", *Antiquity* 93: 367, pp.163~180.

동남아에서 광범위하게 분포된 동손의 청동 북과 타이완 옥의 시기는 비슷하지만, 두 종류의 유물은 거의 특수한 교역 루트와 유통 범위에서만 존재한다. 이 두 가지 유물의 교역 네트워크가 겹치는 구간은 남부 베트남과 태국 남부 정도이다. 이는 서로 다른 집단族群이 해상 교역 네트워크를 통제했다는 것을 보여주는 사례가 아닐까 한다.

〈그림 5〉 1973년 베트남 하노이의 푸 푸엉(Phu Phuong)에서 발견된 동손의 청동 북. 유물의 연대는 지금으로부터 2500년에서 2000년까지이다(베트남국가역사박물관에서 직접 촬영).

IV. 기원전 200년~기원후 500년 : 초보적 단계의 '해상 실크로드'

해상 실크로드에 관한 연구는 아주 많다. 기원전 200여 년의 중국 한대漢代, 기원전 206년~기원후 220년에는 남중국의 오랜 항구 도시가 중국, 동남아시아, 인도, 로마를 연결하였는데, 이를 이른바 해상 실크로드라 한다〈그림 1〉. 해상 실크로드에 대해서 가장 이른 문자 기록은 중국 한대의 반고班固, 32~92가 저술한 『한서漢書』「지리지地理志」이다.

"일남日南에서부터 육로가 막혀 서문徐聞, 합포合浦에서 뱃길로 다섯 달 정도 가면 도원국都元國이 있다. 거기서 또 배로 네 달 정도 가면 읍로몰국邑盧沒國이 있다. 또다시 배로 20여 일 가면, 심리국諶離國이 나온다. 이곳에서부터 걸어서 10여 일 가면 부감도로국夫甘都盧國이 있다. 또 이곳에서부터 배로 2달 남짓 가면 황지국黃支國이 나온다. 이 나라들은 풍속이 대략 주애珠厓와 비슷하다. 그 땅은 광대하고 인구가 많으며, 특이한 물건이 많다. 무제武帝 이래 모두 공물을 헌상하고 알현한다. 통역하는 장이 있어 황문黃門에 속하는데, 응모자들과 함께 해시海市에 들어오면, 명주明珠, 벽유리壁流離, 기이한 돌, 특이한 물건을 팔고 황금과 비단을 가지고 간다. 이르는 나라마다 모두 넉넉하게 먹고 짝을 찾는다. 이 남쪽 오랑캐들은 배를 사서 이동한다. 또 교역에 이들이 있으면, 겁박하고 사람을 죽이기도 한다. 모진 풍파를 만나면 익사하거나 몇 년 동안 돌아오지 못하는 사람도 생긴다. 큰 구슬도 둘레가 2촌寸에 미치지 못한다. 평제平帝의 원시元始 때에 왕망王莽이 정사를 보조하면서 위엄과 덕을 빛내고자 황지국의 국왕에게 후하게 보냈다. 그랬더니 사절을 보내 살아 있는 물소를 헌상하였다. 황지국에서 뱃길로 여덟 달 정도 가면, 피종皮宗에 다다른다. 그곳에서 배로 두 달쯤 가면 일남과 상림계象林界에 도착한다고 한다. 황지국의 남쪽에는 이정불국已程不國이 있는데, 한나라의 통역사신이 이곳에서 돌아왔다.[14]"

이 문헌에는 중국과 동남아의 무역 경로와 무역 활동이 보인다. 물론 일부 지명을 현재의 지리에 비정하는데 합의를 이끌어내지는 못했지만, 이 문헌에서는 동남아 대륙과 말레이시아 반도의 연안에서 있었던 한대의 무역 활동 모습을 명확히 기록했다. 즉, 지금의 베트남, 캄보디아, 미얀마, 태국, 싱가포르, 말레이지아, 인도네시아, 인도, 스리랑카가 포함된다. 본 장에서는 기원전 200년부터 기원후 500년 사이에 동남아와 중국, 인도, 이집트, 로마, 동북아의 한반도와 일본 등지까지 있었던 교류를 통해 동남아를 설명할 것이다.

1. 동남아와 중국의 교류

중국이 해상 실크로드를 이용하여 동남아시아로 운반한 상품은

14 『漢書』「地理志」: "自日南障塞徐聞合浦船行可五月, 有都元國. 又船行可四月, 有邑盧沒國. 又船行可二十餘日, 有諶離國. 步行可十餘日, 有夫甘都盧國. 自夫甘都盧國船行可二月餘, 有黃支國. 民俗略與珠厓相類. 其州廣大, 戶口多, 多異物. 自武帝以來皆獻見. 有譯長, 屬黃門, 與應募者俱入海市明珠壁流離奇石異物, 齎黃金雜繒而往. 所至國皆稟食爲耦. 蠻夷賈船, 轉送致之. 亦利交易, 剽殺人. 又苦逢風波溺死, 不者數年來還. 大珠至圍二寸以下. 平帝元始中, 王莽輔政, 欲燿威德, 厚遺黃支王, 令遣使獻生犀牛. 自黃支船行可八月, 到皮宗. 船行可八月, 到日南象林界云. 黃支之南, 有已程不國, 漢之譯使自此還矣."

주로 황금과 비단 등이었다. 중국이 동남아에서 얻은 상품으로는 『한서』「지리지」에 기재된 진주, 벽유리璧流離, 기괴석 등을 제외하고도 각종 광물, 향료, 상아 등이 있다. 동남아 국가의 물산은 풍부했는데, 특히, 이 시기의 동남아시아에서 가장 번성한 항구이자 푸난扶南, Funan 왕국에 위치했던 옥 에오Oc Eo에는 물산이 풍부했다. 『낙양가람기洛陽伽藍記』에서는 푸난에 대해 "사람들이 아주 많았고 진주, 금, 옥과 수정 등 기이한 것들이 나왔으며, 빈랑나무가 풍요로웠다.[15]"라고 하였다. 『양서梁書』에서도 푸난을 두고 "금, 은, 동, 주석, 침향목, 상아, 공작새, 비취, 오색 빛 앵무새가 나왔다.[16]"라고도 하였다. 『제번지諸蕃志』에 언급된 동남아 옛 나라가 가진 특산물에 대해서 상세히 기록한 것처럼, 많은 물품이 중국이나 다른 지역으로 수입되었다.[17]

우리는 해상 실크로드가 연결하는 지역에서 발견되는 고고학적 증거에서도 『한서』의 기록을 증명할 수 있다. 중국 고대의 항구, 이를테면, 광시廣西의 허푸合浦에서는 이미 동남아에서 생산되었거나, 서방에서 동남아를 경유해 중국으로 들어온 공예품이 발견되었다.[18] 공예품을 제외하고도 식물류 향료, 희귀한 동물, 특이한 기예들도 동남아를 통해 중국으로 수입되었다. 동남아에서 수입된 각

---

15 『洛陽伽藍記』: "民戶殷多, 出明珠金玉及水精珍異, 饒檳榔."

16 『梁書』: "出金銀銅錫沉木香象牙孔翠五色鸚鵡."

17 馬勇, 2001, 「東南亞與海上絲綢之路」, 『雲南社會科學』 6, p.79.

18 Xiong, Z. 2014, "The Hepu Han tombs and the maritime Silk Road of the Han Dynasty", *Antiquity* 88: 342, pp.1229-1243; 熊昭明, 2018, 『漢代合浦港的考古學研究』, 北京: 文物出版社.

종 향료 중에서 정향丁香, clove이 대표적인데, 정향은 오직 인도네시아 말루쿠Moluccas 제도 북부의 작은 섬에서만 생산된다. 중국인들은 한대부터 정향을 사용하기 시작했는데, 중국 『한관의漢官義』 기원후 2세기의 기록에 근거하면, 황제를 알현할 때 조정의 대신들은 입 냄새를 없애기 위해 정향을 씹어야만 황제와 대화할 수 있었다. 정향은 당시에 이미 중국 고대 사회에서 지위를 나타내는 상징물이 되었다. 위진남북조魏晉南北朝, 220년~589년 중국 문헌에는 넛멕Nutmeg, 육두구이 언급되어 있는데, 넛멕은 인도네시아의 반다Banda 제도에서만 생산된다.

중국은 동남아에서 희귀한 동물도 수입했다. 시안西安, 漢代의 長安 난링南陵의 물소 뼈가 이미 자바섬 물소에서 기원했다는 사실은 이미 밝혀졌다王學理 1981. 게다가 『한서』 「지리지」, 「평제기平帝紀」, 「왕망전王莽傳」에는 평제平帝 시기 기원전 9년~기원후 6년에 황지국黃支國 국왕이 살아있는 물소를 장안으로 운송했다는 기록이 있다. 황지국이 수마트라 서북부 지역이라는 고증을 따른다면周連寬、張榮芳 1980, 황지국이 수마트라 물소의 고향이 된다孫機 1991.[19]

동식물 이외에도 한대 장안의 여러 가지 곡예 중 심동尋橦, Xuntong[20]은 고대인들이 나무막대를 받침대로 삼는 일종의 운동이었다. 한 사람이 대나무 막대를 손에 쥐거나 머리에 두고 여러 사람이 나무를 연이어 올리는 잡기도 고대의 곡예 중 하나였다. 심동은

---

[19] 孫機, 1991, 「古文物中所見之犀牛」, 『文物叢談』, 北京: 文物出版社.

[20] 심동은 도로심동(都盧尋橦), 연동(緣橦), 연우(緣竽), 파간(爬竿), 간목(竿木), 대간(戴竿), 상간기(上竿伎) 등으로도 불린다.

한대문헌에서 도로심동都盧尋橦이라고도 전해진다. 『전한서前漢書』 「지리지」에서 "합남포에는 도로국이 있다.[21]"라고 했기 때문에 일반적으로 도로都盧를 나라 이름으로 여기며, 교지군交趾郡의 남쪽에 있었다.[22] 그러므로 고대 중국의 문헌 혹은 고고학적 증거를 막론하고 한대 이후에 동남아의 많은 유형 또는 무형 문화가 중국으로 유입되었음을 알 수 있다.

동시에 한나라의 생산품도 동남아의 광범위한 지역으로 수입되었는데, 이는 지역 간 무역과 교류 활동을 증명한다. 베트남, 태국, 인도네시아 등지에서는 한나라 스타일의 도기가 발견되었다. 인도네시아의 자카르타 박물관에는 중국 한나라의 녹유綠釉 도기와 흑유黑釉 도기가 진열되어져 있는데, 이 유물들은 자카르타 섬과 수마트라 섬에서 출토되었다고 알려져 있다.[23] 동남아에서도 한나라 양식의 청동 거울이 발견되었다. 세계에서 가장 오래된 청동 거울은 서아시아에서 출토되었지만,[24] 중국 중원에서는 상대商代 후기 기원전 1200년부터 청동 거울을 사용하기 시작하였다.[25] 전국시대 후기까지도 거울이 사용되면서 거울은 중국의 상층 사회에서 유행하는 물

---

[21] 『前漢書』「地理志」: "合南浦有都盧國."

[22] 馬海松, 2017, 「古代尋橦淵源考」, 『體育科技文獻通報』 9, pp.138~139.

[23] 三上次男, 1969, 『陶磁の道—東西文明の接点をたずねて』, 東京: 岩波書店; Orsoy De Flines · E. W. Van, 1975, *Guide to the Ceramic Collection*, Jakarta: Museum Pusat.

[24] Enoch, J. M. 2006, "History of mirrors dating back 8000 years", *Optometry and Vision Science* 83: 10, pp.775~781.

[25] Jaang, L. 2011, "Long-distance interactions as reflected in the earliest Chinese bronze mirrors", L. von Falkenhausen(ed.), *The Lloyd Cotsen Study Collection of Chinese Bronze Mirrors(volumeII:Studies)*, Los Angeles: Cotsen Occasional Press, pp.34~49.

품이 되었다. 기원전 156년부터 기원전 87년까지 한 무제武帝 통치기에 한족의 영토가 확장되면서 중국에서의 청동 거울 유행이 최고조에 달했다. 동남아 특히, 베트남과 태국 유적에서 이미 한대의 청동 거울이 발견되었고,[26] 보다 남쪽에 있는 발리 팽꿍 빠룩Pandkung Paruk 유적에서도 확인된다.[27] 이곳의 청동 거울은 대체로 중국 동한東漢 시기와 위진남북조 시기의 양식의 거울이다.

동남아에서 보이는 한나라 양식의 기물들은 아마 기원전 2세기 이후 한나라가 광둥廣東과 북부 베트남으로 확장했던 시기에야 가능했을 것이며, 남중국 혹은 북부 베트남에서 제조 되었을 것이다. 그러나 타이완과 필리핀에서 한나라 양식의 청동 거울과 도기 등의 유물들이 아직까지도 발견되지 않았다. 이는 동남아의 특정 지역과 한나라 사이에 있던 무역 관계나 정치 연맹이 강하게 연결되었음을 반영하는 것일지도 모른다.

---

[26] Srisuchat, A. 1996, "Merchants, merchandise, markets: Archaeological evidence in Thailand concerning martime trade interaction between Thailand and other countries before the 16th century AD.", N. Chuttwongs · H. P.Ray · I. C. Glover(eds), Ancient Trades and Cultural Contacts in Southeast Asia, Bangkok: The office of the National Culture Commission, pp.237~266; Yamagata, M. · P.D. Manh · C.H. Bui. 2001, "Western Han bronze mirrors recently discovered in central and southern Viet Nam", *Indo-Pacific Prehistory Association Bulletin* 21, p.101;

[27] Ardika, I. W. 2016, "Bali in the global contacts and the rise of complex society", B. Prasetyo, T. S. Nastiti and T. Simanjuntak(eds), *Austronesian Diaspora: A New Perspective*, Yogyakarta: Gadjah Mada University Press, pp.193~206; Calo, A. · P.Bellwood · J. Lankton · A. Reinecke, 2020, "Trans-Asiatic exchange of glass, gold and bronze: analysis of finds from the late prehistoric Pangkung Paruk site Bali", *Antiquity* 94: 373, pp.110~126.

2. 동남아와 인도의 교류

기원전 500년 이후 풍부한 증거와 유산은 동남아와 인도 간 무역 활동을 증명한다. 그리고 기원후 200년 이후에 동남아와 인도 간 무역 활동은 다시 빈번해졌다. 인도의 서사시인 『라마야나Ramayana』와 『마하바라타Mahabharata』에는 인도네시아, 특히 인도네시아 수마트라섬, 자바섬과 인도가 적어도 기원전 400년부터 밀접하게 교류했다는 사실이 기록되어 있다.[28] 그 밖에도 기원전 1세기에 인도네시아에서 정향을 수입했던 기록도 있다.[29] 이후 정향은 인도에서 해상 실크로드를 거쳐 중앙아시아와 로마제국 등 서방의 다른 지역으로 전래되었다.

인도와 동남아 사이의 초기 무역 활동은 주로 공예품과 그에 관련된 기술이었던 것으로 보인다. 예컨대, 유리구슬, 마노-코르넬리안 구슬agate-carnelian beads, 마노-코르넬리안으로 만든 작은 사자 및 다른 동물의 조각상, 인도 토기편, 청동 제품 등이 있다. 이와 같은 유물들은 기원후 500년 이후 동남아에서 나타났다. 게다가 기원후 200년 이후에는 동남아에 이 유물들이 이미 많아졌으며, 인도의 기술이 적용되어 제작된 유리구슬, 마노-코르넬리안 구슬을 만들었던 제작터도 다수 확인되었다.

---

[28] Coedes, G. 1968, *The Indianized states of Southeast Asia*, Honolulu: University of Hawai'i Press, pp.16~17.

[29] Swadling, P.1996, "Plumes for Paradise: Trade Cycles in Outer Southeast Asia and Their Impacton New Guinea and Nearby Islands Until 1920", Port Moresby: Robert Brown and Associates and the National Museum and Art Gallery.

인도 태평양의 유리구슬은 인류 역사상 가장 중요했던 무역의 구슬로서 Francis 2002,[30] 이를 '무역풍의 구슬 trade wind beads' 이라고도 한다.[31] 인도 태평양의 유리구슬은 동남아의 철기시대에 가장 흔히 확인되는 유물인데, 연대는 기원전 500년까지 거슬러 올라간다. 기원후 1500년 심지어 그 이후까지도 지속해서 출현한다. 각양각색의 인도 태평양의 유리구슬은 동남아시아 이외의 지역에서도 발견되었다. 인도 태평양의 유리구슬이 처음으로 생산된 지역은 인도이지만 이후에 스리랑카, 태국, 말레이시아, 베트남, 수마트라 등지에서도 유리구슬을 만들었던 제작터가 확인되었다. 동남아의 공예품 장인들이 제조법을 매우 빠르게 익히면서, 동남아 현지에 있던 생산 기지의 발전도 가속되었다.[32] 다량의 초기 인도 태평양의 유리구슬은 동남아시아의 무덤 유적에서도 확인되는데, 이는 유리구슬이 부장품으로서 특별한 가치를 가졌음을 보여준다.

초기 인도의 하라파 시기 Harappan Period, 약 기원전 2500년에 마노-코르넬리안은 구슬과 장식품으로 제작되었다. 이들의 생산은 기원전 600년에 증가하기 시작했고 기원전 400년부터 기원후 200년까지 동남아의 여러 유적에서 완성품이 확인되었다. 여기에는 태국의 반 돈 따 펫 Ban Don Ta Phet, 카오 삼 께오 Khao Sam Kaeo, 넌 유-로크 Noen U-Loke , 베트남의 지옹 까 버 Giong Ca Vo, 꼬 마 버이 Go Ma

---

[30] Francis, P.2002, *Asia's Maritime Bead Trade: 300 B.C. to the Present*, Honolulu: University of Hawai'i Press.

[31] Van der Sleen, W. G. N. 1956, "Trade wind beads", *Man* 56, pp.27~29.

[32] Reinecke, A. · Laychour, V. · Sonetra, S. 2009, *The First Golden Age of Cambodia: Excavation at Prohear*, Bad Langensalza: Thomas Muntzer, pp.123~124.

Voi, 라이 응히Lai Nghi, 사 후잉Sa Huynh , 필리핀의 타본Tabon 동굴 , 인도네시아 발리의 길리마눅Gilimanuk 등의 유적들에서 보인다.[33] 마노-코르넬리안은 타이완 철기시대의 유적, 남중국 광시廣西의 허푸 한묘合浦漢墓, 윈난雲南의 스짜이산石寨山, 리쟈산李家山 등지에서도 확인되었다. 동남아에서 발견된 초기의 인도 장식품들은 대부분 숙련된 인도 기술로 만들어진 것들이다. 그러나 몇 세기 이후에 동남아 현지에서도 제조했던 공방들이 점차 출현했고 동남아로 원료가 공급되는 것으로 전환되면서,[34] 구슬 장식품의 생산량은 증대된 한편, 품질은 낮아졌다.[35] 인도의 마노-코르넬리안 구슬을 가공하는 기술뿐만 아니라 인도 특유의 에칭기술etched beads도 동남아로 유입됐다.

마노-코르넬리안 구슬이나 호박琥珀, amber으로 가공된 작은 사자 〈그림 6〉나 다른 동물 조각품들은 동남아, 특히, 태국, 미얀마, 중

[33] Fox, R. 1970, *The Tabon Caves*, Manila: National Museum of the Philippines; Indraningsih, R. 1985, "Research on prehistoric beads in Indonesia", *Bulletin of the Indo-Pacific Prehistory Association* 6, pp.133~141; Reinecke, A. · C. Nguyen · T. M. D. Lam. 2002, *Neue Entdeckungenzur Sa Huynh-Kultur: das Gräberfeld Go Ma Voiunddaskulturelle Umfeldin Mittelvietnam*, Köln: Linden-Soft Press; Bellina, B. · Glover, I. C. 2004, "The archaeology of early contact with India and the Mediterranean World, from the fourth century BC to the fourth century AD", I. C. Glover · P.Bellwood(eds), *Southeast Asia-From Prehistory to History*, London: Routledge Curzon Press, pp.68~88.

[34] Theunissen, R. · P.Grave · G. Bailey. 2010, "Doubts on diffusion: Challenging the assumed Indian origin of Iron Age agate and carnelian beads in Southeast Asia", *World Archaeology* 32: 1, pp.84~105.

[35] Bellina, B. 2003, "Beads, social change and interaction between India and South-east Asia" *Antiquity* 77: 296, pp.291~293.

부 베트남의 유적에서 발견되었다. 중국의 한나라 무덤 중에서 광시 허푸의 펑먼링風門嶺 무덤에서는 마노-코르넬리안 사자 장식품이 출토되었다.[36] 2000여 년 전의 동남아나 남중국에 사자가 없었고, 당시의 사자는 인도와 스리랑카에서만 서식했다. 따라서 일반적으로 작은 조각상이 인도에서 제작되었다고 보며, 뒤에서 다시 언급하겠지만 심지어 이 조각상은 한반도에도 이르게 된다.

이밖에 인도 토기는 당시 동남아에서 가치가 매우 높았다.[37] 이 시기에 동남아 여러 지역에서는 인도의 토기가 발견되었는데, 이를테면, 태국 반도의 카오 삼 께오Khao Sam Kaeo[38] , 중부 베트남의 짜 끼우Tra Kieu, 꼬 깜Go Cam 등의 초기 참Cham 유적,[39] 자바섬 서

---

36 廣西壯族自治區考古隊和合浦縣博物館, 2006, 「合浦風門嶺漢墓—2003~2005年發掘報告」, 北京:科學出版社.

37 Manguin, P.-Y. · Indradjaja, A. 2011, "The Batujaya Site: New evidence of early Indian influence in west Java", P.-Y. Manguin · A. Mani · G. Wade(eds), *Early interactions between South and Southeast Asia*, Singapore: Institute of Southeast Asian Studies, pp.113~136.

38 Bouvet, P.2011, "Preliminary study of Indian and Indian style wares from Khao Sam Kaeo (Chumphon, Peninsular Thailand), Fourth-second centuries BCE", P.Y. Manguin · A. Mani · G. Wade(eds), *Early Interactions between South and Southeast Asia: Reflectionson Cross-cultural Exchange*, Singapore: Institute of Southeast Asian Studies, pp.47~81.

39 Nguyễn K. D. 2005, "Di chỉ Gò Cấm và con đường tiếp biến văn hóa sau Sa Huỳnh khu vực Trà Kiệu", *Khảo Cổ Học* 6, pp.17~50; Lam, T. M. D. 2011, "Central Vietnam during the period from 500 BCE to CE 500", P.-Y. Manguin · A. Mani · G. Wade(eds), *Early Interactions between South and Southeast Asia: Reflections on Cross-cultural Exchange*, Singapore: Institute of Southeast Asian Studies, pp.3~15.

부의 꼬박 껜달Kobak Kendal, 시바닥Cibadak, 시반고Cibango 유적[40]와 바뚜자야Batujaya의 세가란Segaran IIA,[41] 발리섬 북부의 슴비란Sembiran와 빠쭝Pacung[42] 등이 있다. 발리섬에서 출토된 토기 조각 한 점에는 카로슈티Kharosthi 문자나 바라흐미Brahmi 문자로 서사된 것들이 있었다.[43] 자바 섬의 슴비란Sembiran에서 출토된 인도 토기를 지화학분석을 한 결과, 인도에서 기원했다는 사실이 증명되었다.[44]

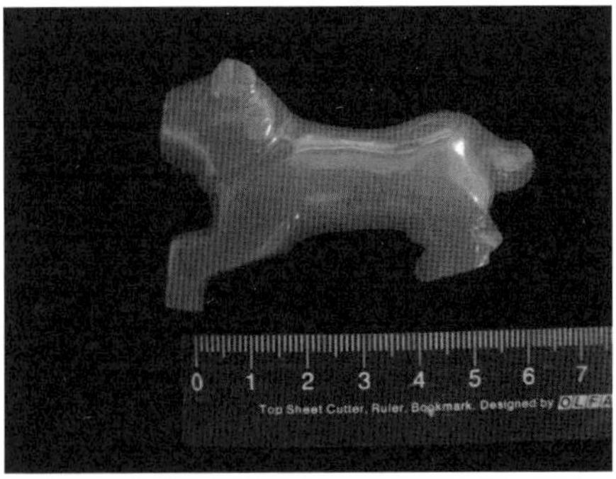

〈그림 6〉 태국 중부의 반 돈 따 펫(Ban Don Ta Phet) 유적지에서 출토된 작은 사자 조각상(이안 글로버(Ian Glover)의 배려로 직접 촬영).

---

[40] Walker, M. J. · Santoso, S. 1977, "Romano-Indian rouletted pottery in Indonesia", *Asian Perspectives* 20, pp.228~235; Ardika, I. W. 1996, "Social complexity in late prehistoric Java", J. D. Miksic(ed.), *Indonesian Heritage: Ancient History*, Jakarta: Archipelago Press, pp.40~41.

[41] Manguin, P.-Y. · Indradjaja, A. 2011, "The Batujaya Site: New evidence of early Indian influence in west Java", P.-Y. Manguin · A. Mani · G. Wade(eds), *Early interactions between South and Southeast Asia*, Singapore: Institute of Southeast Asian Studies, pp.113~136.

[42] Ardika, I. W. · Bellwood, P.1991, "Sembiran: The beginnings of Indian contact with Bali" *Antiquity* 65: 247, pp.221~232.

[43] Ardika, I. W. 2016, "Bali in the global contacts and the rise of complex society", B. Prasetyo, T. S. Nastiti and T. Simanjuntak(eds), *Austronesian Diaspora: A New Perspective*, Yogyakarta: Gadjah Mada University Press, pp.193~206.

[44] Ardika, I. W. · Bellwood, P.1991, "Sembiran: The beginnings of Indian contact with Bali" *Antiquity* 65: 247, pp.221~232; Ardika, I. W. · Bellwood,

〈그림 6〉 태국 중부의 반 돈 따 펫Ban Don Ta Phet 유적지에서 출토된 작은 사자 조각상이안 글로버Ian Glover의 배려로 직접 촬영..

물품의 이동과 무역 교환활동 이외에도 인도 사람들은 일찍이 동남아로 갔는데, 자바 섬의 숨비란에서 출토된 어금니에서 인도인의 미토콘드리아 DNA 계열이 검출되었다.[45] 다른 연구는 인도인이 인도네시아 여러 섬으로 들어온 시기가 현재 우리가 고고학 자료를 통해서 알 수 있는 연대보다 이를 것이라고 밝혔다.[46]

3. 동남아와 이집트, 로마 등지의 교류

동남아와 중앙아시아, 로마제국, 아프리카 대륙 사이의 초기 접촉은 아마도 '중개 무역의 고리chains of intermediary trading'를 통해서 진행되었을 것이다. 중앙아시아와 로마에서 동남아로 들어오는 교역로에도 중개 상인이 존재했다. 로마의 박물학자인 대 플리니우스Pliny the Elder는 기원후 70년에 로마에서 상당히 귀했던 인도의 정향을 기록하였다Swadling 1996. 정향은 기원후 100년 전부터 동아

P.· I. M. Sutaba · K. C. Yuliati, 1997, "Sembiran and the first Indian contacts with Bali: an update", *Antiquity* 71: 271, pp.193~195.

45 Lansing, J. S. · A. J. Redd · T. M. Karafet · J. Watkins · I.W. Ardika · S. P.K. Surata, 2004, "An Indian trader in ancient Bali?", *Antiquity* 78:300, pp.287~293.

46 Kusuma, P.· M. P.Cox · N. Brucato · H. Sudoyo · T. Letellier · F.-X. Ricaut, 2016, "Western Eurasian genetic influences in the Indonesian archipelago", *Quaternary International* 416, pp.243~248.

프리카까지 교역되면서 이집트에도 전래되었다.[47] 남부 베트남 옥 에오Oc Eo, 중국 허푸, 광저우에서도 로마, 이집트, 중앙아시아에서 온 많은 상품이 발견되었다. 예컨대, 베트남 옥 에오와 광저우 교외의 헝지강橫枝崗 한대 무덤에서는 로마에서 제조된 유리그릇이 출토되었다. 필리핀의 민도로 섬에서도 작으면서도 목이 긴 페니키아Phoenician 양식의 유리 주전자와 남색의 로마식 유리그릇이 출토되었다.[48]

남부 베트남의 옥 에오와 인도네시아 발리 섬의 슴비란, 팽꿍 빠룩Pangkung Paruk에서는 로마 유리 성분의 금박 유리구슬이 출토되었다.[49] 이처럼 특수하게 제조된 금박 구슬은 모두 전형적인 로마 구슬이지만, 기원전 400년에서 기원 전후에 이집트에서 만들어진 구슬로도 여기고 있다. 그밖에 동남아와 로마의 문화 교류의 대부분은 간접 교류의 형식이다. 게다가 시공이 달랐기 때문에 어떤 물품은 다른 기능을 하기도 했다. 이를테면, 동남아에서 발견된 로마의 모조 주화인데, 이러한 모조품은 펜던트 형식으로 많이 제작되

---

47 Brierley, J. H. 1994, *Spices: The Story of Indonesia's Spice Trade*, Kuala Lumpur: Oxford University Press.

48 三上次男, 1969, 『陶磁の道—東西文明の接点をたずねて』, 東京: 岩波書店.

49 Gede, I. D. K. 2009, "Budaya Penguburan Pra-Hindu, Pangkung Paruk, Kec: Seririt · Kabupaten Buleleng," *Forum Arkeologi* II, pp.112-30; Calo, A. · B. Prasetyo · P.Bellwood · J. W. Lankton, 2015, "Sembiran and Pacung on the north coast of Bali: a strategic crossroads for early trans-Asiatic exchange", *Antiquity* 89: 344, pp.378~396; Calo, A. · P.Bellwood · J. Lankton · A. Reinecke, 2020, "Trans-Asiatic exchange of glass, gold and bronze: analysis of finds from the late prehistoric Pangkung Paruk site Bali", *Antiquity* 94: 373, pp.110~126.

었다. 로마의 모조 주화가 발견된 유적으로는 남부 베트남의 옥 에오, 태국의 유 통U Thong과 크롱 톰Khlong Thom 등 몇 군데 있다. 크롱 톰 유적에서 발견된 모조 주화는 돌로 만들어졌다. 이처럼 로마의 동전이나 이를 모조한 펜던트를 몸에 지니는 풍습은 남부 인도에서부터 전래된 것이다.[50]

4. 동남아시아와 한반도, 일본과의 교류

중국과 한반도 사이의 해상이나 육상 교역은 신석기시대부터 이미 존재했지만 두 지역은 '동방의 해상 실크로드'를 통해서 비교적 큰 규모의 해상 교역활동을 했다. 이러한 교역활동은 중국의 춘추시대기원전 770년~기원전 476년부터 시작한 것으로 보인다.[51] 한반도와 일본으로 대표되는 동북아와 동남아는 반드시 해상 실크로드를 통해서만 물품을 유통시킬 수 있었는데, 동남아 상품은 아마도 중국 대륙 연안의 항로를 통해서 한반도와 일본으로 유입되었을 것이다.

한반도에서는 관련한 고고학 증거들이 발견되었는데, 동남아에서 온 것들인 것 같다. 한국에서 발견된 고대 유리구슬의 기원은 다양하지만, 그중에서도 기원후 1세기경에 출토된 다양한 탄산칼륨

---

[50] Borell, B. 2014, "The power of images-coin portraits of Roman Emperors on jewellery pendants in early Southeast Asia", *Zeitschriftfür Archäologie Aussereuropäischer Kulturen* 6, pp.7~43.

[51] 劉鳳鳴, 2009, 「齊國開闢了"東方海上絲綢之路"」, 『齊魯文化研究』 第八輯, pp.224~230.

유리Potash glass구슬을 두고 일반적으로 인도 태평양 유리구슬이라고 부른다. 이러한 구슬들은 인도 혹은 동남아시아에서 제조되었는데, 학자들은 인도의 아리카메두Arikamedu와 태국의 크롱 톰, 베트남의 옥 에오 등의 유적과 관련이 있을 것으로 보고 있다. 한국 서울 근방의 미사리 유적에서는 소다 유리soda glass로 제작한 불투명한 황색 유리구슬opaque yellow glass bead이 출토되었다. 유물의 연대는 1세기로 추정되며, 유물의 성분은 태국 크롱 톰 유적에서 발견된 황색 구슬과 유사한 것으로 분석됐다. 경주의 신라 무덤에서는 네 점의 자팀Jatim구슬이 발견되었는데, 구슬 연대가 5세기 말~6세기 초까지 거슬러 올라갈 수 있다. 양감기법鑲嵌技法으로 제작된 유리구슬의 표면에 얼굴, 새, 나무들의 도상이 있어서 학자들은 이 유물의 기원을 인도네시아에서 찾는다.[52]

유리구슬 이외에도 낙랑樂浪의 묘지에서 다량의 진귀한 유물들이 출토되었는데, 연대는 기원전 109년부터 기원후 4세기까지이다. 이런 진귀한 유물들은 주로 중국에서 건너 온 것이지만, 일부 유물의 생산지는 동남아시아이다. 대부분 동물 장식품으로 가로로 누운 사자 형상도 있고 조류와 다른 동물의 형상도 있다. 이들은 유리, 호박, 바다거북의 등껍질, 대모玳瑁로 만들어진 것들로, 아마 동남아나 인도의 보석들을 가공해 제작된 듯하다.[53] 앞에서 언급하였듯

[52] Lee, I. 2009, "Characteristics of Early Glasses in Ancient Korea with Respect to Asia's Maritime Bead Trade", F. Gan · R. H. Brill · S. Tian(eds), *Ancient Glass Research Along The Silk Road*, Singapore: World Scientific Publishing Company, pp.183~189.

[53] Joo, K. 2019, "Rethinking the animal-shaped beads found in ancient

이, 태국, 미얀마, 베트남과 남중국의 고대 유적 중에서 유사한 유물들이 출토되었고 그 중에서 사자 조각상은 인도에서 왔을 가능성이 크다.

대모로 만든 다른 유물들이 낙랑 묘지에서 출토되었는데, 빗, 동곳髻, 벽璧 등이다.[54] 이처럼 진귀한 대모로 만든 유물들이 아직 어디서 제조되었는지는 모른다. 그러나 앞에서 다룬 것처럼 '대모'에 대해서 『한서』에서는 한 제국이 동남아와 교역하여 얻은 진귀한 유물 중 하나라고 기록해 놓았으므로 한반도에서 발견되는 대모도 동남아와 연관되어 있는지를 연구해볼 만 하다. 지금까지 보았을 때, 동남아의 유리구슬, 동물 모양의 구슬장식, 대모는 무역 상품으로서 해상 실크로드를 통해 남방에서 한반도로 유입되었을 수 있다.

일본의 경우, 약 기원전 300년부터 기원후 250년까지인 야요이彌生, Yayoi 시대의 무덤에서 인도-태평양 유리구슬이 처음으로 발견되었다. 야요이 시대의 유리구슬 중 가장 흔히 볼 수 있는 것은 남색 구슬인데, 대다수가 일본 규슈九州, Kyushu 동북부와 혼슈本州, Honshu 남부에서 발견되었다.[55] 이 유리구슬의 유형, 시기, 화학 성분에 대한 연구는 기원후 1세기경 일본에서 인도 태평양 유리구슬

Nangnang Tombs", *Paper presented at The 3rd SEAMEO SPAFA International Conference on Southeast Asian Archaeology*, Bangkok, 19 June 2019.

54 朝鮮古蹟研究會編, 1926, 『古蹟調·特別報告4冊』, 東京 : 朝鮮古蹟研究會; 王培新, 2007, 『樂浪文化—以墓葬爲中心的考古學研究』, 北京: 科學出版社.

55 Katsuhiko, O. · Gupta, S. 2000, "The Far East, Southeast and South Asia: Indo-Pacific Beads from Yayoi Tombs as indicators of Early Maritime Exchange", *South Asian Studies* 16: 1, pp.73~88;

이 급증하였고 동남아나 남아시아에서 유입됐다고 하였다.[56] 유리구슬 이외에도 교토의 오후로 미나미Ohfuro Minami 무덤 유적에서 투명한 연남색 유리팔찌가 발견되었는데, 연대는 대략 기원후 2세기이다. 이 유리팔찌는 태국의 반 돈 따 펫 유적에서 발견된 유리팔찌와 유사하므로,[57] 이 유물도 역시 동남아에서 전래되었을 것이다.

V. 결론

동남아에는 예부터 활발한 무역활동이 있었다. 신석기시대 이래로 동남아의 섬들과 인도차이나 반도에는 다양한 교환 혹은 무역 권역이 있었다. 이러한 교환, 무역활동은 빈번하게 해양 장벽을 넘나들었고 활동 거리와 범위는 넓었다. 예를 들어 말레이시아 사바Sabah 동북부의 부킷 텡코락Bukit Tengkorak 유적에서 발견된 흑요석은 3500여㎞에 떨어진 곳에 위치한 멜라네시아Melanesia 광산에

---

56 Oga, K. · Tamura, T. 2003, "Ancient Japan and the Indian Ocean Interaction Sphere: chemical compositions, chronologies, provenances and trade routes of imported glass beads in the Yoyoi-Kofun periods (3rd Century BCE-7th Century CE)", *Journal of Indian Ocean Archaeology* 9, pp.35~65.

57 Koezuka, T. · Yamasaki, K. 2009, "Scientific study of the glass objects found in Japan from the Third Century BC to the Third Century AD", F. Gan · R. H. Brill · S. Tian(eds), *Ancient Glass Research Along The Silk Road*, Singapore: World Scientific Publishing Company, pp.221~229.

서 왔고 태국 남부 반도에서 출토된 옥은 거의 3000㎞ 떨어진 타이완 동부의 화롄 펑톈 옥이다. 이러한 석재의 무역 혹은 교환 활동은 모두 문헌에서 기록한 '해상 실크로드'의 이전 시기에 발생한 것들이다.

기원전 200년, 이렇게 동남아의 크고 작은 다양한 구역에 분산되어 있는 무역권역은 다양한 형식으로 통합되어졌다. 동남아의 무역 체계는 유럽 혹은 동아시아 무역 네트워크와 연결되었는데, 서쪽으로는 남아시아, 홍해, 지중해 지역을 통해 유럽의 로마에 도달하였고 북쪽으로는 중국 대륙, 한반도, 일본까지 이르렀다. 이 시기에 처음으로 '세계 체제Word system'를 갖춘 세계적 무역 활동이 출현한 것이며, 무역 체계는 밀집된 무역 활동을 통해서 관련 있는 인적, 물적, 도시와 제국 사이를 긴밀하게 연결시켰다. 물품과 원료의 유통이외에도 식물, 동물, 인적, 지식, 기술 등도 거대한 무역 네트워크에 따라 유통되었다.

지식과 기술이 전파되는 것은 지역 사회문화의 발전에서 영향력을 더욱 가진다. 동남아에서는 수많은 지식과 기술 흔적이 확인되는데, 무역 활동과 상호 교류함에 따라 발전해나간다. 조선 기술과 항해 지식이 대표적인 예이다. 동남아는 고유의 전통 조선 기술을 가지고 있었지만 장거리 무역을 통해서 외부의 영향도 동남아로 유입되었다. 실제로 북부 베트남의 송코이 강Sonkoi, 중국 명칭은 紅河 하류의 동손 문화 유적에서는 상태가 온전한 통나무 배獨木舟 몇 척이 발견되었는데, 이 배의 연대는 약 기원전 400년부터 기원후 200년 사이로 추정된다.[58] 이 배의 옆면에는 밧줄 구멍이 있고 장붓구멍으로 나무를 조립하는 기술locked mortise and tenon technology을 사용하여 목판을 끼워 맞추었다. 이러한 특수 기술은 기원전 2000년까지 소급될 수 있는 이집트 중왕국Egyptian Middle Kingdom의 시기에 지중해 지역이나 이집트 지역의 배에서 흔히 보이는 기술이고 로마나 비잔티움 제국까지 이 기술이 전래된다. 즉, 이 특수 기술은 동남아나 동아시아의 전통적 조선술이 아니다. 흥미로운 점은 북중국 한 제국의 도성인 장안長安, 지금의 西安의 웨이챠오渭橋 유적에도 이 기술을 이용하여 만들어진 한나라 목선木船이 발견되었다.[59] 이는 현재까지 중국에서 발견된 유물로, 유일하게 지중해식 기술로 만들어진 배이다.

이런 종류의 특수 기술은 로마에서 장안이나 북부 베트남으로 전래된 것이다. 로마와 장안은 당시 실크로드의 종착점이었고 북부 베트남은 해상 실크로드의 연접 지역이었다. 우리는 비록 이 특수 기술이 장안에 먼저 도착했었는지, 아니면 북부 베트남에 먼저 도착했었는지, 아니면 또 다른 경로를 통해 로마에서 장안과 북부 베트남으로 각각 전래된 것이었는지를 알 수 없다. 다만 당시의 기술이 실크로드와 해상 실크로드를 따라 빠르게 전파되었다는 점은 명백하다. 게다가 2000여 년 전의 두 실크로드는 서로 연결되어 있었

---

[58] Bellwood, P.· Cameron, J. 2007, "Ancient boats, boat timbers, and locked mortise-and-tenon joints from Bronze/Iron-Age northern Vietnam.", *The International Journal of Nautical Archaeology* 36: 1, pp.2~20.

[59] 陝西省考古研究院·中國社會科學院考古研究所渭橋考古隊·西安市文物保護考古研究院, 2015, 「西安市漢長安城北渭橋遺址出土的古船」, 『考古』 2015: 9, pp.3~6.

으므로 독립적으로 존재한 무역 경로는 아니었다.

동남아 신석기시대부터 금속 시대까지 무역 활동이 지속적으로 활발했음을 알 수 있었다. 동남아 고대 사회는 고립되지 않았고 문화의 발전도 낙후되지 않았으며, 동남아의 항해술과 동남아 여러 섬 간 각종 무역 활동도 신석기시대부터 활발했음을 알 수 있었다. 지금도 남중국해South China Sea는 여전히 전 세계에서 가장 바쁜 해역이다.

고대 베트남과 중국 간 교류

김남철(Nam C. Kim)(저, 위스콘신Wisconsin-Madison대학교 교수)

김용하(역, 컬럼비아Columbia 대학교 박사과정생)

I. 머리말

지금으로부터 2000년 전 베트남 북부의 여러 공동체들은 서로 간에, 혹은 중국 쪽의 상대들과 직간접적으로 접촉하고 있었다. 인접해있던 이 집단들 간에는 사람, 사상, 물자의 이동을 포함한 긴밀한 교류가 있었다. 이 글에서 필자는 기원전의 끝자락 몇세기 동안 있었던 중국과 원-베트남proto-Vietnamese, 原-베트남 문명 간의 중요한 교류들을 다룰 것이다. 특히 베트남 북부 홍하Red River, 紅河 지역에서 나온 고고학 자료들을 토대로 지역 간의 교류가 어떻게 꼬 로아Co Loa, 古螺라는 정착지를 중심으로 한 고대국가의 형성에 기여했는지 살펴보고자 한다 〈그림 1과 2 참조〉.

꼬 로아는 기원전 3세기 무렵 어느 시점에 도시로, 그리고 정치적 중심지로 떠올랐다. 이 시기 박 보Bac Bo, 北部 지역의 문화사와 사회 발달을 재구성하는 것은 문헌과 고고학 자료의 결합에 의존한다. 문헌 자료는 기원전 111년에 한漢제국이 박 보 지역을 병탄하기 시

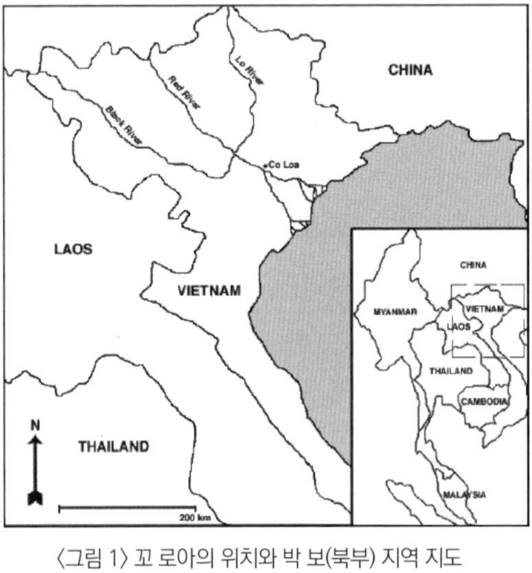

〈그림 1〉 꼬 로아의 위치와 박 보(북부) 지역 지도

작했다고 전한다. 박 보는 복잡한 정치제도, 경작 기술, 과학 기술이 결여된 "오랑캐"들이 거주하는 땅이었다. 이러한 눈으로 볼 때, 한제국에게는 박 보의 거주민들에게 "문명"을 전해줄 책임이 있었다. 20세기동안 박 보의 고대 문명에 관한 현대학계의 연구는 이 같은 중화중심적 시각이 지배했다. 그러나 최근 몇 십년동안, 박 보에서 수집된 고고학 자료특히 꼬 로아 지역는 한제국이 도래하기 이전의 지역 사회에 대한 우리의 이해를 재구성해주고 있다. 고고학 증거는 "문명"이 한제국에 의해 박 보 지역에 전해진 것이 아닌 지역적이고 고유한 문화의 변천 궤도에 따라 이미 존재하고 있었던 것을 보여준다.

〈그림 2〉 꼬 로아와 흙성벽 위성 사진
사진은 Digital Globe와 ArchaeoTerra에서 제공

그러나 흥미롭게도 고고학 자료는 꼬 로아의 정치사회적 복합성이 무에서 나온 것이 아님을 또한 시사하고 있다. 그 대신 복합적인 상호 교류가 수도를 중심으로 한 꼬 로아 정치체의 발전에 기여했음을 알 수 있다. 고고학 자료는 한제국이 이 지역을 병탄하기 전

몇 세기 동안에도, 확장하는 중국과 박 보 사회 간에 명확하고도 중대한 접촉이 있었음을 알려준다. 이 글에서는 이러한 북쪽과의 교류 중에 몇 가지를 조명하면서 박 보 거주민들의 지역 지배 전략에 대해 논하고자 한다. 꼬 로아 지역의 고고학 데이터는 지역 지도자들이 모방을 전략으로 택하여 자신들의 정치적 이익을 도모했었음을 알려준다. 좀 더 구체적으로 풀이하면, 꼬 로아 정치 지도자들은 이 지역에서 자신들의 권력을 정당화시키기 위해 이국적이고 외래적인 상징물, 관습, 그리고 권위를 드러내는 방식 등을 도용하고 토착화시켰던 것이다.

II. 선사시대와 원사시대原史時代, Protohistoric 박 보 지역에서의 교류

남중국과 박 보에서 나온 고고학 자료 중 신석기 후기와 금속시대로 편년되는 유물에 근거하면 여러 공동체들이 서로 접촉하면서 사상, 물자, 사람들의 이동이 있었던 것을 알 수 있다. 물론 이러한 접촉들 중 일부는 사회 엘리트들과 관련이 있지만, 거리의 가까움, 그리고 교통과 접근 수단을 고려해볼 때 계층과 관계 없이 공동체의 다양한 구성원들이 교류에 동참했음은 거의 확실하다. 청동기와 철기시대 남중국과 베트남 북부 지역 간 교류 패턴은 신석기 후기 교환과 이동의 패턴과 유사한 양상을 보인다. 20세기 전반에 걸친 유물과 유적에 대한 고고학적 조사는 박 보의 공동체들이 어떻게 북쪽의 상대들과 교류했는지 보여주고 있다.[1] 이러한 교류는 다양한 유물군에 반영되어있는데, 예컨대 옥이나 연옥으로 제작된 의례용 칼인 장璋을 들 수 있다. 최근 몇 십년 동안, 고고학 데이터는 유골 연구, 비교언어학, 유전학에 의해 보충되었다.[2] 여러 데이터를 함께 놓고 보면 지역 간 긴밀한 교류가 있었음을 시사한다. 특히 식량 생산에 관련된 관습들이 대략 기원전 2500~1500년 사이에 남중국으로부터 박 보 지역으로 전파되었음을 알 수 있다. 예컨대 박 보의 풍응우옌Phung Nguyen 문화에 속한 유물들은 중국 광서성과 광동성의 동시대 유물들, 그리고 태국 북동부의 유물들과 유사하다.[3]

육지를 통해서든, 연안 해운을 통해서든, 혹은 하천을 이용한 교

---

1 Pham, Minh Huyen, "Northern Vietnam from the Neolithic to the Han Period - Part II: The Metal Age in the North of Vietnam," *Southeast Asia: From Prehistory to History*, edited by Ian Glover and Peter Bellwood, New York:Routledge, 2004, pp.189~201.

2 Alves, Mark, "Early Sino-Vietnamese Lexical Data and the Relative Chronology of Tonogenesis in Chinese and Vietnamese," *Bulletin of Chinese Linguistics* 11(1-2), 2018, pp.3~33; Bellwood, Peter, "Vietnam and the Prehistory of Eastern Asia - a Multidisciplinary Perspective on the Neolithic," *Perspectives on the Archaeology of Vietnam,* edited by Andreas Reinecke, Bonn:German Archaeological Institute, 2015, pp.47~70; Hanihara, Tsunehiko, Matsumura Hirofumi, Kawakubo Yoshinori, Nguyen Lan Cuong, Nguyen Kim Thuy, Marc Oxenham, and Dodo Yukio, "Population history of northern Vietnamese inferred from nonmetric cranial trait variation," *Anthropological Science* 120(2), 2012, pp.157~165.

3 Bellwood, *op.cit.*, 2015.

환을 통해서든, 남중국과 베트남 북부 간의 교류는 각각의 지역에서 정치사회적 복합성을 불러오는데 중요한 기반이 되었다. 홍하 유역과 그 주변 지역 사회는 연안과 바다로의 접근이 용이했고 이와 결합된 하천 교통로를 이용할 수 있어 이동이 편리했다. 고고학 자료는 신석기 후기부터 사람들과 물품들이 유통되기 시작했음을 보여주고 있고 이것은 시간이 갈수록 증대되었다. 고대의 이러한 교류는 명확히 중국인도 아니고 베트남인도 아닌 만화경萬華鏡과 같이 다양한 문화적 집단들이 거주했을 지역들에서 사회적 복잡성을 심화시키는데 기여하였다.[4] 기원전 천년기에 이르면 청동 주조 기술과 관련 위신재威信材, prestige goods가 농업 생산의 혁신, 군사 전략의 정교화, 인구의 증가, 계층적·경제적 불평등과 동반하여 흘러들어왔다. 홍하에 인접했다는 전략적 위치 덕분에 박 보의 엘리트들은 지역 간의 교역 네트워크 하에서 청동 위신재들을 교환함으로써 상당한 부와 권력을 축적하는데 성공했다.

기원전 천년기, 이 지역의 청동기시대의 절정기이자 철기시대가 개시될 무렵에 박 보는 동썬Dong Son, 東山 문화라고 불리는 사회들의 집합으로 이루어져 있었다. 동썬 문화약 기원전 700년~기원후 200년는 의례에 사용한 거대한 청동북으로 유명하며 많은 사람들은 맹아하던 베트남 문명의 기초를 닦았다고 보고있다.[5] 관련 유적과 유물들은 동썬

---

4 Brindley, Erica, *Ancient China and the Yue: Perceptions and Identities on the Southern Frontier, c.400 BCE - 50 CE,* Cambridge: Cambridge University Press, 2015.

5 Bui Van Liem, "The Dong Sơn Culture in the Red River Delta and its Relations with Adjacent Cultures," *Perspectives on the Archaeology of Vietnam*, edited by Andreas Reinecke, Bonn:German Archaeological Institute, 2015,

사회가 베트남 박 보 지역 강들의 본류들을 따라 산재해있던 농업 공동체로 이루어져 있었다는 점을 밝혀내고 있다. 이 공동체들은 매우 수준 높은 청동기 제조업, 농업 생산력과 사회적 불평등의 증대라는 특질을 지니고 있다. 중요한 점은 이 공동체들이 지역 내외와 교류하고 교환하는데 있어 유리한 위치에 있었다는 것인데, 즉 베트남 북부의 동썬 사회는 오늘날의 베트남 중부, 남중국, 라오스, 태국에 있는 상대들과 접촉하고 있었다.

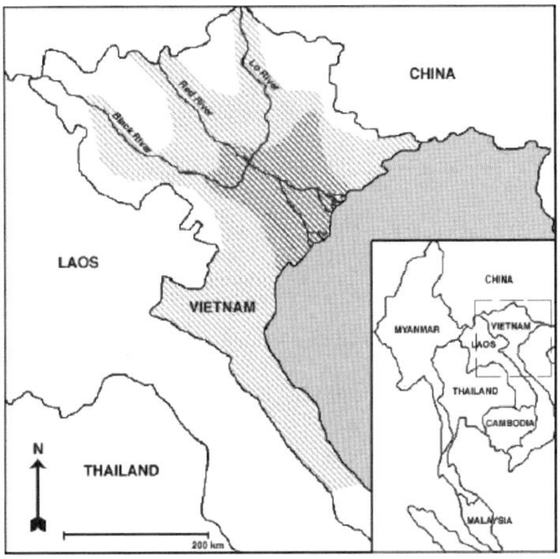

〈그림 3〉 박 보 지역과 동썬 문화 유적의 분포 (음영 처리됨)
Tegan McGillivray 제공

동썬 문화에 대한 우리의 이해는 박 보 지역에 흩어져있는 수백개의 고고 유적으로부터 비롯한다〈그림 3 참조〉. 동썬 문화 유적들은 주로 수로 근처에 분포하며, 고고학 자료는 규모면에서 동시대 유적 중 가장 큰 꼬 로아 유적으로부터 보다 작은 주변부 유적들까지 유적 간의 계층적 관계를 시사하고 있다. 해당 시기에 꼬 로아는

pp.97~128; Lai Van Toi, "Co Loa: the Capital of the Au Lạc Kingdom in the 3rd and 2nd Centuries BCE," *Perspectives on the Archaeology of Vietnam*, edited by Andreas Reinecke, Bonn:German Archaeological Institute, 2015, pp.129~156; Trinh Sinh, "The First States in North Vietnam," *Perspectives on the Archaeology of Vietnam*, edited by Andreas Reinecke, Bonn:German Archaeological Institute, 2015, pp.71~84.

박 보 지역에서 가장 큰 정착지였다. 동썬 문화 유적들은 거주지, 수공업 작방, 그리고 무덤들을 포함하고 있다. 기록의 부재로 인해, 지역사에서 동썬 문화 시대는 선사시대 후기로부터 기원전 111년으로 비정된 한제국의 도래가 시작된 역사시대로의 전환기를 의미한다. 기원후 1세기 무렵에 소위 중국의 지배기 "bac thuoc, 北屬"으로 알려진가 본격적으로 시작되며 10세기까지 지속된다.[6] 매우 중요한 이 시기의 지역사는 고고학 자료, 문헌 기록, 설화 등을 토대로 재구성된다.[7] 부이Bui에 의하면 동썬 문화 공동체들은 하천과 호수를 낀 저지대에 적응해나갔고, 주민들은 호상 가옥 이외에 선상船上에서도 살았을 가능성이 있다.[8] 다양한 청동기에서 배와 일상생활을 묘사한 점이 이것을 시사한다. 동썬 문화의 매장 풍습은 하천 네트워크의 중요성을 나타내는 또 다른 표지인데, 나무줄기를 비워내고 배 모양으로 만들어진 목관이 이 점을 잘 보여준다.

전형적인 동썬 문화 청동북Heger 제 1 유형으로도 알려짐은 측면과 진동판에 장식과 도상이 있는 것이 특징인데, 깃털로 만들어진 머리쓰개를 착용한 인물들과 다양한 문화적 풍습들을 주로 묘사하고 있다

[6] Taylor, Keith, *A History of the Vietnamese,* Cambridge:Cambridge University Press, 2013.

[7] Higham, Charles, *Early Mainland Southeast Asia: From First Humans to Angkor*, Bangkok: River Books, 2014; Higham, Charles, "The Dongson Chiefdom," *Perspectives on the Archaeology of Vietnam*, edited by Andreas Reinecke, Bonn: German Archaeological Institute, 2015; Kim, Nam, "Lasting monuments and durable institutions: Labor, urbanism and statehood in northern Vietnam and beyond," *Journal of Archaeological Research* 21(3), 2013, pp.217~267; Kim, Nam, *The Origins of Ancient Vietnam*, Oxford:Oxford University Press, 2015.

[8] Bui Van Liem, *op.cit.,* 2015, p.100.

〈그림 4 참조〉. 대부분의 경우에 인물들은 배 위에 올라있는 것으로 나타나며 어떠한 경우에는 무기나 타작기구를 들고 있거나 포로들과 함께 묘사되어있다. 또 다른 전형적 청동북들에는 밑바닥이 깊은 독이나, 단검, 창끝, 끼우기식 도끼들을 묘사해놓았다. 동썬 문화는 농업 생산의 집약화, 거주지 규모의 확대, 군사적·의례적 활동의 증가, 그리고 불평등한 매장 풍습에 반영되어있듯이 계층과 빈부차의 증대를 보여준다. 동썬 문화의 무덤에서 발견된 고고학 자료는 이전 시대의 고고학적 상황에 비해 사회 분화의 정도가 심화된 것을 보여준다. 또한 무덤에는 의례적 축제에 사용하기 위해 만들어진 청동기가 부장되어있다.[9] "광범위하게 입증된 이러한 매장 관습은 상대적 계층차를 보여주는데 있어 가장 믿을만한 자료 중에 하나다."

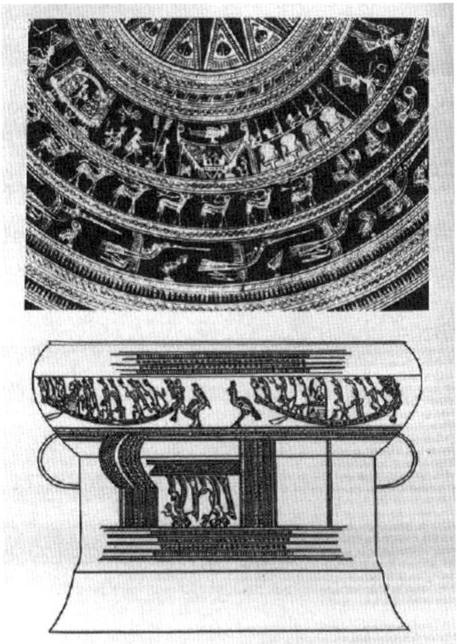

〈그림 4〉 응옥 루(Ngoc Lu) 청동북
(Trinh Sinh의 배려에 의해 제공)

동남아시아 전역에 걸쳐 청동기의 제조는 계층 사회의 부상과 밀

9 Higham, *op.cit.,* 2015, p.96.

접한 관련이 있는 것으로 보이며 각 지역의 엘리트들은 아마도 동맹과 통혼을 위해 금속으로 된 무기, 용기, 그리고 장식품들을 교환한 것 같다. 동썬 문화 시대에는 청동의 합금법에 납과 같은 성분이 추가로 포함되기 시작하면서 주조 기술이 비약적으로 향상되었다. 이것은 즉 녹는 점을 낮춰서 청동북과 장식된 바구니 모양 청동 그릇과 같은 섬세한 무늬가 기입된 대형 유물의 주조를 용이하게 했다.[10] 동썬 문화 시기에는 청동의 이용이 성행하면서 고도로 전문화된 공예품과 위신재의 생산이 증가하고 이들의 유통 역시 증대되었다. 청동기를 생산하기 위한 여러가지 원자재와 예속성을 지닌 공예가들에 대한 접근은 사회의 일부 계층에게만 국한되었을 것이다.[11] 홍하 유역이라는 지리적 위치는 교류에 이용되는 핵심 교통로를 이용하는데, 그리고 금속 자원에 공동체들이 접근하는데 커다란 이점으로 작용하였다. 물품, 사상, 그리고 신문물에 대한 다양한 접근 수단을 갖춤으로써 동썬 문화의 지역 우두머리들과 정치적 엘리트들은 더 많은 재산, 더 높은 지위, 심지어 정치적 정통성마저 갖출 수 있었을 것이다. 또한 청동 쟁기의 생산과 사용은 농업 생산의 효율을 제고하였으며 잉여 생산을 가능케 했다. 이러한 혁신은

---

[10] Pham, *op.cit.,* 2004, p.199.

[11] Calo, Ambra, "The Distribution of Bronze Drums in Early Southeast Asia: Trade routes and cultural spheres," *BAR International Series 1913,* Oxford:Archaeopress, 2009; Murowchick, Robert, "The Political and Ritual Significance of Bronze Production and Use in Ancient Yunnan," *Journal of East Asian Archaeology* 3(1/2), 2001, pp.133~192; Nguyen Giang Hai, "Ancient Metallurgy in Vietnam: An Ethno-archaeological Investigation," *Bulletin of the Indo-Pacific Prehistory Association* 25, 2005, pp.121~123.

인구의 증가와 정치사회적 복합성의 심화로 이어졌다.

박 보와 연결된 수많은 교역로 중에서 중요도가 높은 것은 운남 고원과 연결된 교역로다. 이것은 두 지역이 홍하의 시작과 종착점을 대표한다는 점에 미루어볼 때 놀라운 일이 아니다. 홍하에 힘입은 운남-박 보 간 연결 고리는 광범위한 동남아시아 네트워크의 일부로서 기능했다. 동썬 문화 공동체들이 직접간적으로 운남 고원의 이른 바 "전滇" 문화 공동체들과 교류하고 있었음은 의심의 여지가 없다.[12] 홍하의 북서쪽 끝에 위치한 전 문화의 고고학 자료들은 부장품이 풍부하게 매장된 수많은 무덤들로부터 발굴된 기술적으로 복잡하고 독특한 양식을 지닌 청동기들을 보여준다. 동시대 박 보의 거주민들과 마찬가지로 전 문화 공동체들은 사회 계층의 분화와 매우 발달된 수준 높은 야금술이 특징이다. 전 문화의 청동기들은 동썬 문화와 유사하게도 정치적, 사회적, 군사적, 경제적 관습에 있어서 매우 중요한 역할을 수행했다. 동썬 문화의 특징을 지닌 청동기들이 전 문화의 무덤과 유적에서 발견된 한편, 직선형의 자루 코등이를 지닌 단검이나 전 문화의 전사가 전리품의 머리를 들고 있는 장면으로 장식된 과戈와 같은 전 문화 양식의 청동 유물들도 동썬 문화 유적들에서 발견되었다.[13]

---

[12] Yao, Alice, *The Ancient Highlands of Southwest China: An Archaeological History from the Bronze Age to the Han Empire,* Oxford: Oxford University Press, 2016; Yao, Alice, "The Dian and Dong Son Cultures," *Handbook of East and Southeast Asian Archaeology*, edited by Junko Habu, Peter Lape, and John Olsen, New York: Springer, 2017, pp.503~512.

[13] Murowchick, *op.cit.*, 2001, p.176.

두 지역의 교류를 선명하게 보여주는 가장 중요한 유물군은 아마도 특징적인 청동북일 것이다. 현재까지 유사한 양식의 청동북이 가장 집중적으로 발견된 두 지역은 박 보 지역과 중국 남서부의 운남 고원이다. 이 밖에 중국 영남嶺南의 광서성, 광동성과 동남아시아 대륙과 도서島嶼 지역에서도 산발적으로 발견되었다.[14] 베트남의 고고학 유적에서는 동썬 문화 청동북이 200개 이상 발견되었는데 이들은 운남의 만가패萬家壩와 석채산石寨山 유적에서 발견된 것과 양식 상 유사성을 보인다.[15] 청동북과 그 밖의 고급 청동기는 사회적 층차를 나타내는 위신재와 물질적 상징으로써 기능했다. 다양한 청동용기와 더불어 거대한 의례용 청동북을 주조하는데는 엘리트 지도층의 통제를 받는 전문가가 필요했을 것이다.[16] 이러한 청동북 중 다수는 교역, 공납, 혹은 분쟁의 메커니즘을 통해 유통되었을 가능성이 높다.

이러한 측면에서 홍하는 지역 간 교류의 대동맥으로 활용되었으며 홍하의 삼각주는 중국과, 동남아시아 대륙의 다른 지역과의 교류의 중심 혹은 중추였을 것이다. 기원전 천년기 중엽에 산지에서 강이 발원하여 해안으로 흘러가는 길목에 위치한 공동체들은 누두효과漏斗效果, funnel effect 혹은 교통 관문으로써의 유리함을 누렸을

---

14 Allard, Francis, "Early Complex Societies in Southern China," *The Cambridge World Prehistory - Volume 2: East Asia and the Americas*, edited by Colin Renfrew and Paul Bahn, Cambridge:Cambridge University Press, 2014, pp.807~823; Calo, *op.cit.*, 2009; Higham, *op.cit.*, 2015.

15 Pham, *op.cit.*, 2004, p.200.

16 Higham, *op.cit.*, 2015.

것이다. 한제국이 박 보에 도래하기 전, 이 지역에서의 지역 간 교류와 상호 영향력은 전 문화, 동썬 문화, 베트남 북부의 기타 지역, 그리고 더 멀리 있던 다양한 형태의 지역 공동체들을 그 권역 아래에 두고 있었다. 이러한 교류 체제는 일반적으로 "월越"이라고 통칭統稱된 중국 남부와 남동부의 공동체들도 포함하고 있었다.[17]

꼬 로아 정치체가 꼬 로아라는 도시를 발전시키고 권력의 중심지로 확립시켰을 때 대외교류가 강화되는 새로운 단계가 열렸다. 기원전 천년기의 대부분을 차지했던 종전 단계에서는 광범위한 영역에 걸쳐 벼농사, 청동기 제작, 사회의 기타 영역에서의 관습의 측면에서 공동체간 문화적 친연성이 보였다면, 기원전 300~100년 무렵에는 엘리트나 왕족 고유의 물질 문화와 관련된 새로운 교류 형태가 출현하였다. 꼬 로아에서 발견된 물질 자료와 관습은 동썬 문화 세계의 다른 곳에서는 발견되지 않았으며 중국의 왕족 혹은 엘리트들이 보여주는 문화적 맥락과 매우 유사하다.

III. 꼬 로아 정치체와 정착지

장기적으로 유지되던 교류 패턴은 기원전 천년기의 후반부에 이르자 특정 집단들이 금속 제조와 관련된 경제적 경쟁 속에서 유리

[17] Brindley, *op.cit.*, 2015.

한 고지를 점할 수 있는 기회를 제공해주었다. 또한 이 시기에는 기존의 교환 네트워크 내에서 먼 거리에 위치한 사회들 간의 교류가 증대되었다. 기원전 천년기 중엽, 중국은 전국시대戰國時代에 접어들어 정치적 혼란에 빠졌고 이것이 사람들 간의 이동에 기여하여 남중국과 베트남 북부 지역의 연결이 강화되었다.[18] 이 때문에 당시에 특히 군사 활동과 관련된 기술과 신문물이 박 보로 들어왔다고 보는 것은 일리가 있다.

이와 같은 지역 간 교류의 영향력을 입증해주는 근거는 꼬 로아 정착지에서 나온다. 4000년전부터 공동체들은 꼬 로아와 주변 지역에 계속해서 거주하고 있었다. 다만 물적 증거에 의하면 기원전 3세기 이전까지는 도시가 거대한 정착지로 성장하지는 못한 것으로 보인다. 광역廣域의 꼬 로아에서 나온 고고학 자료들은 거주와 문화의 연속성을 보여주며, 지역의 발전은 신석기 후기 대략 기원전 2000년에서 금속 시대를 거쳐 역사시대까지 이어진다. 최초에는 벼농사 사회가 이 지역에 자리 잡았고 동썬 시대와 이전 시대의 유물들이 다양한 유적에서 나왔다. 자료에 의하면 풍 응우옌 문화 시대 기원전 2000년~1500년, 둥 터우 문화시대 Dong Dau, 기원전 1500년~1000년, 고 문 문화시대 Go Mun, 기원전 1100년~700년, 그리고 동썬 문화 시대 기원전 600년~기원후 200년를 거치는 동안 인구와 비교적 작은 규모의 정착지들이 점진적으로 증가하였다. 매우 중요한 후기 청동기시대와 초기 철기시대에 해당하는 도처의 유적에서는 동썬 문화의 유

---

[18] Higham, *op.cit*., 2014, p.198.

물들이 발견되었다.

양적으로 증가하고 있는 이 정착지의 고고학 데이터는 고대 왕국을 묘사한 지역의 전통 및 전설과 결합되어 기원전 3세기에 복합 사회의 정치 중심지로 성장한 것을 알려주고 있다.[19] 현재에도 500~600 헥타르의 땅을 점유하는 커다란 방어 체계를 자랑하는 꼬 로아의 거대한 규모와 그 성격은 사회 복합성의 심화와 중앙집권적 정치권력의 존재를 의미한다. 이곳은 동시대 박 보 지역의 모든 정착지를 통틀어 압도적인 규모를 자랑하는데, 병존하던 동썬 문화의 어떤 정착지에 비해서도 훨씬 크다.

꼬 로아 유적은 거주민들이 방어에 각별히 신경 쓴 것을 보여준다. 성벽과 함께, 교통과 농업 생산 용도로 물을 저장하는 동시에 잠재적인 대규모 공격을 방비한 해자가 거대한 방위 체제를 이루고 있다.[20] 토벽과 이에 연동된 해자가 이루는 거대한 방어망은 세 구역으로 나뉘어져 있으며외곽 성벽, 중간 성벽, 내곽 성벽, 최외곽의 성벽은 둘레가 8km다. 몇 세기 동안 성벽 체계는 보수되지 못했지만 본래 도시가 존재하고 활용되었을 때는 추가적으로 성벽이 있었을 가능성이 있다. 레 반 트와Lai Van Toi가 상세히 전하듯 1950년대 이후로 꼬 로아와 관련된 유적은 열 두개 이상이 조사되었다.[21] 그중 절반 정도가 성벽 내 공간에서 발견되었다. 대체로 꼬 로아 내 유적의 종류는 크게 네 가지로 나눌 수 있는데, 정착지, 교장窖藏, 수공업 공

[19] Kim, *op.cit.*, 2015; Lai Van Toi, *op.cit.*, 2015.

[20] Kim, *op.cit.,* 2015; Kim, *op.cit.,* 2017.

[21] Lai Van Toi, *op.cit.,* 2015

방, 묘지로 나뉜다.[22] 그 중 두엉 머이Duong May와 같은 정착지는 동썬 문화 시대, 꼬 로아 시대, 그리고 기원후 한의 점령 시대에 걸쳐 거주의 증거가 지속적으로 보인다. 딘 짱Dinh Trang과 같은 또 다른 정착지에선 신석기시대인 풍 응우옌시대부터 동썬 시대까지도 문화층에 거주 흔적이 발견되어 도시화로 이어지기 전 꼬 로아에서 천년동안 사람들이 거주해왔다는 것을 보여준다.

성벽과 해자 체계 중 일부는 오늘날까지도 지상에 존재하며 육안으로 관찰할 수 있다. 꼬 로아는 동남아시아 대륙의 도시화 사례 중 매우 이른 예에 속한다. 꼬 로아는 기원전 천년기 동남아시아 대륙의 해자로 둘러싸인 정착지 중에서 규모가 가장 크다. 이들 정착지들은 수리사업과 흙을 이용한 대규모 토목 공사의 증거들이 보인다는 공통된 특징을 지니고 있는데 이것은 더욱 발전된 도시화 형태와 정치체제로의 지향을 상징한다. 이러한 경향은 기원후 역사시대 초기까지도 이어진다.[23] 필자는 2007년부터 협력발굴을 공동으로 주관하여 토벽 체계의 축성기술과 그 시대를 밝혀내고자 했다. 정착지 주변 다양한 유적에서 발굴하여 확보한 자료를 함께 참고한 결과, 성벽의 축성시기와 도시의 부상은 기원전 300년 무렵에 시작된 것으로 추정되며 역사시대 도중에도 소규모의 축성과 보수가 추가적으로 이루어진 것을 알 수 있다. 이를 종합해보면 기원전 300~100년 사이에 강력한 사회powerful society 혹은 일련의 사회

22 *Ibid*, pp.131~132.

23 Kim, *op.cit.*, 2013.

집단들set of societies이 존재했고 존속했음을 알 수 있다.[24] 이 시기로 비정할 수 있는 성벽과 관련 유물들은 한제국이 도래하기 이전, 수도로서의 꼬 로아의 부상과 중요성을 시사하고 있다. 필자는 이 사회, 혹은 일련의 사회집단들을 꼬 로아 정치체라고 부른다.

시대를 고려해보았을 때 동시대의 동썬 문화의 유물들이 정착지에서 발견되는 것은 놀랄 일이 아니다. 이 안에는 도기와 다양한 청동기가 포함돼 있는데, 그 중에서는 많은 청동기들을 속에 품고 있던 꼬 로아 I형 청동북도 발견되었다.[25] 무게 72kg의 이 청동북은 이 지역에서 발견된 청동북 중 가장 큰 것 중 하나이며 200개 정도의 청동기를 품고 있었는데 여기에는 보습 96개, 쟁기 6개, 끌 1개, 그리고 다양한 도끼, 창끝, 단검, 화살촉 등이 포함되어있다. 꼬 로아에서 발견된 동썬 청동기들은 동썬 문화 유물이 전반적으로 모두 망라되어있으며 여기엔 공구, 무기, 장식품과 가재도구, 생활용품들이 포함된다.[26]

그러나 흥미롭게도 꼬 로아에서 발견된 유물 중에는 다른 박 보 유적에서는 볼 수 없는 것들이 있다. 구체적으로 도시 내의 꼬 로아 시대 유적들을 발굴한 결과, 판축법, 도기 기와, 청동 도구들을 대량 생산할 수 있는 주조 공방의 증거가 발견되었다. 꼬 로아의 내성 안 쪽의 고고학 조사에서 다양한 청동 농기구, 도구, 무기를 제조하

---

24 Kim, *op.cit.,* 2015.

25 Nguyen Giang Hai and Nguyen Van Hung, "Nhom do dong moi phat hien o Co Loa (Ha Noi)" ("꼬 로아(하노이)에서 최근 발견된 청동기들"). *Khao Co Hoc* (고고학) 47, 1983, pp.21~32 (베트남어).

26 Lai Van Toi, *op.cit.,* 2015, p.145.

기 위한 거푸집과 가마가 발견되었으며 이것은 모두 전문적 생산품에 대한 중앙의 통제와 기원전 3세기 이래로 정치 권력이 강화되었다는 점을 시사한다.[27] 또한 성벽 전체에 걸쳐 도기 기와편이 중층적으로 발견되었다. 이와 같은 기와는 박 보의 다른 유적에서는 보이지 않는다. 놀라운 것은 이 기와들이 중국의 일부 지역에서 발견되는 파편들과 유사하다는 점이다. 또한 판축법은 중국의 정착지에서는 신석기시대부터 출현하여 기원전 천년기에 접어들어서도 사용된 기법이다. 이러한 단서들을 종합해보았을 때 기원전이 끝나갈 무렵, 지역 간의 교류는 문화적 변화에 중대한 영향을 끼쳤다고 볼 수 있으며 그 정점은 꼬 로아 정치체의 부상이었다.

문헌 기록에 의하면 박 보는 기원전 111년이 되어서야 한제국漢帝國에 의해 공식적으로 병합되었다. 나아가 박 보에서 나온 고고학 자료들은 한漢의 장군 마원馬援이 쯩Trung 자매의 반란을 진압했던 기원후 1세기가 되어서야 한제국의 통제가 공고해졌다는 점을 보여준다.[28] 꼬 로아의 물질 문화 중 기와, 판축법, 그리고 기타 관습들은 한제국이 이 지역에 오기 전부터도 존재했기 때문에, 필자는 토착 우두머리들이 중국적 건축, 군사적 전술, 정치체제를 모방했거나 도용했다고 판단한다. 여러 자료들은 중국적 군주권과 권력형태에 대한 지식과 접촉이 이 지역의 정치적 결정과 통치 전략에 영향을 주어 꼬 로아 정치체 시대를 낳았다는 점을 시사한다. 동썬 공동체의 엘리트들과 야심 있는 지도자들은 이국적이고 외래적인

---

27 *Ibid.*

28 Taylor, *op.cit.*, 2013.

정치 권력 형태에 매력을 느껴 이를 모방하는 전략을 취했을 것이다. 외래 문물은 지역 고유의 혹은 전통적인 권위와 정치 권력의 상징들을 대체하거나 보충하는데 이용되었다. 이러한 측면에서 매우 흥미롭게도 꼬 로아 정치체와 정착지는 '중국' 문화와도 가깝고 동남아시아 문화와도 가까운 혼합 문화의 사례를 보인다. 해자로 둘러싸인 정착지의 건축 기법과 양식은 동남아시아의 전통과 유사성을 보일 뿐만 아니라 북쪽의 영향도 엿볼 수 있다. 꼬 로아가 지리적으로 연안에 위치해있고 인접한 중국 문명과 동남아시아 공동체를 잇는 교통 요지에 입지했다는 것에 비추어볼 때 이는 놀라운 일이 아니다. 어떤 연구자는 지역 우두머리들이 모방을 너머 중국의 군사전문가들과 직접적으로 접촉하고 있었을 가능성을 제기하기도 한다.[29] 필자는 지역의, 혹은 토착의 우두머리들이 권력을 확고히 하고 유지하기 위한 대전략의 일부로써 권위의 상징과 통치술을 외부에서 도용하여 문화적, 정치적으로 고유한 의미를 지닐 수 있게끔 재구성했다고 주장하고 싶다.

이러한 유형의 모방이 반드시 직접적일 필요는 없다. 왜냐하면 이국적 권위와 권력 형태에 대한 토착 우두머리들의 관심은 '전파 과정 중 뒤에 속하는' 모방down-the-line imitation의 일환으로, 이들이 완충이나 여과 과정을 거친 외래 관습과 문물을 도입했을 가능성이 있기 때문이다. 이들의 모방이 '전파 과정 중 뒤에 속했기에' 특

[29] Larew, Marilynn, "Thuc Phan, Cao Tong, and the Transfer of Military Technology in Third Century BC Viet Nam." *East Asian Science, Technology, and Medicine* 21, 2003, pp.12~47.

정 상징과 문물, 관습은 중국의 중원 지방으로부터 유래한 것이 직접 도입되기도 했겠지만 어떤 것들은 남쪽 박 보 지역으로 확장하던 다른 지역 공동체에서 유래한 것일 수도 있다. 이 때문에 접촉은 간접적일 수도, 여과를 거친 것일 수도, 혹은 완충을 거친 것일 수도 있으며 시공간적으로 단절된 것일 수도 있다. 이 지역에서의 접촉이 완충과 여과를 거쳤을 가능성을 높여주는 것은 문물과 관습의 토착화 현상이다. 예컨대 중국의 일부 지역 기와의 마구리에는 장식성 문자가 있는 경우가 있지만 꼬 로아의 파편에서는 찾아볼 수 없다. 대신에 몇몇 표본에는 별 모양의 도안이 발견되었는데 이것은 청동북의 진동판에 보이는 별 모양 도안과 대응되는 듯하다. 이것은 외래 관습의 토착화를 시사한다.

중국 남부 그리고 남동부에 위치한 기원전 2세기 "월越"의 고고학적 맥락에서도 기와가 발견되고 있으며 꼬 로아의 기와들은 양식 상 이들과 비슷하다. 그리고 이들은 궁극적으로 중원의 표본들과 유사함을 보인다. 이것은 "월" 교류 권역이 있었을 가능성을 제기해준다. 이 속에서 꼬 로아 정치 엘리트들은 어쩌면 중국 영남 지역을 통해 진·한秦·漢과 같은 중원 사회와 간접적으로 교류했을 수 있다. 그러나 앞서 지적한대로 꼬 로아의 기와는 동썬 문화의 청동북에서 발견되는 고유한 디자인인 별 모양으로 장식되어있다. 여기에는 북쪽의 예에서 찾아볼 수 있는 중국 문자가 빠져있다. 따라서 이 지역의 특정 엘리트 집단은 이국적이고 외래적인 상징과 관습들을 도용하여 이들을 토착 이데올로기와 문화적 관습들과 결합시키고 있었던 것이다. 그러므로 꼬 로아 엘리트들이 취한 통치 전략은 모방에 가까웠을 가능성이 높다. 정치 권력의 정당화를 위해 이국적인 권력 상징물들을 지역의 맥락에 맞춰 도용하는 방법을 통해서 말이다. 이론의 여지는 있지만, 이 엘리트들은 기존의 교역 네트워크와 유대관계를 이용하는 정치 전략을 사용했다. 찐Trinh에 의하면 거대한 청동북 두 세개는 소유해야 왕으로 대우받을 수 있었다고 서술하고 있다.[30] 한Han에 의하면 청동북에 대해 다룬 가장 이른 문헌 기록은 기원전 3세기 혹은 이보다 이른 시기에 중국 문헌에 나타나고 있다.[31] 흥미롭게도 기원후 5세기의 중국 문헌은 기원후 1세기에 한의 장군이었던 마원이 쯩 자매의 반란을 진압한 후 어떻게 청동북을 거두어 들였는지에 대해 서술하고 있다. 그는 청동북을 박 보 지역 엘리트들로부터 몰수하여 녹여버렸던 것이다.[32] 만약 이 기록이 정확하다면, 이것은 지역의 정치 권력을 소멸시키기 위해서는 청동북을 파괴해야한다는 것을 마원이 이해하고 있었음을 보여주고 있다. 문헌에서의 이러한 언급들은 청동북이 지역의 군주권을 상징한다는 관념을 분명히 드러내고 있고, 꼬 로아의 우두머리들이 정치적 정통성을 내세우기 위해 권위를 표현하는 다양한 상징물들즉 기와, 별 모양의 도상, 북을 혼용했을 개연성이 있다.

---

30 Trinh Sinh, *Ha Noi thoi Hung Vuong va An Duong Vuong* [Hung 왕들과 Ad Duong Vuong왕 시대의 하노이], Hà Nội, 2010. (베트남어).

31 Han, Xiaorong, "Who Invented the Bronze Drum? Nationalism, Debate, and a Sino-Vietnamese Archaeological Debate of the 1970s and 1980s," *Asian Perspectives* 43(1), 2004, p.8.

32 *Ibid.*

Ⅳ. 맺음말

기원전 천년기에 동남아시아 대륙은 해자로 둘러싸인 정착지 수백 곳의 고향이었다. 꼬 로아는 그러한 정착지 중 하나였다. 그러나 꼬 로아는 그 규모와 크기에 있어서 박 보와 동남아시아의 유사한 정착지 중에서도 이례적인 사례에 속한다. 베트남의 동썬 문화 시기 중 가장 큰 정착지였던 것이다. 본고에서 다루었듯이 꼬 로아 정치체와 수도의 확립에 주요했던 것은 지리적 위치와 이웃 지역과 교류한 역사, 특히 북쪽과의 교류한 역사였다. 물적 증거들은 교역 네트워크와 지역 간 교류의 끈이 꼬 로아 정치체의 형성으로 이어졌던 정치적 중앙집권화 과정에 심대한 영향을 끼쳤음을 보여주고 있다. 이것은 하룻밤 사이에 이루어지지 않았다. 교역 패턴은 몇 세기에 걸쳐 점진적으로 발전해나갔던 것이다. 기원전 3세기에 접어들어 이러한 지역 간의 교류는 경제적, 정치적으로 엄청난 변화를 불러왔다.

기원전이 저물어갈 무렵, 베트남 북부의 물적 증거에서는 중국의 영향이 뚜렷하게 나타나기 시작한다. 처음에는 미묘한 영향인 듯하지만 기원후 1세기에 이르면 확연해진다.[33] 기원전 3세기 이후에 베트남 북부에서는 엘리트 통치 권력이, 그리고 "월"문화와 북쪽의

---

[33] Carter, Alison and Nam, Kim, "Globalization at the dawn of history: The emergence of global cultures in the Mekong and Red River Deltas." *The Routledge Handbook of Globalization and Archaeology*, edited by Tamar Hodos, New York:Routledge, 2017.

중국 사회와의 직간접적 교류에 힘입은 모방 전략이 두드러지는 정치적 변화가 일어났다. 기원전이 끝나갈 때에 직간접적 교류는 심화되었고 이는 국가의 형성과 도시화로 이어졌다. 직접적 교류의 흔적은 박 보의 동썬 문화 공동체와 운남의 전 문화 공동체의 유물들을 비교함으로써 나타난다. 간접적이고 완충을 거친 교류의 흔적은 꼬 로아의 물질 문화를 중국 남동부 지역의 문화와 남월과 같은 정치체와 비교해보면 읽어낼 수 있다. 이렇듯 서한시대西漢時代, 대략 기원전 206년~기원후 24년에 해당하는 이 후기의 교류 단계에서야말로 북쪽의 영향을 받은 특정 문물과 관습들, 예컨대 도기 기와와 같은 유물들이 박 보에 나타나기 시작한다. 보다 후기인 동한시대東漢時代에는 교류의 형태가 혼합과 식민 문화 양자 모두로 발달한다. 이것은 기원후 2~3세기에 수량이 증가하는 한제국 양식의 유물이나 한족 엘리트 혹은 맹아하는 한-베트남 엘리트들과 대응되는 벽돌무덤과 같은 건축 양식에 의해 뒷받침된다.[34] 이 두번째 단계에서 접촉의 성격은 기원후 1세기 마원이 이끄는 한제국의 원정대가 쯩 자매의 원주민 반란을 진압한 후에 종족적으로 한족인 집단의 실질적 대량 이주가 이루어졌다는 것이 주된 특징이다.[35]

한반도韓半島의 토착 사회와 한제국의 관계를 설명하는데 있어 어떤 연구자들은 토착 지역의 전통과 외부에서 들어온 한문화漢文化 간의 결합이 정치사회적 복합성을 촉진했다고 주장한다.[36] 이러한

34 Pham, *op.cit.,* 2004, p.203.

35 Taylor, Keith, *op.cit.,* 2013, pp.21~22.

36 Pai, Hyung Il, "Culture Contact and Culture Change: The Korean Peninsula and Its Relations with the Han Dynasty Commandery of Lelang," *World*

시나리오 하에서 한의 위신재와 무기에 대한 수요의 증가는 지역의 정치적 지형에 영향을 주었지만, 한반도의 토착민들이 단순한 한문화의 수동적 수용자들이었던 것은 아니다. 대신에 이들은 자신들의 이익을 위해 주도적으로 교역을 개시했다. 한제국이 도래하기 이전, 박 보의 동썬 공동체들이 중국 문명을 어떻게 보았고 문화를 어떤식으로 수용했는지에 대해서도 동일하게 생각할 수 있다.

꼬 로아의 정치 지도자들은 중국적 형태의 군주권과 정치-종교적 이데올로기에 대해 명확히 인지하고 있었다. 꼬 로아가 전국시대 말기에 부상했다는 것은 시사적인데, 이것은 박 보의 토착 우두머리들이 궁극적으로는 진나라의 통일로 이어졌던 북쪽의 중대한 사건들에 대해 알고 있었을 가능성을 제기해준다. 꼬 로아의 거대한 방어체제는 강대해지는 북쪽의 세력과 그 잠재적 위협으로부터 영감을 받은 동시에 그에 대항하고자 했던 것이었을 가능성이 있다.

필자는 권위의 상징을 도용한 것 외에도 — 필자가 주로 쓰는 말로 하자면 — "도시 모방urban emulation"의 가능성을 제기하고 싶다. 앞서 언급했듯이 꼬 로아에서의 도시화 형태는 박 보와 동남아시아의 동시대 사례들과 비교했을 때 유일무이하다. 필자는 꼬 로아의 도시화 유형이 중국 문명의 부상과 관련 있는,[37] 북쪽에서 일어난 보다 복잡한 도시화 유형의 발전과 일부 관련이 있다고 주장한다.

Archaeology 23, 1992, pp.306~319.

[37] von Falkenhausen, Lothar, "Stages in the Development of "Cities" in Pre-Imperial China." *In The Ancient City: New Perspectives on Urbanism in the Old and New World*, edited by Joyce Marcus and Jeremy Sabloff, Santa Fe:School for Advanced Research Press, 2008, pp.209~228.

꼬 로아는 혼합 문화를 반영한다. 이곳에서 권위와 권력의 확립은 기존의 동썬 문화 정치 권력의 모델과 상징이 이용되었음은 물론, 그들과 이국적 요소와의 결합에도 기대고 있었다. 이러한 측면에서 볼 때 꼬 로아의 사례는 고대 베트남과 중국 간의 초기 교류 형태를 이해하는 데 있어 중대한 시사점을 던져주고 있다.

고대 일본 마노제 옥류의 생산과 유통

오가 가츠히코(大賀克彦)(저, 나라여자대학교奈良女子大學 교수)

오오타니 카오루(大谷 薰)(역, 도쿄도립東京都立대학교 고고연구실 연구원)

I. 머리말

고대 일본열도에서는 다양한 종류의 보석제 옥류가 유통하고 있었다. 특히 마노제 옥류는 유통량이 많은 가운데, 일본열도 내부에서 제작된 종류와 외부에서 유입된 것이 병존됨이 밝혀졌다. 본론에서는 야요이弥生시대부터 고분시대의 일본열도에서 유통된 마노제 옥류를 대상으로 전개 양상을 개관하고자 한다.

II. 일본열도에서 제작된 마노제 옥류

일본열도에서 제작된 것이 확실하다고 판단되는 종류는 제작지가 발견되어 있는 경우이다.

일본열도는 지질학적 조건으로 인해 소규모나마 각지에 마노 산지가 분포한다. 그러나 옥제작의 원료로 이용된 석재 산지는 많지 않으며, 마노제 옥류 제작이 실시된 곳은 산음山陰지역의 시마네현島根縣 동부, 관동關東지역, 북륙北陸지역의 니가타현新潟縣 남부의 크게 3개 지역으로 한정된다.

마노제 옥류 제작이 가장 대규모로 계속되어 이루어진 지역은 산음지역이다. 산음은 야요이시대 전기부터 관옥 제작이 계속적으로 실시된 전통적인 옥기 제작 지역이지만 마노제 옥류가 제작되기 시작하는 것은 고분시대에 들어서부터이다. 시마네현 마츠에시松江市 가센산花仙山에 양질의 마노산지가 존재하며, 가센산 주변에 제작유적이 집중된다. 고분시대 전기까지 올라가는 양호한 상태의 제작유적은 발견되지 않았으나, 중기에서 후기 말까지 시기별로 마노제 옥류 제작유적이 발견되고 있다. 대표적인 유적으로 시마네현 동부에 위치하는 쇼부勝負유적, 오수미야마大角山유적, 요츠자코四ツ廻II 유적, 후쿠토미福富 I 유적, 오모지로다니面白谷유적, 도우토코堂床유젹, 히라도코平床II유적 등을 들 수 있다. 이 모든 유적에서 제작된 마노제 옥은 대부분 곡옥曲玉[1]이다.

소비지유적에서 발견된 산음산 옥에서도 곡옥이 압도적으로 많다. 존속기간도 길어 고분시대 전기 후반에 출현하여 종말기까지 계속된다. 철추를 사용하여 한쪽 면에서 천공穿孔되는 경우가 많으며, 구멍 벽면은 매끄럽다. 형태는 긴 원추형을 이룬다. 존속기간이 길어 시기적 변천과정을 확인할 수 있다. 출현기의 대표적인 사례인 나라현奈良県 니이자와新沢 500호분에서는 전체 모습이 둥그스름하고 깊이 파인 형태를 이루며, 정교한 연마로 매끄럽게 마무리되었다. 담색조의 마노가 선택적으로 사용되는 점도 특징이다. 고분시대 중기 이후에는 점차 색조가 진해지고 마무리 연마가 조잡해진다. 최종 단계의 고분시개 종말기에 제작된 것은 'ㄷ'자형을 이루며, 파인 정도가 약해지고 동체부 너비에 비해 총 길이가 길쭉해지

[1] 일본에서는 구옥(勾玉)이라 부른다.

는 모습으로 변해간다〈그림 1〉.

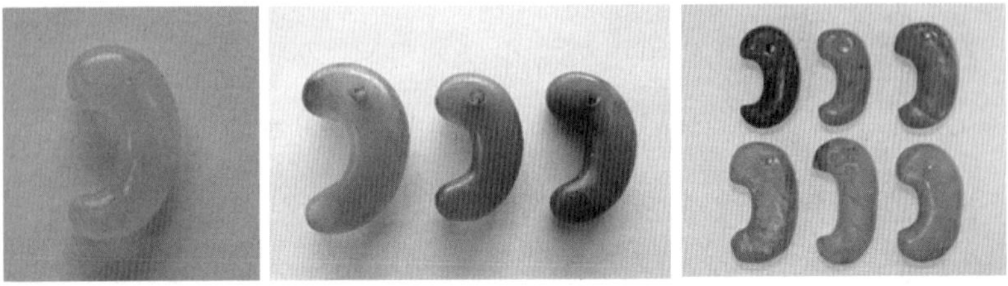

〈그림 1〉 산음지역에서 생산된 마노제 곡옥

한편, 명확히 산음에서 제작되었다고 추정되는 곡옥 이외의 옥류는 고분시대 후기 중엽에 집중적으로 확인된다. 관옥管玉, 절자옥切子玉, 산반옥算盤玉, 조옥棗玉, 환옥丸玉, 평옥平玉이 존재하며, 동시기에 제작된 곡옥과 석재의 색조, 천공 방법, 외면의 마연 성형 방법 등에서 공통된다. 그러나 나라현 니이자와 323호분관옥, 산반옥 TK10식기 및 시가현 가모이나리야마滋賀県鴨稲荷山 고분절자옥, 산반옥 TK10식기에서 집중적으로 부장된 사례 외에는 1, 2점 정도만 출토되며, 각 기종별로 10점 정도밖에 확인되지 않는다大賀 2009.

관동지역에서는 이바라키현 히타치 오타시 다마쯔쿠리茨城県常陸太田市玉造유적, 쯔찌우라시 가라스야마土浦市烏山, F유적〈그림 2〉, 하치만와키八幡脇유적, 도치기현 모오카시 이치노즈카栃木県真岡市市ノ塚유적, 사이타마현 사이타마시 가미오쿠보신덴埼玉県さいたま市上大久保新田유적에서 마노제 곡옥 제작이 확인된다.

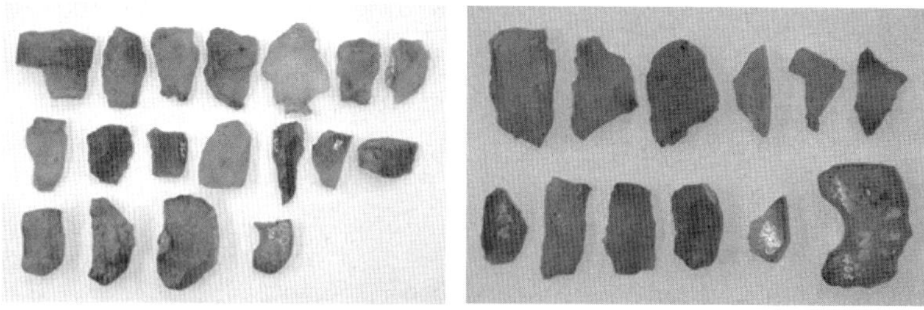

〈그림 2〉 미완성 마노제 곡옥 가라스야마유적

가라스야마유적과 하치만와키유적을 제외하면 서로 떨어져 입지하는데, 석재 환경으로 보아 각기 다른 원산지와 연관되어 있었다고 생각되지는 않는다. 다마쯔쿠리유적 북서 방향으로 약 10㎞ 범위에 저명한 마노 산지가 존재하며, 가장 먼 거리에 위치하는 가미오쿠보신덴유적까지 약 100㎞ 떨어져 있으나 일련의 원석 공급으로 인해 제작이 진행되었을 가능성이 높다. 발굴조사가 소규모로 이루어져 자세한 내용이 명확하지 않은 다마쯔쿠리유적을 제외하면 모두 고분시대 전기 후반에 속하는 유적이며, 마노제 옥으로는 곡옥만 제작되었다. 고분시대 중기 이후에 제작 작업이 계속된 증거는 확인되지 않는다.

관동에서 제작되는 마노제 곡옥의 천공 방식도 모두 철추로 인한 단면 천공이며, 공의 양상은 산음산 마노제 곡옥과 공통된다. 그러므로 산음에서의 기술전파로 추정하는 견해가 일반적이었으나,[2]

[2] 大賀克彦, 2002,「弥生・古墳時代の玉」『考古資料大観』, 第９巻, 小学館; 河村好光, 2010,『倭の玉器　―玉つくりと倭国の時代―』, 青木書店; 米田克彦, 2009ａ,「穿孔技術から見た出雲玉作の特質と系譜」,『出雲玉作の特質に関する研究』; 米田克彦, 2019,「古墳時代玉作遺跡の分布と変遷」『古墳時代の玉類の研究』, (『島根県古代文化センター研究論集』第21集).

현재는 동일본 야요이시대에서 옥기 제작 기술이 계승되었다는 점이 중요시되고 있다.[3] 관동에서 제작되었다고 추정되는 마노제 곡옥은 관동 주변의 전기고분에서 출토된다. 각자 세부 형상에서는 통일성이 없으나, 동시기 산음에서 제작된 곡옥보다도 색조가 짙은 석재를 소재로 삼았으며, 약간 소형이고 불규칙한 형태를 이루는 경우가 많다는 차이점이 보인다.

마지막으로 니가타新潟 남부지역이다. 해당지역은 비취옥 휘석의 산지로 유명하며, 비취옥과 활석을 소재로 하는 옥기제작유적이 집중된다. 그러한 유적 중, 니가타현 미나미오시아게南押上 유적에서 마노제 곡옥 제작이 실시된 것이 주목되었다.[4] 한편 필자는 각지 고분에 부장된 마노제 곡옥을 조사하는 가운데, 산음산과 형상 특징이 다르며 Nn형이라고 호칭하는 고분시대 중기 이후에 성행된 비취옥제 곡옥과 형태 및 제작 기술이 공통되는 점에 유의하고 있었다.[5] 담색조의 마노가 선택되는 경우가 많으며, Nn형 비취옥제 곡옥과는 색조가 유사하는 것으로 보아 비취옥의 대체품이었을 가능성이 높다. 천공 기술의 특징은 산음산 마노제 곡옥과 동일하며, 철추로 인한 단면 천공 방법이 적용되었다.

이전 논문에서는 11기 고분에서 출토된 14점을 제시하였으나, 현재는 이보다 2배 가량의 출토사례를 파악하고 있다. 시기는 Nn

---

3 大賀克彦, 2009, 「山陰系玉類の基礎的研究」, 『出雲玉作の特質に関する研究』; 大賀克彦, 2013, 「玉類」『副葬品の型式と編年』, (『古墳時代の考古学』第4巻), 同成社.

4 山岸洋一 · 山崎忠良, 2020, 「田伏玉作遺跡の出土品について」, 『三面川流域の考古学』, 第17号.

5 大賀克彦, 2009, 「山陰系玉類の基礎的研究」, 『出雲玉作の特質に関する研究』.

형 비취옥제 곡옥과 거의 겹치는 고분시대 중기 전반에 출현되어 후기까지 계속된다. 출토 수량이 적어 제작 시기의 하한을 명확히 제시하기에는 어려움이 있으나, 출토사례의 약 2/3 정도는 후기 후반 이후의 고분에서 출토되었다. 더욱이나 시가현滋賀県보다 동쪽의 동일본에서만 한정적으로 확인되는 점은 동시기에 출토되는 Nn형 비취옥제 곡옥이 북부 규슈에서의 출토사례가 압도적으로 많은 점과 대비되어 유의해야 한다.

III. 일본열도 외부에서 유입된 마노제 옥류

앞장에서 제시한 바와 같이 일본열도에서 제작이 확인되는 마노제 옥기 대부분은 곡옥이다. 반대로 말하면 마노제 곡옥에는 일본열도 외부에서 반입된 것으로 생각되는 특징을 가지는 것이 존재하지 않는다. 곡옥 이외에는 고분시대 후기 중엽을 중심으로 산음의 옥기 제작유적에서 약간의 마노제 옥류가 제작된다. 다시 말해 이러한 마노제 옥류와 석재의 특징 혹은 제작 기술이 다른 옥류에 관에서는 일본열도 외부에서 반입되었을 가능성이 높다고 추정된다. 고립적인 사례로 인해 판단하기 어려운 자료도 있지만, 유입품이라고 생각되는 주요 마노제 옥류에 관하여 개관하고자 한다.

1. 마노제 환옥

마노제 옥으로는 곡옥 다음으로 출토수량이 많다. 그 중 약 20점은 산음에서 제작된 곡옥과 석재 및 천공 특징이 공통되는 것으로 보아 산음에서 제작된 마노제 환옥이라고 판단된다.[6] 다시 말하면 그 외 약 850점은 일본열도 외부에서 반입된 것으로 추정된다.

색조는 밝은 환색을 이루며, 약간 투명성이 있는 것에서 불투명한 것으로 점차 변해간다. 직경 5~18㎜ 정도로 분산적이며, 직경≧두께로 되는 약간 편평한 구형을 이루는 것이 일반적이다〈그림 3〉.

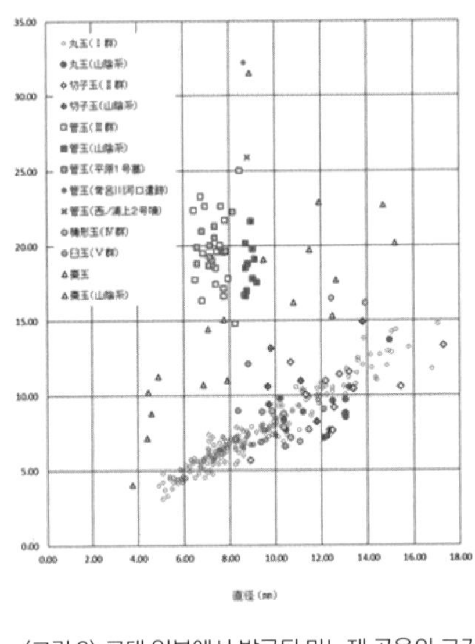

〈그림 3〉 고대 일본에서 발굴된 마노제 곡옥의 크기

측면을 명확하게 형성하지 않으며, 외면의 연마 성형 과정이 철저하지 않아 성형 시 울퉁불퉁하게 된다. 천공에는 철추鐵錐가 사용되었다. 공의 형상을 보면 구경이 가늘고 변화가 거의 없는 원통상을 이루는 것이 특징이다. 대부분 단면 천공 방식이며, 천공의 도달면 쪽이 압력으로 인해 원추상으로 박리되는 것이 많은 점에 주목된다. 이상과 같은 특징을 공유하는 마노제 환

6 大賀克彦, 2009,「山陰系玉類の基礎的研究」,『出雲玉作の特質に関する研究』.

공을 Ⅰ군으로 분류한다〈그림 4-1·2〉.

유통량이 많고 모든 개체에 대해 개별 조사를 실시하지 않았으나, 자세히 관찰하면 구분이 필요한 것도 포함되어 있다. 예를 들어 고분시대 후기말의 가나가와현 소세이지우라神奈川県総世寺裏고분에서 출토된 1점이다〈그림 4-3〉. 이 마노제 환옥은 외면도 비교적 편평하게 마연되어 있으며, 양면으로 천공된 점도 다른 사례와 차이가 있다. 가장 주목되는 점은 외면에 부식처리로 인해 식물문과 같은 문양이 남아있다는 점이다. 일본열도 출토 마노제 옥류 중 부식처리가 베풀어진 것은 이 한 점뿐이다. 또 다른 사례를 예시하겠다. 고분시대 후기 말의 후쿠오카현 미야가우라福岡県宮ヶ浦 3호분에서는 반입된 마노제 환옥이 6점 출토되었다〈그림 4-4〉. 그중에서 3점은 일반적인 마노제 환옥이지만 나머지 3점은 외면 연마가 매우 정교하며 양면으로 천공된 점에서 차이가 있다. 그러나 차이점이 매우 성세한 점이라서 보고서의 기재만으로는 판별할 수 없으며, 같은 특징을 지니는 개체가 더 포함되어 있을 가능성이 있다.

Ⅰ기에 속하는 마노제 환옥은 야요이시대 후기 후반~종말기에 출현하는데, 고분시대 전기까지 계속되는 사례는 극히 적다. 사가현 나가바루佐賀県中原 SP13230, 나가사키현 사토타바루·하기노시다長崎県里田原·萩ノ下 1호 토광묘가 야요이시대까지 올라가는 사례이며, 전기 후반에는 후쿠오카현 미쿠모·이와라福岡県三雲·井原 4호 옹관묘를 들 수 있을 뿐이다. 고분시대 중기가 되면 구주에서 관동까지 넓은 범위에서 확인할 수 있게 되는데, 특정 지역에서 집중되는 양상을 보이지 않는다. 또한 지바현 구사카리千葉県草刈 1호분중기 전엽,

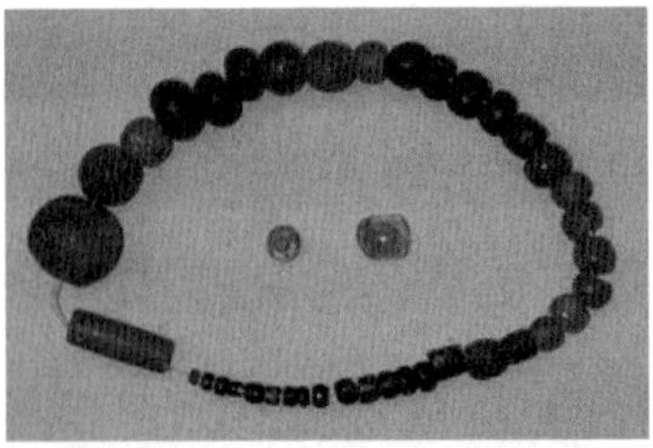

1. 카노누라-미나미 17호분

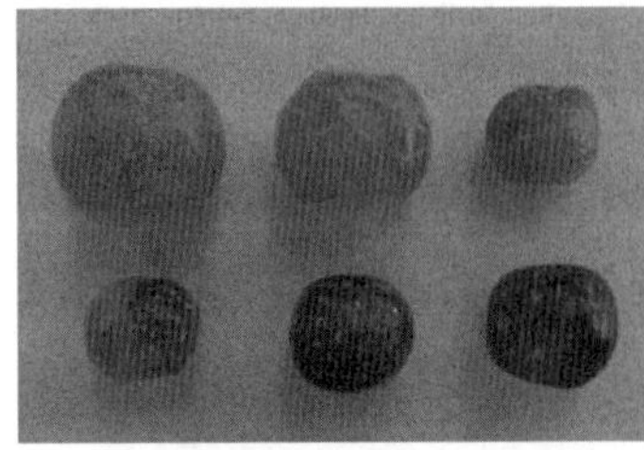

2. 가와시마 12호분

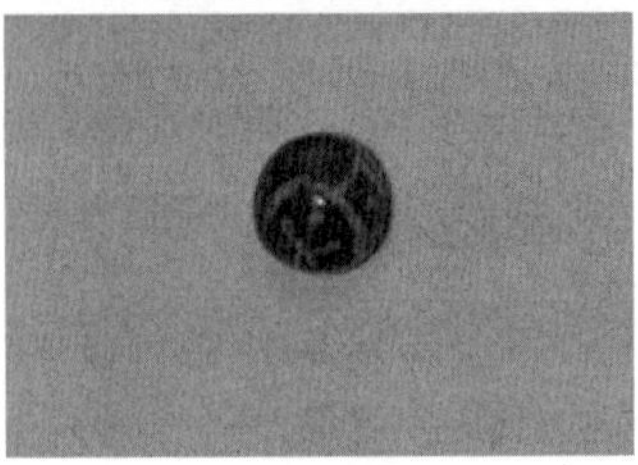

3. 소세이지우라분

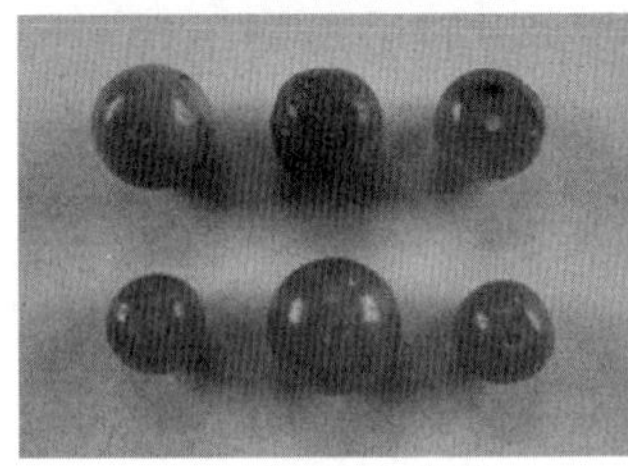

4. 미야가우라 3호분

5. 덴노쯔카분

6. 호시쯔카 2호분

7. 시모키타카타 5호분

8. 도코로가와 4호분

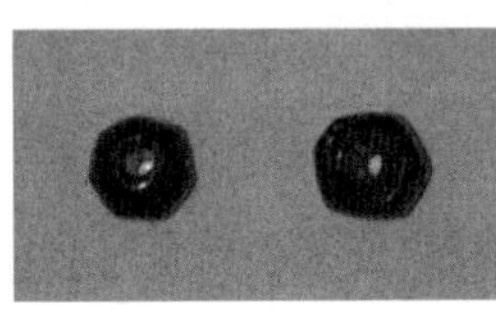

9. 도사카 4호무덤

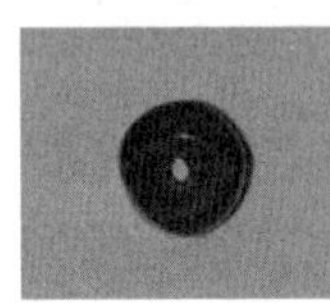

10. 고쿠라죠 니노마루가로야시키아토유적

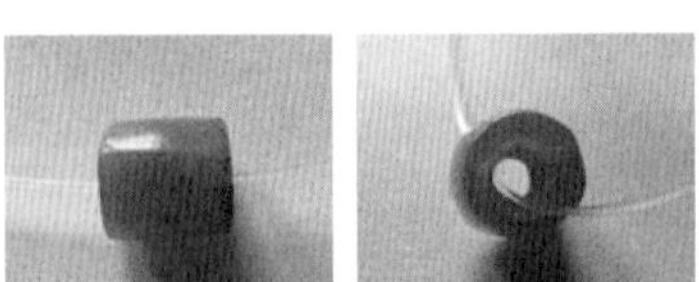

11. 사코야마 1호분

12. 소가시진자 1호분

13. 죠노유적

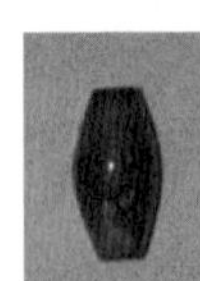

14. 아이 0호분

〈그림 4〉 고대 일본에서 발굴된 다양한 마노제 옥류

29점, 나라현 아카오쿠마가타니奈良県赤尾熊ヶ谷 3호분중기 전반, 8점, 효고현 오쿠야마 오츠카兵庫県奥山大塚 고분중기 후엽, 228점처럼 유입된 마노제 곡옥이 집중적으로 부장되는 사례도 확인되지만, 대부분 1~수점씩 분포하는 분산적인 사례이다. 또한 마노제 곡옥의 출토량이 가장 많아지는 것은 고분시대 후기 후반 이후이다.

하나의 고분별 출토 수량은 1~2점이 대부분이며, 가장 많은 유적에서도 15점후쿠오카현 가시와바라福岡県柏原 E-1호분, 수미야마隈山 2호분이다. 분포는 후쿠오카현을 중심으로 북부 구주 주변에 압도적으로 집중된다.[7]

2. 마노제 절자옥

산음에서 제작된 특징을 지니는 것을 제외하면 마노제 절자옥은 13개의 유적에서 20점이 확인되었다. 육각추대와 팔각추대를 합친 다면체를 이루나, 각 분할면은 약간 부정형이다. 기본적으로 너비 > 높이의 비율로 약간 편평한 형상을 이룬다〈그림 3〉. 석재의 색조와 천공 방식은 마노제 곡옥과 공통된다. 그러나 각 면은 매끄럽게 연마되어 있다. 이러한 마노제 절자옥을 Ⅱ군으로 한다.

나라현 아카오쿠마가야奈良県赤尾熊ヶ谷 3호분, 교토부 우지후타고야마키타京都府宇治二子山北 고분 등 고분시대 중기 전반에 출현하며,

---

7 大賀克彦, 2010,「百留横穴墓群出土の玉類に関する諸問題」,『百留横穴墓群』, (『上毛町文化財調査報告書』第13集.

후기 후반까지 산발적으로 출토된다. 후기 후엽MT85식기의 와카야마현 덴노쯔카和歌山県天王塚 고분〈그림 4-5〉에서 출토된 것 외는 모두 1, 2점씩 출토되었다. 유통 양상은 덴노쯔카고분을 경계로 크게 변화되는 양상이 보이며, 덴노쯔카고분 이전에는 일본열도 각지에 분산적으로 출토됨에 비해 이후는 북부 구주 주변에 집중된다.[8] 즉, 유통 양상에 관해서도 마노제 곡옥과 공통된다.

3. 마노제 관옥

마노제 관온은 30기 가량의 분묘에서 약 60점이 확인된다. 그 중 고분시대 중기 이후의 마노제 관옥은 대부분 공통된 특징을 지니고 있다. 즉, 석재는 암적갈색으로 투명도가 높은 색조이며, 공은 구경이 비교적 크고 원통형인 데다가 공벽에 자바라 형태의 회전 흔적이 남아있는 경우가 많다는 점 등이다. 산음산 마노제 곡옥이나 I군 환옥 및 II군 절자옥과는 전혀 다르다. 단면 천공이 절반을 차지하나, 양면 천공도 적게나마 확인된다. 크기는 직경 6~8㎜, 총 길이가 15~25㎜ 범위에 들어간다〈그림 3〉.[9] 이상의 특징을 공유하는 마노제 관옥을 III군으로 한다.

III군의 출현은 고분시대 중기 전반까지 올라가며, 후쿠오카현 하

---

8 大賀克彦, 2021,「天王塚古墳の玉類」『特別史跡　岩橋千塚古墳群—天王塚古墳２次・３次発掘調査報告書—』.

9 大賀克彦, 2020,「下北方５号地下式横穴墓出土の玉類」『下北方５号地下式横穴墓』, (『宮崎市文化財調査報告書』, 第128集).

나미福岡県花見 3호분, 신료神領 2호분, 시즈오카현 오테우치静岡県大手内 6호분 등의 사례를 들 수 있다. 지역적으로는 약 1/3이 후쿠오카현 내에서 출토된 것인데, 집중도는 Ⅰ군 환옥, Ⅱ군 절자옥보다 훨씬 낮아 일본 각지에서 산발적으로 출토된다. 나라현 호시쯔카奈良県星塚 2호분〈그림 4-6〉에서 8점 출토된 것 외는 모두 4점 이하만 출토되었으며, 제작 시의 세트관계는 유지되어 있지 않다. 또한, 미야자키현 시모키타카타宮崎県下北方 5호분 지하식 횡혈묘〈그림 4-7〉, 미에현 호코리 구루마쯔카三重県保子里車塚 고분 등 비교적 풍부한 부장품이 공반되는 고분에서 출토된 사례도 확인되나, 최상위층 고분 출토사례는 알려지지 않는다.

마노제 관옥 중에는 Ⅲ군과 다른 특징을 지니는 것도 여러 개 확인되며, 야요이시대 후기 후반~종말기 후쿠오카현 히라바루福岡県平原 1호분, 고분시대 전기 홋카이도 도코로가와北海道常呂川 하구 884a 호 토광묘〈그림 4-8〉, 고분시대 후기 중엽의 나라현 니자와奈良県新沢 323호분, 후기 후반의 후쿠오카현 니시노우라가미西ノ浦上 2호분 등을 들 수 있다. 도코로가와 하구 884a호 토광묘에서 출토된 1점은 Ⅲ군 마노제 관옥과 비교적 유사하지만, 적색 계통이 강하지 않은 색조를 이루며 총 길이가 30㎜를 넘은 늘씬한 형태를 지닌다. 히라바루 1호분에서는 12점이 출토되었는데, 세트로 부장되었다고 추정되는 드문 사례이다. 철추를 사용하여 양면으로 천공되었으며, 공은 긴 원추형, 공벽은 평활하다. 크기는 Ⅲ군과 유사하다. 니자와 323호분에서도 12점의 마노제 관옥이 출토되었으며 석재와 천공 방식의 특징으로 산음에서 제작된 것으로 보인다. 총 길이는 Ⅲ군과 동일하지만 직경은 9㎜ 가량으로 약간 두꺼운 형태이다. 니시노우라가미 2호분 출토품은 니자와 323호분과 유사하지만 색조가 선명하고 총 길이가 길쭉한 늘씬한 형상을 이룬다.

4. 마노제 준형옥樽形玉

측면에 5~8개의 능선을 지닌 환옥 혹은 조옥 양상을 이루는 마노옥이다. 측면이 약간 외곡된 것이 보이는 점에서 준형옥이라고 호칭하여 본문에서는 Ⅳ군으로 분류한다. 10기 고분에서 11점이 확인된다. 비교적 짙은 적색이 강한 색조를 이루는데, Ⅲ군 관옥보다 투명도가 낮다. 공은 구경이 크고 원통형이며, 공벽에 자바라형의 회전 흔적이 관찰된다. 높이가 낮은 소형이 많아 단면 천공이 대부분이다〈그림 4-9〉.

모두 고분시대 후기 중엽 이후 고분에서 출토되었으나, 출토수량이 적은 것으로 보아 더 이른 시기의 자료가 나타날 가능성도 있다. 또한 약 2/3이 북부 구주 주변에서 출토되었는데, 집중도는 Ⅰ군 환옥, Ⅱ군 절자옥보다 낮다.

5. 마노제 구옥臼玉

색조는 밝은 황적색을 이루며, 투명감은 거의 없다. 모양은 원통형이고 명확한 측면이 확인된다. 외면은 매끄럽게 연마되었다. 직경 8~12㎜이며, 일반적으로 직경≧높이의 비율로 나타나는 점을 고려하여 구옥으로 분류한다〈그림 3〉. 약간 편평한 모습이면서도 모두 양면으로 천공된다. 또한 공벽에 회전 흔적이 관찰되지 않으나 공 모습으로 보아 천공 도구는 석제가 쓰였다고 추정된다. 본론에서는 V군으로 한다. 전체적인 특징은 천하석天河石製제 구옥에 유사하다.

7개 유적에서 7점이 출토되었다. 주목되는 것은 후쿠오카현 고쿠라죠 니노마루가로야시키아토小倉城二ノ丸家老屋敷跡 Ⅳ-3호 상자형 석관묘야요이시대 중기 중엽 〈그림 4-10〉, 사가현 나카바루佐賀県中原 SJ11281야요이시대 중기 후엽처럼 확실히 야요이시대 중기까지 올라가는 사례가 있다는 점이다. 일본열도에서 출토된 다른 마노제 옥류보다 훨씬 이른 시기에 속한다. 다만 기타 사례는 고분시대 분묘에 부장되어 있으며, 중기 전엽 이시카와현 시모카이하쯔 차우스야마石川県下開発茶臼山 9호분을 제외하면 후기 후반 이후에 귀속된다사가현 도후쿠지東福寺 13호분, 히로시마현 사코야마広島県迫山 1호분〈그림 4-11〉 등.

6. 마노제 조옥棗玉

마노제 조옥은 23개 유적에서 25점이 출토되었다. 매우 잡다한 양상을 보이는 가운데, 고분시대 후기 후반 이후인 시마네현 가미엔야쯔키야마上塩冶築山 고분, 고이케小池 I 군 1호 횡혈묘, 단고타이丹後平 21호분에서 출토된 5점은 산음에서 제작된 특징을 지닌다. 또한 구마모토현 다이보大坊 고분 및 후쿠오카현 미토마三苫 B9호분에서 출토된 각 1점은 I 군 마노제 환옥과 공통되는 석재 및 제작 기술을 구비하며, 일체적으로 해석해야 할 자료이다.

이상 5개 유적에서 출토된 7점을 제외한 마노제 조옥은 매우 뒤섞인 인상을 주는 것들이다. 형태적으로는 양쪽 측면이 평행되어 관옥 모양을 이루는 것후쿠오카현 도쿠나가가와노우에德永川ノ上 C구 I -13호분, 매우 둥글게 만곡이 되는 것오사카부 아이大阪府安威 0호분〈그림 4-14〉 등이 포함된다. 크기는 직경과 총 길이의 비율이 3:4에서 3:6 정도가 대부분이지만 직경 3.75㎜후쿠이현 하나노타니花野谷 1호분 출토에서 직경 15.20㎜사이타마현 구마노진자熊野神社고분 출토까지 크게 분산된다〈그림 3〉. 또한 도쿠시마현 소가시진자德島県曽我氏神社 1호분 사례〈그림 4-12〉는 총 길이가 31.50㎜로 관옥과 유사한 늘씨한 모양을 이룬다. 제작 기술은 고치현 다카오카야마高知県高岡山 2호분을 제외하면 마노제 조옥의 공은 대체로 긴 원추형이며, 공벽이 평활한 특징을 지니는 것으로 보아 모두 철추로 인한 천공 방법인 것을 알 수 있다. 기본적으로는 양면 천공이지만 사가현 나카바루 SP13230, 하나노타니 1호분 출토 사례처럼 소형품은 단면 천공도 있다.

마노제 조옥의 가장 특징적인 점은 출현 시기이다. 시기가 가장 올라가는 것은 야요이시대 후기 후엽 오카야마현 다테쯔키岡山県楯築 분구묘 출토 사례이며, 이어 도쿠나가 가와노우에 C구 I -13호분, 나카바루 SP13230 등이 있다. 그 외에는 대부분 고분시대 전기에 해당된다. 고분시대 중기 이후로 내려가는 사례는 후기 중엽 혹은 후엽 후쿠오카현 사타니佐谷 및 하네도미나미羽根戸南 G-1호분 등 매우 적으며, 다른 마노제 옥류와 크게 차이가 있다. 또한 고분시대 전기 마노제 조옥은 절반 이상 동일본에서 출토되었다는 점도 주목된다.

Ⅳ. 유입된 마노제 옥류 제작지

우선 Ⅰ군 환옥을 검토하고자 한다. 본 마노옥은 원삼국시대 후기 이후 한반도 남부에서 보편적으로 출토되는 것으로 보아 단순히 한반도에서 제작되었다고 추정해 왔다.[10] 그러나 대응되는 제작유적이 발견되지 않고 충분한 근거가 존재하지 않는다. 한편, 동남아시아에서 마노제 옥류 제작 유적이 발견되어 있다. 특히 타이 말레이반도에 위치하는 Klong Tom유적에서 출토된 마노제 환옥 미완성품은 형태와 천공기술의 특징이 Ⅰ군 환옥과 매우 유사하다. 또한 Ⅰ군과 같은 특징을 지니는 마노제 환옥은 중국에

[10] 大賀克彦, 2010,「百留横穴墓群出土の玉類に関する諸問題」,『百留横穴墓群』, (『上毛町文化財調査報告書』第13集; 大賀克彦, 2013,「玉類」『副葬品の型式と編年』, (『古墳時代の考古学』第４巻), 同成社.

서도 강남 후한後漢묘를 중심으로 광범위하게 출토되는 것이 밝혀졌다. 예를 들어 광동성 광주시広東省広州市 한묘에서는 번우소곡위항미강番禺小谷囲港尾崗M 4 2003GXBGM4, 번우소곡위청강番禺小谷囲青崗M12 2003GXBQM12, 나강선갱蘿崗線坑M1 2013GLXM1, 관주도화과산官洲島花果山M2 2006GG花果山M2 등, 호남성 한묘漢墓에서는 1974년 장사적수정長沙滴水井M1, 1955년 장사사모충長沙絲茅冲EM009, 1960년 장사부속의원長沙附属医院M001, 1959년 장사금계취長沙金鶏嘴M004, 1956년 장사전영학교長沙電影学校M003, 2004년 침주가구창공지郴州家具廠工地M1 등의 사례가 소개되어 있다.[11] 즉, Ⅰ군 마노제 환옥의 제작지는 동남아시아에서 찾을 수 있으며, 그것이 동아시아로 유입되었다고 판단된다.

Ⅱ군 절자옥은 석재의 발색, 제작기법이 Ⅰ군 환옥과 동일하며, 제작지의 공통성이 시사된다. 그러나 Ⅰ군 환옥 같은 광역적 유통은 확인되지 않아 한반도 남부에 분포가 집중된다. 이러한 양상으로 보아 Ⅱ형 절자옥은 Ⅰ형 환옥으로 제작되어 유통해온 것이 한반도 남부에서 재가공되었다고 해석할 수 있다.[12] 〈그림 3〉에 제시한 바와 같이 Ⅱ군 절자옥의 크기는 Ⅰ군 환옥 중의 대형품과 대비되므로 재가공이 가능할 것으로 보인다.

Ⅲ군 환옥, Ⅳ군 준형옥, Ⅴ군 구옥, 잡다한 조옥에 관해서는 제작지를 특정할 수 있는 자료가 확인되지 않는다. 광주시 문물고고

---

11 広州市文物考古研究院, 2020, 『広州出土漢代珠飾研究』, 科学出版社; 湖南省博物館, 2018, 『湖南出土珠飾研究』, 湖南人民出版社.

12 大賀克彦, 2021, 「天王塚古墳の玉類」『特別史跡 岩橋千塚古墳群―天王塚古墳 2 次・3 次発掘調査報告書―』.

연구원, 호남성박물관 등 도록에 수록된 다량의 마노제 옥류 중에는 Ⅲ군에서 Ⅴ군에 해당되는 것은 포함되지 않아 보인다. 그러나 Ⅲ군 관옥에 관해서는 한국의 합천 옥전고분군에서 집중적으로 출토된 점에 주의된다.[13] 이 점은 일본열도 및 한반도 남부 마노제 관옥을 집성한 岩橋도 인정하고 있다.[14] Ⅲ군 관옥이 일본열도로 유입되는 경로를 추정하는 데 유의된다. 한편, Ⅳ군 조옥과 유사하는 사례는 김해 양동리 349호분 등 한반도 남부에서도 확인되는데,[15] 중국 동북부, 한반도 북부 낙랑군 주변에서 두드러지게 출토된다. 북한 정백동 3호분, 37호분m 1호분, 운성리 9호분 등 사례를 들 수 있다.[16] 이러한 사례들은 제작지를 추정하기 위해 주목해야 한다. 그러나 일본열도에서의 출토사례에 관하면 시기적으로 매우 후속되는 것으로 보아 유입까지의 이력을 포함해 더 검토가 필요하다.

---

[13] 大賀克彦, 2020, 「下北方５号地下式横穴墓出土の玉類」, 『下北方５号地下式横穴墓』, (『宮崎市文化財調査報告書』, 第128集).

[14] 岩橋孝典, 2021, 「出雲市・上島古墳から出土したメノウ製管玉の再評価ー対外交渉と被葬者像の観点からー」, 『古代文化研究』, 第29号.

[15] 福泉博物館, 2013, 『2013福泉博物館特別企画展: 先史・古代玉の世界』.

[16] 朝鮮遺跡遺物図鑑編纂委員会, 1989, 『朝鮮遺跡遺物図鑑』, 第２巻, 古朝鮮, 扶余, 辰国篇.

V. 마노제 옥류 유입에 관한 양상 구분

고대 일본열도에 마노제 옥류가 유입되는 양상에 관해서는 크게 4개의 단계로 구분하여 이해할 수 있다.

1단계는 야요이시대 후기 전반기원후 1세기 이전이다. 일본열도로 유입된 마노제 옥류는 극히 드물다. 현재 상황에서는 북부 구주에 한정적으로 나타난다. 시기는 야요이시대 중기 중엽 및 후엽에 해당되는 사례가 존재하지만, 원래의 제작 및 유입 시기와의 상관관계는 확실하지 않다. 제작 기법에서 이른 시기의 특징을 보이는 점과 다른 옥류의 유입 상황을 고려하면 더 이른 시기일 가능성도 부정할 수 없다.

2단계는 야요이시대 후기 후반에서 고분시대 전기2~4세기이다. 유입되는 마노제 옥류가 증가된다. 크게 3가지 그룹으로 세분된다. 첫 번째는 Ⅰ군 환옥이며, 앞으로 Ⅱ군 절자옥도 추가될 가능성이 있다. 그러나 확실히 2단계에 귀속되는 사례는 북부 구주 3개 유적에서 출토된 4점에 한정된다. 동시기의 한반도 남부에서 유통량이 매우 풍부한 종류인 점, 왜倭 왕권과 가야지역과의 밀접한 교섭이 추정되어 있는 점 등을 고려하면 Ⅰ군과 Ⅱ군의 양상 차이에 주목해야 할 것이다. 두 번째는 조옥 혹은 관옥이다. 세부 형태와 크기가 불규칙하므로 계통적 연관성은 찾기 어렵다. 일본열도 내부에서 단독적으로 제작된 것이 포함되어 있을 가능성도 있다. 또한 히라바루 1호분 출토 관옥 12점을 제외하면 모두 1점씩 출토되는 사례들이다. 분포가 북부 구주에 집중하지 않고 특히 고분시대 전기에는 관동보다 서남부지역에 산발적으로 분포한다. 이 종류의 마노제 옥류가 고분시대 중기 이후 계속되지 않은 점, 함께 유통되는 옥류를 확인하기 어려운 점 등 불분명한 점이 많다. 출토되는 분묘 자체는 비교적 유력한 것이 많다. 세 번째는 홋카이도에서 출토된 관옥이다. 현재 1점밖에 알려지지 않으나 북쪽의 유입 경로가 시사되는 점에서 중요한 자료이다.

3단계는 고분시대 중기에서 후기 중반5~6세기 전반이다. 마노제 옥류의 유입이 본격화된다. Ⅰ군 환옥 및 Ⅱ군 절자옥, Ⅲ군 관옥을 중심으로 한다. Ⅰ, Ⅱ, Ⅲ군에서는 각기 생산지가 다르지만 일본열도에서는 유통 상황에 명확한 차이가 보이지 않는다. 분포는 구주에서 관동까지 균일하게 분산되며, 북부 구주, 기내畿內주변에 집중되지 않는다. 계층적으로는 중간층에 해당되는 분묘도 확인되지만 상위층에 치우치는 보유 양상은 보이지 않는다. 또한 구사카리1호분중기 전엽, 환옥 29점 등에서는 마노제 옥류가 집중적으로 부정되는 양상이 확인되는데, 그 외 대부분은 1~수점씩만 출토되는 분산적 보유 양상이 확인된다. 이상으로 판단하면 왜倭 왕권이 위신재로 배부하였을 가능성, 한반도와의 일상적인 교섭으로 인해 반복적으로 유입되었을 가능성은 모두 부정된다. 이는 마노제 옥류가 풍부하게 유통되는 한반도와 같은 지역으로 방문하는 기회를 가진 피장자被葬者가 독자적으로 입수하여 가져온 것으로 추정된다.

4단계는 고분시대 후기 후반에서 종말기6세기 후반~7세기이다. 유입되는 마노제 옥류의 종류는 전 단계와 동일하지만 유통 상황은 변화된다. 즉, 북부 구주 주변에 분포가 압도적으로 집중되어 그 외 지역에서는 북부 구주까지의 거리에 따라 서서히 감소한다. 다량 유통되어 있는 한반도 남부와의 일상적인 교섭을 통해 유입되었다고 추정된다. 이와이磐井의 난527-528년 후에 해당되는 본 단계에서는 대외교섭은 왜倭 왕권이 관리하게 되었다고 해석되어 있으나, 마노제 옥류 유입 상황에서 추정되는 교섭모델과 일치하지 않는다. 유리옥의 유통에 관해서도 동일한 양상이 확인되는 것으로 보아 대외교섭에 대한 왜 왕권의 공헌에 대해서는 재고가 필요하다.

VI. 맺음말

이상으로 일본열도에서 출토된 마노제 옥류에 관하여 생산 및 유통 양상을 개관하였다. 우선 출토된 마노제 옥류의 과반수를 차지하는 곡옥에 관해서는 일본열도 내부에서 제작된 것에 비해 기타 종류는 대부분 일본열도 외부에서 유입된 것으로 판단된다. 또한, 일본열도로 유입된 마노제 옥류에는 동남아시아지역에서 제작되어 유입된 I군 환옥, I군 환옥이 재가공된 가능성이 높은 II군 절자형, 북쪽에서 유입되었다고 추정되는 III군 관옥과 IV군 준형옥 등이 포함되어 있다. 그러나 이러한 마노제 옥류에는 양상이 명확하지 않은 V군 구옥과 각종 조옥을 제외하면 한반도 남부에서 보다 많은 출토 사례가 확인되며, 시기적으로도 선행되는 것으로 보아 한반도 남부를 통한 유입 경로가 추정된다. 일본열도에 유입된 마노제 옥류의 종류를 비롯한 유통 양상은 시기에 따라 변화된 것으로 보아 4단계로 구분하였다. 야요이시대 후기 전반기원후 1세기, 야요이시대 후기 후반~고분시대 전기2~4세기, 고분시대 중기~후기 중반5~6세기, 고분시대 후기 후반~종말기6세기 후반~7세기이다. 특히 두 지역 간에서 밀접한 교섭 관계가 추정되는 2단계에서 마노제 옥류의 유입이 매우 드문 점, 왜 왕권에 의한 대외교섭의 일원화가 달성되었다고 추정되는 4단계에서 인접 지역 간의 일상적인 재물 교환을 나타내는 양상으로 가장 다량의 마노제 옥류가 북부 구주 주변에 유입되어 있는 점은 주목해야 할 부분이다. 추후 더 광역적인 시점으로 마노제 옥류의 유통을 검토할 필요가 있다.

마한 카넬리안 구슬의 제작기법과 원거리 위세품 교역의 사회정치적 의미

허진아(전남대학교 문화인류고고학과 교수)

Ⅰ. 머리말

세계 고고학에서 원거리 교역은 복합사회의 사회정치적 발전을 이해하는 데 필수적인 요소로 주목받아 왔다.[1] 최근 한국고고학에서도 유리의 수입과 유통을 중심으로 고대사회의 실크로드에 대한 연구가 급증하는 추세이다. 초기철기시대부터 원삼국-삼국시대에 이르기까지 한반도 이남의 여러 정치체들이 다양한 형태의 유리구슬을 동북 및 동남아시아 여러 지역 다양한 경로를 통해 수입하였

[1] Adams, Robert McCormick, 1974, The Mesopotamian Social Landscape: A View from the Frontier, In *Reconstructing Complex Societies*, C. B. Moore, eds. Supplement to the Bulletin of the American Schools of Oriental Research, No. 20; Berdan, Frances F., 1978, Ports of Trade in Mesoamerica: A Reappraisal, In *Cultural Continuity in Mesoamerica*, D. Browman, eds. Mouton Publishers; Curtin, Philip D., 1984, *Cross-Cultural Trade in World History* Cambridge University Press; Earle, Timothy K., 1982, Prehistoric Economics and the Archaeology of Exchange, In *Contexts for Prehistoric Exchange*, J. E. Ericson and T. K. Earle, Academic Press; Hirth, Kenneth G., 1978, Teotihuacan Regional Population Administration in Eastern Morelos. *World Archaeology* 9:3, pp.320~33; Law, Randall, 2008, *Inter-Regional Interaction and Urbanism in the Ancient Indus Valley: A Geologic Provenance Study of Harappa's Rock and Mineral Assemblage*. Unpublished Ph.D. dissertation, The University of Wisconsin-Madison; Pires-Ferreira, Jane W. and Flannery, Kent V. 1976, Ethnographic Models for Formative Exchange, In *The Early Mesoamerican Village*, K. V. Flannery, eds. Academic Press; Renfrew, Colin, 1975, Trade as Action at a Distance: Questions of Integration and Communication, In *Ancient Civilizations and Trade*, Sabloff and Lamberg-Karlovsky, eds. University of New Mexico Press.

던 사실이 밝혀졌다.[2] 일반적으로, 구슬과 같이 고가의 사치품이거나 재지사회에서 생산되지 않는 혹은 희소한 물품들이 원거리 교역 대상품에 포함된다.

한편, 세계 여러 지역의 사회복합화 연구에서는 원거리 교역과 위세품/위신재 경제prestige-goods economies를 하나의 맥락으로 보는 경향이 있다.[3] 이에 따르면, 고대사회의 원거리 교역에는 높은 운송

---

[2] 권오영, 2014, 「고대 한반도에 들어온 유리의 고고·역사학적 배경」, 『한국상고사학보』, 85; 권오영 2017a, 「韓半島에 輸入된 琉璃구슬의 變化過程과 經路 : 初期鐵器~原三國期를 중심으로」, 『호서고고학』 37권오영, 2017b, 「백제고분 출토 유리구슬의 화학조성을 통해 본 수입과 유통」, 『고고학』, 16: 3; 김규호·윤지현·권오영·박준영·Nguyen Thi Ha, 2016, 「베트남 옥 에오(Oc Eo) 유적 출토 유리구슬의 재질 및 특성 연구」, 『문화재』, 49(2); 박준영, 2015, 『한국 고대 유리구슬의 생산과 유통』, 한신대학교 석사학위논문; 박준영, 2016a, 「한국 고대 유리구슬의 특징과 전개과정」, 『중앙고고연구』, 19; 박준영, 2016b, 「한국 고대 유리구슬의 생산과 유통에 나타난 정치사회적 맥락」, 『한국고고학보』 100; 박천수, 2016, 「古代 東北亞細亞 出土 琉璃器의 移入經路와 歷史的背景」, 『한국고고학보』, 101; 이인숙, 1990, 「韓國 古代 유리의 考古學的 硏究」, 한양대학교 박사학위논문; 이인숙, 1993, 『한국의 古代 유리』, 창문; 이인숙, 1999, 『유리와 고대한국』, 소나무; 이인숙, 2014, 「신라와 서역문물—유리를 중심으로」, 『신라고고학개론 上』, 중앙문화재연구원학술총서 16, 진인진; Lankton, James and In Sook Lee, 2006, Treasures from the Southern Sea: Glass Ornaments from Gimhae-Yangdong and Bocheondong, Compositional Analysis and Interpretation, In 고고학; 시간과 공간의 흔적, 如古金秉模先生停年退任紀念論文集; Lee, In Sook, 2009a, Glass and Bead Trade on the Asian Sea. In *Ancient Glass Research along the Silk Road*, G. Fuxi, R. H. Brill, and T. Shouyun, World Scientific Publishing Company; Lee, In Sook, 2009b, Characteristics of Early Glasses in Ancient Korea with Respect to Asia's Maritime Bead Trade, In *Ancient Glass Research along the Silk Road*, G. Fuxi, R. H. Brill, and T. Shouyun, World Scientific Publishing Company; Lee, In Sook and M. T. Wypyski, 2002, Comparison of Prehistoric Glass Beads from Korea and Thailand. *Man and Environment* 27(1):161~63.

[3] Frankenstein, S. and M. J. Rowlands, 1978, The Internal Structure and Regional Context of Early Iron Age Society in South-Western Germany.

비를 지불할 수 있는 경제적 능력과 교역품의 유통과 배분을 통제할 수 있는 정치적 권력이 동시에 요구된다. 따라서 구슬과 같은 원거리 교역품은 정치·경제적 능력이 뒷받침되는 특정 계층의 개인들즉 엘리트에게만 한정적 접근과 분배 통제권이 부여되는 '위세품'으로 사용되는 경우가 많다.[4] 실제로 원삼국시대 구슬이 환두대도·철제품·청동 장식품·중국 토기 등과 함께 무덤 부장품으로 사용된 점은 당시 엘리트들이 구슬을 위세품으로 인식하였음을 시사한다.[5]

Bulletin of the Institute of Archaeology 15:73~112; Friedman, Jonathan, 1982, Catastrophe and Continuity in Social Evolution. In *Theory and Explanation in Archaeology*, C. Renfrew, M. Rowlands, and B. Segraves, eds. Academic Press; Friedman, J. and M. J. Rowlands, 1978, *The Evolution of Social Systems,* University of Pittsburgh Press; Kristiansen, Kristian, 1991, Chiefdoms, States, and Systems of Social Evolution, In *Chiefdoms: Power, Economy, and Ideology*, T. K. Earle, eds. Cambridge University Press; Meillassoux, Claude,1981, *Maidens, Meal and Money: Capitalism and the Domestic Community.* Cambridge University Press.

4 Carter, Alison, 2015, Beads, Exchange Networks and Emerging Complexity: A Case Study from Cambodia and Thailand (500 BCE~CE 500). *Cambridge Archeological Journal* 25(4):733~57; Glover, Ian C., 1989, *Early Trade Between India and Southeast Asia: A Link in the Development of a World Trading System,* Centre for South-East Asian Studies; Ray, Himanshu Prabha, 1996, Early Trans-Oceanic Contacts Between South and Southeast Asia, In *Ancient Trades and Cultural Contacts in Southeast Asia*, Nandana Chutiwongs, eds. The Office of the National Culture Commission;

5 김기옥, 2012, 「한강하류역 마한 분묘군 일고찰」, 『경남연구』, 7; 김기옥, 2015, 「김포 운양동 유적 분구묘」,『마한 분구묘의 기원과 발전』, 국제학술대회 발표요지. 마한연구원; 김낙중, 2016, 「분묘 출토 토기로 살펴본 마한의 성장과 지역성」, 『문화재』 , 49(4); 서현주, 2016, 「湖西地域 原三國時代 墳墓遺物의 變遷과 周邊地域과의 關係」, 『호서고고학』, 18; 이택구, 2008, 「한반도 중서부지역 馬韓 墳丘墓」, 『한국고고학보』, 66; 정인성, 2016, 「원사시대 동아시아 교역시스템의 구축과 상호작용」, 『원사시대 사회문화 변동의 본질』, 44회 한국상고사학회 학술대회 발표요지, 한국상고사학회.

그리고 위세품으로서 구슬은 공동체 내 사회·경제적 관계들을 규정하거나 개별 권력을 상징하는 역할을 하였을 것이다.[6] 또한 북아메리카의 카호키안Cahokian 위세품 연구에서 확인되듯이 부富의 교환·지위 상징·한정 물품의 과시 또는 동맹 확장을 위한 선물로 사용되었을 가능성도 배제할 수 없다.[7]

위세품이 사회복합화의 출현과 권력 유지에 중요한 요소였다는 점을 감안하면, 국가 수준의 정치체들이 공존하였던 원삼국시대에 위세품구슬 교역을 위한 네트워크가 존재하였을 것임은 당연하다.[8] 권오영에 따르면 인도·동남아시아·중국 남부에서 생산된

---

[6] D'Altroy, Terence and Timothy Earle, 1985, Staple Finance, Wealth Finance and Storage in the Inka Political Economy. *Current Anthropology* 26(2):187~206; Earle, Timothy, 1991, The Evolution of Chiefdoms, In *Chiefdoms: Power, Economy, and Ideology*, T. Earle, eds. Cambridge University Press.

[7] Pauketat, Timothy R., 1992, The reign and ruin of the lords of Cahokia: A dialectic of dominance, In *Lards of the Southeast: Social Inequality and the Native Elites of Southeastern North America*, A.W. Barker and T. R. Pauketat, eds. Archeological Papers of the American Anthropological Association, No. 3; Helms, Mary W., 1992, Long-Distance Contacts, Elite Aspirations, and the Age of Discovery in Cosmological Context, In *Resources, Power, and Interregional Interaction*, E. Schortman and P.Urban, eds. Plenum Press.

[8] Blanton, Richard E., Gary M. Feinman, Stephan A. Kowalewski, and Peter N. Peregrine, 1996, A Dual-Processual Theory for the Evolution of Mesoamerican Civilization. *Current Anthropology* 37(10):1~14; Brumfiel, Elizabeth M. and Timothy Earle, 1987, Specialization, Exchange and Complex Societies: An Introduction, In *Specialization, Exchange and Complex Societies*, E. Brumfiel and T. K. Earle, eds. Cambridge University Press; D'Altroy, Terence and Earle, Timothy, 1985, Staple Finance, Wealth Finance and Storage in the Inka Political Economy. *Current Anthropology* 26(2):187~206; Dillian, Carolyn D. and Carolyn L. White, 2010, *Trade and Exchange: Archaeological Studies from History*

포타쉬 유리구슬이 한반도 동남부의 원삼국기 분묘에 동경銅鏡·동정銅鼎 등 한나라계 물품이 유입되는 내륙 경로 즉 낙랑을 경유하여 대량 유입되었고 이것이 다시 김해를 중심으로 철기와 함께 일본열도 북부 큐슈—산잉—단고에까지 전해졌다고 한다.[9] 이에 반해, 경기 북부에서 호남 남해안에 이르는 마한 권역에서는 고알루미나계 소다 유리가 압도적으로 우세하여, 동남부 지역과는 다른 교역망을 가진 것이 확인되었다. 그의 논지를 분석하면, 이 같은 차이를 가져온 근본적 원인은 마한 사회가 동남부 지역 사회에 비해 낙랑과의 교역에 적극적이지 않은 데에 있다.

그런데, 마한 분묘에서 발견되는 유리 및 석제 구슬 약 46,700여 점의 존재는 마한 엘리트 역시 구슬을 위세품으로 사용하였고 원거리 교역 네트워크에도 적극적으로 참여하였음을 나타낸다.[10] 그리

---

and Prehistory, Springer; Helms, Mary W., 1992, Long-Distance Contacts, Elite Aspirations, and the Age of Discovery in Cosmological Context, In *Resources, Power, and Interregional Interaction*, E. Schortman and P.Urban, eds. Plenum Press; Renfrew, Colin and Stephan Shennan, 1982, *Ranking, Resource, and Exchange: Aspects of the Archaeology of Early European Society,* Cambridge University Press; Schortman, Edward and Patricia Urban, 1992, *Resources, Power, and Interregional Interaction,* Plenum Press. Theunissen, Robert George, Peter Grave, and Grahame Bailey, 2000, Doubts on Diffusion: Challenging the Assumed Indian origin of Iron Age Agate and Carnelian beads in Southeast Asia. *World Archaeology* 32(1):84~105.

9 권오영, 2017a, 「韓半島에 輸入된 琉璃구슬의 變化過程과 經路 : 初期鐵器~原三國期를 중심으로」, 『호서고고학』 37, 59~61쪽.

10 Heo, Jina, 2018, *Urbanism and Polity Interaction in Mahan: A Study of Early State Formation in the Proto-Three Kingdoms Period (C. 100 BCE—300 CE), South Korea*. Unpublished Ph.D. Dissertation, Department of Anthropology, University of Wisconsin-Madison, pp.385~92.

고 『삼국지三國志』에 기록된 바와 같이, 마한이 연맹 형태의 국가 단계 사회였다는 점을 고려하면, 앞서 논하였듯 사회정치적 발전에서 원거리 교역이 중요한 역할을 하였을 것임은 당연하다. 그렇다면, 마한 엘리트들의 위세품이었던 구슬은 어떤 경로를 통해 수입되었을까? 그리고 마한이 내륙을 통한 낙랑 교역 네트워크에 적극적으로 참여하지 않았다면, 그 배경과 이유는 무엇일까?

본고는 이 같은 질문에 답하기 위해, 그리고 유리구슬에 한정된 기존 연구를 보완하는 측면에서, 아직까지 조사가 이루어진 바 없는 석제 구슬 특히 카넬리안carnelian 구슬을 대상으로 마한의 원거리 해상교역 네트워크를 추정하고자 한다. 마한 카넬리안 구슬의 원산지를 명확히 하기 위해, 천공 크기에 대한 계량 분석과 천공 내부를 본뜬 실리콘 샘플에 대한 SEMScanning Electron Microscope 분석을 실시한다. 그리고 끝으로, 마한의 사회정치적 발전에 있어 원거리 위세품 교역이 의미하는 바가 무엇인지 논하겠다.

Ⅱ. 마한 카넬리안 구슬의 제작기법

마한 카넬리안 구슬의 원산지와 유통 경로를 파악하기 위해서는 구슬의 제작기법을 파악하여 다른 지역과 비교 검토하는 절차가 요구된다. 여기에서는 계량적 분석과 SEM 분석을 실시하여 남아시아 및 동남아시아의 석제 구슬 제작 전통에서 관찰되는 제작 관련 요소들동남아시아: 천공 크기, 남아시아: 더블 다이아몬드 천공기술이 마한 카넬리안 구슬에서도 확인되는지 살펴보겠다.[11]

1. 형태적 특징

마한 분묘 유적 네 곳전주 만성·고창 남산·연기 응암리·완주 상운리에서 출토된 107개 카넬리안 구슬을 대상으로 형태 분류를 시도하였다. 육안 및 전자현미경DinoLite AM 313 관찰을 통해 6개의 다른 구슬 모양을 확인하였다〈그림 1〉. 이 연구에서 제안된 분류안이 마한 카넬리

[11] Carter, Alison, 2013, *Trade, Exchange, andSocio-political Development in Iron Age (500 BC~AD 500) Mainland Southeast Asia: An Examination of Stone and GlassBeads from Cambodia and Thailand.* Unpublished Ph.D. Dissertation, Department of Anthropology, University of Wisconsin-Madison; Carter, Alison, 2015, Beads, Exchange Networks and Emerging Complexity: A Case Study from Cambodia and Thailand (500 BCE~CE 500). *Cambridge Archeological Journal* 25(4):733~57; Kenoyer, Jonathan Mark, 2005, The Technology of Stone Beads, In *A Bead Timeline: Volume 1: Prehistory to 1200 CE.* A Resource for Identification, Classification and Dating, J. Lankton, eds. The Bead Society of Greater Washington; 2017a, History of Stone Beads and Drilling: South Asia, In *History, Science & Technology of Stone Beads*, A. Kanungo, eds. Gandhinagar & Aryan Press; Kenoyer, Jonathan Mark, 2017b, Stone Beads of the Indus Tradition: New Perspectives on Harappan Bead Typology, Technology and Documentation, In *History, Science & Technology of Stone Beads*, A. Kanungo, eds. (Gandhinagar & Aryan Press); Kenoyer, Jonathan Mark, 2017c, Using SEM to Study Stone Bead Technology, In *History, Science & Technology of Stone Beads*, A.Kanungo, eds. Gandhinagar & Aryan Press.

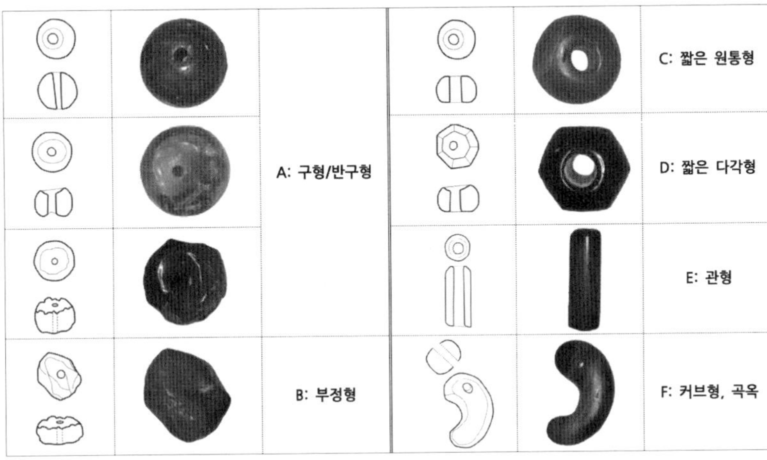

〈그림 1〉 마한 카넬리안 구슬의 형태 분류

안 구슬 전체를 대표하는 것은 아니다. 그럼에도 불구하고, 이 분류안이 지역에 관계없이 마한 분묘에서 일반적으로 관찰되는 형태들을 포함하고 있다는 점에서 카넬리안 구슬의 기원지와 교역 네트워크를 파악하는 데 비교 기준의 역할을 할 것으로 기대한다. 특히 E형 관옥과 F형 곡옥은 선사시대부터 삼국시대에 이르기까지 오랜 시간 사용되었던 한반도 고유의 장신구 형태이다. 따라서 세계 여러 지역에서 일반적으로 관찰되는 구형/반구형이나 원통형과 분명하게 구분되므로 수입품과 지역 생산품을 구별할 수 있는 중요한 단서를 제공한다. 원산지에 대한 논의는 SEM 분석에서 보다 자세히 다루겠다.

엘리슨 카터가 제안한 동남아시아 석제 구슬 분류안에 따르면, 본고에서 분석된 마한 카넬리안 구슬은 거의 대부분 저품질의 단순한 2유형Type 2에 해당한다.[12] 가장 일반적인 형태는 구형/반구형A형과 부정형B형이다. 구슬의 길이가 너비와 두 배 가까이 차이가 나지 않는 경우 '짧은' 구슬로 분류하였는데, 짧은 원통형C형과 짧은 다각형D형은 마한 분묘에서 흔하게 발견되는 형태는 아니다. 짧은 원통형의 경우, 전주 만성 유적의 적석목관묘에서 1점이 확인된다. 이른 단계부터 출현하여 원삼국 늦은 단계까지 유행한 형태이다. 완주 상운리 분구묘에서는 3점이 발견되었는데〈표 1〉: WSU7·WSU9·WSU16, 오랜 착용으로 인해 마모흔이 아주 심하게 남아 있는 것으로 보아 세대 전승된 것으로 추정된다.

한편 일부 특이한 형태, 예를 들어 관형E형이나 커브형F형은 완주 상운리에서만 발견된다. 상운리 유적이 장기간 점유되었을 뿐만 아니라 중심시기기원후 3~4세기가 원삼국 늦은 단계에 해당하므로 현 수준에서 단정 짓기는 어려우나 이 유적의 피장자들은 다른 유적과 구별되는 구슬 교역 네트워크에 참여한 것으로 보인다. 더욱이, 이 유적이 호남지역에서는 매우 드문 철기 생산 집단의 묘역이라는 점 그리고 유리구슬에서도 다른 유적들보다 훨씬 다채로운 색상 구성을 나타낸다는 점은 당시 이 지역에 다양한 교역/교환 네트워크가 운영되었음을 시사한다.[13]

---

[12] Carter, Alison, 2013, *Trade, Exchange, andSocio-political Development in Iron Age (500 BC~AD 500) Mainland Southeast Asia: An Examination of Stone and GlassBeads from Cambodia and Thailand*. Unpublished Ph.D. Dissertation, Department of Anthropology, University of Wisconsin-Madison, pp.186~190.

[13] Heo, Jina, 2018, *Urbanism and Polity Interaction in Mahan: A Study of Early State Formation in the Proto-Three Kingdoms Period (C. 100 BCE~300 CE), South Korea*. Unpublished Ph.D. Dissertation, Department of Anthropology, University of

〈표 1〉 마한 카넬리안 구슬의 SEM 분석 결과(Heo 2018 부록 6.2-3 참고)

SEM ID	유적명	유구명	모양(형)	천공 크기_평균(mm)	마모흔(상〉중〉하)	드릴 유형
JMS1	전주 만성	직석목관묘	C	1.947	하	**석제**
GNS3	고창 남산	2-1 목관	A	2.028	하	더블 다이아몬드
GNS4	고창 남산	2-1 목관	B	1.268	하	싱글+더블 다이아몬드
GNS5	고창 남산	5-가15	A	1.309	하	싱글+더블 다이아몬드
YEA1	연기 응암	8-1호	A	1.26	중	싱글+더블 다이아몬드
YEA2	연기 응암	8-1호	B	1.568	중	싱글+더블 다이아몬드
YEA3	연기 응암	8-1호	A	1.745	하	더블 다이아몬드
YEA4	연기 응암	8-1호	A	1.325	하	싱글+더블 다이아몬드
YEA5	연기 응암	8-1호	A	1.648	하	싱글+더블 다이아몬드
YEA6	연기 응암	8-1호	B	1.705	하	싱글+더블 다이아몬드
YEA7	연기 응암	8-1호	A	1.6	하	더블 다이아몬드
YEA8	연기 응암	8-1호	A	1.438	하	싱글+더블 다이아몬드
YEA9	연기 응암	8-1호	A	1.365	하	싱글+더블 다이아몬드
YEA10	연기 응암	8-1호	A	1.883	하	더블 다이아몬드
YEA11	연기 응암	8-1호	A	1.77	하	싱글+더블 다이아몬드
YEA12	연기 응암	8-1호	A	1.374	하	싱글+더블 다이아몬드
YEA13	연기 응암	8-1호	A	1.454	하	더블 다이아몬드
WSU1	완주 상운	나1-5	A	2.222	중	싱글+더블 다이아몬드
WSU2	완주 상운	나1-5	A	1.834	중	더블 다이아몬드
WSU3	완주 상운	나1-6	A	1.81	하	더블 다이아몬드
WSU7	완주 상운	나1-6	C	1.527	하	싱글+더블 다이아몬드
WSU8	완주 상운	나4-4	D	3.111	상	**금속(+연마재)**
WSU9	완주 상운	나5-3	C	1.85	상	더블 다이아몬드
WSU10	완주 상운	다_지표	A	1.826	하	더블 다이아몬드
WSU11	완주 상운	다_지표	A	1.931	없음	더블 다이아몬드
WSU14	완주 상운	다_지표	F	2.602	하	**금속(+거친 연마재)**
WSU15	완주 상운	라1-28	E	2.964	상	**금속(+연마재)**
WSU16	완주 상운	라-목관	C	1.931	중	더블 다이아몬드
WSU18	완주 상운	라-목관	A	1.98	상	싱글+더블 다이아몬드

A: 구형/반구형, B: 부정형, C: 짧은 원통형, D: 짧은 다각형, E: 관형/관옥, F: 커브형/곡옥

앞서 남아시아 석제 구슬 제작 전통에서 살펴본 바와 같이, 마한 카넬리안 구슬 대부분은, 특히 구형/반구형A형과 부정형B형 구슬들은 제작시간을 단축시켜 주는 팝아웃 기술이 적용되었다. 대량 생산을 위한 목적으로 개발된 기술이기에 저품질의 구슬이 생산되는 것은 당연하다. 특히 부정형B형 구슬처럼 원석에서 떨어져 나간 파편 조각들을 최소한으로 다듬은 상태에서 팝아웃 기술을 사용하게 되면 거의 미완성품에 가까운 구슬이 제작되는 것이다. 품질이 가장 떨어지는 상품이므로 값이 싸고 상대적으로 가치가 낮았을 것으로 추정된다. 연기 응암리에서 다량 확인되며, 잠정적이긴 하나 이러한 구슬은 충청 내륙 일대에 집중 분포하였던 것으로 판단된다.[14] 다음 장에서 부정형B형 구슬의 분포 패턴이 가지는 의미에 대해 간단히 언급하겠다.

〈표 2〉는 107개 구슬의 천공 내부를 실리콘으로 본뜬 후 전자현미경 측정 프로그램DinoLite AM 313 program 2.0을 이용하여 구슬의 천공 크기를 계측한 것이다. 동남아시아 사례와 마찬가지로, 1.5mm 내외 천공 크기를 가진 구슬들이 다수를 차지하였다. 가장 흔하게 확인되는 A·B형은 모두 1.5mm에 근접한다. 특별히 구슬 구멍이 큰 형태는 D·E·F형으로 모두 완주 상운리 유적 출토품이다. 유적 별로 살펴보면, 고창 남산이 1.438mm로 가장 작았으나 큰 차이를 가진다고 보기 어렵다. 연기 응암리는 대체로 1.5mm 내외 크기를 가진다. 상운리 유적이 2.018mm로 가장 큰 천공 크

Wisconsin-Madison, p.222.

14 *Ibid.* p.202.

〈표 2〉 마한 카넬리안 구슬의 유적 및 형태 별 천공 크기(Heo 2018 부록 6.2 참고)

구슬형태/유적	전주 만성	고창 남산	연기 응암	완주 상운	개수	천공 크기_평균 (mm)
A: 구형/반구형		3	51	14	68	1.595
B: 부정형		1	31		32	1.501
C: 짧은 원통형	1			3	4	1.814
D: 짧은 다각형				1	1	3.111
E: 관형				1	1	2.964
F: 커브형, 곡옥				1	1	2.602
개수	1	4	82	20	107	
천공 크기_평균 (mm)	1.947	1.438	1.517	2.018		

기를 가지는 것은 관옥·곡옥·다각형 구슬처럼 독특한 형태의 구슬들을 포함하고 있기 때문일 것이다. 한편, 전주 만성의 짧은 원통형 구슬의 천공 크기가 1.947mm인데 반해 완주 상운리의 것은 1.527·1.85·1.931mm로 범위가 넓다. 동남아시아 사례에서 확인되었듯,[15] 1.5mm 혹은 그 이상의 구멍들을 가진 단순한 형태의 저품질 카넬리안 구슬들은 대체로 더블 다이아몬드 드릴로 천공되었을 가능성이 크다.

이상과 같이, 천공 크기는 구슬의 형태 및 유적별로 편차를 보여준다. 하지만 이러한 차이점이 사용된 드릴의 종류 때문인지 보다 자세한 검토가 요구되며, 만약 그렇다면 그러한 사실이 마한의 해

[15] Carter, Alison, 2015, Beads, Exchange Networks and Emerging Complexity: A Case Study from Cambodia and Thailand (500 BCE~CE 500). *Cambridge Archeological Journal* 25(4): p.743.

상교역 네트워크 추정과 관련하여 어떤 의미를 가지는지 논의가 필요하다.

2. 천공기술

천공기술은 생산 공방들또는 원산지 간 석제 구슬 제작기법의 차이점을 식별할 수 있는 중요한 속성이다. 실리콘 및 전자주사현미경SEM을 사용하여 구슬 천공 유형을 보다 구체적으로 식별할 수 있는 방법론을 참고하여 분석을 진행하였다.[16] 비슷한 모양이지만 다른 방식으로 천공된 29개 구슬을 SEM 표본으로 선택하고〈표 1〉, 구슬 구멍을 주의 깊게 청소한 후 실리콘 소재3M ESPE, ExpressTM VPS를 사용하여 천공 내부의 본을 떴다. 다음, 각각의 실리콘 샘플 표면을 코팅한 후 위스컨신 매디슨 대학교University of Wisconsin-Madison 인류학과 실험실의 SEMHitachi 570S 장비를 이용하여 20x·50x·100x·300x 배율로 촬영하였다.[17] SEM 이미지는 사용된 다양한 도구와 연마재 사용 여부, 미세한 마모 패턴에 대한 정보를 포함한다. 이러한 정보는 구슬의 제작기법뿐만 아니라 실제

[16] Kenoyer, Jonathan Mark, 2017c, Using SEM to Study Stone Bead Technology, In *History, Science & Technology of Stone Beads*, A.Kanungo, eds. Gandhinagar & Aryan Press.

[17] Heo, Jina, 2018, *Urbanism and Polity Interaction in Mahan: A Study of Early State Formation in the Proto-Three Kingdoms Period (C. 100 BCE~300 CE), South Korea*. Unpublished Ph.D. Dissertation, Department of Anthropology, University of Wisconsin-Madison.

착용 및 사용 방법을 이해할 수 있는 단서를 제공한다.

〈표 1〉에서 보이듯, 전주 만성의 짧은 원통형 구슬JMS1: 석제 드릴 1점과 완주 상운리의 짧은 다각형 구슬WSU8: 금속 드릴+연마재 1점, 관옥WSU15: 금속 드릴+거친 연마재 1점, 곡옥WSU14: 금속 드릴+연마재 1점을 제외한 25점 모두 더블 다이아몬드 드릴로 천공되었다. 따라서 고창 남산리나 연기 응암리 등 기원후 2—3세기대 분묘에서 사용된 마한 카넬리안 구슬은 인도 등 남아시아로부터 수입한 해상교역 원거리 교역품에 해당한다고 볼 수 있다.

〈그림 2〉는 더블 다이아몬드 드릴을 사용하여 제작된 완주 상운리 출토 카넬리안 구슬의 천공 실리콘 샘플을 촬영한 SEM 이미지이다. 싱글 다이아몬드 드릴을 사용하였을 경우 일반적으로 천공 내부 벽에 불규칙하게 줄지어 진행하는 깊은 평행한 드릴링 선이 남게 된다. 이와 달리, 더블 다이아몬드 드릴은 싱글 다이아몬드 드릴보다 약간 더 규칙적이고 연속적이며 거의 같은 크기의 평행한 드릴링 선을 남긴다. 그리고 석제나 금속 드릴을 사용하였을 때 나타나는 천공 모양과 달리 다이아몬드 드릴링 후 구멍 모양은 직선-원통형에 가깝다.

〈그림 3〉은 한 번의 천공에 싱글과 더블 다이아몬드 드릴 두 개를 동시에 사용한 연기 응암리 출토 카넬리안 구슬의 SEM 이미지이다. 싱글 다이아몬드 드릴로 먼저 뚫은 뒤, 더블 다이아몬드 드릴로 천공을 완성한 것으로 현 자료의 수준에서 마한 카넬리안 구슬에서 가장 흔하게 발견되는 천공 방식이다〈표 1〉. 이미지에서 실리콘 샘플의 하부를 보면, 볼록 튀어나온 부분이 싱글 다이아몬드

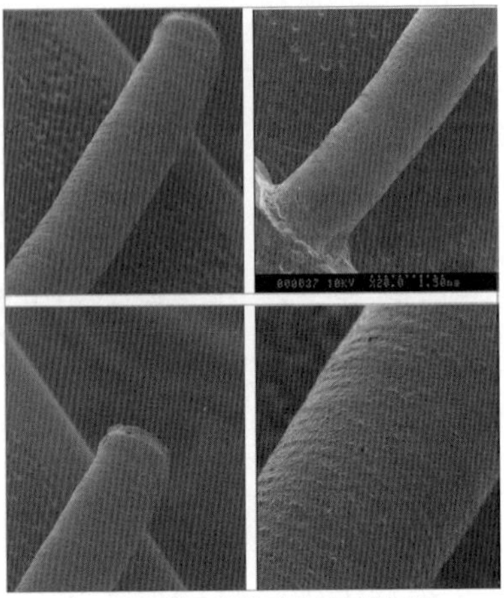

〈그림 2〉 완주 상운리 출토 카넬리안 구슬(WSU3)의 SEM 이미지: 더블 다이아몬드 드릴

드릴로 먼저 천공한 부분이다. 천공을 용이하게 하기 위해 조금 더 크기가 큰 싱글 다이아몬드 드릴을 이용하여 구슬 상면에 움푹 큰 구멍을 낸 것이다. 구슬의 한 면을 떼어냄으로써 제작시간을 단축시킨 팝아웃 기술과 더불어 이 기술 역시 오늘날까지 인도의 나가라에서 여전히 사용되는 대표적인 남아시아 석제 구슬 제작 방식 가운데 하나이며 대량 생산과 밀접한 관련이 있다.[18] 대량 생산되었던 제품들, 즉 상대적으로 가치가 떨어지는 단순한 구형/반구형 혹은 부정형의 저품질 구슬들이 마한 지역에 다량 유입된 것으로 보인다. 그리고 이 유형의 구슬들에는 귀한 물건을 세대 전승할 경우 필연적으로 나타나게 되는 과도한 마모/사용흔이 관찰되지 않는다.

전주 만성 유적에서 출토된 기원전 2~1세기대에 속하는 이른 시기 짧은 원통형 카넬리안 구슬은 바닷길을 통한 남아시아/동남아시아와의 교역이 아닌 내륙의 다른 경로를 통해 수입된 것으로 추정된다. 이 구슬의 SEM 분석 결과, 〈그림 3〉과 같이, 현재까지 중국

[18] Glover, Lauren and J. Mark Kenoyer, 2019, Overlooked Imports: Carnelian Beads in the Korean Peninsula, *Asian Perspectives* (in press).

북부에서만 발견되는 '짧고 계단식의 점점 가늘어지는 원통형' short stepped tapered cylindrical의 천공 모양Mark Kenoyer와 2017년 대화 내용이 확인되었기 때문이다. 하지만 현재는 이 천공기술의 기원지가 명확하지 않으므로 마한 초기 카넬리안 구슬의 유입 경로에 대해서는 신중한 해석이 요구된다.

〈그림 3〉 연기 응암리 출토 카넬리안 구슬(YEA2)의 SEM 이미지: 싱글 & 더블 다이아몬드 드릴

한편, 앞서 논하였듯 완주 상운리 유적의 관옥과 곡옥 두 구슬은 재지사회에서 생산된 지역생산품일 가능성이 있다. 수정rock crystal 구슬 제작에는 철이나 구리 소재의 금속 드릴을 사용되었는데 이 경우 '점점 가늘어지는 긴 원통형' long tapered cylindrical 모양의 천공 모양이 관찰된다〈그림 5〉.

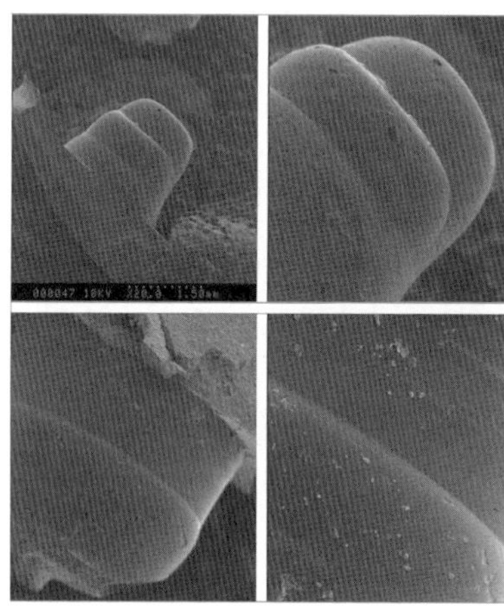

〈그림 4〉 전주 만성 적석목관묘 출토 카넬리안 구슬(JMS1)의 SEM 이미지: 석제 드릴

〈그림 6〉과 같이, 상운리 출토 카넬리안 곡옥은 다이아몬드 드릴이 아닌 금속 드릴로 제작되었다. 남아시아나 동남아시아로부터 카넬리안 원석을 수입하여 보성 석평이나 가평 대성리 유적의 공

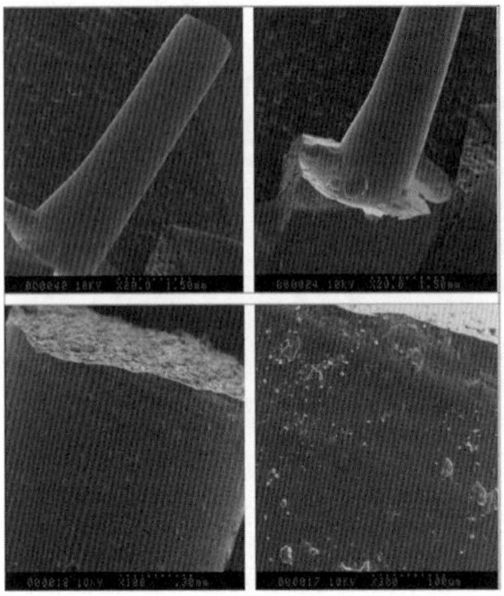

〈그림 5〉 완주 상운리 출토 수정 구슬(WSU17)의 SEM 이미지: 금속 드릴+거친 연마재

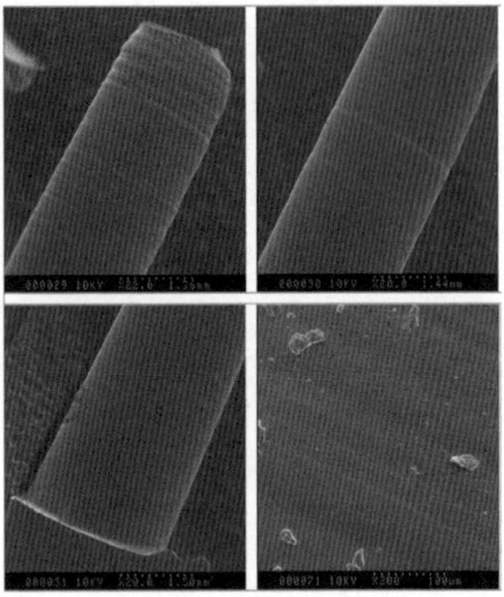

〈그림 6〉 완주 상운리 출토 카넬리안 곡옥(WSU15)의 SEM 이미지: 금속 드릴+연마재

방에서 수정 구슬을 제작한 것처럼 재지 고유의 천공기술을 사용하여 지역 전통이 강한 관옥이나 곡옥을 생산한 것으로 추정된다. 하지만 현재로서는 상운리 출토 수정 구슬이 대성리나 석평 유적 공방의 생산품이라고 확신하기 어렵다. 추후 이들 공방 유적에서 출토된 수정 구슬의 천공기술에 대한 자세한 검토가 요구된다.

검토한 바와 같이, 마한 분묘 유적에서 출토된 카넬리안 구슬은 상당부분 인도 다이아몬드 천공기술로 제작되었다. 동남아시아에서 기원후 2~4세기 동안 유통된 카넬리안 구슬과도 유사한 형태적 특징을 가지는 것이 확인되었다. 남아시아와 동남아시아 두 지역 간 네트워크를 중심으로 유통된 카넬리안 구슬이 원거리 해상교역을 통해 마한 사회에 유입된 것으로 추정된다. 다음 장에서는 카넬리안 구슬의 수입 경로와 마한 엘리트들이 이 구슬을 사용하는 목적과 그 배경은 무엇인지 당시 역사적·사회적 정황을 고려하여 살펴보겠다.

Ⅲ. 마한 원거리 해상교역 네트워크 추정

이상의 검토를 통해, 마한 엘리트들을 위한 위세품이었던 카넬리안 구슬이 남아시아 또는 동남아시아로부터 수입된 물품이라는 사실을 알 수 있었다. 마한 사회특히 호남지역가 낙랑과의 내륙 교역 네트워크에 적극적으로 참여하지 않았을 경우,[19] 구슬 수입에 이용된 경로와 그 배경은 무엇일까? 이 질문에 답하기 위해, 여기에서는 마한 사회 내 카넬리안 구슬 소비 중심지와 한나라와 주변 사회들 간 해상교역에 대해 살펴본다.

1. 마한 사회 내 카넬리안 구슬 소비 중심지

현재까지 37개 마한 분묘에서 약 4만 7천여 점의 석제 및 유리

---

[19] 권오영, 2017a, 「韓半島에 輸入된 琉璃구슬의 變化過程과 經路 : 初期鐵器~原三國期를 중심으로」, 『호서고고학』 37.

〈표 3〉 마한 카넬리안 구슬 출토 현황Heo 2018:147

유적명	카넬리안	수정	유리	구슬 출토 무덤 개수/비율	유적명	카넬리안	수정	유리	구슬 출토 무덤 개수/비율
19. 전주 만성	1			1?/100?	4. 아산 탕정	2,712	18	4,708	20/13
25. 영광 수동	4	2	347	1/100	12. 연기 석삼리	13		118	18/24.3
26. 영광 군동	2		457	8/23.5	2. 서산 예천리	361	14	5,513	24/23.1
27. 곡성 대평리	1	1	448	5/13.5	16. 서천 봉선리	13		16	4/3.4
3. 아산 신법리	8	2		1/16.7	5. 천안 청당동	480		1,638	8/32
13. 대전 궁동	2			1/5.3	7. 청주 상평리	1		55	2/9.1
11. 공주 하봉리	12	3	4	5/29.4	6. 청주 송대리	1		487	12/16.2
17. 익산 율촌리	2		6	1/20	9. 청주 봉명동	1		55	1/0.4
20. 고창 만동	176	17	1,387	13/38.2	8. 충주 금릉동	30		718	16/10.7
22. 고창 남산리	88	21	1,671	9/20.5	10. 연기 응암리	292	93	2,977	7/46.7
23. 고창 예지리	56	2	1	1/16.7	14. 공주 덕지리	2		2	4/6.3
24. 고창 성남3	28			4/25	15. 서천 오석리	9		68	4/19
20. 고창 선동	42	49	5,863	7/38.9	28. 영암 초분골	1,049	1	202	3/25
1. 김포 운양동	115	116	10,633	15/42.9	18. 완주 상운리	21	9	3,126	28/50.9

구슬이 출토되었다.[20] 이 가운데 28개 유적에서 약 5,522점의 카넬리안 구슬이 확인되었다. 〈표 3〉에서 볼 수 있듯이, 가장 많은

[20] Heo, Jina, 2018, *Urbanism and Polity Interaction in Mahan: A Study of Early State Formation in the Proto-Three Kingdoms Period (C. 100 BCE~300 CE), South Korea*. Unpublished Ph.D. Dissertation, Department of Anthropology, University of Wisconsin-Madison, p.145.

수량이 발견된 유적은 아산 탕정 밖지므레, 영암 내동 초분골이고 이 밖에 고창 만동·김포 운양동·서산 예천리·천안 청당동·연기 응암리에서도 100점 이상 출토되었다. 또한 동일 유적 내에서도 구슬이 출토된 무덤은 한정적, 선별적이다. 카넬리안 구슬은 마한 무덤 피장자들 중에서도 특정 개인들만이 소유할 수 있었던 귀중품으로 판단된다[21].

마한 카넬리안 구슬은 시공간적으로 특징적인 공간 분포 패턴을 나타낸다. 〈그림 7〉과 〈표 3〉에서 확인되듯이, 영광 수동과 군동·전주 만성 유적과 같이 기원전 2~1세기 초기철기문화 중심지에서 처음 출현한다[22]. 이후 2세기대를 중심으로 김포 운양동·서산 예천리·아산 탕정·고창 만동 등 서해안 지역에 밀집 분포한다. 해상교역을 주도하였을 것으로 추정되는 해안 및 평야 지역 공동체들의 엘리트들에 의해 소비된 것이다. 3세기대에 들어오면 남아시아/동남아시아로부터 서해안을 통해 수입된 카넬리안 구슬이 마한 사회 내 내륙/산간 지역으로 확산된다. 즉, 마한 전역에 카넬리안 구슬과 관련된 지역 간 네트워크가 형성된 것이다. 구체적으로 천안 청당동·충주 금릉동·연기 응암리 등 충청 내륙지역 엘리트들이 카넬리안 구슬을 소비하였다.

---

21 피장자의 성별에 따라 장신구인 구슬의 사회적 가치나 착용 빈도가 달라질 수 있다. 하지만 마한사람들이 구슬을 금과 은보다 귀히 여기고 옷에 패용하는 것을 즐겼다는 삼국지 기록을 고려해 볼 때, 마한 사회에서 구슬의 사용은 남녀 성별보다는 구슬을 구입할 수 있는 신분이나 능력 여부에 따라 달랐던 것으로 보는 것이 합리적이다.

22 현재까지 중국 북부 지역에서만 확인되는 석제 드릴링 유형이 관찰되는 고창 만동 출토품의 사례에서 짐작해 볼 수 있듯이, 이른 단계 카넬리안 구슬은 중국 북부 집단과의 교류 혹은 유이민을 매개로 유통되었을 가능성이 있다.

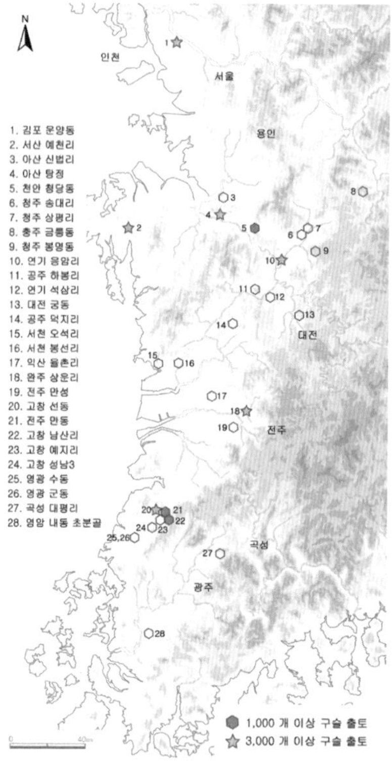

〈그림 7〉 카넬리안 구슬이 출토된 마한 분묘 유적

해상교역을 통해 수입된 마한 카넬리안 구슬은 다양한 지역 단위 교역/교환 네트워크를 통해 유통된 것으로 보인다. 지역 간 유통망을 세부적으로 설정하는 것은 현재로서는 불가능하지만, 큰 범주에서 서부 해안/평야지역권 vs.동부 내륙/산간지역권으로, 다시 충북/충남지역권 vs. 전북/전남지역권 수준으로 세분 가능하다.

실제 발굴보고서 검토 결과, 천안 청당동·충주 금릉동·연기 응암·연기 석삼리 유적 등 3세기대 충청 내륙지역에 '부정형B 유형 팝아웃 카넬리안 구슬' irregular pop-out carnelian bead; 도면 1 참고이 집중 분포하는 것을 알 수 있었다. 앞에서도 살펴보았듯, 이 유형의 구슬은 현재까지 발견된 카넬리안 구슬 가운데 가장 저품질에 해당한다. 상대적으로 호남지역에서는 거의 소비되지 않는 반면, 충청지역에서는 해안에서 내륙까지 넓은 범위에 걸쳐 다량으로 유통되었다. 김포 운양동이나 아산 탕정 등 서해안에 위치한 집단에 의해 수입된 후, 충청 내륙지

역으로 유통되었을 가능성이 크다.[23]

또한, 동일 지역권 내 유통망에도 차이점이 관찰된다. 전남지역 마한 중심지 가운데 하나인 함평 일대에서는 카넬리안 구슬의 발견이 미미하다. 하지만 함평과 멀지 않은 영산강 중하류권에 위치하는 영암 초분골에서는 1,049점의 카넬리안 구슬이 확인되어 대조적이다. 전반적으로 함평 일대에서는 소량의 구슬이 발견되는데[24], 이는 이 지역 엘리트들이 구슬 교역/교환 네트워크에 적극적으로 참여하지 않았을 가능성을 시사한다. 피장자의 선택적 기호, 구슬의 상징적 의미, 또는 경제적 능력의 차이에 따른 결과일 수 있다. 이에 대해서는 추후 별도의 논고를 통해 상세히 논하겠다.

2. 한나라와 주변 사회들 간 해상교역

위에서 논하였듯, 마한이 한반도 중부와 동남부 지역 낙랑군과의 육로 교역 네트워크에 참여하지 않았다면, 그리고 마한의 서해안 지역 집단들이 원거리 해상교역을 통해 남아시아 및 동남아시아 등에서 생산/유통된 카넬리안 구슬을 수입하였다면, 당시 역사적 상

23 Heo, Jina, 2018, *Urbanism and Polity Interaction in Mahan: A Study of Early State Formation in the Proto-Three Kingdoms Period (C. 100 BCE~300 CE), South Korea*. Unpublished Ph.D. Dissertation, Department of Anthropology, University of Wisconsin-Madison.

24 예를 들어 함평 만가촌(20점)·순촌(51점)·중랑(1점)·성남(56점)·용산(14점) 유적에서는 카넬리안 구슬은 확인되지 않고 유리구슬만 발견된다.

황을 고려해 보았을 때 가장 유력한 교역 네크워크는 한왕조에 의해 운영된 실크로드일 것이다.

실크로드는 크게 북부—스텝, 북서부—오아시스, 남서부—불교, 그리고 남부—해상 루트로 구분 가능하다.[25] 육상 실크로드로 알려져 있는 중국 북부, 북서부를 관통하는 경로는 타클라마칸 사막의 오아시스를 통과해 파미르 고원을 넘어 중앙아시아에 이르는 원거리 상업 노선을 지칭한다.[26] 이에 상응하여, 해상 실크로드는 중국 남동부 광저우 지역에서 출발하여 동남아시아를 거쳐 인도 등 남아시아를 경유하여 아프리카와 이집트까지 이어지는 항로를 일컫는다.[27]

『한서漢書』에 따르면, 전한의 무제武帝가 통킨만에서 시작, 말레이 반도를 통과하여 인도와 스리랑카에 이르는 해상 실크로드를 처음으로 개시하였다.[28] 사절단, 조공단 등 한왕조의 관리들뿐만 아니라 개인 여행자들 역시 이 해상교역로를 통해 왕래하였다. 이를 가능케 한 것은 기원전 111년경에 단행된 중국 영남지역현재의 광둥성 광시·장족자치구·하이난성·후난성·강서성 등과 베트남 북부 및 중부지역에 위치하였던 남월국Nanyue Kingdom, 207—111 BCE에 대한 대규모 정벌과 군현의 설치이다. 한왕조는 중국 남부 영남지역을 9개 군현으로 분리

---

[25] Fuxi, Gan, 2009, The Silk Road and Ancient Chinese Glass.\, In *Ancient Glass Research along the Silk Road*, Gan Fuxi, Robert H. Brill, and Tian Shouyun, eds. World Scientific Publishing Company.

[26] Kim, Byung Joon, 2011, Trade and Tribute Along the Silk Road Before the Third Century AD. *Journal of Central Eurasian Studies* 2, p.124.

[27] Fuxi, Gan, 2009, *op.cit.*

[28] Xiong, Zhaoming, 2015, *Archaeological Discovery: The Hepu Port on the Maritime Silk Road of the Han Dynasty,* Cultural Relics Press, p.6.

하여 관할하였는데, 특히 합포군合浦, Hepu; 중국 남부 장족자치구 北海市에는 국제 교역항과 거점 도시를 설치하여 세계 여러 지역으로부터 유입되는 물산들을 수집·관리·배분토록 하였다. 기록에 따르면, 합포 항구에서 출발한 사절단 및 여행자들이 한나라에서 나는 비단과 금을 남아시아나 동남아시아의 구슬로 교환하였다고 한다. 합포군의 한나라 무덤에서 출토된 가넷·아게이트·카넬리안·아메시스 구슬이나 사자 모양 호박 장신구·로마 유리그릇 등 서역 관련 유물들은 한왕조가 인도와 스리랑카, 이란 고원과 아프가니스탄 등 남아시아를 통해 로마까지 이어지는 교역 네트워크를 운영하였음을 분명하게 보여준다〈그림 8〉.

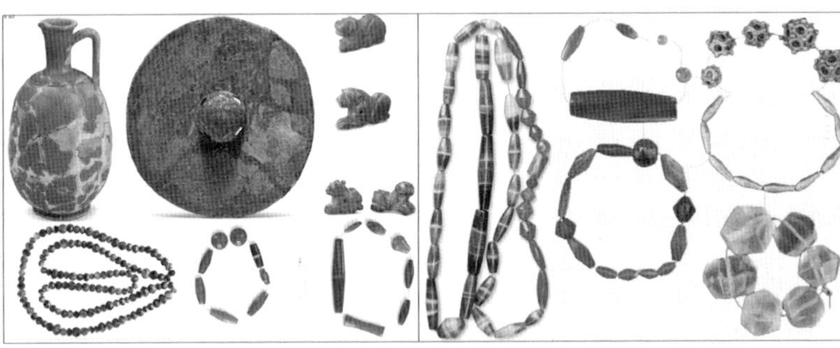

〈그림 8〉 합포군 한나라 무덤 유적 출토 유물(Xiong, 2015)

한나라 관료·황지국 언어를 할 수 있는 통역관·상인단으로 구성된 사절단이 구슬 교역을 위해 인도로 떠난 여정 중에 경유하였던 지역은 대부분 동남아시아 베트남과 태국의 연안에 위치한다그림 9. 『한서漢書』에 따르면, 그들은 합포 항구를 떠나 5개월 동안 항해한 뒤 도

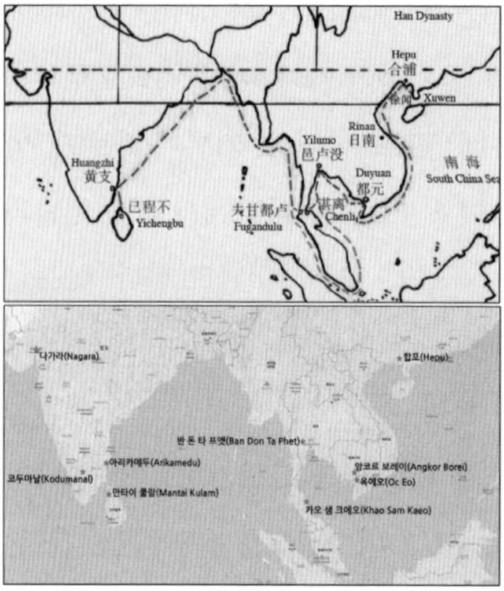

〈그림 9〉 한나라 사절단의 구슬 교역 경로(위: Xiong 2015:24; 말레이시아는 귀항 경로에 포함), 남아시아와 동남아시아 지역 구슬 생산 및 교역 관련 유적(아래)

원국都元国, Duyuan Kingdom에 도착하였고 다시 4개월간의 항해 끝에 압로몰국邑卢没国, Yilumo Kingdom에 이르렀다고 한다. 여기에서 20일 정도 계속해서 항해하면 심리국谌离国, Chenli Kingdom에 다다르며, 다시 도보로 10여 일 이동하면 부감도로국夫甘都卢国, Fugandulu Kingdom에 이르게 된다. 이 곳을 떠나 2개월 정도 항해하면 마침내 목적지인 황지국黄支国, Huangzhi Kingdom에 도착하게 되는데, 이 나라는 굉장히 크고 인구가 많으며 한왕조에 정규적으로 조공을 바쳤다고 한다. 한나라 사절단은 이 곳에서 금과 옷감을 구슬로 교환하여 출발지인 합포 항구로 귀환하였다.[29]

마한 카넬리안 구슬의 원산지이자 한나라 해상 실크로드의 목적지에 해당하는 인도, 특히 남부 지역은 동아프리카에서 중국에 이르기까지 구슬 교역을 주도하였던 중심지로 초기 도시국가400 BCE–400 CE의 면모를 갖춘 것으로 알려져 있다.[30] 파키스탄 등 인도

[29] *Ibid.* pp.22~24.

[30] Gupta, S., 2003, From archaeology to art in the material record of Southeast Asia: the Indianization phenomenon, In *Fish bones and Glittering Emblems: Southeast Asian Archaeology*, Karlstrom and Kallen, eds. Stockholm: Museum of

북부 지역으로부터 원재료를 들여와 구슬 완제품과 반가공품·미완성 형태의 원료로 제작한 후 세계 여러 지역으로 수출하였다. 동남아시아에서 제작된 것으로 보이는 석제 및 유리구슬의 재료가 인도에서 생산된 후 동남아시아에 대량으로 유입된 것이 확인된 바 있다.[31] 황지국으로 추정되는 곳에는 아리카메두Arikamedu 유리구슬 생산 유적이 위치하며,[32] 그와 인접한 곳에 석제 구슬특히 카넬리안 제작 중심지로 알려져 있는 코두마날Kodumanal 유적이 위치한다.[33] 인도 남부와 가까운 스리랑카에서는 수정 구슬 생산이 집중적으로 이루어졌다Amalka Wijesuriya와 2016년 대화 내용.

이상의 내용을 종합해 볼 때, 마한 사회가 카넬리안 구슬을 수입할 수 있는 방법은 크게 세 가지이다. 한나라 해상 실크로드를 이용하여 ① 남아시아나 동남아시아와 직접 교역을 하거나 ② 동남아시아와 중국 남부 지역의 한나라 군현에 위치한 교역 거점 도시 및 항구에서 인도산 구슬을 구입하는 방법, 그리고 ③ 이 두 가지 방법을 모두 이용하는 것이다. 마한과 남아시아 지역 사회들 간 역사적 관

Far Eastern Antiquities (Östasiatiska Museet).

31 Carter, Alison, 2013, *Trade, Exchange, and Socio-political Development in Iron Age (500 BC~AD 500) Mainland Southeast Asia: An Examination of Stone and GlassBeads from Cambodia and Thailand*. Unpublished Ph.D. Dissertation, Department of Anthropology, University of Wisconsin-Madison.

32 Francis, Jr., Peter, 1991, Beadmaking at Arikamedu and Beyond. *World Archaeology* 23(1), pp.28~43.

33 Kelly, Gwendolyn Ida Ortner, 2013, *Craft Specialization, Technology and Social Change: A Study of Material Culture in Iron Age and Early Historic South India (C. 1200 BCE~400 CE)*. Ph.D. Dissertation, Department of Anthropology, University of Wisconsin-Madison.

련성을 나타내는 뚜렷한 증거가 아직까지 확인된 바 없으므로 마한 집단들이 남아시아와 직접 교역을 하였을 가능성은 상대적으로 낮다고 생각한다. 오히려, 당시 한반도 북부에 한군현이 설치됨에 따라 마한 역시 넓은 범위에서 한나라 네크워크에 포함되어 있었음을 감안하면, 중국 남부 지역 합포군의 항구나 도시에서 인도산 카넬리안 구슬을 구입하였을 가능성이 크다. 또한 기원후 2~4세기 동안 인도와의 교류가 확대되면서 마한 카넬리안 구슬과 유사한 저품질의 구슬이 대량으로 동남아시아에 유입된 사실을 고려하면,[34] 마한의 교역 집단들이 멀리 인도까지 가지 않고 태국의 카오샘케오·베트남 옥에오·캄보디아의 앙코르보레이 같은 국제 교역 중심지에서 인도산 카넬리안 구슬을 구매하였을 가능성도 배제할 수 없다.

보다 세부적인 교역 경로를 추정하기 위해서는 동남아시아와 중국 남부 지역 주요 유적들에서 출토된 카넬리안 구슬에 대한 천공기술 조사가 요구된다. 또한 원삼국시대 중국과의 주요 교역로인 산동반도를 경유하여 북부의 낙랑군이나 김포 등 마한 중부 지역 집단들로 연결되는 경로를 통해 수입된 카넬리안 구슬에 대한 조사도 필요하다. 추후 연구에서 이에 대한 연구를 진행하여 마한 구슬 교역 네트워크에 대한 이해를 높이고자 한다. 다음 장에서는 엘리트에 의한 위세품 교역과 사회정치적 발전에 관한 이론적 논의를 토대로, 마한 사회에서 구슬 교역/교환 네트워크가 운영되고 강화

---

[34] Carter, Alison, op.cit.; Carter, Alison, Beads, Exchange Networks and Emerging Complexity: A Case Study from Cambodia and Thailand (500 BCE~CE 500). *Cambridge Archeological Journal* 25(4):733~57.

된 배경과 그 의미에 대해 논하겠다.

Ⅳ. 마한 사회 원거리 위세품 교역의 사회정치적 의미

원거리 교역 물품의 유통에는 필연적으로 높은 운송비용이 요구된다. 그러므로 수입품이 재지품에 비해 상대적으로 높은 경제적 가치를 가질 것임은 당연하다.[35] 뿐만 아니라, 사회적 상황에 따라 엘리트나 소수 특정 계층의 개인들에 의해 교역과 교환에 대한 통제가 이루어질 경우 사회적 가치 역시 높아질 것은 자명하다.[36] 따라서 마한 카넬리안 구슬과 같이 이국적이고 귀한 소재를 사용하여 복잡한 기술로 제작된 고가의 사치품은 마한 사회에서 엘리트들을 위한 위세품으로 사용되며 사회정치적 발전에 중요한 역할을 하였을 가능성이 크다.

더욱이, 마한 구슬은 유적들 간에 그리고 동일 유적 내 유구들 간

---

[35] Helms, Mary W., 1992, Long-Distance Contacts, Elite Aspirations, and the Age of Discovery in Cosmological Context, In *Resources, Power, and Interregional Interaction*, E. Schortman and P.Urban, eds. Plenum Press, p.48.

[36] Brumfiel, Elizabeth M. and Timothy Earle, 1987, Specialization, Exchange and Complex Societies: An Introduction, In *Specialization, Exchange and Complex Societies*, E. Brumfiel and T. K. Earle, eds. Cambridge University Press.

에 고른 분포를 나타내지 않는다.[37] 만약 구슬이 장식품으로만 기능하며 사회에서 보편적으로 사용되는 물품이었다면 이처럼 제한적 분포 양상을 보이지 않았을 것이다. 따라서 유리구슬의 경우, 정치 집단과 관련지어 연구되거나,[38] 정치 지도자의 지위를 합법화하는데 사용되었을 것이라고 제안된 바 있다.[39] 이와 유사하게, 동남아시아에서도 석제 및 유리구슬은 사회정치적 발전에 중요한 역할을 한 위세품으로 인식되고 있다.[40] 예를 들어, 태국 북동부 지역의

---

37 Heo, Jina, 2018, *Urbanism and Polity Interaction in Mahan: A Study of Early State Formation in the Proto-Three Kingdoms Period (C. 100 BCE~300 CE), South Korea*. Unpublished Ph.D. Dissertation, Department of Anthropology, University of Wisconsin-Madison.

38 김미령, 2008, 『한반도 서남부지역의 옥 연구 -3~5세기 분묘유물 출토 옥을 중심으로-』, 전북대학교 석사학위논문; 박준영, 2015, 『한국 고대 유리구슬의 생산과 유통』, 한신대학교 석사학위논문.

39 박준영, 2016b, 「한국 고대 유리구슬의 생산과 유통에 나타난 정치사회적 맥락」, 『한국고고학보』 100, 163쪽.

40 Bellina, Bérénice, 2003, Beads, Social Change and Interaction Between India and Southeast Asia. *Antiquity* 77(296):285~97; Carter, Alison, 2013, *Trade, Exchange, andSocio-political Development in Iron Age (500 BC~AD 500) Mainland Southeast Asia: An Examination of Stone and GlassBeads from Cambodia and Thailand*. Unpublished Ph.D. Dissertation, Department of Anthropology, University of Wisconsin-Madison; Carter, Alison, 2015, Beads, Exchange Networks and Emerging Complexity: A Case Study from Cambodia and Thailand (500 BCE~CE 500). *Cambridge Archeological Journal* 25(4):733~57; Francis, Jr., Peter, Beads, the Bead Trade, and State Development in Southeast Asia, In *Ancient Trades and Cultural Contacts in Southeast Asia*, Nandana Chutiwongs, eds. The Office of the National Culture Commission; Theunissen, Robert George, Peter Grave, and Grahame Bailey, 2000, Doubts on Diffusion: Challenging the Assumed Indian origin of Iron Age Agate and Carnelian beads in Southeast Asia. *World Archaeology* 32(1) pp.84~105.

경우 철기시대 무덤에서 발견된 카넬리안 구슬은 금보다 가치가 높았으며 공동체 내 지위를 표시하는 수단으로 사용되었다고 한다.[41]

세계 여러 지역에서 위세품의 교역과 교환은 복합사회의 출현과 사회정치적 발전에 중요한 역할을 하였다.[42] 구체적으로, 위세품의 교환은 특정 개인의 사회적 지위를 표시할 뿐만 아니라 계층적 네트워크를 창출하고 강화시키는 역할을 한다.[43] 동일 위세품을 사용하는 주변 집단 리더들과의 연결 즉, 엘리트 네트워크의 구성원이라는 상징성을 통해 집단의 리더는 공동체 내부로부터 권위와 지위에 대한 정당성을 부여받는다. 다시 말해, 권위 있는 재화를 사용하여 공동체 구성원들과의 유대 관계를 형성하고 동맹 네트워크를 극대화함으로써 권력의 확대와 통제의 집중화를 이루어내는 것이다.[44] 그러므로 예를 들어 마한의 곡옥과 같이 문화적으로 규정된 특정 모양의 구슬은 이데올로기의 공유나 대화, 평화적 동맹을 위한 수단으로 사용되었을 가능성이 있다.

---

41 Theunissen *et al. ibid.*

42 Renfrew, Colin and Stephan Shennan, 1982, *Ranking, Resource, and Exchange: Aspects of the Archaeology of Early European Society,* Cambridge University Press.

43 Kenoyer, Jonathan Mark, 2000, Wealth and Socio-Economic Hierarchies of the Indus Valley Civilization, In *Order, Legitimacy and Wealth in Early States*, J. Richards and M. V. Buren, eds. Cambridge University Press.

44 Blanton, Richard E., Gary M. Feinman, Stephan A. Kowalewski, and Peter N. Peregrine, 1996, A Dual-Processual Theory for the Evolution of Mesoamerican Civilization. *Current Anthropology* 37(10):1~14; Frankenstein, S. and M. J. Rowlands, 1978, The Internal Structure and Regional Context of Early Iron Age Society in South-Western Germany. *Bulletin of the Institute of Archaeology* 15:73~112.

이제, 마한 사회에서 위세품의 사용이 급증하고 원거리 교역이 확대될 수 있었던 배경이 무엇인지 살펴보자. 기원전 108년 한군현의 설치는 마한이 한나라 해상교역 네트워크에 참여할 수 있는 기회를 가졌다는 점에서 중요한 의미를 가진다. 남월국 사례에서도 알 수 있듯이, 군현 설치는 정치적으로 한나라의 관할 아래 들어간다는 의미 외에도 당시 세계 교역을 주도하였던 한나라와의 직·간접적 교류의 기회를 가진다는 의미를 동시에 내포한다. 고고학적 조사에서 낙랑 관련 유물들이 확인되지 않는 점을 지나치게 부각시키면, 변한이나 진한과 달리 마한특히 호남지역 집단들은 이 교류에서 배제된 것처럼 보일 수 있다. 하지만 주지하듯이, 문헌에는 마한의 여러 정치체들이 한왕조에 조공을 하였던 기록들이 남아 있다. 마한의 영역에 군현이 설치된 것은 아니지만, 넓게 보아 마한 역시 한나라의 교역 대상에 포함되었던 것이다. 어떤 물품들이 교역 대상품이었는지 그 구체적인 내용은 알 수 없으나 분명한 점은 마한 정치체들이 한나라와 교류를 하였다는 것이다. 이에 따라, 원거리 교역과 지역 간 교환이 활성화되면서 마한 사회의 경제는 급격하게 성장하였을 것이다. 그리고 외부로부터 유입되는 인적·물적·정보 등 새로운 요소들은 마한 사회에 인구증가·중심지 및 교환 센터 형성 등 도시성의 출현을 가속화시켰을 것이다. 이러한 변화가 마한 정치체들에 사회정치적 복합도의 증가를 가져왔을 것임은 두말할 나위 없다.

이와 관련하여, 카넬리안과 유리구슬의 수요가 증가한 기원후 2~3세기 동안 마한 엘리트들이 분구묘/주구토광묘와 같은 마운드mound 무덤, 즉 거대한 봉분을 축조하였다는 사실이 주목된다. 분구묘가 성행한 지역은 고창·아산·서산 등 카넬리안 구슬이 집중되어 있는 호서와 호남의 서해안 일대 평야지역이다. 다량의 부정형B형 팝아웃 카넬리안 구슬이 출토된 연기 응암리 등 충청 내륙 일대에는 주구토광묘가 유행하였다.[45] 거대한 마운드를 축조하기 위해 요구되는 대규모 노동 동원, 사회 비용 및 구조화된 시스템은 분구묘나 주구토광묘가 정치권력의 지도와 통제 하에 세워진 기념비적 건축물임을 나타낸다.[46] 건축에너지 측면에서 이러한 기념물은 정치권력과 사회정치적 복합도에 대한 단서를 제공해왔다.[47] 실제로 백제의 풍납토성 건설250~475 CE은 대규모 건설 프로젝트와 노동 조직이 리더십 전략과 밀접한 관련이 있음을 보여주었다.[48] 현재 이용 가능한 자료의 한계로 인해 마운드 무덤에 소요된 노동력을 계산할 수 없지만, 엘리트 리더십이나 체계적인 사회정치적 시스템의 존재를 상정하지 않고서는 이와 같은 대규모 마운드 무덤의 건설을 설명하기 어렵다.

---

[45] 김승옥, 2011, 「중서부지역 마한계 분묘의 인식과 시공간적 전개과정」, 『한국상고사학보』, 71; 이택구, 2008, 「한반도 중서부지역 馬韓 墳丘墓」, 『한국고고학보』, 66.

[46] Blanton *et al., op.cit.* pp.2~3; Kolb, Michael J., 1994, Monumentality and the Rise of Religious Authority in Precontact Hawaii. *Current Anthropology* 35(5):521~47.

[47] Abrams, Elliot M., 1994, *How the Maya Built Their World,* University of Texas Press.

[48] Kim, Nam C. and Jina Heo, 2019, Built Environments and Social Organizations: A Comparative View from Asia, In *Architectural Energetics in Archaeology: Analytical Expansions and Global Explorations*, L. McCurdy and E. Abrams, eds. (in press).

그렇다면, 위세품으로 구슬의 사용이 급증한 이유는 무엇일까? 앞서 논하였듯, 구슬은 마한 공동체 사이에서 사회적 신분이나 정체성을 나타내는 상징이었을 뿐만 아니라 엘리트들 간 대화 혹은 연대감을 형성하기 위한 수단으로 사용되었을 가능성이 있다. 주지하듯이, 마한은 여러 정치체들로 구성된 국가 수준의 사회이며, 2~3세기대 마운드 무덤의 증가는 곧 비슷한 수준의 경쟁적 관계에 있는 정치체들이 마한 전역에서 발호하였다는 점을 시사한다. 이처럼 다양한 정치체들이 빈번한 전쟁이나 갈등 없이 공존할 수 있었던 이유는 마한이 평화적 연대감을 토대로 유지, 운영되는 사회였기 때문일 것이다. 그러므로 엘리트들 간 구슬 사용의 급증은 정치체들 간 교류 및 연대의 요구가 증가하였다는 것을 의미한다.

구체적으로, 천안 청당동이나 청주 상평동·송대리 등 3세기대 급성장한 충청 내륙 마한 정치체들이 카넬리안 구슬의 수요 증가를 야기한 주체라고 판단한다. 3세기 전반246~247 CE 소위 기리영 전투라 일컬어지는 마한-조위 전쟁 이후, 마한 정치체들은 중국 군현의 직간접적 통제에서 벗어나 해상과 육로 교역권을 확보·강화할 수 있는 기회를 갖게 되었다.[49] 이에 따라 3세기대 호서 동부에는 내륙 교통로를 통한 중계 교역 네트워크가 형성되었다.[50] 이 지역에 물자와 사람이 모여 들면서 내륙 교통로 상에 위치한 정치체들은 급격히 성장하였을 것이고 위세품을 필요로 하는 엘리트들은 서부 해안

[49] 윤용구, 2015, 「3세기 이전 마한백제의 성장과 중국」, 『백제의 성장과 중국』, 백제학연구총서 쟁점백제사 5, 한성백제박물관, 홀리데이북스, 23~26쪽.

[50] 김낙중, 2016, 「분묘 출토 토기로 살펴본 마한의 성장과 지역성」, 『문화재』, 49(4), 140쪽.

집단들과 교류하였을 것이다. 앞서 검토한 저품질 팝아웃 카넬리안 구슬이 주구토광묘에 집중되는 양상은 이와 같이 해석 가능하다.

필자는 마한 정치체들 간 연대 형성이 지역 간 자원 불균형에 따른 상호보완적 경제관계에 기인한다고 추정한다. 예를 들어, 원거리 해상교역 네트워크로부터 상대적으로 소외될 수밖에 없는 내륙의 지역집단과, 낙랑과의 내륙 중계 교역에 참여하지 않아 특정 재화예: 철기의 부족 문제가 발생하는 해안의 지역집단이 동시에 존재할 수 있다. 또한 농업 생산력이 낮은 지역집단일 경우, 수공업 생산에 집중하거나 다른 지역으로부터 부족한 농산물을 구입하여 사회 안정을 유지해야 했을 것이다. 결과적으로, 상호보완적 경제 교류의 필요성은 엘리트들이 전략적 협력관계를 구축하게 하는 촉매제로 작용하고 나아가 '마한'이라는 동질적 이데올로기 형성의 중요한 토대가 되었을 것이다.

제4부

결론

실크로드 문명교류사의 새로운 접근

박천수(경북대학교 고고인류학과 교수, 실크로드조사연구 센터장)

Ⅰ. 머리말

실크로드는 고대 이래 유라시아 문명을 이어 온 동서 교통로이며, 북방의 초원로草原路, 중앙의 사막로沙漠路, 남방의 해로海路로 구분된다.

그런데 중국 학계에서는 실크로드의 동단東端은 중국에서 그치는 것으로 인식하고 있고, 한반도는 문명의 교통로인 실크로드와 연결되지 않는 변경으로 취급하고 있다. 이는 한반도가 중국 문명에 종속적인 위치였다는 인식에 바탕을 두고 있다. 이는 실크로드가 고대와 중세에 황허黃河 유역과 창장長江 유역에서 시작되어 인도, 중앙아시아, 서아시아를 거쳐 북아프리카와 유럽을 연결하던, 비단 무역을 매개로 한 문화 교류의 길이라는 인식에서도 잘 알 수 있다.[1] 또한 일본 학계에서는 사막로가 시안西安에서 하카다博多, 해로는 닝보寧波에서 하카다로 바로 연결되는 것으로, 즉 일본이야말로 실크로드 간선幹線의 동단이라 주장한다. 이는 중국을 통해 일본의 문명화를 이루었으며 한반도는 그저 육교에 불과하다는 이른바 한반도 패싱론에 의거한 것이다.

여기에서는 특히 유라시아 실크로드 유적 출토 유물의 이입경로移入經路와 그 역사적 배경을 통해 문명교류사文明交流史에 접근하고자 한다. 나아가 유라시아 실크로드의 초원로, 사막로, 해로 전역을 통

1 林梅春(저), 장민 · 금지아 · 정호운(역), 2020, 『실크로드 고고학 강의』, 소명출판, 15쪽.

관하는 유라시아 문명교류사를 조망하는 가운데 한반도와의 관계에 대해 살펴보고자 한다.

유물은 유라시아 전역에 유통된 페니키아, 로마, 사산조 페르시아, 이슬람산의 유리기琉璃器와 유리주琉璃珠, 청금석青金石, lapis lazuli, 홍옥수紅玉髓, 화폐貨幣를 중심으로 분석한다. 그 가운데 특히 유리기는 시기별로 로마, 페르시아, 이슬람 세계에서 생산되어 말, 낙타, 배에 실려 초원로, 사막로, 해로를 통하여 유라시아 동부로 이입되었다. 유라시아 동부에서는 유리기를 제작할 수 있는 기술을 가졌음에도 불구하고 지속적으로 이를 수입하였으며, 금공품을 능가하는 귀중품으로 간주하였다.

연구의 시간적인 범위는 각 노선에 따라 차이가 있으나 문물 이입의 획기劃期와 왕조의 교체를 고려하여 설정하였다.

Ⅱ. BC 30~9세기 유라시아 문명교류

파미르Pamir의 서쪽에는 청금석의 길이 있었다. 아프가니스탄으로부터 이란, 메소포타미아, 이집트, 시리아, 아나톨리아 등에 이르는 라피스 라줄리의 교역로였다.[2]

---

2 加藤九祚(著) · 박천수 · 정진 · 임동미(역), 「머나먼 실크로드」, 박천수(편), 2015, 『실크로드와 신라-유리의 길-』, 대구, 경북대학교박물관 · 경주세계문화엑스포.

청금석의 고대 산지는 아프가니스탄 동북부 힌두쿠시산맥 북쪽에 위치한 바다흐샨Badakhshan지방의 남쪽 아무다리야Amu Darya강의 지류인 콕차Kokcha강 상류역 샤리상Sar-i Sang 계곡의 광산이다. 청금석青金石은 아프가니스탄에서 채굴되어 BC 7000년대부터 아프가니스탄과 인더스 계곡 사이의 고대 무역로를 따라 지중해 세계와 남아시아로 수출되었다. 유라시아 서부에서 고대 문명형성기에 라피스 라줄리가 출토된 유적은 70여 곳으로, 박트리아-마르기니아문명, 인더스문명, 엘람문명, 메소포타미아문명, 에게문명 등을 들 수 있다. 특히 메소포타미아문명권에서는 35.000점 이상이 출토되어 가장 많은 수량이 반입된 것을 알 수 있다.[3] 청금석 제품이 북부 메소포타미아의 BC 4000년대 유적과 이란 남동부의 샤흐레 수흐테Shahr-e Sukhteh 청동기시대 유적에서도 다수 발견되었다. 시리아의 BC 2350~2250년으로 편년되는 에블라Ebla, Tell Mardikh궁전 유적에서는 22kg 이상의 원석이 출토되었다. 이 원석은 350km 지점의 아프카니스탄에서 메소포타미아로 이입되는 경로상의 도시인 마리Mari로부터 입수한 것으로 보고 있다.[4]

BC 3000년대부터 수메르 도시국가 우르Ur에서는 청금석을 장신구와 왕묘의 부장품으로 사용하였다. 그중 가장 주목되는 것은 BC 2550년경에 사망한 왕 파빌사그Pabilsag와 관련된 우르의 큰

---

[3] 박성진, 2020,「라피스라줄리로드: 실크로드 이전의 실크로드」,『고대 문명의 교역과 교류』, 제50회 동양학연구원 국제학술회의, 단국대학교 동양학연구원, 126쪽.

[4] Aruz, Joan. 2003. *Art of the First Cities: The Third Millennium BC from the Mediterranean to the Indus.* Metropolitan Museum of Art Series. New York, Metropolitan Museum of Art, p.178.

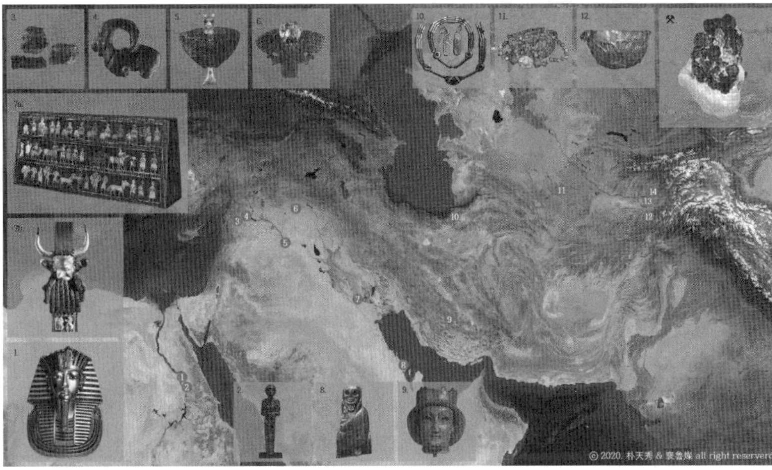

1. Egypt Thebae Tutankhamen Tomb 2. Egypt Hierakonpolis (Nekhen) 3. Syria Ebla 4. Syria Tuba (Umm El Marra) 5. Syria Mari 6. Syria Tell Brak 7ab. Iraq Ur 8. Saudi Arabia Tarut Island 9. Iran Persepolis 10. Iran Tepe Hissar 11. Turkmenistan Gonur Depe 12. Afghanistan Tepe Fullol 13. Afghanistan Ai Khanoum 14. Afghanistan Shortugai ⚒. Afghanistan Sar-i Sang Mine

〈그림 1〉 BC 30-9세기 아프카니스탄(Afghanistan)
샤리상(Sar-i Sang) 鑛山의 位置와 靑金石 工藝品

왕묘 중 하나인 PG779호묘 출토 모자이크장식 상자이다. 발굴자에 의해 '우르의 스탠다드Standard of Ur 旗章'로 명명된 이 상자는 폭 21.59cm, 길이 49.53cm의 역제형으로 속이 빈 나무 상자의 측면側面 전체에 조개와 붉은 석회암 조각으로 인물과 동물을 묘사하고, 청금석 조각은 그 배경으로 장식하였다. 장측長側은 각각 전쟁과 일상생활, 단측短側은 동물을 묘사하였다〈그림 1〉.

왕묘인 PG789호묘에서 출토된 리라Lyre, 竪琴는 수메르 신화의 태양신이자 정의의 신神인 우투Utu를 상징하는 황소의 머리로 장식하였으며, 그 뿔, 털, 눈, 수염의 일부 표현에 청금석을 사용하였다.

그 외 측판 문양의 배경에도 사용되었다.[5]

PG1237호묘에서 출토된 숫양은 조개, 붉은 석회암, 청금석 모자이크로 장식된 직사각형 판 위에 수목에 기대어 있는 형태로 조각되었다. 나무, 다리, 양의 얼굴과 생식기는 금으로 만들었고, 배와 밑부분에는 은, 조개, 붉은 석회암 조각을 사용하였다. 눈, 뿔, 수염, 털은 청금석으로 장식하였다. PG800호묘 출토 푸아비Puabi 여왕의 두식頭飾, 경식頸飾은 금金, 은銀, 청금석青金石, 홍옥수주紅玉髓珠로 구성된 화려한 것이다. 청금석은 또한 고대 메소포타미아에서 인장印章과 보석寶石으로 사용되었다. 고대 이집트에서 청금석은 풍뎅이 모양의 부적이나 장식품으로 선호하는 보석이었다. 선왕조시대 나카다Naqada유적BC 3300~BC 3100에서는 청금석제 히에라콘폴리스Hierakonpolis의 여성상이 출토되었다. 청금석은 18왕조의 파라오인 투탄카멘Tutankhamen, 재위 BC 1332~BC 1323의 황금 마스크에도 사용되었다. 이 마스크에는 착색유리, 수정, 흑요석, 홍옥수, 녹송석 등과 함께 청금석이 눈 주변과 눈썹 장식에 사용되었다. 그리스에서는 BC 1700년경 크레타 말리아Mallia의 크리솔락코스Chrysolakkos고분군에서 금제 장신구와 조합된 경식頸飾이 출토되었다. 여기에는 홍옥수제 관주管珠, 환주環珠와 함께 청금석제 환주가 사용되었다. 카스피해 남동쪽에 위치하는 이란의 테페 히사르Tepe Hissar유적은 중앙아시아와 서아시아를 연결하는 교통로상에 위치한다. 이 유적에서는 BC 4000년경부터 청금석 제품이 출

---

5 *Ibid.* p.105.

현하며, BC 2000년경의 경식頸飾은 금, 홍옥수紅玉髓, 호마노縞瑪瑙와 함께 청금석제 환주로 구성되었다. 이 유적은 청금석의 이입경로를 알 수 있다는 점에서 중요하다. 투르크메니스탄의 고누르 데페Gonur Depe유적에서는 청금석과 홍옥수의 환주로 구성된 경식이 다수 출토되었다. 메르브Merv에서 북쪽으로 약 60km 떨어진 이 유적은 BC 2400년경에 성립된 박트리아 마르기아나Bactria-Margiana, BMAC 문명의 중심지이다. 그런데 아프가니스탄에서 청금석 교역과 관련된 테페 푸롤Tepe Fullol유적이 사리상Sar-i Sang 광산 주변에서 확인되어 주목된다. 이 유적에서는 금은기金銀器와 함께 청금석편이 출토되었으며, 특히 금기金器에 새겨진 턱수염이 있는 수소 문양이 앞에서 언급한 우르Ur PG789호 왕묘 출토 리라Lyre, 竪琴의 수소 문양과 유사한 점에서 양자 간 교류를 알 수 있다.[6] 샤리상Sar-i Sang 광산은 푸롤Fullol에서 북동쪽으로 이어진 교통로를 따라 약 200km 떨어진 지점에 위치하고 있다. 이 청금석 교역의 이동로, 즉 샤리상Sar-i Sang 광산에서 다른 지역으로 청금석을 운반할 때 이용하였던 길은 서쪽으로 난 좁은 통로를 빼고는 높은 산들로 둘러싸여 있어 이동이 쉽지 않았으며, 그 서쪽에 바로 테페 푸롤Tepe Fullol유적이 입지하고 있다.[7] 테페 푸롤Tepe Fullol유적은 서쪽으로는 해발 약 1,000m, 동쪽으로는 약 3,000m가 넘는 산들 사이의 평지에 위치한다. 이 지역은 주변의 험준한 산들로 인해 다른 지역과의 교

---

6 川又正智,2006,『漢代以前のシルクロード』,(ユーラシア考古學選書), 雄山閣, pp.48~49.

7 國立中央博物館, 2016,『아프카니스탄의 황금문화』, 國立中央博物館, 26쪽.

통로가 계곡처럼 길게 뻗어 있고 넓은 경작지가 펼쳐져 있어 샤리상Sar-i Sang 광산의 청금석을 채광 유통하기에 충분한 조건을 가지고 있었다.

앞에서 살펴본 바와 같이 청금석과 동시에 유통된 것은 홍옥수이다. 홍옥수는 마노瑪瑙 가운데 적색赤色에서 등색橙色에 포함되는 것을 지칭하나 인위적으로 진홍색으로 가공한 것이 특징이다. 마노는 반투명의 백·회·적·황·차·흑색 등으로 풍부한 색채를 띠며, 단색뿐만 아니라 복수의 색으로 호상縞狀의 천연 문양을 가진 것이 많다. 홍옥수의 산지는 인더스 문명의 최남부 인도 서부 구자라트Gujarat지방이며, 그곳의 캠밧Khambhat에서는 지금도 채굴과 공예품 제작이 이루어지고 있다. 홍옥수는 가열처리와 부식처리에 의해 가공된다. 가열처리는 홍옥수를 자연 상태의 황·등색에서 진홍색으로 바꾸는 것이다. 홍옥수는 직접 고열을 가하면 급격한 온도 변화에 의해 파열되기 때문에 토기, 톱밥, 재 등으로 원석을 덮고 간접적으로 수회에 걸쳐 장시간 가공한다. 이는 현재에도 행해지고 있는 가공 방법이다. 또한 부식처리는 구슬의 표면에 알칼리성 물질의 부식작용을 이용해 문양을 그리는 것으로, 특정 식물재를 혼합한 용액으로 문양을 그린 다음 가열하여 정착시키는 방법이다.[8] 이를 중국에서는 식화육홍석수주蝕花肉紅石髓珠, Etched Carnelian Beads로 부르며, 여기에서는 식화육홍수주蝕花肉紅髓珠로 명칭한다.

메소포타미아지방에서도 인더스 문명의 인장이 발굴되어 그들이

---

[8] 遠藤仁, 2013,「工芸品からみたインダス文明期の流通」, 長田俊樹(編),『インダス一南アジアの基層世界を探る』, 京都大學出版會, p.196.

메소포타미아에 거주한 것을 알 수 있다. 페르시아만 연안에서도 같은 인장이 발견된 것으로 미루어 볼 때 BC 3000년경에 이미 인더스강 하구에서 페르시아만을 거쳐 메소포타미아에 이르는 항로가 개척되었다. 인더스인들은 목면과 보석을 메소포타미아와 이집트에 수출하였으며, 그 루트는 육로뿐만 아니라 아라비아해와 홍해를 항행航行하는 해로海路였다.[9]

1. Greece Aegina 2. Egypt 3. Syria Tell Brak 4. Iraq Ur Tombs 5. Bahrain Hamad Town 6. Iran Susa 7. Iran Chalekuti tombs 8. Iran Hissar Tepe 9a. Turkmenistan Merv 9b. Turkmenistan Gonur Tepe 10. Iran Kerman Shahdad 11. Pakistan Mohenjo-daro 12. Pakistan Chanhudaro 13. India kanmer site 14. Pakistan Taxira site 15. Altai Novotroisk2 tombs 16. Tuva Arzhan No2 tombs 17. China Quman tombs 18. China Baozidong tombs 19. China Yuansha sites 20. China le'illik sites 21. China Kuerbulakebulate village tombs 22. China Chawuhugou tombs 23. China Shirenzigou sites 24. China Qinghai-majiayuan tombs M13 25. China shanxi-bao-ji tomb 26. China Seocheon-Shita-ji tombs 27. China Suzhou Zhenshan Dongzhou tombs D9M1 28. China Henan-Anyang fuhao tomb 29. China Naimongo Xigoupan tombs 30. China Beijing Liulihe

〈그림 2〉 BC30-BC9세기 인도 구자라트Gujarat광산의 위치와 홍옥수 분포

앞에서 언급한 바와 같이 우르Ur의 왕릉 가운데 PG800호묘 출토 푸아비Puabi 여왕의 두식頭飾과 경식頸飾은 금, 은, 청금석과 함께 홍옥수주紅玉髓珠로 만든 화려한 것이다. 이집트 투탄카멘Tutankhamen왕

[9] 長沢和俊, 2002, 『シルクロードを知る事典』, 東京堂出版, p.143.

의 황금 마스크에도 착색유리, 라피스 라줄리, 수정, 흑요석, 터키석과 함께 홍옥수가 장식으로 사용되었다. 그리스에서는 BC 1700년경 크레타 말리아Mallia의 크리솔락코스Chrysolakkos고분군에서 출토된 금제 장신구와 조합된 경식에 청금석과 함께 홍옥수제 관주管珠와 환주還珠가 사용되었다. 이란의 테페 히사르Tepe Hissar유적 출토 BC 2000년경의 경식은 금, 청금석제 환주와 함께 홍옥수제 환주, 호마노가 펜던트로 사용된 것이다. 투르크메니스탄의 고누르 데페Gonur Depe유적에서는 홍옥수紅玉髓와 청금석으로 구성된 경식이 다수 출토되었다. 이곳은 고대의 마르기아나Margiana는 BC 3000년경 이래 형성된 도시로서 서남쪽으로 파르티아Parthia, 남쪽으로는 아리아Aria, 동쪽으로는 박트리아Bactria, 북쪽으로는 소그디아나Sogdiana와 접하는 사막로의 결절점이다. 더욱이 BC 2000년경 인더스 문명의 절정기에 아프가니스탄의 쇼투가이Shortugai유적이 출현한다. 쇼투가이유적은 청금석 광산이 위치한 아무다리야Amu Darya 유역에 설립된 하라파Harappa의 최북단 무역 식민지로서 청금석과 같은 자원을 획득하고 관리하는 위성도시였다. 이 유적에서는 청금석, 홍옥수, 청동 제품, 테라코타 인물상과 함께 코뿔소와 같은 동물 문양과 선각이 있는 사각형 인장, 하라파 의장의 토기가 출토되어 인더스 문명에 속한 유적임이 확인되었다.

이처럼 청금석과 홍옥수는 사리상Sar-i Sang-테페 푸롤Tepe Fullol-고누르 데페Gonur Depe-테페 히사르Tepe Hissar-우르Ur로 연결되는 사막로를 통하여 주로 이입되었다. 이와 병행하여 쇼투가이Shortugai유적의 존재로 볼 때 인더스강 유역으로 이입되어 해로

또는 육로를 통해 서아시아로 들어간 것을 알 수 있다〈그림 2〉.

청금석과 홍옥수는 후대의 기록이나 다음과 같은 기록으로 볼 때 왕권에 의해 장악 통제된 전략적인 물자였다. 아시리아 왕 티글라트 필레세르 3세Tiglath-Pileser Ⅲ, BC 745~BC 727가 관할하는 메디아 동부지역에 9톤이 넘는 청금석을 공물로 부과했으며, 아케메네스조 페르시아 다리우스 1세Darius Ⅰ, BC 522~BC 486의 수사Susa 왕궁 조성 비문에도 소그디아나로부터 청금석과 홍옥수를 운반하였다는 기록이 보인다.

Ⅲ. BC 8~BC 3세기 유라시아 문명교류

파미르Pamir의 동쪽에는 타림Tarim 분지의 허톈和田에서 칭하이青海를 거쳐 북부 중국에 이르는 옥玉의 길이 있었다. 연옥軟玉 제품은 예로부터 왕자王者의 상징이었으며, 은허殷墟 부호묘婦好墓의 옥기玉器가 신장新疆의 허톈산和田山이다. 고대 중국에서는 옥을 우씨禺氏의 옥이라고 불렀다. 이 우씨는 진한秦漢시대에 깐수甘肅에서부터 톈산남로天山南路까지의 문호를 장악한 월씨月氏라고 보았다. 월씨로부터 연옥을 매입했던 상대가 중국인이며, 그 대가로 월씨에게 지불한 대표적인 중국의 산물이 견직물이다. 선진先秦시대에 이미 중국산 견직물을 서방西方에서 귀하게 여겼으며, 견직물 무역에서는 동서교통

의 요충지를 점했던 월씨가 처음으로 서방과의 중개자, 즉 전매자로 활약하였다.[10]

이와 관련하여 주목되는 것은 이 시기부터 중국에 이입되는 홍옥수紅玉髓이다. 홍옥수는 파미르Pamir를 넘어 북방 초원지대와 타클라마칸 사막에 연한 사막로를 경유하여 중국에 이입된다. 홍옥수 이입경로를 파악할 수 있는 중요한 유적은 신장 카시지구喀什地區 타셴쿠얼간타지커자치현塔什庫爾幹塔吉克自治縣 지얼잔카레이고분군吉爾贊喀勒古墳群이다. 이 고분군은 타셴쿠얼간허塔什庫爾幹河의 서안 해발고도 약 3,000m의 대지상에 위치하는 원형의 적석봉토분으로 구성되어 있었다. 이 고분군의 연대는 BC 7~BC 5세기이며, M11·14·16·23·24·32호분에서 식화육홍수주蝕花肉紅髓珠와 마노주瑪瑙珠가 51점 출토되었다. M48호분에서는 지중해산地中海産 인면문상감유리주人面文象嵌琉璃珠가 출토되었다. 이 고분군은 신장과 아프가니스탄, 파키스탄을 연결하는 타셴쿠얼간塔什庫爾幹지역에 위치한 점, 파키스탄 탁실라Taxila유적 출토품과 문양·형태가 유사한 점, 조로아스타교에 의한 매장의례가 행해진 점, 홍옥수가 부장된 점에서 파미르를 넘어 홍옥수주가 이입된 것을 알 수 있다. 이는 인접한 허톈지구和田地區 위톈현于田縣의 위안샤토성圓沙土城에서도 식화육홍수주가 출토된 점에서도 그러하다. 더욱이 주목되는 것은 초원로상의 아르잔Arzhan고분군에 식화육홍수주가 부장된 것이다.[11] 이 고분군

---

[10] 江上波夫, 1987,『中央アジア史: 世界各国史16』, 山川出版社.

[11] 中村大介, 2019,「青銅器時代匈奴時代遊牧社會長距離交易」,『社會変化とユーラシア東西交易—考古學と分析科學からのアプローチ—』, 科學研究費補助金基盤研究(B) 2018-2020年度, p.5.

은 러시아 투바공화국 우육Uyuk강 근처 해발 1,000m 고원 지대에 위치한 초기 스키타이의 대형분으로 구성되어 있다. 이 고분군에서는 2호분의 13A호묘에 10점의 식화육홍수주가 부장되었다. 1호분의 매장주체부에서는 녹송석綠松石으로 장식한 금제 이식이 출토되었다. 또한 인접한 알타이Altai 노보트로스크Novotroisk고분군에서도 식화육홍수주의 부장이 확인된다. BC 7~BC 6세기 카자흐스탄의 타스몰라Tasmola 6호분에서도 식화육홍수주 3점이 출토되었다. 중국 알타이지구의 전국시대 병행기 쿠얼부라특촌고분庫爾布拉特村古墳에서는 식화육홍수주 8점과 17점의 유리주가 출토되었다. 중국 톈산산록天山山麓의 동타레이더고분군東塔勒德古墳群은 BC 8세기에서 전한前漢에 걸친 61기의 고분이 발굴되었으며 그 가운데 2011HDⅡM3호분에서는 홍옥수주와 녹송석주綠松石珠가 조합된 경식頸飾 및 다수의 금제 동물문장식과 함께 출토되었다. 따라서 초원로상의 아르잔Arzhan고분군을 비롯한 홍옥수주는 인더스Indus강 유역으로부터 파미르Pamir를 넘어 타션쿠얼간지방으로 이입移入된 후, 톈산天山과 알타이Altai 일대로 북상北上하여 들어간 것으로 추정된다. 홍옥수주의 분포를 통하여 인더스Indus강 유역의 해로海路와 타클라마칸Takla Makan의 사막로, 알타이Altai 산지의 초원로가 연결된 것이 확인된다〈그림 3〉.

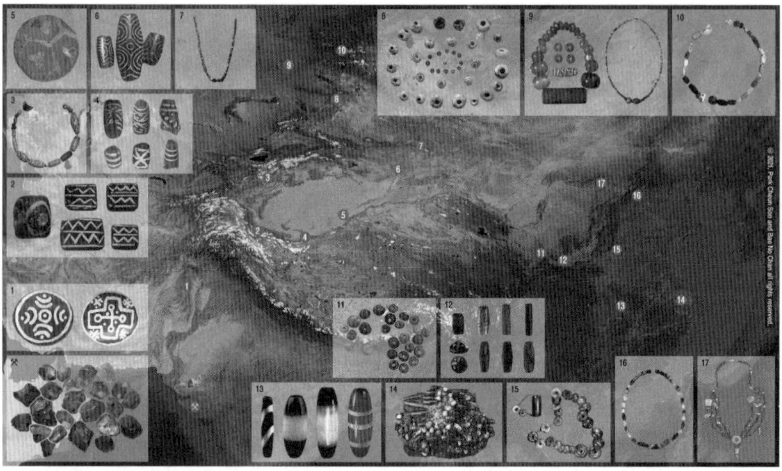

⚒. [India] Gujarat Province 1. [Pakistan] Taxira 2. [China] Quman Tombs 3. Baozidong Tombs 4. Yuansha 5. Le'illik 6. Chawuhugou Tombs 7. Shirenzigou 8. Kuerbulake Village Tombs 9. [Russia] Altai Novotroisk 2 Tombs 10. Tuva Arzhan No.2 Tombs 11. [China] Qinghai Majiayuan Tombs M13 12. [China] Shanxi Baoji Tomb 13. Seocheon Shitaji Tombs 14.Suzhou Zhenshan Dongzhou Tombs D9 M1 15. China Henan Anyang Fuhao Tomb 16. Naimongo Xigoupan Tombs 17. Beijing Liulihe

〈그림 3〉 BC8-BC3세기 인도 구자라트(Gujarat)광산의 위치와 홍옥수 분포

홍옥수주는 서역 남도를 따라 분포하며 산시성陝西省 바오지시寶鷄市 진秦 이먼2호묘益門2號墓에서 식화육홍수주 1점과 함께 4점의 홍옥수 관주管珠, 다수의 환주還珠가 출토되었다. 이 고분에서는 다수의 금제품, 녹송석상감금병철검綠松石象嵌金柄鐵劍과 녹송석주, 옥기가 부장되어, 그 피장자는 춘추시대 진秦의 왕족으로 보고 있다. 산시성山西省 취워현曲沃縣 진후묘군晋侯墓群의 92호묘를 비롯한 다수의 고분에서 옥기, 청동기 등과 함께 홍옥수주가 출토되었다. 이 고분군은 19기의 평면 중자中字, 아자亞字형의 대형묘가 남북 3열로 배치되었으며, 그 피장자는 묘의 구조와 부장품에서 9인의 진晋의 후侯와 부인으로 밝혀졌다. 더욱이 허난성河南省 안양시安陽市 은허殷墟의 부호묘婦好墓에서도 홍옥수 관주管珠 1점과 많은 양의 환주還珠가 출토되었다. 이 고분에는 이기彝器·악기樂器·무기武器를 비롯해 '부호婦好'·'사모

행司母辛' 등의 명문이 새겨진 청동기 · 옥기 등이 부장되어, 그 피장자는 상商 23대 왕인 무정武丁의 부인으로 밝혀졌다. 이 부호묘婦好墓 출토 옥기에는 신장新疆의 허톈산和田山이 포함된 것으로 보고 있어, 홍옥수주는 옥과 함께 서역 남도를 경유하여 이입되었다고 생각된다. 춘추시대 초楚의 허난성河南省 시촨시淅川市 하사고분군下寺古墳群 등에서도 이러한 정황이 확인된다. 이 시기 유라시아 동부로 이입된 홍옥수제 경식은 스키타이 왕묘, 상商 왕묘, 진秦 왕족묘, 진晉 왕묘 등에 사용된 위신재威信財로서, 인더스강 유역과 알타이 산지, 중원中原이 유기적인 관계망을 통하여 이미 연결된 것을 상징한다.

BC 5~BC 3세기의 페니키아를 비롯한 동부 지중해에서 제작된 유리주는 이중의 원문을 시문한 형태로서, 청령주蜻蛉珠 또는 중권원문주重圈圓文珠, 첩안주帖眼珠 등으로 불리고 있다. 본서에서는 이 형식의 유리주가 후술하는 페르시아산 원문주圓文珠와 구분하기 위해 문양을 돌출하게 시문한 특징에 의거하여 돌출첩안문유리주突出帖眼文琉璃珠로 호칭하고자 한다. 최근 돌출첩안문유리주에 대해서는 동지중해에서 초원로를 통하여 유라시아 동부에 이입된 것으로 보고 있다.[12] 페니키아산 돌출첩안문유리주는 인두주人頭珠와 함께 지중해 일대에 널리 분포하고 있다. 튀니지 카르타고Carthage유적, 이탈리아 사르드니아Sardigna 타로스Tharrus고분, 스페인 이비자Ibiza섬 등에서 출토되었다. 흑해 연안에서는 우크라이나 메리토폴Melitopol고분, 조지아 바니Vani고분, 카자흐스탄 코소바Kosova고

---

[12] 古寺智津子, 2012, 『ガラスが語る古代東アジア』, 同成社.

분, 러시아 슐투코프 로그Chultukov Log고분, 러시아 보르털Borotal고분 등에서 출토되었다. 아직 몽골에서는 이 시기의 자료가 확인되지 않으나 한대漢代의 흉노묘인 골모드Gol-ModⅡ9호묘에 로마원문주圓文珠가 확인되어 이전 시기에 이입되었을 가능성이 크다. 중국에서는 랴오닝성遼寧省 젠창현建昌縣 둥다장즈고분군東大杖子古墳群, 신장新疆의 허톈和田지구 위안샤토성圓沙土城, 치에모현且末縣 자군루커고분扎滾魯克古墳, 바이청현拜城縣 커지얼투얼고분군克孜爾吐爾古墳群, 칭하이성青海省 마자위안고분군馬家塬古墳群, 산시성山西省 타이위안시太原市 진국晋国 조경묘趙卿墓, 산둥성山東省 린쯔시臨淄市 랑자좡1호묘郞家庄1號墓, 허난성河南省 구스현固始縣 구뒈이1호묘古堆1號墓, 허난성河南省 시촨시淅川市 쉬자링M10호묘묘徐家嶺M10號墓, 후난성湖南省 쉐이현隨縣 증후을묘曾侯乙墓 등에서 돌출첩안문유리주突出帖眼文琉璃珠가 출토되었다.

그런데 필자가 주목하는 것은 돌출첩안문유리주의 이입경로이다. 먼저 랴오닝성遼寧省 둥다장즈고분군 출토품으로 볼 때 흑해에서 카자흐스탄, 몽골을 거친 초원로를 통하여 유라시아 동부에 이입된 것으로 보인다. 한편 카스喀什지구 타션쿠얼간타지커자치현塔什庫爾幹塔吉克自治縣 지얼잔카레이고분군吉爾贊喀勒古墳群의 M48호분에서는 지중해산地中海産 인면문상감유리주人面文象嵌琉璃珠가 출토되고, 이에 인접한 허톈和田지구의 위안샤토성圓沙土城에서 돌출첩안유리주가 확인되는 것으로 보아 인더스강 유역에서 파미르를 넘는 경로도 고려해야 할 것이다. 더욱이 카스피해 남안의 이란 샬레쿠티chalekuti고분, 서역 남도의 치에모현 자군추커고분且末縣 扎滾魯克古墳과 하서회랑河西回廊의 칭하성 마자위안고분군에서도 확인되는 것으로 볼 때 사막로를

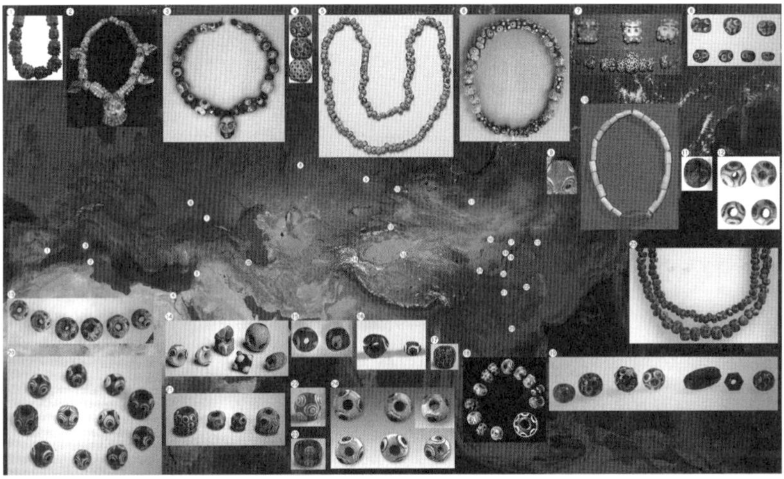

1. Spain Ibiza island 2. Tunisla Carthage 3. Italia Sardigna Tharrus tombs 4. Egypt Alexandria 5. Phoenicia 6. Ukraina Melitopol tombs 7. Georgie Vani 8. Kazakhstan Kosova tombs
9. Russia Chultukov Log tombs 10. Altai Borotal tombs 11. Mongolia Gol-Mod II No9 tombs 12. China Liaoning Dondazhangzi tombs 13. China Xingang Gaga vilige M2 tomb
14. China Xingang Yuansha sites 15. China Xingang Bizri M12 tomb 16. China Shanxi Changzhi Fenshuiling tombs 17. China Hebei Zhongshan king tombs 18. China shanxi-taiyuan zhaoqing tomb
19. China Hennan Gujing vilige 20. China Hennan Xujialing M10 tomb 21. China Hubei Zenghou tomb 22. China Anhui Yingpasan tombs 23. China Guangdung Nanye king tomb
24. Chtina Qinghai-majiayuan tombs M6 25. Iran Chalekuti tombs

〈그림 4〉 BC5-BC4세기 돌출첩안문유리주 분표

경유하였을 가능성이 크다〈그림 4〉.

그리고 BC 4세기 전후 초원로상의 랴오닝성 둥다장즈고분군에서는 페니키아산 돌출첩안문유리주가 출토되어 주목된다. 돌출첩안문유리주는 흑해 연안의 BC 4세기 스키타이의 토바스타야 모길라Tobstaya mogila와 멜리토폴스키Melitopolskyi고분군 등에서 집중 출토되며, 같은 시기 알타이 산록의 슐투코프 로그Chultukov Log고분에서도 확인되어 지중해연안에서 제작된 돌출첩안문유리주가 흑해를 경유하여 알타이산맥을 넘어 중국 동북지방에 도달한 것을 알 수 있다.[13] 더욱이 M45호묘에서는 중원中原의 청동정青銅鼎과 비파형동검琵琶形銅劍, 동과銅戈가 공반되었다. 이 고분군古墳群의 축조 세력을

[13] 上揭書, pp.238~239.

고조선古朝鮮과 관련된 집단으로 보는 견해가 있어, 이 시기 이미 초원로가 한반도와 연결되었음을 추정할 수 있다.

Ⅳ. BC 2~3세기 실크로드 문명교류

고대 로마의 박물학자 플리니우스Plinius, 29~79년의 『박물지Histoeia Naturalis』77년에 따르면, 동지중해 연안에서 페니키아인이 탄산소다를 해안모래와 섞은 후 녹여서 유리를 만들었다고 전하고 있다. BC 1세기 후반에는 대롱불기기법이 발달하였는데, 이후 로마제국 각지로 유리 생산거점이 옮겨지면서, 유리는 로마의 중요한 교역 상품으로 자리잡게 되었다.

이 시기에 쓰여진 『에리트라해 안내기Periplus of the Erythraean Sea』에는 홍해와 페르시아만, 인도양을 중심으로 진행된 동방 해상 무역의 항로와 항구, 운송, 화물 등에 관해 상세히 기술하고 있다.

로마의 동방 무역은 이집트에서 유리기와 마노 제품을 구입하고6절 인더스강 하구의 바르바리쿰Barbaricum항, 현 파키스탄의 카라치Karachi와 인도의 바리가자Barygaza항으로 운반하여 그곳에서 중국의 견직물絹織物·보석寶石·호초胡椒를 구입한다39, 49절. 바리가자항에서 포도주葡萄酒·의복衣服·유리괴琉璃塊·금은화金銀貨, 바르바리쿰Barbaricum항에서는 의복衣服·유리기琉璃器·은기銀器 등을 하역하였다.[14] 이 시기 인도 남부에 있는

[14] 由水常雄(編), 1992b, 『世界ガラス美術全集 第4卷 中國·朝鮮』, 求龍堂, p.134; 村川

케랄라주의 파타남Pattanam은 서부 해안의 항시港市유적으로 로마와의 최대 무역 거점인 무지리스로 비정되고 있다. 이곳에서는 선박에 적재하는 저장용기인 로마산 암포라와 함께 유리기, 인도산 유리주, 마노주, 홍옥수, 누금소환연접구체주鏤金小環連接球體珠가 출토되었다. 이 유적 출토 로마유리기는 아프가니스탄 베그람Begram유적 출토품과 같은 종릉문완縱稜文盌, 모자이크유리기, 채색유리기彩色琉璃器 등 최고급품이 이에 해당한다. 인도 남부 타밀나두주 폰디세리의 아리카메두Arikamedu유적에서는 로마산 암포라, 유리기, 도기제 램프, 인도산 유리주, 금제품 등이 출토되며, 인도 동부 해안에서 로마와의 최대 교역항이라 할 수 있다. 프놈Phnom, 扶南의 항시巷市인 베트남 옥에오Óc Eo유적에서는 인도, 로마를 비롯한 다양한 지역의 문물이 출토되었으며, 로마유리기 파편은 식민지시대는 물론 최근 발굴에서도 확인되었다. 중국 광시좡족자치구廣西藏族自治區 한대漢代에 해당하는 허푸合浦유적에서 로마유리기 완형이 다수 출토되는 것과 대조적이다. 이는 유적의 성격 차이에 기인한 것으로 앞으로 옥에오 유적에서의 조사가 기대된다.

BC 3세기 중국을 통일한 진秦의 시황제는 광저우廣州를 점령하고 군현을 설치한 후 남해南海 무역을 행하였다. 이 지역의 진秦의 관료였던 조타趙佗는 BC 203년 남월국南越國을 건국하였는데, 남월국의 영역은 광동성에서 해남도海南島, 베트남 북부에 미쳤다. 남월왕릉南越王陵 출토 은합銀盒은 문양으로 볼 때 파르티아산이며, 허푸合浦 랴오웨

堅太郎, 2011, 『エリュトゥラ-海案內記』, 中央公論新社.

이寮尾M13b호분 출토 녹유파수부호는 녹색 연유와 파수로 볼 때 이라크 남부 또는 이란 서남부에서 제작된 파르티아 양식으로 판명되었다.[15] BC 111년 한漢 무제武帝가 남월국을 멸망시킨 뒤 9군을 설치하였는데, 허푸는 그 하나로서 남해 무역의 거점항이다. 허푸의 한묘漢墓에서는 주조 후 마연하여 제작한 전기 로마유리기가 20점 이상 출토되었다. 또 로마유리기와 함께 유리주, 인도산 홍옥수와 마노주, 누금소환연접구체주가 부장되었다. 같은 시기 쟝쑤성江蘇省 한강邗江 광릉왕廣陵王 유형묘劉荊墓에서는 로마유리기인 종릉문완이 확인되었다. 이 종릉문완과 허난성河南省 뤄양시洛陽市 동교東郊 후한묘後漢墓 출토 로마유리기인 호문병縞文瓶도 허푸를 경유하여 유통된 것으로 보인다〈그림 5〉.

〈그림 5〉 BC1-3세기 로마유리기의 분포

[15] 黃珊·熊昭明·趙春燕, 2013, 「廣西合浦縣寮尾東漢墓出土青綠釉陶壺研究」, 『考古』, 2013: 8, p.90.

BC 109년 한 무제는 고조선을 멸망시키고 그 땅에 낙락군樂浪郡을 비롯한 진번眞番 · 임둔臨屯 · 현토군玄菟郡을 설치하였다. 한漢이 조선을 공략한 것은 해상 무역을 독점하던 남월南越을 정복한 것과 같은 이유로 고조선古朝鮮이 독점하던 삼한三韓, 예穢, 왜倭와의 무역을 직접 차지하려는 의도로 볼 수 있다.

낙랑고분인 평양 정백동 3호분과 37호분에서 사자형 수식이 출토되었는데, 이에 대해 해로로 한반도가 동남아시아 세계와 연결되었을 것으로 보는 견해가 있다.[16] 이를 반영하듯이 평양平壤의 정백동貞柏洞138호분에서는 인도의 파타남Pattanam유적, 베트남 옥에오Óc Eo유적, 중국 허푸合浦의 고분군 부장품과 같은 조합의 홍옥수제 다면옥, 호마노제 관옥, 누금소환연접구체주鏤金小環連接球體珠가 출토되어 인도, 베트남, 중국, 한반도를 연결하는 해상 실크로드 교역망이 형성된 것을 알 수 있다. 게다가 인도 · 동남아시아산 홍옥수주는 연천 삼곶리고분군, 광주 곤지암고분군, 완주 상운리고분군, 동해 송정리유적, 김해 양동리고분군에서 출토되어 낙랑을 통하여 한반도 중부와 남부가 해상 실크로드로 연결되었다는 사실을 잘 보여준다.[17] 나아가 2세기 후엽의 일본열도 각 지역 수장묘인 후쿠오카현福岡縣 헤이겐平原분구묘와 오카야마현岡山縣 타테츠키楯築분구묘에서 홍옥수주가 확인되어 한반도 남부를 통하여 일본열도가 연결되었음을 알 수 있다. 같은 시기 교토부京都府 오부로미나미大風呂南분

16 李松蘭, 2005, 「樂浪 貞柏洞3호분과 37호분의 南方系獅子形 垂飾과 商人의 활동」, 『美術史學研究』, 245, 韓國美術史學會.

17 허진아, 2018, 「마한 원거리 위세품 교역과 사회정치적 의미 -석제 카넬리안 구슬을 중심으로-」, 『호서고고학』, 41, 호서고고학회.

구묘 출토 동남아시아산 유리제 천釧, 팔찌도 완주 갈동 출토품 등으로 볼 때 한반도를 경유한 것으로 추정된다.

2세기 카니슈카왕Kanishka 통치기 아프가니스탄의 베그람Begram은 카불 북쪽 쿠샨 왕조의 여름 수도로서 번영하였다. 알렉산드리아에서 선적된 유리 제품과 이집트, 로마의 물품이 에리트라해를 통해 인도의 바르바리쿰Barbaricum과 바리가자Barygaza에 하역되고, 카불을 경유하여 베그람에 운반되었다. 이 유적에서는 그리스, 로마의 동상과 석고조각, 이집트의 석제용기, 인도의 상아세공, 알렉산드리아산 유리기 등이 출토되었다. 여기에서 발굴된 유리기 및 그 단편은 278점에 달하며, 그 형태와 제작기법이 매우 정교하고 뛰어나다. 베그람 출토 채색유리기에는 그리스 신화의 아킬레스와 헥토르의 전투, 디오니소스 · 헤르메스 · 셀레네, 로마인 병사의 전투도 등 그리스 · 로마 신화를 주제로 한 그림이 그려져 있다. 로마유리기 가운데 최고급의 기술을 구사하여 만든 디아트레타배diatreta杯에는 세계 7대 불가사의라고 불리는 알렉산드리아 파로스Paros섬에 있었던 등대를 고부조高浮彫로 새겼다. 그래서 알렉산드리아의 유리공인이 파로스의 등대를 조각한 것으로 볼 수 있다.[18] 신장新疆의 니야尼雅유적은 타림분지의 남쪽 허톈和田지구에 있는 BC 1세기~4세기의 취락유적으로 쿠샨왕조의 카로슈티문자로 된 문서가 약 700여 점 이상 출토되었다. 또한 니야유적N8유구 출토 압형주자鴨形注子인 리톤rhyton은 베그람Begram 출토품과 관련성이 보이는 점에서, 아프가

[18] 由水常雄(編), 1992a, 『世界ガラス美術全集 第1巻 古代 · 中世』, 求龍堂, pp.174~176.

니스탄을 거쳐서 파미르를 넘어 이입되었을 가능성이 크다.

흑해黑海에 면한 우크라이나 크림반도의 우스트 알마Ust-Alma고분군은 사르마타이Sarmatai의 귀족묘군으로 이곳에서는 로마유리기와 함께 한漢의 칠상漆箱이 출토되었다. 이곳에서 출토된 칠기漆器는 흉노와 사르마타이의 교역으로 몽골, 카자흐스탄 초원을 거쳐 이입된 것으로 추정된다. 이를 통해 초원로를 경유한 한漢의 물품과 지중해를 경유한 로마의 물품이 흑해 연안에서 교역된 것을 알 수 있다. 몽골의 골모드Gol-modⅡ고분군은 흉노匈奴의 왕묘역으로 로마유리기가 1호분에서 2점, 1호분30호묘 배장묘에서 1점 출토되었다. 3점은 모두 연리문練理文으로 장식되었으며 그 가운데 2점은 종릉문완縱稜文盌이다. 같은 형식의 완盌, 주발은 러시아 크라스노다르Krasnodar지방의 고르기피아Gorgippia유적 등에서도 출토되었다. 이 시기 유라시아 동부 유리의 길이 이미 성립된 것을 보여준다.

V. 4~6세기 실크로드 문명교류

4세기 유라시아의 민족 대이동을 초래한 훈Hun족이 돌연 흑해연안에 출현한다. 『후한서後漢書』「서역전西域傳」에는 123년경 북흉노北匈奴의 호연왕呼衍王이 항상 포류해蒲類海 즉 신장新疆 파리곤호巴里坤湖와 진해秦海 즉 흑해黑海 사이를 전전하며 서역의 여러 나라를 제압하고 약탈했다는 기록이 보인다. 훈Hun족은 북흉노에 기원하였으며 375년경부터 알란족과 고트족을 밀어내기 시작했고 5세기에는 아틸라Attila의 지휘하에 동로마는 물론 서로마 제국까지 크게 위협했다.[19] 즉, 북흉노가 중부 유라시아를 거쳐 점차 서진하여 서부 유라시아에서는 훈Hun족으로 불리운 것이다.

그런데 4~5세기 유라시아의 동단에 위치한 신라에 로마유리기가 이입되는 것은 훈족이 흑해 연안의 동서지역을 장악한 시기에 해당한다. 더욱이 4세기 신라에서는 초원로에 기원하는 적석목곽분積石木槨墳이 출현하고, 5세기에는 화려한 금관을 비롯한 황금 장신구가 다수 부장되었다. 필자는 신라의 적석목관분에 대하여 313년 낙랑樂浪 멸망 이후 고구려高句麗를 통하여 유라시아 기마민족騎馬民族 문화文化와 접하게 된 신라新羅의 선택적選擇的인 수용受容의 결과로 본다. 황금 제품과 로마유리기도 이와 함께 수용한 것으로 생각한다. 같은 시기 남조南朝와 교섭한 백제百濟와는 다른 선택의 결과이다. 신라의 능묘역인 대릉원고분군大陵苑古墳群에서는 금관金冠이 6점 출토되었다. 신라의 금관은 수지형樹枝形과 녹각형鹿角形 입식으로 장식한 것이 특징이며, 특히 서봉총에서는 관 중앙의 나뭇가지 위에 3마리의 새가 앉아 있는 모습을 형상화하였다. 이는 성수聖樹, 성수聖獸, 성조聖鳥 신앙이 결합된 것으로 북방 기마민족의 신앙과 관련하여 주목된다.

카자흐스탄의 톈산天山 북록北麓에 위치한 이식Issyk고분에서는 4

[19] 金浩東, 2016, 『아틀라스 중앙유라시아사』, 사계절, 159쪽.

천여 점의 금제 유물과 인골이 출토되었다. 피장자는 금으로 수놓은 예복과 금제 조각 및 장식판으로 꾸민 고깔모자를 착용한 채로 발견되었다. 고깔모자는 이란의 페르세폴리스Persepolis 궁전 벽화와 비슈툰Bisotun 비문에서 보이는 것으로, 그 축조 세력은 천산 산록을 중심으로 거주한 사카Saka족이다. 그런데 이 모자 측면에 붙인 금제 장식이 산山, 수樹, 조鳥로서 새가 산의 나무 위에 앉아 있는 형상을 하고 있어 주목된다. 왜냐하면 신라 서봉총 금관의 새가 앉아 있는 장식과 유사하기 때문이다. 러시아 돈강 하구 노보체르카스크Novocherkassk의 호흐라치Khokhlach고분 출토 금제관에는 대관帶冠 위의 성수聖樹를 중심으로 록鹿이 마주 보는 의장意匠의 입식이 있다. 이 금관은 대관의 정면 중앙에 수정으로 조각한 그리스 여성상을 배치하고 그 조각상의 머리 위와 좌우에는 횡타원형의 석류석을 감입하였으며, 그 주위를 금제 맹금猛禽상과 횡타원형의 각종 색유리판으로 장식하였다. 이 관은 파손되었으나 원래는 여성의 머리 위 가지에 보요가 달린 높은 성수를 세우고 이를 중심으로 같은 높이의 6개 성수를 배치하였으며, 그 사이 관의 정면에는 마주 보는 사슴 4마리를 장식한 것으로 복원된다. 좌우에는 염소 2마리, 새 4마리로 장식하였다. 이 관은 1~2세기 사르마타이Sarmatai의 것으로 보고 있다. 네이멍구內蒙古 바오터우시包頭市 송마오치送茂旗 시허즈西河子 출토 모용선비慕容鮮卑의 금제 보요관步搖冠은 록鹿과 그 각角을 형상화한 것으로, 녹각鹿角과 보요步搖는 신라 금관에 영향을 준 것으로 보인다.

이상으로 볼 때 신라 금관의 성수, 성수, 성조는 초원 기마민족의 왕권신수王權神授 신앙과 관련된 것을 알 수 있다. 더욱이 신라의 금제 冠을 비롯하여 경식頸飾, 대식帶飾, 완식腕飾, 식리飾履 등 신체를 황금으로 장식하여 매장하는 장제葬制는 중원中原이 아닌 카자흐스탄 사카Saka의 이식Issyk 쿠르간 등에 보이며, 신체를 황금으로 장식하는 것은 초원 기마민족의 전통적인 습속이다. 경주 황남대총남분皇南大塚南墳, 서봉총瑞鳳塚에서 출토된 망목문배網目文杯는 이 형식의 유리기가 독일 쾰른Koln, 카자흐스탄 카라 아가치Kara-agachi고분, 키르기스스탄 잘-아릭Djal-Aryk고분, 중국 허베이성河北省 징현景縣의 조씨묘祖氏墓에서 보인다. 흑해黑海연안 크림반도의 케르치Kerch지역에서 반점문완斑點文盌, 봉수병鳳首甁 등이 집중적으로 출토된다. 필자는 1세기를 전후한 시기부터 흑해 연안에 로마유리기가 집중적으로 이입되고 사르마타이Sarmatai와 흉노의 교섭으로 로마유리기가 몽골에 이입된 것에 비추어 볼 때, 4~5세기 신라 고분의 로마유리기도 역시 흑해 연안을 경유한 것으로 본다.

후술하는 카자흐스탄의 카라 아가치Kara-Agachi고분에서도 로마유리기와 함께 경주시 계림로鷄林路14호묘 출토 황금보검과 동일한 석류석 감입嵌入 및 누금鏤金 기법으로 제작한 은제 수륜首輪장식이 공반된 점이 매우 주목된다. 계림로鷄林路14호묘 출토 황금보검은 황금, 은세공의 구획내에 다양한 색채의 보석, 준보석, 색유리를 감입한 다채장식양식多彩裝飾樣式의 공예품이다.[20] 이 보검의 제작 기법은 흑해 연안의 그리스계 공인이 제작한 BC 4세기 이래 스키타이 금제품에 관찰되는 것으로서, 계림로14호묘 황금보검은 4-5세기

[20] 윤상덕, 2010, 「鷄林路 寶劍의 製作地와 製作集團」, 『慶州 鷄林路14號墓』, 국립경주박물관.

흑해연안에 진출한 훈Hun족이 양자兩者를 결합하여 제작한 것이다. 이러한 금제품은 서쪽으로는 헝가리, 루마니아를 비롯한 흑해黑海연안에 집중적으로 분포하며 동쪽으로는 톈산天山산맥 일대를 거쳐 신라에 이입된 것이다〈그림 6〉.

〈그림 6〉 5세기 전후의 초원로상 훈(Hun)족 금공품과 로마유리기의 분포

그리고 계림로14호묘는 매장주체부가 길이 3.5m 작은 적석목곽분임에도 왕과 왕족급 부장품인 황금보검이 부장되었다. 이와 비슷한 사례로 일본의 나라현奈良縣 니이자와센즈카新澤千塚126호분을 들 수 있는데 한변 22m 소형의 방형분임에도 불구하고 로마유리기 2점과 신라산 금제 장신구가 부장된 점에서 그 묘주를 신라 이주민으로 보고 있다. 묘주가 신라인임에도 묘제도 일본열도의 방분이며 할죽형목관을 사용하고 있는 것은 이주민이 정착한 지역의 것을

채용하기 때문이다. 이런 관점에서 계림로14호분을 바라본다면 그 묘주가 이주민일 가능성이 크며, 구체적으로는 훈Hun족의 후예 또는 중국 키질석굴의 공양자상에 보이는 소그드인으로 추정된다. 양자 가운데 월성에서 5세기 소그드인을 묘사한 토우가 출토된 점에서 후자일 가능성이 크다고 생각한다. 이는 유라시아 동단인 신라에도 소그드인의 거주했으며 신라에 이입된 문물이 소그드인을 매개로 하였다는 사실을 알 수 있게 한다.

그런데 근래 신라고분 출토품 가운데 지중해 일대에서 제작된 것으로 보아온 황남대총남분皇南大塚南墳 출토 봉수병이 중앙아시아산이라는 견해가 제시되었다. 이는 대릉원고분군 출토 21점에 대한 화학 조성 분석에 의한 것으로 모두 실리카, 소다, 석회를 주성분으로 하는 소다 석회 유리soda-lime glass로 확인되었다. 또한 유리 제작에 필요한 융제融劑의 조성 분석으로 내트론을 사용한 내트론계natron glass 6점, 소다회를 사용한 식물재 유리계plant ash glass 15점이며, 전자는 지중해산, 후자는 중앙아시아산이라는 결과에 따른 것이다.[21] 내트론계는 천마총天馬塚 구갑문배龜甲文杯, 황남대총북분皇南大塚北墳 절자구갑문배切子龜甲文杯이며, 식물재유리계는 황남대총남분 출토 봉수병鳳首甁, 망목문배網目文杯, 남색배藍色杯, 월성로月城路가13호묘 파상문배波狀文杯, 금관총金冠塚 파상문배波狀文杯 등으로 보고 있다.

---

21 阿部善也·村串まどか, 2020, 「新羅墳墓出土の古代ガラス製品はどこで作られたのか-目に見えない線で起源を探る-」, 국립경주박물관(編), 『오색영롱 한국 고대 유리와 신라』, 국립경주박물관, 306~312쪽.

그러나 필자는 신라고분 출토 로마유리기는 대부분 지중해연안에서 제작된 것으로 본다. 그 근거는 카자흐스탄의 카라아가치Kara Agachi고분 출토 망복문배이다. 이 고분 출토품은 대각臺脚이 부착된 점을 제외하고는 차이가 보이지 않으며, 황남대남분 출토 망목문배와 흡사하며 대각은 천마총, 금관총 출토품과 형태가 같다. 그래서 카라아가치Kara Agachi고분의 망목문배는 황남대총남분 출토품과 같은 공방에서 제작된 것으로 판단된다. 그런데 성분분석 결과 중앙아시아산으로 파악된 황남대총남분 출토 봉수병은 구순口脣에 감색紺色의 유리대琉璃帶를 덧붙인 점이 주목된다. 왜냐하면 이 감색의 유리대는 공반된 망목문배에도 보이기 때문이다. 그래서 3자三者는 앞에서 언급한 바와 같이 카라아가치Kara Agachi출토품과 동일하게 지중해 연안에서 제작된 것으로 볼 수 있다. 더욱이 5세기 皇황남대총남분 출토품과 같은 형식의 봉수병이 중앙아시아에서 출토된 사례가 없다. 이 형식의 봉수병은 로마와 그 속주 그리고 흑해 케르치Kerch지역에서 다수 출토되었다. 경주 월성로가13호묘 출토 파상문배 2점도 구순에 감색의 유리대로 덧붙인 점으로 볼 때 역시 같은 지역에서 제작된 것이다. 그리고 이는 앞에서 언급한 바와 같이 흑해 케르치Kerch지역에서 반점문완斑點文盌, 봉수병이 다수 출토되는 것으로도 방증된다.

이러한 점을 종합해보면 중앙아시아에서 제작된 유리기가 서북西北쪽으로 북상하여 흑해에 인접한 카자흐스탄 북부 초원지대로 이입된 것으로 보기 어렵다. 오히려 지중해에서 제작된 유리기가 흑해와 인접한 카자흐스탄 북부의 초원지대를 걸쳐 이입된 것으로 보는 것이 합리적이다. 이는 카라 아가치Kara-Agachi고분의 북방에 위치하는 보로보에Borovoe호수 주변에서 계림로14호묘 황금보검黃金寶劍과 석류석石榴石 감입嵌入 및 누금기법縷金技法이 동일한 보검寶劍이 출토된 점은, 흑해연안에서 제작된 훈Hun의 보검과 같이 로마유리기가 이를 경유하여 이입된 것을 방증한다.

그리고 히팔루스Hippalus의 『에리트라해 안내기 *Periplus of the Erythraean Sea*』에는 로마의 수출품 가운데 유리기의 원료가 되는 유리괴琉璃塊가 포함되어 있다. 즉 유리기의 소재가 이동한 것에서 성분분석 결과의 해석에 주의를 요한다.

이 시기 중원의 황제묘皇帝墓와 귀족묘貴族墓에서도 복수複數의 유리기를 부장副葬한 사례가 없는데, 랴오닝성遼寧省 풍소불묘馮素弗墓에서 5점이 부장된 것은 신라고분新羅古墳의 부장양상副葬樣相과 매우 유사하다. 그래서 신라고분의 유리기 부장은 적석목곽분積石木槨墳, 금제장신구金製裝身具와 같이 기마민족의 습속習俗을 따른 것으로 볼 수 있으며, 동아시아의 다른 지역에서는 유례를 찾기 어렵다. 그래서 신라의 로마유리기는 연燕-고구려高句麗를 통해 이입된 것으로 본다. 이는 김해 대성동大成洞91호묘에서 로마유리기가 전연前燕의 마구馬具와 청동용기青銅容器가 공반共伴된 것에서도 알 수 있다. 특히 4세기 후엽에 축조된 월성로가13호묘에서 2점의 로마유리기가 부장副葬된 것은 4세기에 이미 유리기가 신라에 이입되었음을 시사한다. 더욱이 최근 4세기 후엽에 축조된 경주 쪽샘지구 L17호목곽묘에서 금동제 진식晉式 대장식구帶裝飾具가 출토되었다. 그래서 이제까지 금관가야의 독자적인 교섭의 결과물로 본 대성동88호묘 출토 진식대 장식구도 신라를 경유하였을 가능성이 크다. 문헌사료로 볼 때 금관가야金官加耶와 중국中國의 교섭기사交涉記事는 전혀 보이지 않으나, 신라는 377년과 382년 고구려와 함께 전진前秦에 사절을 파견한 바 있다. 신라는 313년 낙랑樂浪 멸망 이후 고구려와 직접 접하게 되었으며, 이전 시기의 낙랑을 대신하여 고구려를 통하여 중국과 북방 문물을 받아들었다.

동아시아로의 로마유리기의 이입 경로와 관련하여 북연北燕의 왕족王族인 랴오닝성 풍소불묘가 주목된다. 북연의 건국자建國者인 풍발馮跋은 유연柔然과 통혼通婚하고 거란契丹, 고막해庫莫奚를 복속시키고 교역交易하였다.[22] 유연은 몽골을 중심으로 서西로는 언기焉耆, 동東으로는 고구려, 북北으로는 바이칼, 남南으로는 인산산맥북록陰山山脈北麓에 걸친 기마민족국가이다. 연燕과 고구려는 화전和戰 양면적인 관계였는데, 336년 안악3호분의 묘주墓主인 전연前燕의 동수佟壽가 고구려에 망명한 것에서 알 수 있듯이 인적 물적인 교류가 활발하였다. 또한 『위서魏書』「거란전契丹傳」에 479년 고구려와 유연이 연합聯合한 기사가 보인다. 그래서 신라 로마유리기의 이입 경로는 몽골 골모드Gol-modII 흉노묘匈奴墓로 볼 때 이미 1세기에 초원로가 이미 활성화되어 있었으며, 또 신라 고분과 풍소불묘와 부장 양상이 유사하며, 풍소불묘 출토품이 유연을 경유한 점으로 볼 때 톈산북로天山北路보다는 몽골을 경유하는 초원로가 더 타당해 보인다. 즉, 신라의 로마유리기는 훈Hun-유연-연-고구려를 통하여 이입移入된 것이다

[22] 堀敏一, 2008, 『東アジア世界の歴史』, 講談社, p.194.

〈그림 7〉 4-5세기 로마유리기의 분포

〈그림 7〉.

다음으로 일본열도日本列島 출토 로마유리기의 이입경로移入經路와 역사적 배경에 대해 살펴보겠다. 5세기 중엽에 조영된 나라현奈良縣 니이자와新澤126호분에서는 절자문완切子文盌과 감색명紺色皿이 금제 장신구와 함께 출토되었다. 금제金製의 관식冠飾, 수식부이식垂飾附耳飾, 지륜指輪은 같은 형식이 경주慶州의 황남대총남분에서도 출토되었다. 당시 일본열도의 소형묘에서 이러한 화려한 문물이 부장된 사례를 찾아볼 수 없고, 유리기를 2점 부장한 점에서 126호분의 묘주는 신라계 왕족급王族級 이주민移住民으로 파악된다. 같은 시기 일본열도의 최대 규모 왕릉인 오사카부大阪府 다이센大仙고분 덴닌토쿠릉傳仁德陵 전방부에서는 금장갑주金裝甲冑와 함께 백색명白色皿, 감색호紺色壺가 출토되었는데, 이 고분 출토 유리기도 신라를 경유한 것으로 추정된다. 더욱이 주목되는 점은 유리기가 발견된 전방부는 후원부의 주피장자와 관련된 배총인 점에서, 후원부에는 다수의 유리기가 부장되었을 가능성이 크다. 유사한 사례로 대릉원고분군에서 왕릉인 황남대총남분에서는 8점이 부장되고 배총인 천마총에서는 2점이 부장된 점을 들 수 있다.

5세기 전반 왜倭가 가장 필요했던 금제품金製品, 철소재鐵素材와 로마유리기를 포함한 서역 문물을 보유한 가장 가까운 나라는 신라였다. 『일본서기日本書紀』「인교우기允恭紀」에는 가야, 백제와의 교섭기사가 전혀 보이지 않고 신라와의 교섭기사交涉記事만이 보이고 있다는 점에서 5세기 전반에는 신라와 왜가 매우 밀접한 관계였음을 알 수 있다. 오사카부 다이센고분의 묘주는 그 축조 연대가 5세기 중엽이며 신라를 경유한 로마유리기가 부장된 점, 문헌사료로 볼 때 종래 알려진 바와 같이 닌토쿠仁德으로 볼 수 없고 인교우允恭로 비정된다. 일본의 왕릉인 다이센大仙고분에서 신라를 경유한 유리기가 출토된 것은 신라와 왜 왕권 간의 직접적인 정치적 교섭을 상징하는 것이다.

그런데 경주 황남대총북분에서는 돌연 사산조 페르시아유리기가 부장되어 특기된다. 이 고분 출토 절자문완은 구연부를 마연하여 편평하게 하고 기면과 바닥 전체에 걸쳐 원문을 절삭切削하여 시문한 점에서 사산조 페르시아산으로 판단된다. 이 사산조 페르시아 유리기는 유연을 경유한 로마유리기와 달리 북위北魏를 통하여 이입된 것으로 판단된다. 고구려高句麗 장수왕長壽王은 북위北魏와 매우 밀접한 관계였다. 더욱이 그 수도首都인 대동大同에서 사산조 페르시아유리기가 다수 출토되는 점으로 볼 때, 고구려를 경유하여 페르시아유리기가 신라에 이입되어 황남대총북분에 부장된 것으로 본다. 이는 신라에 이입된 유리기의 산지産地와 경로經路에 변화가 있었던 것을 보여준다. 황남대총북분 출토 절자문완切子文盌은 5세기 중엽의 유라시아 정세를 반영하고 있는 것으로 생각된다. 필자는 이 시기를 전후하여 신라에 로마유리기 대신 페르시아유리기가 이입되는 것으로 본다. 그럼에도 불구하고 5세기 말~6세기 초에도 대릉원고분군에는 로마유리기가 지속적으로 부장되고 있다. 결론부터 말하자면 필자는 이 시기에 부장되는 로마유리기는 전세되어 부장된 것으로 판단한다. 그 이유는 다음과 같다.

5세기 중엽에 축조된 다라국의 왕릉인 합천 옥전M1호분 출토 반점문 유리완은 5세기 말로 편년되는 경주 금령총 출토 2점과 동일한 형식이다. 반점문유리기는 유라시아에서 수백여 점이 확인되나 각각 기형, 문양의 형태가 다른데, 이는 공중불기기법으로 제작되었기 때문에 동일한 형태가 제작되기 어렵다. 그럼에도 양자는 형태가 동일한 점에서 같은 공방에서 제작되어 동일한 시기에 신라에 이입된 것으로 보인다. 합천군 옥전M1호분의 묘주가 이를 신라로부터 입수한 5세기 전엽에는 반점문완이 이미 신라에 이입되어 이후 5세기 말까지 전세된 것을 알 수 있다. 따라서 신라에 로마유리기가 집중 이입된 것은 5세기 전반이며, 이후 사산조 페르시아 유리기가 이입되었으며, 5세기 후반과 6세기 전엽에 부장된 로마유리기는 5세기 전엽에 이입되어 전세된 것으로 판단한다. 이처럼 5세기 후반 돌연 로마유리기의 수입이 단절되고 사산조 페르시아 유리기가 이를 대신하여 이입되는데, 이는 훈Hun 제국의 붕괴와 관련이 있다고 본다. 453년 훈 제국의 왕 아틸라Attila의 갑작스런 사망으로 제국은 급속히 붕괴하면서 로마와 연계連繫된 교역망도 쇠퇴한다.

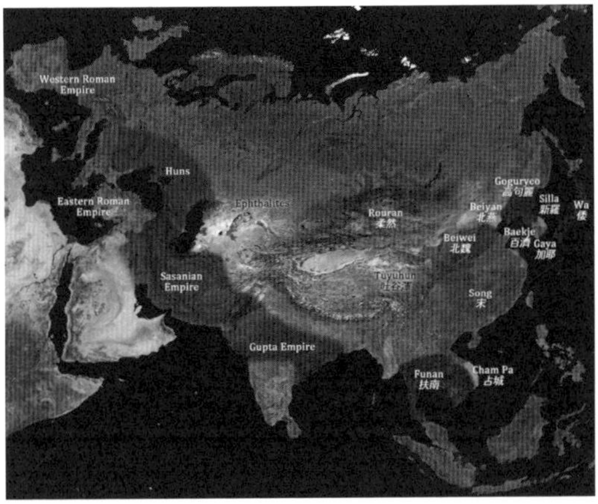

〈그림 8〉 5세기 전후 유라시아의 훈(Hun)족과 주변 제국

이는 훈Hun을 대신하여 사산조 페르시아가 유라시아 실크로드에서 대두擡頭했기 때문이다〈그림 8〉.

이처럼 훈Hun 제국의 붕괴와 사산조 페르시아의 대두로 인하여 5세기 후반 유라시아 동부에는 사막로와 해로를 통하여 사산조 페르시아의 문화가 중국에 이입된다. 신라는 이때 북위와의 교섭을 통해서 사산조 페르시아 문화를 받아들였다. 즉 4세기~5세기 전반 신라는 고구려를 경유해 유라시아 초원로를 통하여 기마민족 문화를 수용하였으며, 5세기 후반에는 북위를 경유하여 사산조 페르시아 문화를 받아들였다. 이는 유라시아의 문명교류가 단선적이지 않고 다원적임을 보여 준다.

226년 건국한 사산조 페르시아는 중국 남조南朝 양梁 무제武帝 중대통中大通2년530과 대통원년大通元年535 사절을 양의 수도 건강에 파견하여 불아佛牙 등을 전하였으며, 양에 입조入朝한 외국의 사절을 묘사한 양직공도梁職貢圖에도 사산조 페르시아 사신인 파사국사波斯國使가 그려져 있다. 당시 페르시아의 왕성한 활동을 보여 주는 것은 페르시아 은화銀貨이다. 페르시아 은화는 사막로를 따라 중앙아시아 전역과 신장新疆 우차현烏恰縣 교장窖藏, 투루판吐魯番 고창고성高昌古城, 산시성陝西省 허자촌何家村 교장窖藏, 냥샤寧夏 회족자치구回族自治區 수隋 사물묘史勿墓, 허베이성河北省 딩현定縣 탑기사리함塔基舍利函 등에서 출토되고 있다.

해로에서는 스리랑카의 아누라다푸라Anuradhapur를 비롯하여, 태국의 나콘 시 탐마랏Nakhon Si Thammrat에서 5세기 후반 페로즈1세Peroz Ⅰ, 459~484의 페르시아 은화銀貨가 확인되었으며,[23] 광둥성廣東省에서는 쑤이시현遂溪縣 남조교장南朝窖藏에서 20점, 잉더현英德縣 함광남조묘浛洸南朝墓에서 4점, 취장현曲江縣 남화사남조묘南華寺南朝墓에서 6점 이상이 출토되었다. 쑤이시현 남조교장遂溪縣 南朝窖藏의 은완銀盌과 20점의 페르시아 은화銀貨를 통해 볼 때 이미 한말漢末 교지군交趾郡에 정착한 소그드인이 영남嶺南지역에서 페르시아와 남조의 교역에 종사한 것을 알 수 있다.

사산조 페르시아에서는 용융된 유리를 냉각시킨 후 돌과 같은 상태에서 가공하여 유리기를 제작하였는데, 특히 표면에 균일한 원문양을 커트하거나 돌출시킨 장식유리기를 활발히 생산하였다. 사산조 페르시아의 유리는 해로와 사막로를 통한 원격지 교역으로 유라시아 각지에 전해졌다〈그림 9〉.

---

[23] 辛島昇, 2000,『海のシルクロード』, 集英社, p.24.

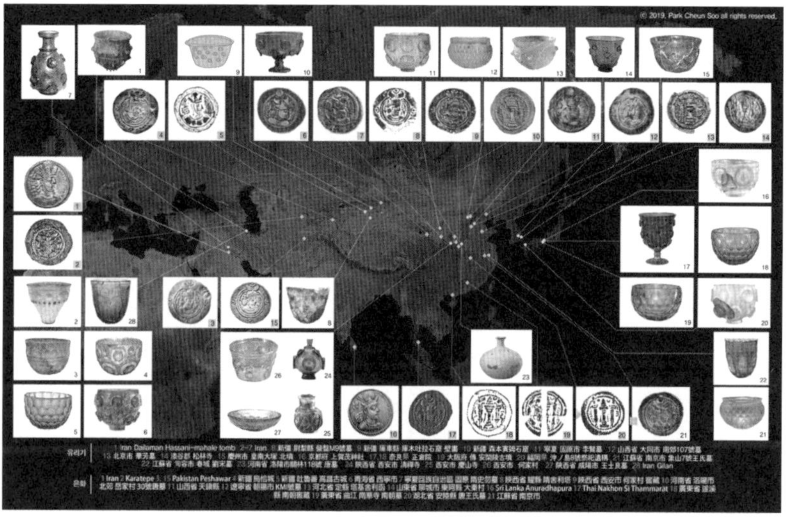

〈그림 9〉 4-6세기 유라시아의 페르시아 유저기와 은화 분포

5세기 전반까지 북위의 수도였던 산시성山西省 다통大同 남교북위南郊北魏M107호묘에서는 유리기와 도금인물문은기 등이 출토되었다. 유리기는 절자切子기법, 기형으로 볼 때 전형적인 사산조 페르시아산이다. 따라서 이 시기 사막로를 통한 사산조 페르시아 문물의 수입 주체가 북위北魏임을 알 수 있다.

이후에도 신장新疆 영반묘지營盤墓地M9호묘, 닝샤회족자치구寧夏回族自治區 구위안현固原縣 이현묘李賢墓 출토품 등으로 볼 때 사산조 페르시아유리기가 사막로를 경유하여 북조에 이입된 것을 알 수 있다. 북주北周 천화4년天和4年569 몰沒한 원주자사原州刺史 이현묘李賢墓에서는 은도금호병銀鍍金胡瓶, 청금석상감지륜青金石象嵌指輪, 유리기 등의 페르시아 문물이 출토되었는데, 이 중 은도금호병銀鍍金胡瓶은 트로이 전쟁의 발단이 된 그리스 신화의 세 장면을 묘사한 것으로 에프

탈Ephtalite제로 보고 있다.[24] 유리기는 돌출 원문을 절삭切削하여 시문한 것으로, 커트 기법과 기형으로 볼 때 전형적인 사산조 페르시아 유리기이다. 한편 장쑤성江蘇省 난징시南京市 상산象山7호묘, 주룽시句容市 춘성春城 송묘宋墓 출토 사산조 페르시아산 절자문완은 해로상의 사산조 은화를 비롯한 문물의 사례로 볼 때, 해로海路를 통하여 남조南朝로 이입된 것으로 본다.

앞에서 언급한 바와 같이 6세기 전반 신라고분에서는 로마유리기가 전세되어 부장되며 이 시기에 중국에 활발히 유입되는 사산조 페르시아 유리기가 확인되지 않는다. 필자는 이에 대해 이 시기 왕묘를 포함한 왕족묘가 발굴되지 않는 것에 기인한 것으로 본다. 이러한 가운데 경주시 식리총 2점, 금관총 1점, 인왕동C1호분 1점, 쪽샘41호분 1점 등 신라고분에 모자이크로 장식한 원문유리주圓文琉璃珠가 부장된 것이 확인된다. 이 유리주琉璃珠는 단면이 동심원 모자이크 문양인 색조가 다른 유리봉을 잘라 바탕에 붙인 것으로, 이란 북부 카스피해 연안 출토품에 보이는 사산조 페르시아의 계통이다.[25] 이 유형의 유리주는 신장新疆 니야尼雅유적 1호묘지 3호묘의 칠제 화장합의 빗접 장식으로 사용되고 있다. 따라서 6세기 신라 고분에서 출토되는 모자이크 원문유리주는 사막로를 통하여 신라에 이입된 것을 알 수 있다. 또, 이 유리주는 신라를 경유하여 일본열도에 이입되어 가가와현香川縣 모리츠치야마盛土山고분 등에 부장된

24 李松蘭, 2016, 「南北朝時代 北朝 고분 출토 西方系 琉璃器」, 『한국고대사탐구』, 22, 한국고대사탐구학회, 318~319쪽.

25 道明三保子, 1985, 「モザイク玉」, 『ペルシアの琉璃玉』, 淡交社, p.183~184.

다〈그림 10〉.

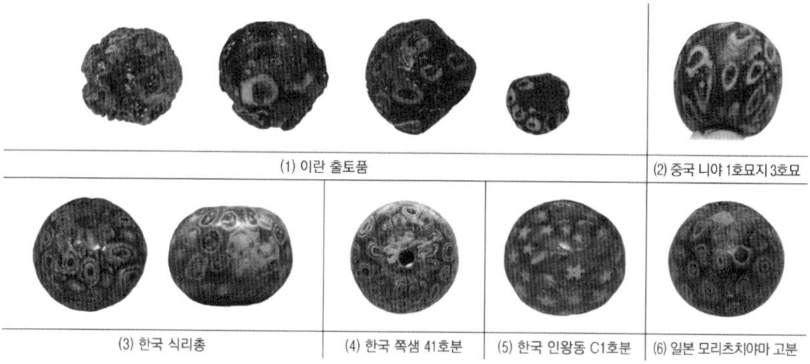

〈그림 10〉 4-6세기 유라시아의 사산조 페르시아 원문유리주

6세기 후반 후쿠오카현福岡縣 오키노시마沖の島7 · 8호 제사유구祭祀遺構에서는 금동제金銅製의 신라산마구新羅産馬具, 옥충상감투조玉蟲象嵌透彫 대장식구帶裝飾具, 금제 지륜이 출토되었다. 특히 8호유구에서는 사산조 페르시아유리기가 확인되었다. 종래 일본 연구자들은 이 유리기가 중국과의 직접 교섭에 이입된 것으로 보고 있다. 그러나 이 유리기가 북주 이현묘北周 李賢墓 출토품과 유사하며 이 시기 왜倭는 중국에 가지 못했으나, 신라는 북조에 사절을 파견한 점에서 신라를 경유하여 이입된 것으로 판단한다. 같은 시기 나라현奈良縣 부지노키藤ノ木고분의 금동제 안鞍은 그 구조적 특징과 공반 마구로 볼 때 신라산이다. 이 안鞍의 문양은 구갑문龜甲文 내에 상象, 봉황鳳凰, 용龍 등의 문양을 배치하고 있으며, 행엽杏葉에는 연주문連珠文 내에 쌍조雙鳥를 배치하고 있다. 이러한 문양은 식리총 출토 식리飾履의 문양과 유사하며, 그 기원은 페르시아로 볼 수 있다. 또 상술한대로 5세기 후엽의

황남대총북분에서 이미 사산조 페르시아 절자문완이 출토된 바 있다. 이러한 점을 종합해보면, 신라에서 6세기 전반대의 사산조 페르시아 유리기는 아직 확인되지 않았지만, 앞으로 이 시기의 페르시아 유리기가 경주에서 출토될 것으로 기대된다.

이처럼 6세기 후반 일본열도에 신라산, 또는 신라를 경유한 문물이 증가하는 역사적 배경으로는 553년 신라가 한강漢江 하류역下流域을 확보確保함으로써 신라가 대중국 교섭에서 유리한 입지를 차지하고 옛 가야지역에 해당하는 남해안 동반부를 확보함으로써 백제와 왜의 교통이 어려워진 사실을 들 수 있다. 교토부京都府 가모와케이카즈치신사上賀茂神社 출토 사산조 페르시아유리기는 7세기 전반 진씨秦氏와 신라의 교섭을 통하여 도입되었으며, 이후 가모씨賀茂氏에게 전해진 것으로 추정된다.[26] 진씨秦氏의 씨사氏寺인 교토부京都府 코류사廣隆寺의 반가사유상半跏思惟像과 봉화군奉化郡 북지리불北枝里佛, 국보83호불國寶83號佛은 복식 등으로 볼 때 모두 산둥성山東省 칭저우시青州市 롱싱사지龍興寺址 출토 북제불北齊佛과 같은 양식이다.[27] 그래서 사산조 유리기가 북제北齊로부터 신라에 이입되고 불상과 같이 일본에 전해진 것을 알 수 있다. 7세기 후반 칠곡군漆谷郡 송림사松林寺 오층전탑五層塼塔 사리함舍利函내에서 페르시아 원환문유리배圓環文琉璃杯가 출토되었다. 이 원환문은 산시성陝西省 허자촌何家村 교장窖藏 출토품과 나라현奈良縣 쇼소원正倉院 소장품에 보인다. 이러한 원환문배圓環文杯와 관련된 유리기琉璃器는 신장新疆 쿠무투라석굴庫木吐拉石窟의 벽화에 묘사되

[26] 朴天秀, 2016, 『新羅와 日本』, 진인진.

[27] 大西修也, 2002, 『日韓古代彫刻史論』, 中國書店, pp.137~154.

어 있으며, 인접한 선무사이무석굴森木賽姆石窟에서 출토되었다. 그래서 사산조 페르시아산 원환문배는 사막로를 통하여 장안長安에 이입된 후, 신라를 경유하여 일본으로 이입되었음을 알 수 있다. 수隋 개

(1) 이란 출토 쌍륙 말 1

(2) 이란 출토 쌍륙 말 2

(3) 사산조 페르시아 은기의 쌍륙

(4) 타지키스탄 펜지켄트 유적 벽화의 쌍륙

(5) 중국 서안 청선사지 출토 쌍륙 말

(6) 중국 투루판 아스타나고분군 쌍륙 반

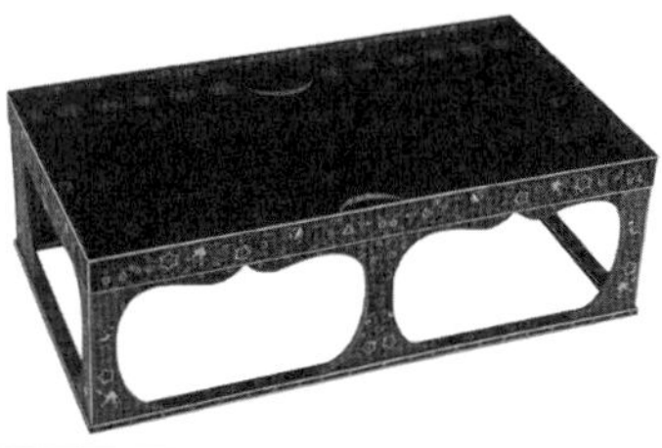

(7) 일본 나라 쇼소인 북창 소장 쌍륙 반

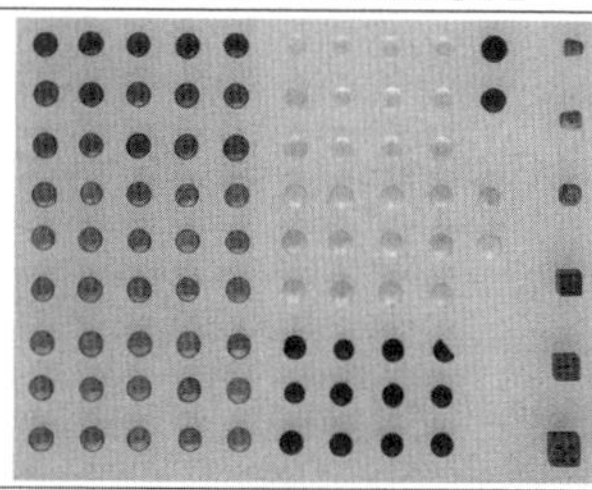

(8) 일본 나라 쇼소인 북창 소장 쌍륙 말, 주사위

〈그림 11〉 사산조 페르시아 쌍륙의 전파

황開皇9년589 건립建立된 산시성陝西省 시안시西安市 칭찬사탑지궁淸禪寺塔地宮에서는 돌출절자문유리병突出切子文琉璃瓶 1점, 유리琉璃·마노제쌍륙구瑪瑙製雙六駒 각各 13점 등이 출토되었다. 유리병은 제작 기법과 문양으로 볼 때 전형적인 페르시아의 절자문유리기切子文琉璃器이다. 더욱이 공반共伴된 유리·마노제쌍륙구도 원추형圓錐形으로 그 유례類例가 페르시아에서 확인되어 유리기와 함께 이입된 것으로 추정된다. 칭찬사탑지궁 출토 쌍륙구는 페르시아의 물질문화와 함께 유희遊戲문화가 이입된 것을 알 수 있어 주목된다. 칭찬사탑 출토품과 유사한 쌍륙구가 전 이란 출토품에 있으며, 백색白色과 율색호마노제栗色縞瑪瑙製의 각 15점으로 구성되어 있다. 더욱이 새클러갤러리Arthur M. Sackler Gallery의 은기銀器에는 반盤을 사이에 두고 쌍륙雙六을 하는 모습이 보인다. 타지키스탄 북서부 고대 소그드Sogd인들의 도시인 펜지켄트Pendzhikent유적의 벽화에서는 4인이 반盤을 사이에 두고 쌍륙雙六을 하는 모습이 있다. 이는 소그드Sogd인들이 쌍륙雙六을 동아시아에 전해준 것을 보여준다〈그림 11〉.

VI. 7~9세기 실크로드 문명교류

618년 동아시아에서는 당唐이 건국되며, 서아시아에서는 651년 사산조 페르시아가 멸망하고 661년 우마이야Umayya조가 성립하여 이슬람 세계가 형성된다. 이처럼 7세기 이후, 지중해연안, 중근동 지역에서 이슬람 세력이 대두하는 가운데 이슬람유리기가 유라시아 전역으로 유통된다.

9세기 인도네시아 자바Java해역의 아랍 무역선인 벨리퉁Belitung 침몰선에서는 다량의 중국 장사요, 금은기, 이슬람 도기와 함께 이슬람유리기가 출수出水되었다. 이 시기 산시성陝西省 파먼사法門寺 지궁地宮에서는 당황실唐皇室이 봉납奉納한 사리용기舍利容器를 비롯한 금은기, 유리기, 청자靑瓷, 견직물絹織物 등 900여 점이 출토되었다. 이슬람유리기는 20점이 출토되었으며, 절자기하학문切子幾何學文과 러스터luster 석류문石榴文의 명皿, 첩부문병貼附文甁 등 고급품이 포함된 점이 주목된다. 그런데 중국 서북 지역인 산시성陝西省에 위치한 파먼사法門寺에서 출토된 유리병의 문양文樣과 유사한 첩부문병貼附文甁

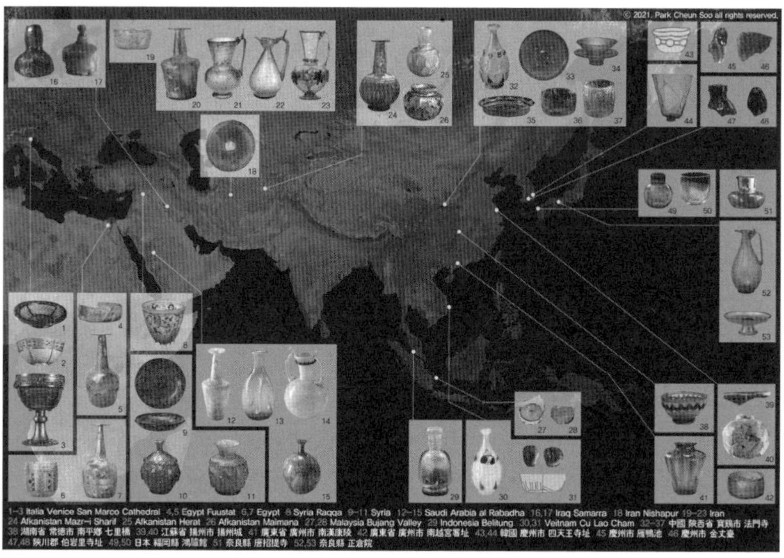

〈그림 12〉 8-9세기 유라시아의 이슬람 유리기 분포

파편이 참파의 항구인 베트남 꾸라오 참Culao Cham유적에서 러스터luster문유리기, 이슬람도기, 중국도자기와 함께 출토되었다. 이러한 점을 종합해보면 법문사 출토 유리병도 해상 실크로드를 경유하여 이입된 것으로 보인다〈그림 12〉.[28] 주지하다시피 법문사가 위치한 중국 서북지역은 사막로의 핵심 거점인데, 이곳에서 출토된 이슬람 유리병이 해로를 통해 이입된 이유는 안사安史의 난亂과 관련이 있을 것이다. 즉, 안사의 난 이후 사막로를 통한 교통이 어려워져 대신 해로를 통해 이슬람유리기가 중국 화북지역까지 유통된 것이다.

중국의 해양 관문인 광저우시廣州市 난한南漢 황실묘皇帝墓인 강릉康陵에서는 도굴되었음에도 불구하고 20개체 이상의 이슬람유리기가 출토된 것에서 상당수가 해로로 이입되었음을 알 수 있다. 경주慶州 안압지雁鴨池에서는 이슬람유리기인 담록색배淡綠色杯가 1점 출토되었다. 안압지에서 완형에 가까운 1점만이 수습된 것은 이슬람유리기에 대한 인식이 부족했던 발굴 당시의 사정에 기인하는 것으로 보인다. 특히 이슬람유리기는 무색 투명한 것이 많아 근현대 유리기가 구분하기 어렵기 때문이다. 앞으로 경주 왕경유적에서 이슬람유리기의 발견이 기대된다. 이밖에 경주慶州 사천왕사지四天王寺址의 금당지에서 병의 견부 또는 파수 등에 붙였던 장식으로 추정 남색파수편藍色把手片 등이 출토되었으며, 합천陜川 백암리사지伯巖里寺址에서 병의 견부 또는 파수 등에 붙였던 장식으로 추정되는 남색파수

[28] 眞道洋子, 2020, 『イスラーム.ガラス』, 名古屋大學出版會.

편과 경부가 짧은 청록색병藍色瓶片이 출토되었다. 일본 후쿠오카현福岡縣 코로관鴻臚館유적에서는 이슬람유리기인 청록색병青綠色瓶과 백색완白色盌이 이슬람 도기, 중국 도자기, 신라 인화문토기와 함께 출토되었다. 후쿠오카현 타타라코메다多々良込田유적에서는 청록색완으로 추정되는 편이 이슬람도기, 신라 인화문토기와 함께 출토되었다. 나라현 쇼소원奈良縣 正倉院 소장 담황색고배淡黃色高杯, 봉수병鳳首瓶, 청색십이곡장배青色十二曲長杯도 이슬람유리기이다. 이처럼 8-9세기의 일본열도 출토 이슬람유리기도 코로관유적과 타타라코메다유적에서 신라인화문토기가 공반된 점과 쇼소원의 신라산 묵墨, 금琴, 좌파리佐波理, 장적帳籍, 화엄경華嚴經 등으로 볼 때, 이 시기 일본열도의 이슬람유리기도 신라를 경유하여 이입된 것으로 판단된다.

9세기 청해진에 거점을 형성한 장보고張保皐는 휘하의 매물사를 당에 파견하여 신라에서 가지고 간 물품을 판매하는 한편, 현지의 재당 신라상인들의 무역망을 이용하여 아라비아, 동남아시아산 희귀 사치품과 중국산 선진 문물을 구입하여 이를 신라와 일본에 판매하는 중개 무역을 실시하였다. 그리고 엔닌圓仁의 『입당구법순례행기入唐求法巡禮行記』에는 당唐에 많은 신라인 거주지가 기록되어 있다. 신라인 거주지인 신라방이 덩저우登州에서 취안저우泉州에 이르는 광역 관계망을 형성한 것은 해상 실크로드를 통한 무역 활동에 따른 것이며, 이들의 무역 활동이 신라만을 대상으로 하는 것이 아니라 배후의 일본 시장도 포함하였기 때문이다.

Ⅶ. 10~13세기 실크로드 문명교류

10세기 후반 요遼와 송宋이 건국되면서 이슬람 세계와의 교섭이 한층 활발해졌다. 특히 송은 요와 금金의 위협으로 남천南遷하면서 새로운 수익원이 필요해졌고 그 결과 해외 무역을 중점을 두게 되었다. 한편 이슬람 세계는 십자군 원정 등으로 더욱 동방으로 시선을 돌리게 되었다.[29] 10세기 인도네시아 치레본Cirebon 침몰선은 오스트로네시안Austronesian 선박으로 중국 장사요 · 월주요 도자와 함께 다수의 장식 이슬람유리기가 적재하고 있었다. 이슬람유리기는 절자문이 시문된 주자, 병, 소형 병 등으로 구성되었다. 인도네시아 인탄Intan침몰선은 스리위자야국의 선박으로 이슬람산 유리기, 도기, 인도 또는 인도네시아산 금제 목걸이, 금, 루비, 사파이어, 에메랄드 지륜指輪, 목걸이, 동경, 중국산 은괴, 동경 등이 출수되었다. 이 중에서 이슬람유리기는 절자문이 시문된 병, 소형 병 등으로 구성되었다. 이 선박은 치레본침몰선 출수품과 유사하여 10세기 후반에 침몰된 것으로 추정된다. 치레본 침몰선과 인탄 침몰선의 양태로 보건대, 당唐과 오대십국시대五代十國時代 이래 이슬람유리기는 인도네시아의 수마트라를 중계하여 중국에 이입되었으며, 이후 송과 요에도 지속적으로 들어왔음을 알 수 있다〈그림 13〉.

[29] 林梅春(저), 장민 · 금지아 · 정호운(역), 2020, 『실크로드 고고학 강의』, 소명출판, 402쪽.

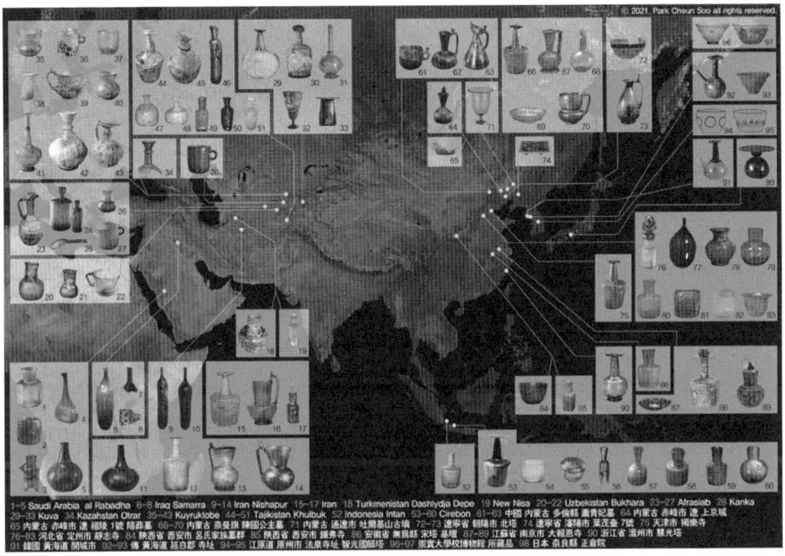

〈그림 13〉 10-13세기 유라시아의 이슬람 유리기 분포

북송北宋 진종眞宗 대중상부大中祥符4년1011에 봉헌奉獻된 난징시南京市 다바오언사大報恩寺 탑기지궁塔基地宮에서는 이슬람유리기인 절자문병 2점, 팔곡장배八曲長杯 1점, 불사리佛舍利, 칠보아육왕탑七寶阿育王塔과 함께 유향乳香, 단향檀香, 침향沈香, 정향丁香, 견직물絹織物이 출토되어 송과 이슬람 세계의 교역 내용을 알 수 있다.

이 시기 사막로는 서하西夏가 장악하고 있어 내몽고를 중심으로 흥기한 초원 기마민족 국가인 요遼는 초원로를 이용하였다. 11세기 아라비아의 기록에는 요의 카라반이 중국의 물품을 가져왔다고 전하고 있다.[30] 그런데 흥미로운 것은 요에서는 이슬람유리기를 네이

---

[30] 杭侃(著), 表野和江(譯), 2006, 「遼西夏金元草原の文明」, 稲畑耕一郎(監修), 劉煒(編) 『図説中國文明史 8』, 創元社, pp.229~230.

멍구자치구內蒙古自治區 소귀비묘蕭貴妃墓 4점, 퉁랴오시通遼市 진국공주묘陳國公主墓 5점, 랴오닝성遼寧省 푸신현阜新縣 평원공주묘平原公主墓 출토품과 같이 부장품으로 사용하였으며, 송에서는 주로 사원의 사리장엄구로 사용한 점이다. 요에서 부장품으로 이슬람유리기를 주로 사용한 것은 오랜 흉노이래의 유목민족의 선호도에 기인한 것으로 볼 수 있겠다.

고려에서는 도쿄국립박물관東京國立博物館 구舊 오구라타케노스케小倉武之助藏 소장所藏 전傳 황해도黃海道 연백군사지延白郡寺址 출토出土 주자注子와 반점문완斑點文盌, 숭실대학교박물관崇實大學校博物館 소장所藏 반점문완斑點文盌, 국립중앙박물관國立中央博物館 소장所藏 전傳 개성開城 출토出土 주자注子와 반점문완 등이 확인된다. 1070~1085년에 건립된 원주시原州市 법천사지法泉寺址 지광국사현묘탑智光國師玄妙塔에서 원형돌출절자문圓形突出切子文과 파상문波狀文이 시문된 유리완이 부조浮彫되었다. 또한 고려청자에도 이슬람유리기의 영향이 보이는데, 청자병 가운데 수평 구연에 통형의 경부와 동부를 가진 형식은 이슬람 유리병과 기형이 유사하다. 이슬람의 영향을 받은 송宋 청자에 의한 2차적인 영향일 가능성도 있지만, 당시 고려에서 이슬람유리기가 성행한 점에서, 이슬람유리기의 영향을 직접적으로 받았을 가능성이 크다. 고려高麗 헌종憲宗15년1018 대식국大食國의 열라자悅羅慈 등이 와서 특산물特産物을 바쳤으며, 정종定宗6년1040에는 대식국 상인인 보나합保那盍 등이 수은水銀, 용치龍齒, 점성향占城香, 몰약沒藥, 대소목大蘇木를 바치자 금金과 견絹을 하사下賜하였다고 한다. 이 중에서 점성향

占城香은 동남아시아의 참파에서 생산된 것으로 보고 있다.[31] 이는 고려가 직접 이슬람 상인들을 통하여 유리기를 입수하였음을 보여 주며, 그들과 금과 견으로 교역하였음을 알 수 있다.

Ⅷ. 맺음말

유라시아의 장대한 문명교류가 본격화된 것은 BC 3000년경이다. 이 시기 아프가니스탄의 샤리상Sar-i Sang 광산에서 채굴된 청금석青金石과 인더스강 유역산 홍옥수紅玉髓가 사막로와 해로를 통하여 메소포타미아에 이입되어 우르Ur 왕묘王墓의 장신구로 사용된다. 한편 아프가니스탄의 사리상Sar-i Sang 광산에 인접한 청금석 교역과 관련된 테페 푸롤Tepe Fullol유적에서는 고대 메소포타미아의 뿔 달린 소 문양이 새겨진 금은기가 확인되어 양자 간 교류가 있었음을 알 수 있다.

BC 8세기 초원로상의 아르잔arzhan고분군을 비롯한 홍옥수주紅玉髓珠는 인더스Indus강 유역으로부터 파미르Pamir를 넘어 타스쿠얼간塔什庫爾幹지방으로 이입移入된 후, 톈산天山과 알타이Altai 일대로 북상北上하여 들어간 것으로 추정된다. 이로써 인더스Indus강 유역의 해로와 타클라마칸Takla Makan의 사막로, 알타이Altai 산지의 초원로가

[31] 권오영, 2019, 『해상 실크로드와 동아시아 고대국가』, 세창출판사, 85쪽.

종횡縱橫으로 연결된 것을 알 수 있다. 더욱이 춘추전국시대 인더스 문명에서 유라시아 동부로 이입된 홍옥수제 경식頸飾이 스키타이 왕묘, 진秦 왕족묘, 진晋 왕묘 등에 위신재로서 사용된 것은, 인더스강 유역과 알타이 산지, 중원中原이 유기적인 관계망을 통하여 이미 연결된 것을 상징한다.

BC 5~BC 4세기의 페니키아를 비롯한 동부 지중해에서 제작된 중층원문유리주中層圓文瑠璃珠는 초원로를 통하여 이입되었다. 이 시기 랴오닝성遼寧省 둥다장즈고분군東大杖子古墳群에서는 페니키아산 돌출첩안문유리주突出帖眼文琉璃珠가 비파형동검琵琶形銅劍과 함께 출토되어, 초원로가 고조선古朝鮮과 연결되었음을 추정할 수 있다.

BC 1~AD 2세기 로마와 인도의 최대 무역 거점인 무지리스로 비정되는 서부 해안의 항만유적인 파타남Pattanam과 인도 동부해안의 최대 교역항인 아리카메두Arikamedu유적은 로마와의 교역을 통하여 번성한 것으로 파악되어 왔다. 그런데 같은 시기 동남아시아 옥 에오Óc Eo유적, 남중국의 허푸合浦유적으로 볼 때 양 교역항은 인도 남부의 동서 해안에서 지중해, 홍해, 아라비아해, 벵갈만, 남중국해를 연결하는 해상 실크로드의 최대 중계지로서 번성한 것을 알 수 있다. 더욱이 이 시기 낙랑고분 출토품으로 볼 때 인도, 태국, 베트남, 중국과 한반도가 해로를 통하여 연결된 것이 확인된다. 이로써 한반도 남해안과 일본열도의 중국산 화폐 출토 유적으로 유추되는 관계망이 기존의 인식과 같이 중국과의 교역망에 그친 것이 아니라, 유라시아 해상 실크로드와 연결된 것을 알 수 있다.

4세기 전반에 출현하는 신라의 적석목곽분은 유라시아 기마민족의 묘제에 기원하는 것이다. 5세기 신라의 적석목곽분에는 화려한 금관을 비롯한 황금 장신구가 부장된다. 신라 금관의 성수聖樹, 성수聖獸, 성조聖鳥는 초원 기마민족의 왕권신수王權神授 사상과 관련된 것이다. 더욱이 신라의 금제 관冠을 비롯하여 경식頸飾, 대식帶飾, 완식腕飾, 식리飾履 등 신체를 황금으로 장식고분 쿠르간 등에서 보인다. 신체를 황금으로 장식하는 것은 초원 기마민족의 전통적인 습속이다. 신라의 적석목곽분에는 중원의 황제묘를 능가하는 수량의 로마유리기가 부장되는데, 이는 초원 기마민족의 습속과 유사하다. 로마유리기는 훈Hun-유연柔然-고구려高句麗를 통하여 이입移入된 것으로 판단된다. 그런데 5세기 후반 돌연 로마유리기의 수입이 단절되고 사산조 페르시아 유리기가 이입되는데, 이는 훈Hun 제국이 붕괴하고 사산조 페르시아가 유라시아 실크로드에 대두擡頭하는 것을 상징하는 것이다.

618년 동아시아에서는 당唐이 건국되었고, 서아시아에서는 사산조 페르시아를 정복한 우마이야Umayya조朝가 661년 성립하면서 이슬람 세계가 형성된다. 이 시기 유라시아의 교류를 상징하는 것이 이집트까지 유통된 중국 도자기와 일본까지 이입된 이슬람유리기이다.

10세기 후반 요遼와 송宋이 건국되면서 이슬람 세계의 교류는 한층 활발해졌다. 송은 남천南遷하면서 해로를 통한 새로운 수익원을 추구하였으며, 요는 초원로를 통하여 이슬람 세계와 교역하였다. 이슬람 세계는 십자군 원정 등으로 더욱 동방으로 시선을 돌리게 되었다.

신라는 유라시아의 동단에 위치함에도 시기별로 초원로, 사막로, 해로를 통하여 서방西方과 문물을 교류하였으며, 나아가 이를 일본에 전한 글로벌 국가였다. 신라인의 무역 활동을 계승한 고려의 경우 그 내용을 잘 알 수 없으나, 그 수도인 개성開城의 외항外港인 벽란도碧瀾渡의 조사를 통하여 고려와 해상 실크로드의 교류 내용이 더욱 밝혀질 것이다.